前　言

本书针对一学期的国际经济学课程设计，既包括微观部分，也包括宏观部分。延续前五版的传统，第 6 版继续对关键理论、政策分析以及国际经济关系的制度因素和历史渊源做一个入门性的介绍。我希望不管是经济学专业的学生还是非专业的学生，通过学习本书都可以对国际经济学背后的逻辑有一个清晰的了解。对于那些已经达成共识的经济学问题，我希望将共识介绍给各位读者；对于没有达成一致意见的问题，我也将介绍一下分歧是什么。但是，总体来说，经济学家们的共识要远远多于分歧。

第 6 版的新变化

《国际经济学》（第 6 版）保留了前一版的主要框架和主题，同时对旧版做了更新，加入了一些新的内容和案例，具体如下：

- 更新了所有的图表；
- 每章开头增加“学习目标”栏目；
- 第 3 章得自贸易的利得部分，增加了 19 世纪日本从闭关锁国走向开放的案例；
- 第 4 章关于离岸的介绍增加了一个新案例，探讨中国在 iPhone 手机全球供应链中的地位与作用；
- 简化了第 5 章关于产业内贸易和产业政策的介绍，同时将垄断竞争模型纳入到正文中，而不是像之前那样放在附录部分介绍；
- 第 7 章关于关税的介绍加入了中国的数据，同时更加强调当前的关税水平；
- 第 8 章关于劳工与环境标准的介绍加入了一个新的案例，介绍全球气候的变化；
- 第 10 章增加了 IMF 估计的采取各种汇率制度的国家的数量；
- 第 13 章将重点放在了美国的国际经济关系方面，《北美自由贸易协定》是其中很重要的一部分，但是也加入了其他很多重要的贸易协定，比如我们新增加了一个介绍包括《非洲增长与机会法案》在内的一系列特惠贸易协定的案例；

● 第 14 章减少了与欧盟的制度有关的材料，但是增加了与《单一市场计划》有关的内容；新增加了一个案例，介绍欧元区目前面临的困境以及组建货币联盟带来的成本；

● 第 17 章介绍金砖国家；和以前一样，我们对中国给予了足够的重视，同时我们增加了关于金砖国家崛起以及它们对国际经济的影响等内容。

本书特色

与同类教科书相比，本书具有以下特色：

● 首先，本书使用的写作方法比经济学家通常所用的理论方法更多。本书介绍了相关的经济理论，掌握这些理论也是非常重要的，但是如果在理论介绍的同时附加这些理论在现实中的应用，将帮助大多数读者有更深入的理解。因此，在本书中除了经济理论之外，我还补充了大量的案例以及其他相关内容，从经济制度的作用到对经济政策的分析，再到近代世界经济史等等。

● 其次，要想在一个学期的课程中既讲述国际经济学的微观方面又介绍宏观方面，我们就不得不压缩涵盖面以便将重点集中在核心概念上。正如很多教师所知，很多经济话题都不是那么重要，如果不加以区分地平等对待，就会给那些缺乏必要的知识面和理解能力来按照问题的相对重要性对它们进行有选择地学习的学生带来困扰。

● 再次，和大多数同类教材相比，本书更加强调历史以及制度的重要性。它们可以帮助我们更好地理解经济理论与经济政策之间的关系，理解经济学与其他社会科学之间的关系。

● 最后，我将本书的第四部分分为 5 章，每章介绍一个地区：以美国为重点的北美、欧盟、拉丁美洲、东亚以及金砖国家。这些内容不仅有助于拓宽学生对世界经济大趋势的理解，而且可以让他们感受到经济理论在现实中的强大力量。

灵活的组织方式

教材需要有一个固定的框架，因为作者需要对各章的内容进行组织安排。但是对一些教师来说，这样的编写方式是一个不大不小的困扰，因为究竟应该按照怎样的顺序来讲述相关内容并不是一成不变的。本书在组织相关素材时尽量做到灵活机动，以便各位任课老师可以按照自己的喜好进行讲授。

本书第一部分包含两个介绍性的章节，主要目的是引入相关的术语，教会学生从历史角度看待问题，介绍不同国际组织的背景知识以及它们在世界经济中所扮演的角色。有些老师可能会选择先进行理论部分的讲授，而将这两部分的内容留到后面，这种做法并不会影响到内容的连贯性。

第二部分介绍国际经济学的微观内容，第三部分则介绍宏观部分。如果有必要

国际贸易经典译丛

国际经济学

（第6版）

詹姆斯·格伯（James Gerber）／著
周　琰／等译

International Economics

(Sixth Edition)

中国人民大学出版社
· 北京 ·

的话，教师完全可以调换这两部分的讲授顺序。

第二部分一共包括 6 章内容，主要介绍贸易模型（第 3～5 章）以及贸易政策（第 6～8 章）。如果希望对这部分内容进行压缩的话，那么教师可以只讲授第 3 章的李嘉图模型以及第 6 章和第 7 章对关税和配额的分析。第 8 章与劳工和环境标准有关，是完全独立的，尽管前面的内容有助于深化学生对这部分的理解。

第三部分涉及国际收支、汇率、开放宏观经济学以及国际金融危机等内容。第 11 章关于开放宏观经济学的介绍是选学内容。希望对纳入经常账户和汇率等问题之后的宏观经济学——包括财政政策以及货币政策——有一个回顾的学生和老师，可以学习本章。但即便是跳过第 11 章，只要学生对财政政策和货币政策的基本概念有一定的了解，那么也不会妨碍他们对第 12 章（金融危机）的学习。第 9 章（国际收支）和第 10 章（汇率以及汇率制度）是为第 12 章打基础的。

第四部分共 5 章，每章重点介绍一个地区。这些章节会用到第 3 章到第 12 章讲述的内容，但是写作风格类似于学生们在商业报刊、国情咨文、演讲以及其他针对普通大众的媒体上看到的经济问题的讲述方式。在必要的情况下，我们还会对关键概念比如实际汇率做一个简短回顾。如果需要的话，这些章节也可以提到前面讲授。

致　谢

所有的教科书都是集体智慧的结果，即便是那些只有一个作者署名的教科书也不例外。在本书再版之际，我要感谢很多人的帮助。在圣迭戈大学时，我有机会给不同层次的学生上课，和他们交流，并且从中获益匪浅。我在圣迭戈大学以及墨西哥的同事们给了我很大的帮助。通过我们的交流以及他们的赐教，我得以不断思考本科阶段的学生究竟应该学习哪些经济学知识，并不断探索怎样才能清晰简洁地向学生们介绍这些知识之间的联系以及它们的重要性。当然了，在这个过程中出现的所有疏漏，责任都应该由我一人承担。

我还要对 Noel Seibert、Emily Brodeur、Alison Eusden 以及整个 MyEconLab 团队表示感谢。

最后，我要谢谢本书出版以来无数的读者们，他们对本书的一版再版做出了重要的贡献。衷心谢谢阅读了我的初稿的朋友们，他们很多人是不止一次阅读这些书稿，并且给出了很有价值的意见，我从中受到的启发和帮助无论怎么用语言形容都不过分。

目　录

第一部分　导论与制度

第二部分　国际贸易

第三部分　国际金融

第四部分　世界经济中的区域问题

第一部分

导论与制度

第1章 全球经济中的美国

学习目标

通过本章的学习，学生应该掌握以下内容：

1. 了解经济学家如何测度国际经济一体化程度。
2. 能够列举出支持“贸易促进了一国经济的增长”这一论点的三种不同类型的证据。
3. 讨论19世纪末以及当前的国际经济一体化之间有什么区别。
4. 描述国际经济学的主要议题。

1.1 引言：国际经济一体化

2007年8月，美国房地产行业爆发危机。在当时，几乎没有人会想到这次“次贷危机”会成为国际经济一体化的佐证，更没有人想到这次危机会将世界经济推到崩溃的边缘。这场危机发端于2007年后半年并一直延续到2008年，到2008年夏天，几乎所有高收入经济体都泥潭深陷。随着银行和其他金融机构破产，以及资金充裕的公司停止放贷，危机像病毒一样蔓延开来。信贷短缺令那些无法为日常运营融资的企业更是雪上加霜，与此同时消费者则开始削减不必要的支出，企业也开始减少新的投资。到2008年底，除中国、印度和几大石油生产国外，全球主要经济体都陷入衰退。

这是自20世纪30年代的大萧条——这次危机导致全球许多国家陷入极为严重的经济衰退——以来最严重的一次经济危机。但是，这次危机也不过是近年来历次全球危机中的一次而已。包括 1998—1999 年的俄罗斯经济危机、1997—1998 年的亚洲金融危机、1994—1995 年的墨西哥经济危机、1982—1989 年的拉美债务危机在内的一系列经济危机给各国——既包括这些危机的发源地，也包括其他很多国家——的金融体系、商业企业以及家庭带来了巨大的损失。

经济的国际一体化确实给各国带来了许多好处，如技术创新、价格更加低廉的产品、针对资源匮乏地区的更多的投资等。但是，国际经济一体化也导致一旦经济出现问题——这类问题从一个国家扩散到另一个国家也更加容易——各国都变得更加脆弱。考虑到围绕经济一体化带来的收益与成本这个问题存在很大的争议，因此，有必要清晰阐释一下我们所说的“国际经济一体化”或者“经济领域的全球化”的含义。为了更好地理解这些现象，有必要从历史的视角来看待这一问题。

1.2 国际经济一体化的要素

大部分人都会认同这样一个观点，那就是现在全球主要经济体的一体化程度比以往任何时候都要高。得益于即时通讯技术、现代化的交通和相对开放的贸易体系，大部分货物可以以较低的成本几乎没有太多障碍地在国家间流动。例如，如果把汽车零部件是在哪里生产的、广告策划案是在哪里构想出来的、谁来从事会计方面的工作、谁负责运输相关的零部件和产成品等都考虑进来的话，你就会发现大多数汽车的生产制造过程涉及 15 个甚至更多的国家。但是，当今各个经济体比历史上任何时期的一体化程度都更高这一点并不是那么容易证明的。显然，当前这一轮经济一体化浪潮始于 20 世纪 50 年代，得益于第二次世界大战后贸易壁垒的减少。20 世纪 70 年代，许多国家开始通过开放本国金融市场来鼓励金融一体化。90 年代，网络时代的到来和通信技术革命把经济一体化推向了一个新高度，跨国公司积极拓展国际生产网络，市场之间的联系前所未有的密切。

但是，当前这种各国经济联系显著增强的局面并不是首次出现，因为大概在 1870—1913 年之间曾经有过一次先例。当时就像现在一样，由如跨大西洋电缆、蒸汽轮船、铁路等高新技术扮演了领头羊的角色。例如，1866 年，当第一根跨大西洋电缆完工后，纽约商人在伦敦市场上完成一桩金融交易的时间从三周缩短到一天左右；到 1914 年，当无线电话出现后，这个时间缩短到一分钟。

但是，人们大多忘记了这次经济一体化浪潮，导致我们更容易高估今天的一体化程度。即时通讯、便利的交通和很容易就能接触到的进口产品经常使我们忽视了这样一个事实：我们买卖的大部分商品都没有机会走出当地或者本国市场。我们很少停下来想想，理发、餐饮、园艺、医疗保健、教育、公益事业，还有其他许多商品和服务都全部或部分是在本国生产和提供的。在美国，大约 82.3%的商品和服务源自国内，我们的消费中只有 17.7%依靠进口来满足（2011 年）。相形之下，1890 年，美国有 92%的产品和服务源自国内，这个比例比现在要高一些，但是区别并不太大。

目前的经济一体化程度是否比以前某些时期更高，这不只是一个纯学术问题。从 1914 年第一次世界大战爆发到 1945 年第二次世界大战结束，世界经济饱受人为造成的灾难的蹂躏，各国经济间的联系遭到严重破坏。两次世界大战加一次全球性的经济大萧条使得大多数国家对外国产品、外来资金、外来移民关闭了大门。自从第二次世界大战结束后，许多国家之间的经济联系的加强不过是对 20 世纪前半叶受到破坏的关系的一种修补，但我们没有理由认为会招致类似破坏的事件不会再次发生。

要理解国际经济一体化，我们先要明确这个词的含义。经济学家通常从四个标准或方面来判定一体化的程度，即贸易往来、资本流动、人口流动和不同市场中的价格相似度。前三点相对容易理解，而价格相似度是指一体化的经济体之间的价格差异较小，而且这种差异主要是由于运输成本不同引起的。可以自由从低成本地区运往高成本地区的商品的价格将会随着商品从充裕、廉价的地区流向相对稀缺、昂贵的地区而出现趋同。这几个指标——贸易往来、要素（劳动力和资金）流动和价格相似度——都是国际经济一体化程度的衡量标准。

□ 1.2.1 国际贸易的增长

自从第二次世界大战以来，全球贸易比产出的增长速度更快。一个证据就是用所有国家的出口总额除以这些国家的总产出。1950 年，全球出口总值——与同年的进口总值持平——大约占全球国内生产总值（gross domestic product，GDP）的 5.5%。50 多年后，2005 年这个比例达到 20.5%，几乎是全球经济规模增长速度的 4 倍。衡量国际贸易在一国经济中的重要性的指标之一就是出口与进口之和再除以该国的国内生产总值。具体来说，GDP 是指在一个特定的时期内——通常是一年——在一国国内生产的所有最终产品和服务的总价值。贸易与 GDP 之间的这一比例关系可以用下式来表达：

$$外贸依存度=(出口+进口)\div GDP$$

外贸依存度并不能告诉我们有关一个国家的贸易政策的信息，具有较高依存度的国家也并不一定就具有较低的贸易壁垒，尽管这种可能性是存在的。通常来说，大国较少依赖于国际贸易，因为它们的企业无须依托海外市场就能达到最佳生产规模。因此，小国的贸易依存度可能反而更高。

图 1—1 给出了 1913—2010 年间六个国家各自的外贸依存度。我们可以清楚地看到从第一次世界大战开始至 1950 年各国贸易额大幅下滑，1950 年后则呈现明显增长势头。从该图还可以看出，像美国、日本这样人口较多的国家外贸依存度反而较低；而像荷兰这样拥有较少人口的国家外贸依存度则更高。总体来讲，小国的对外贸易往来要多于大国，因为它们没有足够的能力高效率地生产较多类别的产品，必须在很大程度上依赖于贸易。比如，如果荷兰要独立为其国内市场生产汽车，那么它将缺乏规模经济，不能以具有竞争力的成本进行生产，然而美国市场却能够吸收大部分的本土产出份额。因此，外贸依存度衡量的是在一国经济中国际贸易的相对重要性，但它无法提供关于贸易政策和贸易壁垒的任何直接信息。

图 1—1 从历史的角度呈现了国际贸易的萎缩以及第二次世界大战后的复苏，但它淡化了从 20 世纪初到 20 世纪末贸易结构的重要变化。第一次世界大战之前，大多数国际贸易由农产品和原材料构成，而当前的贸易品主要是加工制造业的消费品和生产型商品（机器和设备）。因此，与 1900 年时相比，现在的企业要面对更激烈

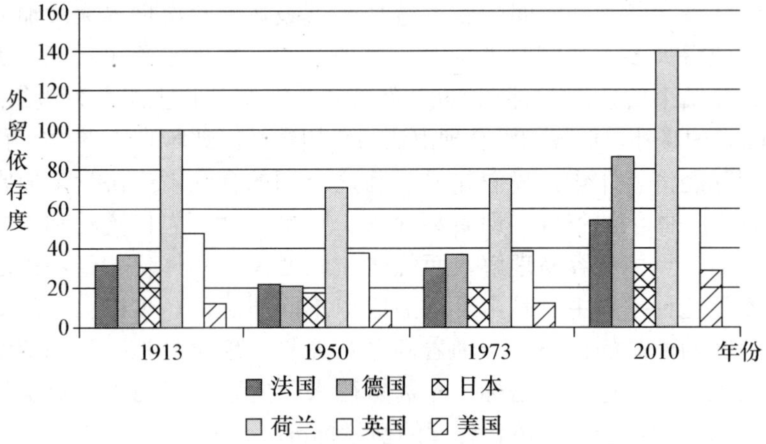

图 1—1　六个国家的外贸依存度

资料来源：Maddison，A.（1991）.“Dynamic Forces in Capitalist Development” and The World Trade Organization，“Statistics Database：Trade Profiles.” Note that 2010 is an average of 2008—2010.

的国际竞争。此外，自 1950 年以来，国际贸易的增加很大一部分得益于跨国公司的贡献。因为它们在多个国家投资设厂，各种投入要素在子公司之间来来回回，这使得跨国公司的重要性与日俱增。这一趋势因为通信技术革命和交通运输改善而得到支持和强化，因为它们降低了企业跨越海洋和大陆进行合作的成本。另外，像会计和数据处理这种服务性操作的远程合作也成为了可能。总之，今天的贸易和 1913 年的贸易相比有了质的区别，但是 1950 年以来外贸依存度的上升却不能完全说明问题。

□ 1.2.2　资本和劳动力流动

除了进出口外，要素流动也是经济一体化的一个指标。随着各国经济之间的依赖性逐渐增强，劳动力和资本在国际间的流动也应该更容易。但是与 1900 年相比，现在的劳动力流动性反而下降了。例如，1890 年美国人口中大约有 14.5%是在国外出生的，而到 2010 年这一比例下降到 12.9%。这是因为在 1900 年，很多国家实行的都是开放性的移民政策，护照控制、移民签证和劳动许可都属于特例而不是一般性的规定。两次世界大战以及 30 年代的大萧条严重限制了劳动力的流动。在两次世界大战期间的 20 年代，美国制定了严格限制移民的政策，这些政策一直持续到 20 世纪 60 年代，当时移民法的修订又一次鼓励外国人移民到美国。

对资本流动程度的测度是比较困难的，因为存在几种不同的衡量资本流动的方法。最重要的一种度量方法是区分为以符号资产（paper asset），如股票、债券、货币和银行账户为代表的金融资本流动和以实物资产，如房产、工厂和企业为代表的资本流动。后一种资本流动也被称为外国直接投资（foreign direct investment，FDI)。这两者的区别在一定程度上并不那么显著，因为这两种资本流动都代表财富在国家间的转移，都是将一国的储蓄出借给其他国家使用。

当我们把当前的国际资本流动同一个世纪前相比较时，应该注意两点。第一，储蓄和投资是密切相关的。也就是说，高储蓄国家大多会有较高的投资率，相应地，低储蓄国家的投资率也较低。但是如果有一个资本可以自由地、随意地流动的全球市场，事实就并不一定是这样了。资本会从储蓄和资本充裕的国家流向储蓄和资本稀缺的国家，以便得到最高回报。第二，和当前类似，19 世纪各种各样的技术进步提高了资本的流动速度。前面我们提到过跨洋电缆和无线电话的作用，除此之外，随着铁路和其他基础设施建设——不管是本国的还是外国的——等新投资机会的出现，19 世纪末期的资本流动速度也有很大提升。

和上一次全球化浪潮时相比，今天资本流动的规模要大得多，但这主要是因为各国经济规模都更大了。相对于经济规模来说，资本流动规模在两个时期差别不是很大，甚至 1870—1913 年可能还要更大一些——这取决于具体指标的选择。1913 年前的几十年里，英国稳定地将其 GDP 的 9%投到海外，在法国、德国和荷兰这一比例比英国高几倍。在很长一段时期，加拿大、澳大利亚和阿根廷的负债超过各自 GDP 的 10%，以现在的标准来看这是一个相当危险的信号。换句话说，我们很难认同下面这个观点——历史上各国都不曾有过像现在这样高度的资本流动。

尽管对很多国家来说，和过去相比资本流动在相对规模上差别并不大，但却存在着重要的质的区别。第一，与一个世纪前相比，现在可供利用的金融工具要多得多，从相对普通的股票和债券到奇特的衍生产品、货币互换等。与之形成鲜明对比的是，20 世纪初，在纽约股票交易所上市的公司的数量要少得多，大部分国际金融交易都和债券的买卖有关。

第二个区别是外汇交易的作用。1900 年，各国实行的是固定汇率，参与国际贸易或融资的企业很少面临因外国货币价值突变而带来的损失。现今，许多公司为保护自己不受货币价值波动影响而付出了高昂代价。结果，以外币标价的资产的买卖构成了国际资本流动中最大的一个部分。例如，根据位于瑞士日内瓦的国际清算银行（BIS）统计，2010 年每天的外汇交易额相当于 3.98 万亿美元。在 1973 年固定汇率制最终瓦解之前，这个数字只有 150 亿美元。

资本流动的第三个主要区别是国外金融交易成本的大大降低。经济学家将与了解市场信息、商定与履行合同有关的成本定义为交易成本（transaction costs）。对所有企业——无论是本土企业还是跨国公司——来说，交易成本都是总成本的重要组成部分。由于绝对距离的存在以及文化、法律和语言方面的差异，国际市场中的交易成本通常要高于国内市场。当前较低的对外投资成本意味着资本跨越国界、在国家间流动的成本也相应降低了。

跨国金融资本规模的剧烈波动也经常被误认为是经济全球化的一个新特征。纵观近现代史，过度投机和过度投资以及随之而来的资本外逃和破产屡见不鲜，至少可以追溯到 17 世纪甚至是更早以前。不管是美国还是世界历史上就有许多这样的例子。金融危机并不是什么新生事物，当然，我们也远没有学会应该如何避免危机——最近的次贷危机足以让我们明白这一点。

□ 1.2.3 当代国际经济关系的三个特征

虽然国际经济一体化进程加速发展，但它并不是史无前例的。美国现在的外贸依存度比 1890 年时提高了 50%，加工制造企业和服务提供商更多地融入到了全球经济中。与 1900 年相比，由于护照控制和劳动许可等措施，劳动力的流动性降低了；

但是资本却更具流动性，形式也更加多样。尽管美国市场上的商品价格与国外还存在着巨大的差异，但逐渐呈现出趋同的势头。从量的方面来讲，今天和100年前的差别可能不像人们想象中的那么大，但是从质的方面来讲，全球经济的一些新特征使21世纪的前十年和20世纪的前十年显著不同。

1. 一体化程度加深

大多数高收入的工业化国家针对工业制成品的进口壁垒较少。虽然有少数特例（如加工食品和服装），但一个普遍规律是，进口关税以及其他形式的保护措施比如配额（对进口商品的数量限制）等与20世纪中期相比要宽松很多。随着20世纪后半叶贸易壁垒的逐渐降低，另外两大趋势开始进一步强化不同国家间的一体化程度。第一个趋势是较低的贸易壁垒暴露了这样一个事实——大多数国家的国内政策事实上构成了一种国际贸易壁垒。一国关于劳工、环境以及消费者安全的法律法规，关于投资地区以及投资绩效的规章制度，界定公平和不公平竞争、政府采购以及政府对特定产业的扶持政策的法律条文——所有这些在正式的关税壁垒下降和贸易量增加之前对贸易的影响都微乎其微。这些政策并不是为了保护本国产业免受国外对手的竞争，只要关税税率较高、贸易规模有限，它们对贸易关系的影响就是无关紧要的。但是，一旦关税开始下降，很多形式的国内政策就成了扩大贸易的壁垒。经济学家有时候将降低关税、消除配额这类措施称为浅度的一体化（shallow integration），而将针对会影响国际贸易的国内政策的谈判称为深度的一体化（deep integration）。与浅度一体化相比，深度一体化更是一种有意识的行为，而且也更加难以实行，因为它要求一国调整国内政策以便适应国际规则，或者至少要和国外的巨头们谈判。

过去几十年出现的第二个值得注意的趋势是，高新技术产品比如智能手机和汽车等的零部件是在两个甚至更多个国家完成的，因此类似于“中国制造”或者“美国制造”这样的标签越来越少，也越来越没有意义。较低的关税再加上交通、通信技术的进步使得企业得以把高端产品不同零部件的生产分散在不同国家和地区。例如，iPhone手机的零件是在德国、韩国、日本以及美国生产，然后在中国完成组装的。其中最有价值的零件是在日本生产的，但是没有人认为这是一个日本手机。在这个例子以及其他很多例子中，说某个产品是在某个国家生产的是不准确的，因为零部件来自全球各地，最终产品是来自很多不同国家的企业和工人们跨国合作的结果。

这两个趋势也引发了一些会重塑21世纪的世界经济的新问题。第一个趋势，即越来越关注不同国内政策的影响使得贸易谈判变得更加困难，激起了关于劳工、环境以及其他会影响贸易的标准问题的广泛讨论。第二个趋势，即多个国家越来越多地共同参与到某个共同产品的生产中去，引发了贸易对一国经济、就业、工作条件等的影响的关注。关于这些问题的国内和国际对话是21世纪国际经济的一个重要特征。

2. 多边组织

第二次世界大战结束前，美国、英国及其盟国创建了一系列的国际组织，以便维护国际经济和政治稳定。虽然当初的创立者无法预见这些组织在接下来的50年内将会面临什么样的挑战和问题，但这些组织被赋予了很大的灵活性，从而在管理不同程度的一体化相关的问题方面一直发挥着重要的、日益增强的作用。

国际货币基金组织（IMF）、世界银行（WB）、关税和贸易总协定（GATT）、联合国（UN）、世界贸易组织（WTO，从1995年开始取代了GATT）以及其他一系列相对较小的组织都广泛地参与到国际事务中来。它们是讨论和建立规则的论坛，是争端的调节者和采取行动解决问题的组织者。但是关于所有这些组织的功能都是有争议的，它们不断遭到越来越严厉的批判和抨击，反对者认为它们制定的政策导致了经济波动的加剧，或者是指责它们保护富裕国家的利益；还有一些人则认为这些组织是不必要的国际纠葛的根源，大大限制了国家行动的范围（在第2章我们会详细论述这一问题）。这些组织正在尝试建立能被国际社会普遍接受的贸易和商业规则，并尽量在潜在争端扩大化之前将其解决掉；显然，它们已经是世界经济的一个全新组成要素。

3. 区域贸易协定

不同国家集团间签署的各种协定并不是新鲜事物。自由贸易协定和其他形式的特惠贸易有着悠久的历史。真正新鲜的是，过去20年里签署的区域贸易协定（regional trade agreement）的数量显著增加。

特惠贸易协定的形成是具有争议性的。自由贸易的反对者不喜欢那些将本国经济卷入国际竞争的条款，而一些自由贸易的支持者也不喜欢这些协定的特惠性，因为它们无一例外地有利于协定内区域而不利于协定外区域。北美自由贸易区（NAFTA）、欧盟（EU）、南方共同市场（MERCOSUR）以及亚太经合组织（APEC）都是区域贸易协定的产物，但是据世界贸易组织（2012年）统计，除此之外全球还有330多个类似的协定。

□ 1.2.4 贸易和经济增长

很多人都对国际经济一体化程度的加深感到非常忧虑。随之而来的潜在问题确实非常多。贸易自由化可以给消费者带来更低的价格和更多的选择，但同样会给企业和工人带来更激烈的竞争。资本流动使得可用于投资的资金更充裕，但同样增加了金融危机跨国蔓延的风险。移民的增加意味着移民收入的增长、劳动力成本的降低、可供企业选择的劳动力素质的提高，但也会导致劳动力市场上更激烈的竞争和不可避免的社会压力。国际组织有助于解决争端，但是它们为了让一国做出可行的改变而对其施加压力的做法也削弱了国家主权。自由贸易协定可以扩大贸易量，但是同样，这对于一国国内企业和工人来说也意味着更大的压力。

一般来说，经济学家坚信贸易带来的收益大于成本。争议只在于达到不同目标的最优方式是什么（比如，如何避免突发资本流动带来的负面效应），除此之外，大部分人都坚信开放的经济政策要优于闭关锁国。为了证明这一观点，经济学家们可提供以下证据：

（1）历史上偶然的经验性证据；

（2）基于经济模型和演绎推理的证据；

（3）国家间进行统计比较的证据。

尽管上述任何一项证据单独拿出来都不能证明什么，但是它们综合起来为开放经济总体上比封闭经济增长和发展得更快这一观点提供了有力的支撑。

历史资料可以告诉我们那些试图将自己和世界经济隔离开来的国家都发生了些什么。20世纪30年代时的经历是其中一个例证，当时大多数国家为保护自己不受世界局势的影响，都试图隔绝本国与外界的商品、资本和劳动力流动。这虽然不是引起30年代的大萧条的原因，却实实在在导致大萧条恶化，并最终引发了第二次世界大战。那些因为战争而分裂为不同部分的国家和地区——一边变得闭关锁国，而另一边则对外开放——的经历，也同样可以说明问题。德国（联邦德国和民主德国）、朝鲜（朝鲜和韩国）、中国（被分割成大陆和港澳台几个部分）就是最好的例子。

通过论证贸易与经济快速增长之间的因果关系，经济理论通常都是支持上面提出的结论的。一般说来，贸易增加带来的更多的创新、因竞争加剧而提高的生产力水平、更多的新技术和新观念都是有助于经济更快增长的积极因素。从消费者角度看，自由贸易则带来了更多种类的商品和更低的价格。

关于更加开放的经济带来的好处的统计证据来自于对不同时期大量样本国家的比较。虽然关于贸易政策和经济增长之间关系的统计检验受制于统计技术本身的缺陷，但是结果却一致表明一个经济体越是开放，其经济增长速度也就越快。这些结论并不是绝对的，但是贸易理论、由历史资料得出的偶然性经验证据和统计分析都为贸易通常是有益的这一说法提供了支持。

1.3 国际经济学的12个主题

下面提到的12个主题将在随后各章中逐一讨论。这些主题是交叉重叠的、多维的，通常也是超越纯经济理论的。国际经济学分析虽然无法得出最终结论，但我们希望你能够从中提炼出一种分析透彻、逻辑严谨的方法，来思考由这些主题引发的问题。

□ 1.3.1 贸易利得和新贸易理论（第3章、第4章、第5章）

人们为什么要进行国际贸易？我们前面已经简要地分析了这个问题，在接下来的章节中我们将更加深入地进行探讨。由于经济分析清晰地证明了国际贸易的收益大于成本，因此几乎所有的经济学家都支持开放市场和促进贸易就没有什么值得奇怪的了。关于贸易利得的分析最早出现在18世纪后期，而且可能是经济学领域最古老、最重要的发现。近年来，经济学家们开始研究企业或者是行业内部的规模收益问题。这个新兴的研究领域被称为“新贸易理论”，经济学家们不仅证明了贸易提升一国福利的新机制，而且大大拓展了我们对市场结构以及贸易效应的理解。

□ 1.3.2 工资、就业和保护（第3章、第6章、第7章、第8章）

国际贸易确实能提升一国整体的福利水平，但是却并不一定使每一个人都能够从中获益。竞争力较差的企业中的工人可能会被迫寻找新工作或者是降低薪水，消费者为自己购买的商品支付更低的价格或出口商雇用更多工人等与他们毫无关系。对国际经济的深入认识增加了那些对国际经济变化感到无所适从的人们的恐惧心理。他们担心为了与低收入国家的工人竞争，高收入国家工人的工资可能要下降，同时他们也会担心自己的工作岗位可能会被转移到国外。政策制定者面临的一个重要挑战就是，寻求正确的国内政策组合，使国家从贸易中获益，同时又不会激起利益受损的行业及个人的反对。

□ 1.3.3 贸易逆差（第9章、第11章、第12章）

1980年，针对美国对外贸易账户的综合性统计显示该国处于略有盈余的状态。自此之后的28年里，美国只有两年是贸易顺差，而且从2000年起，美国贸易逆差累计超过5.78万亿美元（2001—2010年）。美国并不是唯一存在贸易逆差的国家，每年贸易逆差国都必须从海外借款，主要是销售其未来产出的一部分以便现在有资金获得更多的商品和服务。包括美国在内的一些国家主要是从国外借款，而中国、德国、日本和包括沙特阿拉伯在内的石油生产国则放贷。这种借贷之间的严重失衡在起始于2007年的金融危机中起了很大的作用。

□ 1.3.4 区域贸易协定（第2章、第13章、第14章）

在国际经济一体化程度加深的过程中，一些地区的发展走在了世界平均水平的前面。举例来说，西欧国家间已消除了许多经济壁垒，正逐渐形成一个广泛的政治和经济联盟。1994年的《北美自由贸易协定》使得美国、加拿大和墨西哥组建了一个自由贸易区；太平洋周围那些大国，包括中国、日本及美国已经达成协议，在2020年前组建另一个自由贸易区。北美自由贸易区内的三个国家则分别与大多数中美洲国家和多米尼加共和国签订了自由贸易协定，同时美国也在继续与南美和亚洲国家谈判。从2004年开始，许多中东欧国家和两个地中海小国相继加入欧盟。东南亚国家联盟中的十个国家共同成立了一个自由贸易区，中国与其他很多国家一道也是贸易协定的积极参与者。

□ 1.3.5 贸易争端的解决（第2章、第7章、第8章）

国家间的贸易争端包含各种各样的争议和诉讼。一方面，这些争端是常规的，WTO提供了一个正式的争端解决程序并获得了世界上大多数国家的认可。但是，WTO的争端解决程序并没有涵盖所有的商品和服务，也没有对众多存有异议的事件做出详细的规定。不采用保护主义措施来解决争端，是各国维护健康的国际经济环境的关键。贸易争端可能会恶化，防止观念上的不一致演化为大范围的分歧是至关重要的。贸易战虽然不是真刀真枪，但是确实危害很大。

□ 1.3.6 国际机构的作用（第2章、第8章、第12章）

对贸易争端的解决负有最大责任的组织是WTO。WTO成立于1995年，其前身是第二次世界大战后不久创立的关税与贸易总协定。解决贸易争端仅是国际组织众多新角色中的一个。许多组织还负责提供发展援助、技术经济建议、经济危机期间的紧急贷款以及其他形式的服务和帮助。这些组织提供的服务是第二次世界大战前所没有的（比如发展支持），或者是虽然有但是由某一个国家完成的——通常是全球军事实力最强的国家（危机时紧急贷款）。今天它们之所以能够存在，得益于其成员国之间的共识和合作；如果没有了成员国之间的相互合作，这些组织将会瓦解。但是这些组织的能力也是有限的，它们既无法阻止危机的爆发，也无法使穷国变富。它们的存在也是具有争议的，有些人认为它们是美国的工具，也有人认为它们危及了国家主权的独立性。但是，未来这些国际组织的作用很可能会与日俱增，因为很多国际问题都无法由任何单一国家独立解决。

□ 1.3.7　汇率和宏观经济（第 10 章、第 11 章）

欧盟 27 个成员国中有 17 个国家采用欧元作为共同货币，还有一些国家则正在准备加入欧元的使用队伍——尽管 2011 年起欧元开始出现危机。巴拿马、萨尔瓦多和厄瓜多尔则使用美元作为官方货币。一些美国国会议员和一些经济学家认为，中国故意操纵人民币汇率来获取商业利益，而中国政府则担心美国可能会通过让美元贬值来减轻自己的外债负担。汇率制度有多种形式，它将一国经济和全球经济联系在了一起。汇率制度可以保护一国不受外界有害因素影响，但同时它也可能放大或者扩散这些有害因素对本国经济的危害。汇率在国际经济中起着举足轻重的作用。

□ 1.3.8　金融危机及其在全球的蔓延（第 12 章）

随着贸易和投资壁垒的减少以及新的通信和交通运输系统的发展，跨国流动的资本的金额与日俱增。金融创新以及从 20 世纪 70 年代末开始各国广泛流行的放松管制思想也进一步加剧了资本的跨国流动。资本流动使得各国收获颇多，比如更多投资、新技术以及更高的消费水平等，但是它们通常也是金融危机的根源，始于 2007 年的全球经济危机也不例外。今天，经济学家们在进行广泛的论证，希望找到办法既能减少资本流动给宏观经济和金融体系带来的剧烈波动，同时又不会影响到它们所提供的新的投资和借贷。

□ 1.3.9　资本流动和发展中国家的债务（第 2 章、第 9 章、第 12 章）

1996 年，世界银行和国际货币基金组织对 42 个高负债贫穷国家（HIPC）展开了一项债务减免计划。这些国家中有 34 个位于非洲。与此同时，像 Bono 等一些非政府组织和机构也成功游说债权国削减了穷国的一部分债务，并敦促富国改变借贷政策。在世界上的很多地方，极度贫困的问题常常伴随着巨额的、当地人几乎无力偿还的外债，只能是依靠不断地借新贷款来偿还原有贷款的利息。这些债务国面临的经济冲击、腐败和不可持续的经济政策等问题，使得为这些国家寻找有效的解决办法变得更加困难。债权国存在的普遍问题则包括不明智地向腐化独裁者提供贷款，以及提供贷款帮助债务国购买富裕国家出售的那些昂贵而无用的商品等。

□ 1.3.10　拉丁美洲和世界经济（第 15 章）

在拉美地区，20 世纪 80 年代被称为“失去的十年”。高负债、深度萎缩的经济和过高的通胀使这一地区整整十年没有发展。为此，许多国家对本国经济政策做出了深刻的调整。它们开放市场、吸引外资、签署贸易协定，结束了长期隔离于世界经济之外的状态。这些政策转变被称为“华盛顿共识”，也确实帮助这些国家结束了“失去的十年”，但是很少有经济学家认为这些政策是成功的。许多地方经济增长水平依然很低，金融危机不断侵蚀经济成果，长期以来的经济公平问题普遍被忽视了。但是总体来讲，拉美国家已经采取了各种各样的新政策和新尝试，尽力减轻贫困、创造繁荣、为全体公民创造机会。

□ 1.3.11 东亚的出口导向型增长（第16章）

从20世纪80年代末一直到90年代，人们很难忽视东亚的“奇迹”。虽然一些经济学家认为这并不是真正的奇迹——只是当地人努力奋斗和适宜的经济政策的结果——但是“表现优异的亚洲经济体”的增长率仍是人类历史上独一无二的。该地区各国实际人均GDP的增长率通常达到年均4%～5%，甚至6%～8%也并不少见。1997年，一场经济和金融危机沉重打击了这一地区。虽然还存在一些后续影响，但是到2000年，该地区的发展中国家的经济又以每年超过7%的速度开始增长。东亚这些国家的主要特征之一是经济外向型程度比较高，并主要依赖制成品出口的增长。

□ 1.3.12 金砖国家融入国际经济一体化（第17章）

1995—2001年间，全球商品贸易增长了3.5倍。与此同时，金砖国家（BRIC，即巴西、俄罗斯、印度以及中国）的出口总额则增加了10倍，它们占全球贸易总额的比重也从5%增加到16%。BRIC是一个人为编造出来的、语义也并不明确的单词，但是它却可以很方便地指代那些经济经历了高速增长、对全球贸易和金融活动有着显著影响的中等收入国家。到2020年初，甚至无须等上那么久，中国的经济总量将超过美国成为全球第一大经济体；尽管金砖国家要比世界上最富裕的那些国家落后很多，但是它们庞大的人口以及快速增长的经济使得它们在国际事务中的话语权越来越强。从历史的角度看，这些国家以及其他发展中国家的崛起意味着人类在经历了美国在权力和财富等方面都占有不成比例的重要性这样一个时代之后，开始朝着一个多极世界回归。世界经济如何与包括中国在内的庞大的、出口导向的、快速增长的经济体共处，对于21世纪的国际经济一体化进程至关重要。

关键术语

金砖国家（BRIC countries）
区域贸易协定（regional trade agreement，RTA）
深度一体化（deep integration）　浅度一体化（shallow integration）
外国直接投资（foreign direct investment，FDI）
关税（tariffs）　国内生产总值（gross domestic product，GDP）
外贸依存度（trade-to-GDP ratio）　配额（quotas）

交易成本（transaction costs）

习　题

1. 如何衡量全球化和国际经济一体化？

2. 与一个世纪前相比，美国经济在哪些方面融入世界经济的程度更深了？在哪些方面融入程度更浅了？

3. 外贸依存度衡量的是什么？较低的外贸依存度指标是否意味着一国对外贸易政策是封闭的？

4. 描述主要工业化国家的外贸依存度指标在过去一个世纪的特征。

5. 贸易和资本流动是由相对指标而不是绝对指标来描述和衡量的。解释其中的区别。相对指标和绝对指标哪种更有效？为什么？

6. 与100年前相比，国际资本流动的相对规模可能没有增加多少，尽管与50年前相比肯定增加不少。但是，现在的资本流动与以前相比有着本质的区别。为什么？

7. 国际贸易和投资有什么新动向？为什么说它们使得一国经济暴露在外部影响之中？

8. 描述经济学家用来证明对全球敞开大门的经济体比闭关锁国的经济体增长速度更快的三类证据。

第2章 第二次世界大战后的国际经济制度

学习目标

通过本章的学习，学生应该掌握以下内容：

1. 国际经济组织的主要类型以及示例。
2. 对比并举例说明区域贸易协定带来的不同程度的一体化水平。
3. 分析国际经济组织的作用。
4. 讨论针对国际经济组织的普遍批评。

2.1 引言：第二次世界大战后的国际制度与问题

第二次世界大战接近尾声之时，来自美国、英国和其他盟国的代表在新罕布什尔的布雷顿森林举行会议，并达成了一系列的协议，包括创建一个双挂钩的汇率制度（一直沿用至1971年）、筹建国际复兴开发银行（IBRD）——也就是后来的世界银行（World Bank），以及建立国际货币基金组织（IMF）等。1946年，即布雷顿森林会议召开两年后，包括美国和英国在内的23个国家开始就降低贸易壁垒进行对话，这最终促成了1948年开始运行的关税与贸易总协定（GATT）。本章主要研究这些国际经济制度，它们的历史、在世界经济中发挥的作用以及围绕它们存在的一系列争议。

□ 2.1.1 国际经济制度

国际经济制度是世界经济的一个重要特征。当社科专家解释第二次世界大战后各国经济一体化程度的不断加深时，这些国际经济制度带来的稳定性的增加和不确定性的减少一定是一个不容忽视的重要力量。然而，随着国际经济一体化的发展，这些国际经济组织也开始受到更多的监督和更多的批评。在我们探讨这些经济制度的影响和它们所受到的批评时，我们首先要看看“制度”的定义是什么。

当大多数人听到制度（institution）这个词的时候，通常想到的是一个正式的组织。但是，经济学家定义的制度更加抽象。比如，以经济学家道格拉斯·诺思为代表的“新制度主义学派”提出组织本身并不是制度，反而是监管行为的规则更接近制度的定义——这些规则告诉我们什么是被允许的，什么是不被允许的，并且制约着我们的行为。

制度可以是正式的也可以是非正式的。正式的制度是一系列的书面规章，明确地表明什么是允许的、什么是不允许的。这些规章可能体现在一个俱乐部里、一个社团里，也可能是体现在一个法律体系里。而非正式的制度是一种风俗或传统，它们告诉了人们在不同环境下应该如何去做，但是没有法律上的约束力。比如，非正式制度包括社交规则、互换礼物、餐桌礼仪、电子邮件礼节（网络礼节）等。在本章中，制度一词指的是规章和组织。

□ 2.1.2 国际经济制度的分类

国际经济制度的类型很多，规模各异，可以是某种特定商品的游说集团或者是国际生产商联盟，可以是多个国家对某种共同资源的联合管理，也可以是某些国家的贸易协定或发展基金，甚至是全球联盟。尽管本章的重点是国际经济制度，但了解一下国际经济制度的分类——从最具体的到最综合的——也是很有必要的。表2—1给出了国际经济制度的五种主要类型。

表2—1　　国际经济制度的分类

类型	示例
特定商品或行业组织：包括从贸易联盟到国际标准制定主体，再到强有力的卡特尔	石油生产国组织（OPEC） 国际电信联盟（ITU） 国际铅锌研究会
管理共享资源的委员会和代理处	国际边界水资源委员会（IBWC） 乍得湖盆地委员会 湄公河委员会
发展基金和银行	泛美开发银行（IDB） 亚洲开发银行（ADB） 伊斯兰开发银行
涉及几个国家的贸易协定（区域贸易联盟或贸易区）	北美自由贸易协定（NAFTA） 南方共同市场（MERCOSUR） 亚太经合组织（APEC）
为贸易、发展和宏观经济稳定而成立的全球组织	国际货币基金组织（IMF） 世界银行（WB） 世界贸易组织（WTO）

2.2 国际货币基金组织、世界银行和世界贸易组织

国际货币基金组织（International Monetary Found，IMF）、世界银行（World Bank，WB）和世界贸易组织（World Trade Organization，WTO）在国际经济关系中起着重要作用，对它们的介绍也是本书的重要内容。国际货币基金组织和世界银行创办于第二次世界大战后期；世界贸易组织成立于1995年，它脱胎于关贸总协定，并对其进行了深化和拓展。因此，了解关贸总协定的历史与作用和了解世界贸易组织的历史与作用是同样重要的。

□ 2.2.1 国际货币基金组织和世界银行

第二次世界大战期间，美国和英国以及其他一些盟国成员定期举行会议，讨论如何重塑战后国际经济秩序。它们希望避免20世纪二三十年代由于缺乏国际协调最终导致世界经济全盘崩溃的恶果。这些对话的高潮是1944年7月在新罕布什尔的布雷顿森林召开的布雷顿森林会议（Bretton Woods conference）。这次会议达成的协议基本是美国和英国谈判的结果，并最终导致了国际货币基金组织和国际复兴开发银行——也就是后来的世界银行——的成立。

国际货币基金组织于1945年12月27日开始运行，当时只有29个成员国。随着时间推移，成员国数量也增加到了188个（2012年）。国际货币基金组织根据不同项目，向其成员国提供短期、中期和长期贷款。每个成员需要缴纳一笔费用或者说份额（quota）作为会费。份额的多少根据一国经济规模不同及该国货币在国际贸易和国际支付中的重要程度不同而有所差别。国际货币基金组织内的重要决策由各个成员国投票决定——投票权与该国持有的份额成正比。这个规定使得高收入国家享有的投票权与其人口规模严重不成比例。例如，美国拥有将近17%的投票权，而七个最大的高收入工业化国家即G7（加拿大、意大利、法国、德国、日本、英国和美国）则控制了几乎45%的投票权。国际货币基金组织的有些决策需要赢得85%的绝对多数投票才能通过，这使得美国在一些特殊事件上具有一票否决权。2008年，因为新兴经济体希望能够拥有更大的话语权，也因为发达国家希望增加其他成员国缴纳的份额，国际货币基金组织的份额与投票权之间的不对称性面临更多的质疑。2010年，国际货币基金组织达成了一个关于成员国投票权与份额的改革计划，但是一直到2012年这一计划仍未得以实施。

国际货币基金组织最突出的作用就是当一国遭遇国际支付危机时，邀请各方进行谈判、调停。例如，如果一国的进口超过出口，就会缺少必要的外汇储备。外汇储备（foreign exchange reserves）可以是美元、日元、英镑、欧元，或者是其他任何被国际社会接受的货币（或者黄金）。另外，国际货币基金组织还有自己的货币，即特别提款权（SDR）。特别提款权基于一国向国际货币基金组织交纳的份额计算得出，而且可以看作该国的国际储备的一部分。如果一国缺少外汇储备，那么它不仅无法支付进口商品的货款，而且也无法支付其从国外借得的贷款的利息和本金。在

这种情况下，该国就需要求助于国际货币基金组织。国际货币基金组织可以为其成员国提供贷款，但是后者除了支付利息之外，还要付出一些额外的代价，那就是借款国必须调整本国政策以避免偿付能力不足的问题再次发生。如果简单的经济改革，比如使本国货币贬值或限制中央银行的信用创造活动等无法彻底根除问题，国际货币基金组织还会要求借款国对政府和市场的关系进行根本性改革，以便获取借款资格。这些要求被称为国际货币基金组织的贷款条件（IMF conditionality）。例如，在1997—1998 年的经济危机期间，国际货币基金组织是东亚各国主要的贷款人和改革建议提供者，但是对于它提出的建议和强加给借款国的各种条件，学界存在很大的争议。

国际货币基金组织用于处理危机的资金是有限的。2007 年当美国和其他一些主要经济体爆发危机后，国际货币基金组织的资本金远远不能解决问题。2009 年，几个最大的成员国通过投票，决定将国际货币基金组织的资本金增加到 7 500 亿美元，但是即便如此也远远不足以带领美国及其他大国走出危机的泥潭。另外，这也在一定程度上反映出该组织的不对称性，因为高收入国家通常都不愿意赋予国际货币基金组织必要的资金和权力来有效干预它们的经济。

世界银行是布雷顿森林会议后建立的另一个主要组织。它和国际货币基金组织有着同样的成员关系和相似的结构。成员国购买的世界银行的股份可以按照比例转化为每个成员在内部问题上拥有的投票权。世界银行成立的初衷是为第二次世界大战后欧洲的重建提供融资机制；但是，事实很快证明它的资金储备远远不能完成这一目标。另外，美国发现从政治角度看，直接控制重建资金而不是交由一个国际组织负责似乎更符合自己的利益。因此，之后美国出台了马歇尔计划来协助欧洲的重建，而世界银行的主要职责则转变为帮助非工业化国家发展。

□ 2.2.2 关贸总协定、乌拉圭回合谈判和世界贸易组织

第二次世界大战结束之前，有人提议成立国际贸易组织（ITO）——第三个国际经济组织。如果这项提议当时得以实施，国际贸易组织的工作将是建立与国际贸易、商业运行和国际投资有关的规章制度。但是因为美国的反对，这个想法被扼杀在萌芽中，而且一直到 1995 年才真正建立起类似的组织。虽然如此，在 1946 年，当一些国家仍在考虑组建国际贸易组织的时候，已经有 23 个国家就降低关税展开了谈判，这些谈判涉及 45 000 个关税减免事项，牵涉到近 100 亿美元的贸易额——占到了世界贸易总额的五分之一。此外，这些国家还达成了一系列与贸易规则有关的协定，并且期望这些规则可以成为国际贸易组织的一部分。1948 年，这些国家开始实行关税减免和相关规则；1950 年，虽然建立国际贸易组织的可能性完全破灭了，但是这些关于关税和贸易规则的协定却作为独立的部分保留了下来，成为我们熟悉的关税与贸易总协定（简称关贸总协定，GATT）。关贸总协定在逐步降低贸易壁垒方面表现得非常成功。在过去的 50 年里，国际贸易总额在世界国内生产总值中所占的比重由 5%增加到 2011 年的 31%就是一个最好的证明。

关贸总协定通过一系列的贸易回合（trade rounds）来发挥作用——各国在这些贸易回合中定期就越来越多的关税减让措施进行谈判。随着贸易回合的推进，在 20

世纪 60 年代中期的肯尼迪回合谈判和 70 年代的东京回合谈判中，谈判开始涉及除关税之外的一些贸易规则，包括倾销问题（在国外市场上以低于成本或公平价格的价格提供商品或服务）、行业补贴和非关税贸易壁垒等。

关贸总协定有意忽略了农产品、纺织品和服装等争议较大的领域。此外，由于服务贸易当时所占比重较小，因此也被忽略了。但是，随着这些未解决的问题逐渐累积，加之非关税贸易壁垒的重要性日益凸显，要求各国开展一系列新的、涉及范围更广的谈判。这最终促成了 1986 年开始的乌拉圭回合（Uruguay Round）谈判。在该回合谈判取得的一系列收获之外，另一个重要成果就是世界贸易组织得以成立并于 1995 年正式运行。截止到 2012 年，世界贸易组织已经有 153 个成员国，另外还有 30 个国家正在和各方积极谈判等待加入该组织。

在正式的谈判回合之外，世界贸易组织也积极推进各国的贸易对话和在特定领域的磋商。例如，1997 年，69 个国家签署了一项开放本国电信服务的协议，另外 70 个国家则同意开放金融服务部门。另外，成员国的贸易部部长每两年都要开一次会，以制定世界贸易组织的政策目标。2001 年在卡塔尔首都多哈召开的贸易部长级会议决定启动新一轮的贸易谈判，重点讨论发展中国家的问题。多哈回合（Doha Round）提出了多哈发展议程（Doha Development Agenda）来讨论发展中国家的重要贸易问题。农业补贴和保护以及服务贸易是其中的重要议题。这些议题都有很强的争议，进展非常缓慢。截止到本书写作时，多哈回合谈判都看不到胜利的曙光。与此同时，很多国家转而与一两个甚至是几个国家签署协定，区域贸易呈现快速增长的势头。即便多哈回合谈判最终以失败告终，世界贸易组织以及它推动签署的那些贸易协定依然是各个国家贸易规则的重要组成部分。

世界贸易组织和关贸总协定所有协定都是建立在国民待遇（national treatment）原则和非歧视（nondiscrimination）原则基础上的。国民待遇要求外国商品进入一国市场后，应该享受和本国商品相似的待遇。非歧视原则体现在最惠国待遇（most favored nation status）中。最惠国待遇要求世界贸易组织的成员国要像对待自己的最惠贸易伙伴一样对待其他成员国。事实上，这是对歧视的一种禁止。看上去自相矛盾的一点是，最惠国待遇允许像《北美自由贸易协定》和欧盟这样的贸易安排存在，尽管它们都是有利于其成员国而不利于非成员国的。从理论上说，只要这些安排不伤害国际贸易的整体水平，世界贸易组织就允许它们存在；而且在现实生活中，世界贸易组织从未挑战过其成员国之间的贸易协定的合法性。

案例 ☞

关贸总协定的谈判回合

关贸总协定推动各国签署的降低贸易壁垒的协议是几个谈判回合的产物。从第一个回合开始，目前为止已经有 9 个回合的谈判，其中多哈回合还在进行中。最初，关贸总协定只是一个国际协定而不是一个组织。但是，1950 年创立国际贸易组织的失败使关贸总协定在 1960 年时逐渐演变成一个事实上的组织，在日内瓦设有永久秘书处来管理日常事务。表 2—2 给出了各个谈判回合的简要信息。

前五个回合的谈判是以产品对产品的方式进行的，各个国家互相削减针对特定产品的关税。从肯尼迪回合开始，谈判简化为各国就一定范围的工业品的跨境关税减让百分比进行谈判。这种谈判方式导致的一个结果是各国之间无法实行统一的关税税率。这样做的目标是降低整体的关税水平，但并不是要在所有国家实行同一个关税税率。

表 2—2　关贸总协定的谈判回合

回合	时间	参与方数量
日内瓦Ⅰ	1947 年	23
安纳西	1949 年	13
托奎	1951 年	38
日内瓦Ⅱ	1956 年	26
狄龙	1960—1961 年	26
肯尼迪	1964—1967 年	62
东京	1973—1979 年	102
乌拉圭	1986—1993 年	105
多哈（世界贸易组织）	2001 年至今	149

东京回合是第一个开始针对补贴制定规则的回合。补贴可以帮助特定产业获得竞争优势，因为政府支付了部分生产成本——或者是通过直接支付成本的方式，或者是间接通过贴息方式，也可能是人为地降低企业获取外汇资金的成本等其他方式。东京回合围绕与补贴有关的贸易规则展开了艰苦的谈判，其中最重要的成果是禁止对出口工业品提供补贴（但不包括农产品、纺织品和服装）。

东京回合谈判引入的补贴问题被带入乌拉圭回合，并且新一轮谈判对补贴的定义做了更加详细的规定。乌拉圭回合谈判还取得了其他一些重大进展，其中之一是创立了世界贸易组织，作为一个正式机构来监督和管理关贸总协定的事务。在第 7 章中我们会进一步讲述该轮谈判取得的其他成果，同时也将对贸易政策和贸易壁垒展开更细致的讨论。

2.3 区域贸易协定

两个或多个国家之间的区域贸易协定（RTAs）是世界经济中另一种重要的制度。我们非常熟悉的北美自由贸易区和欧盟都是区域贸易协定的例子。所有区域贸易协定都可以被划分为五种类型中的某一种，虽然这些协定通常都兼具两个或者更多类型的特征。

□ 2.3.1 区域贸易协定的五种类型

区域贸易协定可以是双边的（两个国家）也可以是复边的（几个国家）。WTO 不属于区域贸易协定的范畴，因为它涵盖的范围是全球性的而不是地区性的。用贸易术语来讲，它被称为多边协定，因为它从潜在意义看可以包括全球所有国家。有些复边协定范围很广，比如欧盟就有 27 个成员国，亚太经合组织则有 22 个成员国。表 2—3 给出了五种类型的贸易协定及其特征。

表 2—3 五种类型的贸易协定

协定类型	特点
部分贸易协定	一个或几个行业产品的自由贸易
自由贸易区	产品（货物和服务）的自由贸易
关税同盟	自由贸易区加对非成员的统一外部关税
共同市场	关税同盟加投入要素（资本和劳动力）的自由流动
经济同盟	共同市场加经济政策的基本统一，可能包括共同货币

案例 ☞

主要的区域贸易协定

前面提到的五个层次的一体化都是不同类型的区域贸易协定（regional trade agreement，RTA）或贸易集团（trade bloc）的代表。一个自然而然的问题是：一共有多少贸易协定？它们对世界经济究竟是有益的还是有害的？一共有多少个贸易协定这个问题虽然简单，但是很难精确回答。很多协定不能单纯地归入五种类型中的某一类，因此我们无法弄清楚它们是否应该被计入。也就是说，当部分贸易协定还不符合完全自由贸易的条件，但是又带有自由贸易、关税同盟甚至共同市场的特征时，是否应该将它们计算进来呢？此外，很多协定都还停留在书面阶段（没有任何实际作用），或者还没有完全谈妥并付诸实施。在大范围执行之前，这些协定都有可能取消，因为一国那些竞争力不够强的部门肯定会反对开放本国市场的。

关贸总协定的成员国在签署区域贸易协定之前有义务向关贸总协定秘书处申报。根据世界贸易组织的统计，从 1948 年关贸总协定开始运行起，已有超过 500 个区域贸易协定向其报备。其中有些已经失效，但截止到 2012 年仍有 338 个协定为有效状态。大多数仍在生效的协定始于 20 世纪 90 年代和 21 世纪初。

前面提到的第二个问题——区域贸易协定究竟是有益的还是有害的——的答案更难以确定。1995 年世界贸易组织的一项研究表明，在多数情况下，“区域和多边一体化的宗旨是相辅相成，而不是相互替代”。从广义上说，世界贸易组织希望这些区域贸易协定有助于进一步降低贸易壁垒。但是，并不是所有的经济学家都能够认同这一观点，因为所有区域贸易协定都将成员国的利益置于非成员国的利益之上。换句话说，这些协定包含歧视成分，而这有违世界贸易组织最基本的公平待遇（最惠国）原则。给予成员国的优惠待遇使得大多数区域贸易协定妨碍了其成员国与非成员国之间的贸易。世界贸易组织也意识到了这个问题，但是它认为只要区域贸易协定创造的新贸易大于其破坏的贸易，净效应就是正的。此外，世界贸易组织将区域贸易协定视为新协定的试验田，这些新协定中有一部分最终会演变成更大的、全球性的协定。

几乎所有世界贸易组织的成员国都至少签署了一个区域贸易协定，很多国家甚至更多。比如，墨西哥是《北美自由贸易协定》（加拿大、墨西哥、美国组成）的成员国，但在 2000 年又加入了一个与欧盟的自由贸易协定。此外，它还与包括智利、日本、以色列、哥斯达黎加等国在内的其他国家签署了自由贸易及其他协定。表 2—4给出了一些目前仍在运行的区域贸易协定，其中最为人熟知的包括欧盟（EU）、欧洲自由贸易联盟（EFTA）、北美自由贸易区（NAFTA）、南美洲的南方共同市场

(MERCOSUR)、东南亚的东盟自由贸易区（AFTA）以及非洲东南部的东南非共同市场（COMESA）。但是，还有许多其他形式的协定，从针对少部分商品的关税协定到共同市场和经济同盟，没有罗列在这里。括号中是这些协定开始实施的年份。

表 2—4　　主要的区域贸易集团

区域贸易集团	目标
非洲	
COMESA——东南非共同市场（1993 年）	共同市场
ECOAS——中非国家经济共同体（1992 年）	共同市场
ECOWAS——西非国家经济共同体（1975 年）	共同市场
亚洲	
AFTA——东盟自由贸易协定（1992 年）	自由贸易区
ANZCERTA——澳大利亚—新西兰更紧密经济关系（1983 年）	自由贸易区
APEC——亚太经济合作组织（1989 年）	自由贸易区
欧洲	
CEFTA——中欧自由贸易协定（1992 年）	自由贸易区
EEA——欧洲经济区（1994 年）	共同市场
EFTA——欧洲自由贸易联盟（1960 年）	自由贸易区
EU——欧盟（1957 年）	经济联盟
中东	
ACM——阿拉伯共同市场	关税同盟
AMU——阿拉伯马格里布联盟（1989 年）	经济联盟
GCC——海湾合作委员会（1981 年）	共同市场
西半球	
ANCOM——安第斯共同市场（1969 年）	共同市场
CACM——中美洲共同市场（1961 年）	关税同盟
CARICOM——加勒比共同体（1973 年）	共同市场
MERCOSUR——南方共同市场（1991 年）	共同市场
NAFTA——北美自由贸易区（1994 年）	自由贸易区

资料来源：Harmsen and Leidy，"Regional Trading Arrangements"，in *International Trade Policies：The Uruguay Round and Beyond*，Volume Ⅱ：Background Papers，Washington，DC：IMF，1994. The WTO，"Regionalism"，Geneva：The World Trade Organization.

部分贸易协定（partial trade agreement）是最低层次的区域贸易协定。当两个或更多国家同意降低一个或多个经济部门比如钢铁、汽车等的贸易壁垒时，我们就可以认为它们之间达成了部分贸易协定。当各个国家之间不愿意开放整个市场但又希望某些商品能自由进行贸易时，部分贸易协定就出现了。

当更多商品被纳入到部分贸易协定中时，它看起来就更像自由贸易区（free-trade area）了。其中一个例子就是北美自由贸易区，当然还有许多其他的例子，如欧洲自由贸易联盟（EFTA）和《美国—以色列自由贸易协定》。在自由贸易区内，各国之间的产品和服务贸易无须缴纳关税且不受进口配额——针对进口的直接限制措施——限制。但是在现实中，大多数自由贸易区比如北美自由贸易区并不是绝对的自由贸易。各国通常会对一些特别敏感的产品设置一些限制。比如，作为文化保护措施的一部分，加拿大限制其电视台可购买的美国电视节目的数量。在自由贸易区内，各成员国也会制定本国的有关健康、安全和技术的标准，那些不符合标准的进口产品可能会被拒绝进入该国。

下一个层次的经济一体化形式被称为关税同盟（customs union）。关税同盟在自由贸易区的基础上，对非成员征收统一外部关税（common external tariff）。1968 年时欧盟（当时叫做欧洲经济共同体）就已经是关税同盟了，现在的南方共同市场（巴西、阿根廷、乌拉圭、巴拉圭和委内瑞拉）也是一个关税同盟。和自由贸易区一样，很多产品都被排除在关税同盟之外。以欧盟为例，针对日本汽车每个成员国都维持自己的关税税率和配额限制。共同市场是比关税同盟更高层次的区域贸易协定。共同市场（common market）在关税同盟基础上，还允许包括劳动力和资本在内的投入要素自由流动。这方面最恰当的例子就是 20 世纪 90 年代的欧盟。北美自由贸易区的三个成员国具备共同市场的特征（但没有统一的对外关税税率），因为它们允许资本在区内自由流动。另外，北美自由贸易区同时也允许某些工作岗位的白领相对自由地流动，如建筑师、商业顾问等。

经济一体化的终极形式是经济同盟（economic union）。经济同盟是一个能对宏观经济政策进行统一协调的共同市场，包括共同货币以及许多标准和规章制度的协调。这方面最恰当的例子就是美国各州或加拿大各省。比利时、荷兰和卢森堡组成的“比荷卢联盟”是由独立国家形成同盟的例子；欧盟也在朝着经济同盟这个目标前进，它们已有统一的货币欧元，并且在某种程度上拥有共同的防卫政策、公民权利以及财政政策。

□ 2.3.2 区域贸易协定和世界贸易组织

世界贸易组织的成员国签署区域贸易协定之前，必须向该组织申报。从 1948 年起，有 500 多个区域贸易协定在世界贸易组织进行登记，其中大部分协定是在 90 年代之后签订的。这些协定有一部分已经失效，但是截止到 2012 年至少还有 338 个协定仍在执行中。

区域贸易协定先天就是歧视性的，因为协定成员国之间存在互惠政策，而不会对非成员国实施最惠国待遇。但是，关贸总协定和世界贸易组织都允许区域贸易协定存在，因为它们假定区域贸易协定创造的新贸易超过了因它们的歧视行为而破坏的贸易。用经济术语来说，也就是贸易创造（trade creation）必须超过贸易转移（trade diversion）。下面的例子可以清晰地说明这两个概念之间的区别。

假设美国从包括海地在内的世界各地进口服装。更进一步，假定美国对服装征收高额的关税，但是这些关税是非歧视性的，也就是说符合世界贸易组织的规则。如果海地生产服装的成本比较低，在所有服装出口商对美国支付同样关税的情况下，该国的产品在美国市场上仍然颇有竞争力。最后假定墨西哥也生产服装，但是它的成本高于海地，所以美国大多从海地而不是墨西哥进口服装。在这个假设的例子中，如果美国和墨西哥签署一个自由贸易协定，墨西哥的服装就可以在不缴纳任何关税的条件下进入美国市场，而海地的服装出口企业则必须继续支付关税。这样一来，即使墨西哥的生产成本高于海地，它的服装在美国市场上的价格也会更低。这样，贸易就会从海地转向墨西哥，虽然海地的生产成本更低。从世界生产的角度看这是一种退步，因为资源配置从低成本生产者转向了高成本生产者，毫无疑问这一转移违背了世界贸易组织所捍卫的规则。

关贸总协定和世界贸易组织认识到大多数区域贸易协定都无一例外地造成了一些贸易转移，不过它们的目标是通过降低贸易伙伴之间的贸易壁垒来创造更多的贸易，从而让新创造的贸易的价值超过转移的贸易的价值。但是1995年，当美国、墨西哥、加拿大成立自由贸易区时，跟我们前面的假设非常相似的情况就在加勒比地区和中美洲各国出现了。作为应对措施，美国向中美洲和加勒比各国提供了金融援助并降低了针对这些国家的贸易壁垒。

□ 2.3.3 支持与反对区域贸易协定的观点

支持还是反对区域贸易协定不仅仅是一个纯粹的经济问题。政治、国际关系和国家安全等方面的考虑都发挥着一定的作用。核心的经济问题是这些协定会促进世界贸易长期的渐进式增长，还是它们正在成为进一步降低贸易壁垒的障碍。用经济学术语来讲就是，关键在于它们究竟是“垫脚石”还是“绊脚石”。

区域贸易协定的支持者认为它们是通往更加自由、更加开放的国际贸易的“垫脚石”。他们的论点如下：第一，少数几个国家达成协议要比WTO所有成员国达成一致协议更容易。因此，区域贸易协定使得各个国家无须跟其他153个国家逐一进行谈判，就能降低贸易壁垒。第二，降低贸易壁垒给本国造成的冲击要更小一些，因为区域贸易协定没有把整个世界经济都牵扯进来，因此避免了所有WTO成员国采用相同政策而导致的竞争的突然加剧。这也使得区域贸易协定的成员国可以更进一步，开放那些它们在多边协议中不愿开放的领域。第三，区域贸易协定成员国可以尝试那些不可能在大范围内推行的新协定。比如，开放某些传统上一直处于封闭状态的服务领域。保险和电信服务都是这方面的例子。第四，在WTO论坛中，区域贸易协定也可作为一种政治和经济威胁来加快协议的达成。例如，有人认为，美国—墨西哥—加拿大协定的签署促使了乌拉圭回合协议的达成，因为各国担心美国会转而发展它自己的区域经济集团而放弃其多边承诺。

区域贸易协定的反对者则对这些假设持怀疑态度。他们提出的最尖刻的批评是，区域贸易协定阻碍了迈向多边协定（全球范围）的进程。支持自由贸易的区域贸易协定反对者认为他们不能通过WTO促使多边协定的达成，而是正好相反，使国家两极分化，阻碍了协议的达成。反对者指出，区域贸易协定总是歧视贫困和欠发达国家，特别是当它们的成员当中既有像美国这样的富裕国家又有像危地马拉、爱沙尼亚这样的发展中小国时。低收入国家不仅不能在谈判中强有力地表达自己的观点，同时它们大多也缺乏充分利用市场开放的好处所必需的资源和基础设施。另外，在反对者看来，像美国这样的富有国家根本没有必要针对发展中小国设立贸易壁垒。

2.4 国际经济制度的作用

人们依赖制度来建立秩序，降低不确定性。通过约束和限制经济、政治和社会交往，制度确立了一个社会的激励机制并催生了稳定性。良好的秩序和不确定性的减少是如此重要，以至于一旦缺失，经济就无法实现增长。在一国内部，正式的行为规则是由各级政府部门制定的。比如，在美国这包括市、县、特区、州和联邦等各级政府。但是在国际范围内却没有相应层级的政府存在。设立针对国际贸易和国际宏观经济关系的规则，依赖于国际经济组织中有关国家的自愿协作。

国际经济组织与单个国家政府的主要区别在于，前者只拥有有限的强制执行力。国家和地方政府都拥有可以强制实施它们制定的规则的政治权力，而国际组织没有这样的权力，但它们确实拥有更微妙的可以促进合作的权力。例如，国际货币基金组织和世界银行可以收回对发展中国家的信贷额度。国际货币基金组织收回信贷额度对私人放贷者也是一个警示，这使得不合作的国家要想在资本市场上获取资本必须付出更大代价。同样，对不履行其贸易义务的国家，世界贸易组织可以使报复性制裁合法化。但是，国际组织基本上是依赖道义劝告和每个国家的承诺来维持其有效性的。如果一国拒绝加入这类组织或撤回它们对这类组织的支持，国际货币基金组织、世界银行或世界贸易组织也无能为力。

良好的秩序和不确定性的降低是每个人都看重的服务。这也是我们为什么要设立警察、法院和立法机构的原因。尽管公共秩序和不确定性的降低是无形的，但是它们却像其他有形的东西一样是人们重视和希望得到的。不过，它们的经济特征确实和大多数商品和服务不同，属于公共产品（public goods）。

□ 2.4.1 公共产品的定义

根据定义，公共产品具有非排他性（nonexcludable）和非竞争性（nonrival）或者说非减少性（nondiminishable）。非排他性是指正常的价格机制不能作为规范准入的方法。比如，当一个信号通过电视台的电波播出时，该电波范围内每个拥有电视机的人都可以接收到这个信号。（当然，有线电视不属于这类情况，接收有线电视信号需要许可。信号扰频处理是针对非排他性的一个聪明的技术解决方案。）

公共产品的第二个特征是非竞争性或非减少性。也就是说更多人来消费这类产品不会导致现有消费者的消费水平下降。比如，当我接收到某个地方电视台的信号时，我的邻居也可以接收到同样数量的信号。大多数商品的数量都会随着逐渐被消费而减少甚至是完全消失，但是公共产品不是这样。

因为搭便车（free riding）问题的存在，私人市场通常无法提供最优水平的公共产品。搭便车意味着人们没有对公共产品付费的动机，因为无法拒绝他人消费这类产品。正因为如此，仅依靠市场无法生产最优数量的公共产品，除非制度安排可以在一定程度上克服搭便车问题。大多数情况下，政府会介入来提供公共产品，并且以手中的征税权为手段，强迫人们为公共产品付费。

□ 2.4.2 维持秩序并降低不确定性

国际经济制度最重要的两个职能就是维护国际经济关系的秩序并降低不确定性。这两大职能结合在一起，为避免全球经济危机的爆发起到了重要作用。另外，如果一国的危机有向全球蔓延的可能，国际经济制度往往有助于将危机的危害降到最低，并阻止各国牺牲其他国家的利益来转移本国的经济问题。

维持秩序和降低不确定性这类一般性的任务要求在国际经济关系的一些领域建立具体的规则，尽管关于具体需要制定哪些规则或者说应该提供哪些特定的合作，经济学家并未能达成一致意见。然而，国际经济制度的支持者，比如经济学家查尔斯·金德尔伯格就给出了一些需要建立国际经济制度，以便加强合作或者是避免公共产品生产中的搭便车问题的领域，其中包括表2—5中给出的四种公共产品。

表2—5　四种国际公共产品的例子

公共产品	目的
经济衰退时开放的市场	防止因低迷效应扩大引起的出口下降
流入欠发达国家的资本	帮助欠发达国家发展经济
用以清算国际债务的国际货币	维持全球可接受的债务偿付体系
最后贷款人	防止某些类型的金融危机的扩散

金德尔伯格等人认为，缺乏一套针对上述一个或更多公共产品的供应的规则，至少可以在一定程度上解释历史上的各次经济危机，包括20世纪30年代全球范围的大萧条。如果没有一个国际制度来帮助制止各国的搭便车行为，那么国际经济的稳定性将变得更加脆弱。为了进一步说明这一点，我们不妨看一下表2—5中的第一行。在危机期间，政治家们面临着为了保护本国就业机会而封闭本国市场的巨大压力。以20世纪30年代为例，大多数国家都对进口实施高关税和限制性配额。这一举动很快就因为其他国家纷纷采用类似的做法而招致报复性贸易政策浪潮。最后，没有哪个国家真的受益，反而是国际贸易陷入崩溃。与此形成鲜明对比的是，在2008—2009年的全球衰退期间，各国政府遵守了它们在世界贸易组织规则下做出的承诺，坚持开放市场，而不是提高关税或者是实施配额，尽管它们同样面临着要求封闭本国市场的巨大国内政治压力。

在经济萧条时期，搭便车者希望通过封闭本国市场来减少进口，为本国创造更多就业机会。但是与此同时，它们却希望所有其他国家都保持市场开放，从而保证它们不会失去任何出口市场。这些动机是不一致的，搭便车行为的结果是所有国家都报复性地关闭本国市场，每个国家的福利都比以前恶化了。金德尔伯格指出，贸易政策转向高关税和限制性配额的做法加剧了20世纪30年代的大萧条，助推了其在全球范围内的蔓延。

金德尔伯格还指出，20世纪30年代流入发展中国家的资本的突然减少和最后贷款人（lender of last resort）的完全缺失也是导致大萧条加剧的原因之一，这也进一步证明了国际制度的重要性。最后贷款人的缺失造成的后果尤其严重，因为那些原本只是存在暂时性融资问题的国家很快就发展成全面的金融崩溃。随着这些国家没有能力偿付外债，危机从债务国蔓延到了债权国。在2009年这次危机中，全球最大的几个经济体同意向国际货币基金组织增资，以使其能继续充当最后贷款人的角色。

类似于1994—1995年的墨西哥比索危机、1997—1998年的亚洲金融危机以及更晚近也更严重的2007—2009年的次贷危机这样的经济危机发生的频率相对都比较高。在每次危机或者潜在危机期间，国际制度都通过防止搭便车行为而发挥了重要的作用。因为缺少正式的强制实施机制，它们只能通过改变每一个国家对其他国家的预期来做到这一点。举例来说，如果所有国家都承诺无论是经济繁荣时期还是衰退时期都会维持市场开放，那么在出现世界范围的经济衰退时，就没有哪个国家会认为其贸易伙伴要关闭它们的市场。另一个例子是，如果每个国家都向国际货币基金组织缴纳一定的份额作为该组织的资本金，就可以克服在危机中每个国家都等其他国家提供风险贷款的问题。国际制度的有效性取决于世界各国的承诺的可信度。如果一国同意遵守一系列的规则，但却又经常违背自己的承诺，那么它的承诺就不具有可信度。那么在这种情况下，制度就无法克服搭便车问题。

案例☞

布雷顿森林体系

第一次世界大战后，因为秉持错误的理念即不参与欧洲事务可以保护本国不会遭受类似于第一次世界大战这样的灾难性冲突困扰，美国退回到一种与世界相对隔离的状态。但是希特勒的出现、日本在太平洋地区的侵略行为以及第二次世界大战的爆发表明这种政策是行不通的。

20 世纪 30 年代，随着希特勒占领了欧洲大陆大部分国家和地区，美国开始意识到自身的错误。早在 1941 年 12 月加入第二次世界大战之前，美国就开始与英国合作为战后时代制定规划，虽然那时战争的结果还远无法预料。1941 年 8 月，罗斯福总统和丘吉尔首相在纽芬兰岛海域的一艘战舰上会谈。很快他们就宣布了《大西洋宪章》，这是一个关于战后重建的计划，承诺英美两国会努力推进世界各国在战后进行最大可能的经济合作。与此同时，美国和英国开始讨论可能施行的各种国际制度。

各方都认为，在战后重建过程中，美国无论从哪方面看都应该成为政治、军事和经济上的领头羊。早在几十年前，美国的财富总量和经济规模就已经超过了英国，而它在战争期间表现出的领导能力也赋予了它所需的声望和威信。此外，美国的基础设施没有遭到战争破坏，而且它也是唯一可以提供修复战争损失所需的金融资本和物质资本的工业化国家。

回顾 20 世纪二三十年代不难发现，战后重建计划的制定者认识到必须预防四个严重的问题：世界范围内的萧条；国际贸易的崩溃；国际货币体系的解体；国际借贷的瓦解。第二次世界大战期间的讨论也主要致力于回答可以通过建立或制定哪些规则、协议和组织来避免这些问题。下列这些国际制度被看作是对于实现这个目标至关重要的：

（1）一个有助于稳定汇率并向那些无法偿付国际债务的国家提供帮助的国际组织；

（2）有助于降低贸易壁垒的协定；

（3）一个为在战争中遭受破坏的国家提供救济并帮助它们重建的国际组织。

1944 年 7 月，战后重建计划在新罕布什尔州布雷顿森林召开的会议上最终确定。布雷顿森林体系包括国际货币基金组织、世界银行和布雷顿汇率体系。尽管关贸总协定是单独构建的，但是有时也会被纳入布雷顿森林体系中，因为它包含了布雷顿森林会议参与者关于国际贸易的目标和理念。这是人类历史上非常独特的一系列国际经济制度，并且自 1945 年以来在各自领域起到了关键作用。

构建布雷顿森林体系的原则相对比较简单。第一，所有国家都应开放贸易，而不是只有美国或只有英国和美国开放。用经济术语来讲，这要求多边开放，而不是单边主义（单边开放）或双边主义（双边开放）。第二，各国不应该歧视其他国家。无论英国和美国向对方征收的关税或配额是多少，它们都应该将同样的待遇给予其他国家。第三，为了确保进口商在国外购买产品的能力，各国不应该限制以支付进口商品为目的的货币买卖行为。第四，汇率应该是固定的，但是要存在定期调整的可能性。这些原则构成了布雷顿森林体系的基石。

2.5 对国际制度的批评

世界银行、国际货币基金组织、世界贸易组织和各种各样的区域贸易协定为发展提供了金融资源，为危机管理提供了技术支持，为开放市场提供了机制。但是并不是每个人都认为这些努力总是积极的，甚至即使是那些对这些组织的行为给予积极评价的人也认为还有进一步改进的空间。针对这些制度的批评来自方方面面，从反对世界贸易组织部长级会议召开的公众游行，到来自包括诺贝尔经济学奖得主约瑟夫·斯蒂格利茨在内的主流经济学家的批评等。一个主要问题是国际货币基金组织、世界银行和世界贸易组织究竟是促进了发展和经济安全，还是造成了更大的经济不平等并加剧了弱势群体的风险。

一般来说，由于前面提到的国际公共产品问题，大多数分析人士都认为建立某种形式的国际制度是有必要的。国际货币基金组织、世界银行和世界贸易组织都是为应对真实历史事件而创立的，有着明确的目的，也就是避免危机、促进增长。包括交通运输和通信技术革命在内的经济变革，欧洲、东亚和拉美等新市场的一体化以及技术创新通过降低不同国家间的相互隔离程度并创造更多的相互影响和外溢的机会，进一步提升了对这类制度的需求。虽然人们普遍认为有必要签署一系列涉及各个国家实施的国际经济政策的协定，但是关于协定的内容以及如何来执行这些协定却没有达成一致意见。

□ 2.5.1 主权和透明度

主权（sovereignty）是指一国可以不受他国对其国内事务的不必要干涉的权利。针对国际制度最大的批评就是它们强制成员国执行不希望采纳的国内经济政策，侵犯了这些国家的主权。比如，当一国遭遇金融危机时，国际货币基金组织很可能是它们唯一的外在求助对象。但是，国际货币基金组织一旦介入，它提出的一些条件有时会彻底改变受援国的国内经济政策。具体例子包括国际货币基金组织要求受援国削减政府支出、将国有企业私有化以及开放金融部门允许资本自由流动等。这些可能违背了一国公众的利益。比如，当一国爆发了金融危机时，削减政府支出会加剧经济衰退程度，特别是会对中产阶级和贫困人口造成格外严重的影响。除了潜在的利益或成本，一国政府看起来似乎是被国际金融组织胁迫。作为对这种看法的回应，有些人认为如果一国政府有能力避免金融危机，就不需要寻求外部帮助。此外，如果国际货币基金组织无条件地提供贷款，那么各方利益都会受损。国际制度应该在多大程度上促使一国改变国内经济政策，仍然是一个具有争议的问题。

与主权问题紧密相关的是透明度问题。这个问题源于国际经济组织内部决策的制定过程。如前所述，国际货币基金组织和世界银行都是根据各国缴纳的份额或会费的多少来分配投票权的。这使得发达成员国特别是美国得以控制这些组织，也使这些组织很难背离美国或欧盟的利益却为其他借款国的利益服务。比如，某一借款国被告知开放其金融市场，因为这样做可以增加外国资本流入和外来投资，但是这一行为的主要受益者却是美国或欧盟的银行和金融企业。有些批评者认为，国际货币基金组织和世界银行的政策明显是为发达国家的特殊利益集团设计的，而不是为世界经济利益服务的。

虽然世界贸易组织的治理结构不是基于成员国缴纳的份额或会费，但是发展中国家缺少类似于美国和欧盟在各轮谈判中聘请的律师队伍、贸易协会说客和行业专家这样的专业人士，这使它们处于劣势。典型的例子是就农产品和知识产权进行的乌拉圭回合谈判。发达国家推出了一套完整而严格的强制性政策来保护其知识产权（版权、商标、专利、品牌等）。反过来，发展中国家认为它们在发达国家市场上销售农产品时遇到的壁垒也将相应减少。但实际上，发展中国家对发达国家农产品的出口要远少于预期，而实施知识产权保护带来的成本则要远高于它们的预期。

□ 2.5.2 意识形态

除了与主权和透明度问题相关的批评外，人们对国际货币基金组织和其他机构给出的技术性经济建议的价值取向也存在质疑。其中最尖锐的批评来自于这样一些经济学家，他们强烈支持国际经济一体化，但是同时也认为给发展中国家的建议和技术性帮助反映的是发达国家利益集团的偏好和期望。例如，批评人士指控说国际货币基金组织将金融部门的利益看成是最重要的，甚至不惜伤害和忽略其他部门的利益。投票时，大多数专业的经济学家更倾向于开放贸易而不是贸易保护主义，但是关于发展中国家是否能够从资本自由流动中获益并没有达成一致意见。一些经济学家将资本的自由流动看作是保证获得足够投资的方法，另一些经济学家则认为应该限制资本的流动，以降低金融危机的风险。正反双方都有充足的证据，但是考虑到 2007 年这次金融危机带来的教训，认为要对资本流动加以控制、对资本市场加强监管和降低其开放程度的观点将变得更具影响力。这就意味着国际货币基金组织的立场要从过去几十年所奉行的资本市场完全开放转向制定更多的管制措施。和以往一样，目标是在确保需要的时候可以获得足够资本的同时，将经济的波动性和风险降到最低。

同样，国际货币基金组织和世界银行也是私有化浪潮的主要推动者。国有企业的私有化可以产生一系列的利益，但同时也会带来高成本。当一国的监管体系不够完善或者是当地制度很容易被强大的经济利益集团俘获时，私有化不过是将国家垄断变成更具掠夺性的私人垄断。针对世界银行提供贷款的行为，也存在类似的质疑。一些批评人士认为世界银行的贷款和发展计划总是受到意识形态目标的驱使，而不一定符合当地实际情况，因此不太可能实现预期的发展结果。这些批评人士对于单凭一套似乎放之四海而皆准的政策来“修复一个国家”的做法深表怀疑。

需要着重指出的是，国际制度经常因为没有促成计划达成的目标而受到指责。国际制度很容易成为众矢之的，不止一个国家的政府曾经指责过它们，并以此来转移对自己的批评。“是国际货币基金组织让我这么做的”成了摆脱国内政治困境的一个借口。

□ 2.5.3 执行和调整的成本

贸易协定和世界贸易组织是批评经济一体化的人们抱怨的焦点。特别是当协定既涉及发展中国家又涉及发达国家时，谈判能力和承受执行与调整这些协定的成本的能力的不对称性也是受到指责的一个方面。一个经常被提到的例子就是前面介绍的乌拉圭回合达成的知识产权协定。为了执行该协定，发展中国家必须建立或改进专利系统和版权、商标保护机制。后一项措施需要减少仿制的药品、录像带、唱片和软件等。执行这部分协定的机会成本相当巨大，对于一个资源非常有限的发展中国家来说尤其如此。

贸易协定一旦确立，就会因为要适应新的机会和挑战而产生调整成本。有的市场在扩大，也有一些市场则可能会萎缩。一般来讲，调整的成本要小于收益，但是对一些发展中国家来说，调整成本可能非常大。发展中国家往往具有较高的失业率(通常隐藏在非正式行业)，这就意味着萎缩行业中的失业工人可能要花更多的时间去找工作。发展中国家经济通常不够多样化，突然的冲击比如大量进口产品的涌入可能会产生巨大的冲击。加之这些国家大多缺乏完善的社会保障体系来保护失业工人及其家庭，问题将变得更为严重。为了更充分地利用进入国外市场的机会，一国可能还需要兴建新的基础设施，如运输新鲜农副产品所需要的公路和港口等。发展中国家基础设施的建设能力与发达国家相比是有限的；同样，发展中国家获取贷款的能力也是有限的。

国家主权和透明度、意识形态以及执行与调整成本等问题只是批评人士关于国际制度的众多忧虑中的一部分。然而，总体来讲，职业经济学家都普遍认同国际制度存在的理论和实践依据。但是，除了对其存在的必要性的普遍认同之外，很多问题仍然存在争议，特别是国际组织的治理及其权限问题。虽然有诸多不确定性，但可以肯定的是，如果这些国际经济制度不存在，我们仍会努力去建立它们。

小　结

1. 制度就是“游戏规则”。制度可以是正式的，像一国的宪法；也可以是非正式的，比如一种习俗或传统。在这两种情形下，我们都把制度看作是建立秩序和降低不确定性的机制。过去50年里，国际制度在促进国际贸易和国际投资的增长方面起到了重要的作用。它们制定了一系列的规则，帮助避免贸易战和类似于20世纪30年代大萧条的危机。

2. 三大经济组织是指国际货币基金组织、世界银行和世界贸易组织。世界贸易组织源自关贸总协定。国际货币基金组织、世界银行及关贸总协定都是第二次世界大战后创建的，目的是避免再次出现两次世界大战之间那种破坏性的经济危机。

3. 区域贸易协定是另一种重要形式的国际制度，尽管它们在范围上不是全球性的。严格来说，区域贸易协定可以分为五个类型。按照一体化程度由低到高分别为：部分贸易协定、自由贸易区、关税同盟、共同市场和经济同盟。每个类型的一体化程度都是渐进的，并且含有前一层次的特征。然而，实际的贸易协定通常兼具两种或多种一体化类型的特征。

4. 许多经济学家把区域贸易协定看作是建立更加开放的世界贸易的基石。但是，那些倾向于自由贸易的经济学家反对区域贸易协定，因为它们具有歧视性并有损多边的世界贸易组织协定。总之，只要区域贸易协定的贸易创造效应大于贸易转移效应，世界贸易组织就允许它们存在。

5. 国际经济制度是为了避免单个国家在国际公共产品方面存在的搭便车问题而制定的。最重要的公共产品是良好的秩序和不确定性的降低。有些经济学家认为只有在满足以下条件的情况下，才能实现国际公共产品的最优供给：在经济低迷和繁荣时均有助于保持市场开放的一系列协定；国际最后贷款人的存在；足够的向发展中国家提供资本的贷款人；国际结算货币供给充足。

6. 大多数分析人士认为某些形式的国际制度对于预防危机和促进增长是必要的。但是关于这类国际制度的治理结构和责任范围，却存在很多争议。

7. 针对国际制度的批评主要集中在主权、透明度、意识形态偏好，以及实施和调整成本等方面。

关键术语

布雷顿森林会议（Bretton Woods conference）

国民待遇（national treatment）　统一外部关税（common external tariff）

非减少性（nondiminishable）　共同市场（common market）

非歧视性（nondiscrimination）　关税同盟（customs union）

非排他性（nonexcludable）

多哈发展议程（Doha Development Agenda）

非竞争性（nonrival）　多哈回合（Doha Round）

部分贸易协定（partial trade agreement）

经济同盟（economic union）　公共产品（public goods）

外汇储备（foreign exchange reserves）

份额（quota）　搭便车（free riding）

区域贸易协定（regional trade agreement，RTA）

自由贸易区（free-trade area）　主权（sovereignty）

关贸总协定（General Agreement on Tariffs and Trade，GATT）

贸易集团（trade bloc）　贷款条件（IMF conditionality）

贸易创造（trade creation）　　　　制度（institution）
贸易转移（trade diversion）　　　　贸易回合（trade rounds）
国际货币基金组织（International Monetary Fund，IMF）
乌拉圭回合（Uruguay Round）　　　　最后贷款人（lender of last resort）
世界银行（World Bank，WB）
世界贸易组织（World Trade Organization，WTO）
最惠国待遇（most-favored nation status，MFN status）

习　题

1. 什么是制度？举例说明什么是正式制度和非正式制度，并解释制度和组织的区别。

2. 支持国际组织一方的观点是什么？反对国际组织一方的观点是什么？你认为哪种观点更具说服力？

3. 自由贸易协定的利与弊分别是什么？如果美国、中美国家和多米尼加共和国签订自由贸易协定，对孟加拉国有什么影响？

4. 什么是公共产品？它们与私人产品有什么区别？分别举例说明。

5. 国际货币基金组织、世界银行、关贸总协定、世界贸易组织的主要任务或作用是什么？

6. 当各国签署关贸总协定后，它们的关税被限制在现有水平或者更低。关税限制意味着除了特殊情况外，一国不会提高关税水平。解释关贸总协定中的关税限制条款在全球经济低迷时是如何阻止搭便车行为的。

7. 金德尔伯格针对20世纪30年代大萧条的研究认为市场经济有时候是不稳定的，一国经济可能会长期无法摆脱低谷。有些经济学家并不认同这一观点。假设你不同意金德尔伯格的观点，并且认为市场经济本质上是稳定的。你怎样看待需要国际制度来解决表2—5中罗列出的公共产品的供给问题？

8. 五种主要的区域贸易协定分别是什么？它们的主要特征又是什么？

9. 批评者对世界贸易组织、国际货币基金组织和世界银行有各种各样的抱怨。列举几种主要的质疑意见。

第二部分

国际贸易

第3章 比较优势和贸易利得

学习目标

通过本章的学习，学生应该掌握以下内容：

1. 分析绝对优势和比较优势的例子。
2. 画图说明贸易利得。
3. 定义并描述绝对优势、比较优势以及竞争力这几个概念之间的区别。
4. 从经济和伦理两个角度讨论国际贸易带来的经济重构。

3.1 引言：贸易利得

本章介绍比较优势理论。我们通过一个简单的模型来说明各国如何通过专业化提供自己具有相对最低生产成本的商品和服务来实现物质利益的最大化。因此带来的一国福利的提高被称为贸易利得（gains from trade）。比较优势和贸易利得是经济学中最古老也是应用最广泛的两个概念，但是有时候人们对它们却存在着误解和误读。因此，本章首先来清晰地界定一下这两个概念。

□ 3.1.1 亚当·斯密及其对国家经济主义的攻击

现代经济理论的发展与国际经济学的产生有密切的联系。1776年，亚当·斯密出版了《国富论》，这是第一本现代经济理论著作。在论述有效配置资源的基本原则的过程中，斯密对重商主义（mercantilism）——18世纪在整个经济思想领域占统治地位的国家主义经济体系——进行了大力批判。重商主义强调出口的作用大于进口，将出口看作是一国获取军队和国家建设项目资金的主要方式。

重商主义的主要错误在于其认为贸易是一种零和（zero sum）博弈。18 世纪，“零和”这个词还没有出现，但是它恰如其分地表达了一国所得就是另一国所失这个思想。我们只需稍加思考就可以发现这一思想中存在的问题，至少在自愿交易的条件下它是有问题的。当商店销售一加仑牛奶或者一块面包时，商店和消费者都从中获益。如果不是这样的话，要么商店不会销售这些产品，要么消费者不会购买这些商品。像这样的自愿交易是正和而非零和的。从这个意义上讲，总是有赢家有输家的体育运动通常不适合用来形容贸易关系。贸易比足球多了舞蹈的成分，也比自行车竞赛多一些攀岩的元素。

生活在 18 世纪 70 年代的人们不会想到自己正处在工业革命时期，但是斯密却非常敏锐地觉察到得益于专业化生产的不断发展，他的生活水平得到显著改善。对专业化进行分析也成就了他对经济学最重要的贡献之一：他发现专业化水平的高低依赖于市场的规模。

举一个当代的例子可能对于理解这个问题会有一些帮助。如果通用公司只被允许在密歇根州销售汽车，那么它的销售收入和销售量必然较小。这导致它雇用的工人数量较少，而每一个工人的专业化程度也会比较低。事实是，通用汽车面对的市场足够大（基本上是整个世界），于是它可以雇用那些完全专业化生产汽车小零件甚至微小零件（如门锁）的工程师——门锁工程师了解设计、生产和组装门锁的一切知识，而且可以帮助通用汽车最有效地将门锁安装到汽车上。而一个被局限在密歇根州市场上的企业却永远无法支付在每个汽车制造厂雇用拥有如此专业化技术的工程师的费用。

斯密的财富创造理论的一个关键要点是进入外国市场。如果没有人愿意进口，则每个公司都将受制于本国市场的规模。在某些情况下，本国市场规模是足够大的（如美国或中国）；但在大多数情况下，却不是这样。中小国家无法有效地生产它们所消费的每一件产品。以荷兰为例，该国居民消费的大部分商品都要依赖进口，同时它也必须通过进入外国市场来获得购买进口商品所需要的资金。

斯密高度不赞同贸易壁垒，认为贸易壁垒阻碍了专业化分工、技术进步和财富创造。他还指出进口可以使一国获得自己无法生产或无法以低成本生产的产品，而出口是为其他人生产的，只有当出口引致了进口时，出口才是有意义的。现代贸易理论对于贸易壁垒的抨击，基本是出于与斯密同样的理由。虽然国际经济学家发现实际应用这一理论时存在一定的局限，但是大部分经济学家都更偏好于自由和开放的市场。在第 6 章和第 7 章我们将对贸易壁垒进行更加详细的分析，现在我们先通过简单的数学模型和图形来深入学习一下贸易利得。

□ 3.1.2　一个简单的生产和贸易模型

我们从经济学中最简单的一个模型开始。这一分析的结论是自由贸易政策最大化了一国福利。后面我们还将分析一些现实条件和这个模型的假设不相符的案例以及一些自由贸易的优点值得怀疑的案例 。

基本模型通常也被称为李嘉图模型，因为它首先出现在大卫·李嘉图的分析中。该模型首先假设只有两个国家，生产两种产品，使用一种投入（劳动力）。李嘉图模型假设企业是价格接受者，或者换句话说，市场是完全竞争的，没有任何企业拥有垄断权力。模型假设技术水平恒定，而且生产中不存在能够使企业和行业随着时间的推移而提高生产率的学习效应，因此从这个角度说这是一个静态模型。李嘉图还假设劳动力在不同行业之间是可以完全流动的，但是不能跨越国界流动。表3—1罗列出了这个模型的基本假设，在接下来的章节中我们将逐渐放松这些假设。

表3—1　简单李嘉图模型的基本假设

劳动力	唯一的投入 不能跨国流动 可以在不同行业之间完全自由地流动 充分就业
市场	两种产品 完全竞争 没有运输成本或者交易成本
技术	规模报酬不变 技术水平或者技能不变

□ 3.1.3　绝对生产率优势和贸易利得

首先，定义李嘉图模型中的生产率。生产率是指单位投入的产出量。由于劳动力是唯一投入品，可以将劳动生产率（labor productivity）定义为如下形式：

劳动生产率＝产出的数量/劳动小时数

比如，如果1小时可以生产2块面包，则：

劳动生产率＝2块/1小时

或每小时2块面包。如果2小时可以生产4块面包，则生产率仍然如下：

4块/2小时＝每小时2块

假设有两种产品——面包和钢铁，以及两个国家——美国和加拿大。进一步假设两国按照表3—2给出的生产率进行生产。

表3—2　单位小时的产出

	美国	加拿大
面包	2块	3块
钢铁	3吨	1吨

注：与美国相比，加拿大在面包生产上的生产率更高，而美国在钢铁生产上的生产率更高。

表3—2的数据表明加拿大生产面包的劳动生产率要高于美国，而美国生产钢铁的劳动生产率则高于加拿大。加拿大在面包上具有绝对生产率优势（absolute productivity advantage），因为它的工人每小时可以生产更多的面包（加拿大人每工作一小时可以生产3块，而美国人是2块）。利用同样的逻辑，美国在钢铁生产上具有绝

对生产率优势。

亚当·斯密之所以支持自由贸易，是因为他认为每个国家都会在某些产品的生产方面具有绝对优势，而优势的来源则不重要。无论这种优势是来自于劳动力的特殊技能、一国的天气或土壤特征，或是人民的性情，每个国家肯定都可以用比其贸易伙伴更有效率的方式生产、种植或从地下挖掘出某种产品。因此，每个国家都可以从贸易中获利。

在表3—2给出的例子中，每块面包要花费美国1.5吨钢铁。换句话说，面包的机会成本（opportunity cost）是1.5吨钢铁，因为每多生产一块面包要求该国将一部分劳动从钢铁生产部门转移出来，从而放弃1.5吨钢铁的生产。这源于一单位劳动可以生产2块面包或是3吨钢铁的事实。我们可以把这一比例记为面包的交换价格，如下所示：

P_{us}^{b}=3吨钢铁/2两块面包=1.5(吨钢铁/块面包)

其中，b代表面包，us表示国家。类似地，我们也可以写出美国的钢铁价格，恰好是面包价格的倒数，如下所示：

P_{us}^{s}=2块面包/3吨钢铁=0.67(块面包/吨钢铁)

同样，你也可以发现加拿大的面包价格是0.33（吨钢铁/块面包），钢铁价格是3（块面包/吨钢铁）。

如果美国用每吨钢铁换回的面包超过0.67块，那么它就从这种交换中获利了。类似地，如果加拿大人可以用少于3块的面包换回1吨钢铁，那么他们的福利也得到了改善。如果美国同意用少于3块而多于0.67块面包的条件来出售自己的钢铁，则每个国家都可以从贸易中获利。在这个范围内，加拿大人和美国人都可以获利。最后，只要价格位于下面两个极限价格之间，美国和加拿大之间就存在贸易的可能：

3.0(块面包/吨钢铁)$>P_{w}^{s}>$0.67(块面包/吨钢铁)

其中P_{w}^{s}是钢铁的世界价格（贸易价格）。当我们不知道与市场需求有关的更多细节时，就不可能了解该价格究竟是更接近3.0（这是加拿大生产钢铁的机会成本）还是更接近0.67（这是美国生产钢铁的机会成本）。世界价格越接近0.67，则加拿大从贸易中获利越多；反之，价格越接近3.0，则美国获利越多。不考虑哪个国家获利更多，只要价格处于这两个极限之间，两个国家就都可以从贸易中获利。

案例

19世纪日本得自贸易的利益

国际经济学家秉持的一个基本理念是各国可以从贸易中获益。在前面的内容中我们通过论证贸易可以使一国消费比它完全自给自足时更高价值的商品，证明了这一点。之所以能得出这样的结论，一个关键是贸易双方拥有不同的生产率，这使得它们在自给自足条件下有着不同的价格。

经济学家一直希望能够回答的一个问题是：得自贸易的利益究竟有多大？贸易创造的收益究竟是相对较大，还是相对较小呢？因为下面这些原因，这个问题非常复杂。首先，贸易开放带来的收益有些是马上就可以体现出来的，我们称之为静态收益。但是也有些收益要随着时间推移才能逐渐体现出来，我们称之为动态收益，这部分收益很难预测，因为它们很大程度上取决于创新和生产率的变化。得自贸易的收益很难度量的第二个理由是所有国家都已经不同程度地参与到国际贸易中来，所以我们测度的贸易利得实际上是贸易量增加给一国带来的潜在收益，而不是一国因为参与国际贸易而获得的收益。在前面给出的简单模型中，我们研究的是从完全没有贸易到开展贸易的情况，但是在现实世界中，当一国降低贸易壁垒时，它是从参与国际贸易走向了更大程度地参与国际贸易。

两个经济学家（Berhofen and Brown，American Economic Review，95（1），2005）用一种原始的方式解决了这个难题——他们回顾了日本的经历。因为觉得受到了基督教传教士以及他们的支持者葡萄牙人的威胁，1639 年日本统治者开始实行闭关锁国政策。从那时起，只有荷兰和中国被允许和日本进行贸易，而且每年只有几艘船的贸易量。就拿荷兰来说，19 世纪中期，每年荷兰和日本的贸易量只有一艘船的货物，而中国和日本的贸易活动也只有三四个小帆船的载运量。据伯霍芬和布朗（Berhofen and Brown）的测算，截止到 19 世纪中期日本每年的出口额只有区区人均 1.2 美分，进口额则更少，大约为 0.4 美分。总之，这个时期的贸易可以忽略不计，基本可以认为日本是一个自给自足的社会。

就像大多数人从历史书中已经学到的，19 世纪 50 年代早期，美国决定强迫日本开放本国市场，并且派出了颇受人尊敬的马修·佩里（Matthew Perry）来完成这项任务。1853 年，佩里第一次和日本官员进行会晤，并在 1854 年签订了几项协定。美国并未就此罢手，而是进一步要求日本继续开放市场，直到 1858 年双方签订了全面开展商业活动的条约，该条约于 1859 年 7 月 4 日正式开始生效。紧接着，荷兰、俄罗斯、英国以及法国纷纷效仿美国的做法，到 19 世纪 60 年代中期，日本基本上成了一个实行自由贸易的国家，因为该国政府利用关税来限制贸易的能力被其他国家大大削弱了。

日本是用来研究贸易带来的静态收益的一个很好的例子。在国门被打开之前日本一直采取闭关锁国的政策，而国门打开之后则或多或少实行了自由贸易。根据前面提到的那个简单的理论模型的预测，日本国内的生产将转向那些价格更高的出口产品，而其国民收入则应该出现增长，因为出口产品的价格更高同时进口产品的价格则更低了。这两种效应在日本似乎都应验了。

实行对外贸易之后，日本的丝绸和茶叶的产量都显著增加，成为日本主要的出口产品。进口产品则主要是羊毛制品（日本没有畜牧业）以及日本没有能力自行生产的各种制成品，比如军事武器。国民收入也出现了增长。根据伯霍芬和布朗的测算，增长比率的上限大概在 GDP 的 8%～9%左右。这个数字不算很高，但也不是可以忽略不计的，而且这只是从开放中得到的静态收益。随着时间推移，日本企业逐渐适应变得更大的市场的需要，同时也随着新技术和新产品的引入，生产率的提高以及创新能力的增强一定会给日本带来更多的收益。

3.2 比较生产率优势和贸易利得

此时需要问的一个问题是，如果一个国家在任何产品上都没有绝对生产率优势，结果将会怎样呢？不难想象出一个特别贫穷、资源匮乏、劳动者素质低下、资本稀缺的国家。对于这样的国家来说，它们可以用比美国或德国更有效率的方式生产出什么产品呢？当这些国家在任何产品的生产上都缺乏效率时，为什么富国还愿意与它们进行贸易呢？答案是即使一国在任一产品上都不具备绝对生产率优势，它仍然可以从贸易中获利。可能更令人吃惊的是，富裕的高生产率国家也会从与这些国家的贸易中获得利益。换句话说，一国能否从贸易中获益与该国是否在特定产品的生产上具有绝对优势无关。为了说明这一问题，首先我们需要引入更多的基本概念。

□ 3.2.1 生产可能性曲线

生产可能性曲线（production possibilities curve，PPC）给出了一国在决定生产多少面包、生产多少钢铁时面临的权衡关系。图 3—1 给出了一条假想的美国生产可能性曲线。生产可能性曲线上的 *B* 点是一个有效率的生产点，因为它使用现有的资源实现了最大可能的产出水平。充分就业假设相当于假定美国在生产可能性曲线上类似于 *B* 点的点进行生产。在 *A* 点处，经济处在生产可能性曲线里面，在无效率、存在浪费的产出水平上运行，因为此时它没有通过使用可利用的投入获得最大可能的产出。*C* 点是不可实现的，因为利用现有资源无法生产出 *C* 点所代表的面包和钢铁的产量组合。

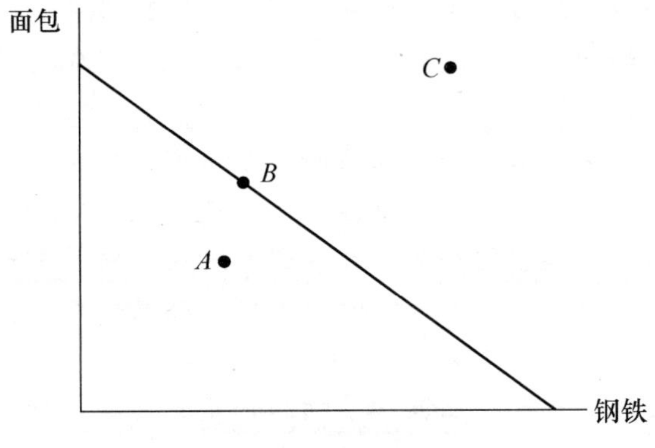

图 3—1 美国的生产可能性曲线

注：在只有两种商品的模型中，生产可能性曲线显示了这两种商品的替代关系。

图 3—1 给出的生产可能性曲线是一条直线，因为我们假设面包和钢铁之间的替代比例不变。这符合劳动力的同质性假设，即没有哪一群工人比其他工人技术水平更高。面包和钢铁之间的这种替代关系是表示钢铁的机会成本的另一种方法。这是因为机会成本可以定义为放弃的最优选择：为了生产 1 吨钢铁，美国放弃了 2/3 块面包的生产。在图 3—2 中，生产可能性曲线的斜率是－0.67，即放弃的面包数（Δ 面包）除以获得的钢铁数（Δ 钢铁），可以用下式来表示：

生产可能性曲线的斜率＝(Δ面包)/(Δ钢铁)＝钢铁的机会成本

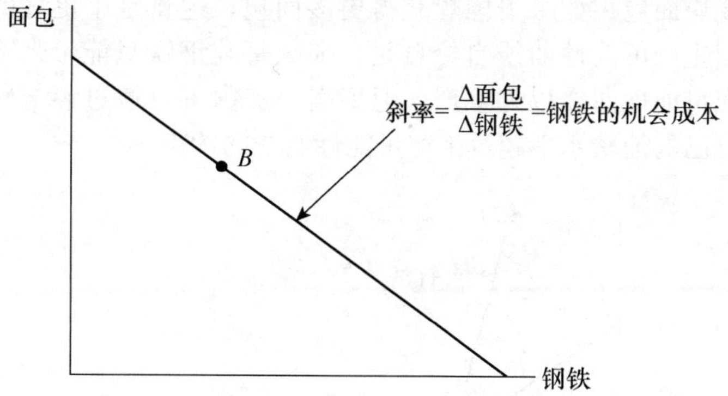

图 3—2 机会成本和生产可能性曲线的斜率

注：生产可能性曲线的斜率是横轴上商品的机会成本。这是基于对斜率的定义，斜率是指沿着生产可能性曲线移动时纵轴的变化量与横轴的变化量之比。

□ 3.2.2 相对价格

假设生产可能性曲线的斜率是－0.67，如图 3—2 所示。如果美国不参与国际贸易，放弃 0.67 块面包将多获得 1 吨钢铁。这种替代关系被称为钢铁的相对价格（relative price）或钢铁的机会成本。“相对价格”一词是指它不是以货币单位表现的，而是以另外一种商品的数量来表现的。如果没有贸易发生，则一种商品的相对价格必然等于其生产的机会成本。

很容易就可以将钢铁的相对价格转换成面包的相对价格：取钢铁的相对价格的倒数即可。换句话说，如果美国 1 吨钢铁的价格是 0.67 块面包，则 1 块面包的价格就是 1.5 吨钢铁。基于同样的推理，如果生产点是图 3—2 中的 *B* 点或者是生产可能性曲线上的任何一点，那么 1.5 吨钢铁就是美国生产 1 块面包的机会成本。

□ 3.2.3 消费可能性曲线

完全不存在贸易时就是所谓的自给自足（autarky）。在这种情况下，美国和加拿大都只能消费本国生产的产品。假设初始时是自给自足经济，且加拿大 1 吨钢铁的机会成本是 3 块面包，而美国 1 吨钢铁的机会成本是 0.67 块面包（如表 3—1 所示）。在这种情况下，如果两国进行贸易，则它们的消费水平都会提高。具体来说，如果贸易的价格设定在加拿大和美国的机会成本之间，那么进行贸易就是有利可图的。即如果下面的不等式成立，则美国和加拿大两国都能获利：

$$3(块面包/吨钢铁)>P_w^s>0.67(块面包/吨钢铁)$$

假设价格定为 2 块面包/吨钢铁。在美国，贸易前的价格是 0.67 块面包/吨钢铁。这可以用图 3—3 来表示，其中给出了美国的生产可能性曲线，并且在 *A* 点生产。美国进行贸易的可能性曲线用消费可能性曲线（consumption possibilities curve，CPC）来表示。*CPC* 曲线的斜率为－2，是钢铁的相对价格，或者是面包和钢铁可以相互交换的比率。*CPC* 线过 *A* 点，因为这是美国在 *A* 点生产时，可用于进行贸易的钢铁和面包的数量组合。如果美国选择进行贸易，则沿 *CPC* 曲线上移，用每吨钢铁交换 2 块面包。如果美国想获得更多面包，这将是个更好的选择，因为如果美国沿着本国生产可能性曲线自给自足，那么每吨钢铁只能带来 2/3 块面包。虽然不可能在生产可能性曲线以外生产，但事实上美国可以通过参与贸易，用钢铁来交换面包，让自己的消费水平超过生产可能性曲线的约束。

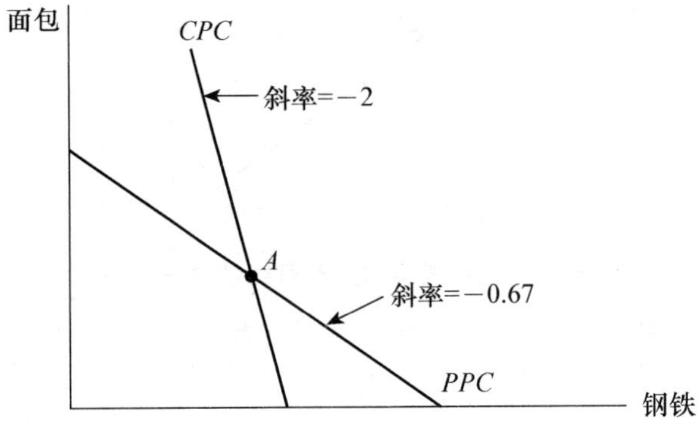

图 3—3　专业化前的生产和贸易

注：如果美国在 *A* 点生产，且钢铁的贸易价格为 2，则它可以用钢铁交换面包，并将其消费扩展到生产可能性曲线之外。

□ 3.2.4　贸易利得

你可能会怀疑为什么美国仍然会选择生产面包，毕竟每少生产 1 吨钢铁只能换回 2/3 块面包。如果美国专业化生产钢铁并用它来交换面包，结果会更好，因为每吨钢铁可以换回 2 块面包。这种可能性可以用图 3—4 来表示。在这里，贸易前美国的生产点为 *A* 点。同时该点也是消费点，因为在没有贸易的条件下，消费必须等于生产。图 3—4 中的 *B* 点表示美国完全专业化生产钢铁。随着贸易的开放，生产点转移到 *B* 点，并且沿着 *CPC*′与加拿大进行贸易，该条曲线的斜率为−2——与 *CPC* 曲线的斜率相同。如果美国在 *B* 点生产并沿 *CPC*′上移，可以达到类似于 *C* 点这样的点——这些点显然要优于当生产点为 *A* 点时美国可以获得的消费组合，因为与 *A* 点相比，*C* 点代表的钢铁数量和面包数量都更多。类似地，对于沿着生产可能性曲线（*PPC*）或者是 *CPC* 曲线——如果美国在 *A* 点进行生产并开展贸易的话——能实现的任何面包和钢铁的组合，在曲线 *CPC*′上存在一个由更多的钢铁和更多的面包表示的消费组合。

关于生产点 *B*，值得提醒各位注意的是，它使得美国的收入最大化。因为它代表的是可以获得的面包和钢铁的最大可能数量的组合。为了解释这一点，不妨考虑没有其他生产点可以使美国位于距离原点更远的价格线上的情形。美国生产可能性曲线上的任何其他生产点都位于消费可能性曲线 *CPC*′下方，而每一条与生产可能性曲线相交于除 *B* 点之外的点且斜率为−2 的 *CPC* 线也位于 *CPC*′曲线下方。换句话说，给定美国的生产可能性曲线和钢铁的相对价格为 2，当美国专业化生产钢铁并用它来交换面包时，就实现了数量最大的消费组合。

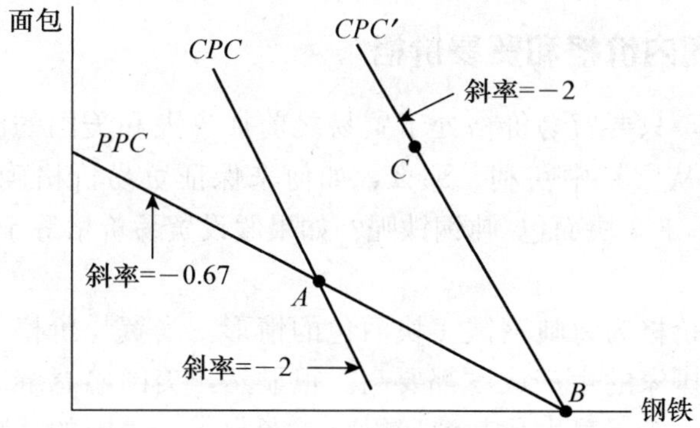

图 3—4　收入最大化的生产

注：通过在 B 点专业化生产钢铁并交换回面包，美国获得了可能的最大消费组合。

美国从贸易中获利，那么加拿大能否也获利呢？毫无疑问，答案显然是肯定的。如图 3—5 所示，假设点 A 是加拿大贸易前的生产点。沿着加拿大的生产可能性曲线，每吨钢铁的机会成本是 3 块面包。贸易后，价格定为每吨钢铁 2 块面包。此时，加拿大通过沿着生产可能性曲线移动到专业化生产面包时，其收入达到最大化。接下来加拿大就可以按照比其国内价格——每吨钢铁 3 块面包——更有利的贸易价格来交换钢铁。加拿大也可以在位于其生产可能性曲线右上方的消费可能性曲线所代表的点上消费，这些点也位于其贸易前的均衡点 A 的右上方。与美国一样，加拿大也从贸易中获利了，因为通过贸易，它获得了比自给自足时更多的两种产品的组合。

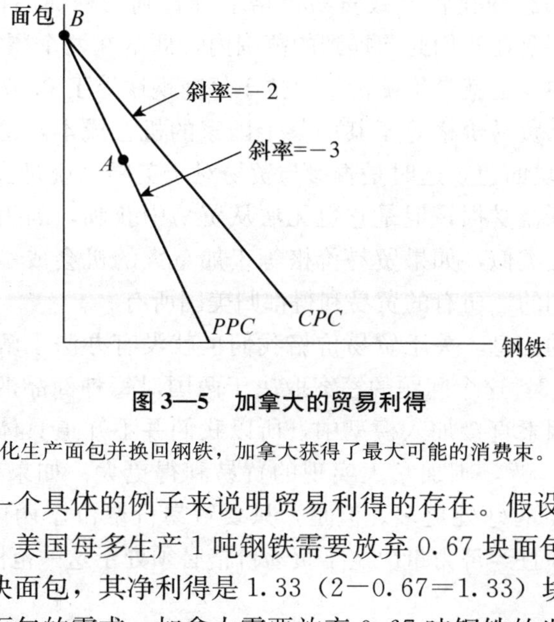

图 3—5　加拿大的贸易利得

注：通过在 B 点专业化生产面包并换回钢铁，加拿大获得了最大可能的消费束。

我们可以通过一个具体的例子来说明贸易利得的存在。假设钢铁的相对价格是每吨钢铁 2 块面包。美国每多生产 1 吨钢铁需要放弃 0.67 块面包的生产，但是可以用 1 吨钢铁换回 2 块面包，其净利得是 1.33（2−0.67=1.33）块面包。为了满足美国对 2 块或更多块面包的需求，加拿大需要放弃 0.67 吨钢铁的生产。但是，用 2 块面包就可换回 1 吨钢铁，其净利得是 0.33（1−0.67=0.33）吨钢铁。因此，这两个国家都从贸易中获利了。

□ 3.2.5 国内价格和贸易价格

现在我们知道，只要贸易价格处于贸易之前加拿大和美国的国内价格之间，这两个国家就都可以从贸易中获利。那么，如何来保证贸易价格确实大于 0.67 块面包/吨钢铁，而又小于 3 块面包/吨钢铁呢？如果假设贸易价格等于 4 或 0.5，将会怎么样呢？

首先考察贸易价格为每吨钢铁 4 块面包的情形。当贸易价格等于 4 时，钢铁的贸易价格比这两个国家的生产成本都要高。很显然，美国愿意继续专业化生产钢铁并用它来交换面包。为了最大化其消费组合或者收入，美国的战略无须做出任何调整。唯一的区别是美国现在用每吨钢铁可以换回 4 块面包，而不是之前的 2 块。对加拿大来说，钢铁的价格变得更高使得加拿大生产商转而生产钢铁会更有利可图。这是因为生产钢铁的机会成本是 3 块面包，但是通过贸易每吨钢铁可以换回 4 块面包。加拿大通过专业化生产钢铁并用它来交换面包可以最大化其消费组合。

最后，结果显然是两个国家都专业化生产钢铁而没有任何国家生产面包。这导致面包出现短缺而钢铁出现过剩。结果，面包价格上涨而钢铁价格下降。这种情形会一直持续下去，直到钢铁的贸易价格下降到加拿大生产钢铁的机会成本之下——该国也是生产成本较高的那个。只要贸易价格低于 3，加拿大生产者就会再次改为生产面包，于是钢铁产量下降，面包产量上升，贸易也恢复正常了。

在第二种情形下，如果贸易价格小于 0.67，那么加拿大将继续专业化生产面包，而美国则从原本的生产钢铁转为生产面包。这导致面包过剩，而钢铁供应短缺，与前面提到的类似的动态变化将导致贸易价格上升直到两种商品都能有人生产为止。均衡的贸易价格需要落在我们此前提到的范围内，即落在两个国家的机会成本之间。具体到我们的例子中，也就是均衡价格要位于每吨钢铁等于 0.67～3.0 块面包之间。

在极端情形下，贸易价格等于其中某个国家的机会成本，例如，假设钢铁的贸易价格为每吨 0.67 块面包，这时是否参与贸易对于美国来说是没有差别的。美国不会因为参与贸易而利益受损，但是它也无法从贸易中获利，因为所有的贸易利得都归加拿大所有。与之类似，如果贸易价格等于加拿大的机会成本，则加拿大是否参与贸易也是没有差别的，所有的贸易利得都归美国所有。

如果没有其他的信息，关于贸易价格我们也就没有办法了解更多的内容。它是更接近于 0.67 还是 3？这个问题的答案取决于两国对每种商品的需求量，但是因为我们并没有将需求因素直接加入模型中，所以我们并不知道具体的答案。我们只知道如果价格更接近 0.67，则加拿大实现的贸易利得更大；如果贸易价格更接近 3，则美国从贸易中获得的好处更多。但是，只要贸易价格位于两国的机会成本之间，两国就都能获利，而且经济力量决定了贸易价格必须处于这一范围之内。

3.3 绝对生产率优势和比较生产率优势的对比

绝对生产率优势意味着拥有更高的劳动生产率。如果每个国家都在某种产品上具有绝对生产率优势，它们就可以通过专业化生产该产品并用其交换另外一种产品而双双获利。但是，需要注意的是，贸易利得的实现并不要求每个国家都拥有绝对生产率优势。事实上，真正重要的是贸易前两国生产面包和钢铁的机会成本。机会成本由一国的生产率决定，但是因为它是以相对比率的形式来表示的，所以不同的生产率水平可以得到相同的机会成本。

如果一国生产某种产品的机会成本低于其贸易伙伴，则该国在这种产品上具有比较生产率优势（comparative productivity advantage），或简称为比较优势。比较优势的概念基于下面的理念——各国将资源用于能够实现这些资源的最大价值的领域时，就可以实现物质福利的最大化。为了搞清楚每种资源可以实现最大价值的用处，我们需要对资源的不同用处进行比较。如果与美国相比，加拿大生产面包的机会成本更低，那么它应该生产更多的面包并用多余的面包来交换钢铁。

绝对生产率优势和比较生产率优势的区别是经济学中最重要的内容之一。同时也是经济学中理解得最不透彻的一部分，尽管这两个概念都很简单。举例来说，我们经常看到或听到下面这样的评论：如果一国没有绝对优势就无法将其产品卖给国外买家。我们的模型解释了为什么这种说法是错误的，并且阐明了为什么即使是生产率最低的国家也能够出口一些产品。

3.4 没有绝对优势条件下的贸易利得

下面我们看一下表 3—3 给出的案例。日本无论是在汽车生产（2>0.5）还是在钢铁生产（2>1）方面都具有绝对优势，但它仍然可以从贸易中获利，就像马来西亚也从贸易中获利一样，尽管后者在两种产品的生产上都处于绝对劣势。如果日本不参与贸易，那么它将受到本国的生产可能性曲线的限制，每多生产 1 辆汽车都要少生产 1 吨钢铁。在马来西亚，每辆汽车的成本是 2 吨钢铁。因此，存在一个双方都能受益的交换区间。

表 3—3 **每小时的产出**

	日本	马来西亚
汽车	2 辆	0.5 辆
钢铁	2 吨	1 吨

虽然日本在钢铁生产方面具有更高的绝对生产率，但其生产钢铁的机会成本高于马来西亚。所以如果日本遵循自己的比较优势并最大化本国收入，那么它应该专业化生产汽车，因为在汽车的生产方面日本的机会成本低于马来西亚。一旦开放贸易，汽车的世界价格将位于每辆汽车 1 吨～2 吨钢铁之间，即日本和马来西亚的机会成本之间，如下所示：

$$1(\text{吨钢铁/辆汽车})<P_w^c<2(\text{吨钢铁/辆汽车})$$

假设每辆汽车的价格为 1.5 吨钢铁。如果日本随着贸易的开放而专业化生产汽车，它每多生产 1 辆汽车将少生产 1 吨钢铁。同时每辆多生产的汽车可以换回 1.5

吨钢铁，因此日本的净收益就是比自己生产时多获得 0.5 吨钢铁。与此类似，马来西亚每多生产 1 吨钢铁要少生产 0.5 辆汽车，但是用额外生产的每吨钢铁可以换回 0.67 辆汽车。这样一来，两国都获益并且都可以消费比自给自足时更多数量的两种商品。

这是关于贸易利得的一个被高度简化了的例子，但是却足以说明下面这个基本原理：决定一国是否愿意参与贸易的最重要的因素，不是一国的绝对优势，而是其比较优势。这是国际经济学的一个核心观点：绝对优势的差异不会消除贸易利得。另外，虽然这两个国家都从贸易中获利了，但这并不意味着两国人民的生活水平或收入是相等的。马来西亚人的收入可能要低于日本人，因为他们每小时的生产率更低。实际上，马来西亚人工作一小时的产出水平等于 1 吨钢铁或者说 0.67 辆汽车——在有贸易发生的情况下。而日本工人每小时可以生产 2 辆汽车，或者说是贸易条件下的 3 吨钢铁。更高的绝对生产率的结果是，日本人的收入水平更高，无论是否存在贸易都是这样。

案例

1960—2007 年韩国比较优势的变化

很少有国家在建国之初会像韩国这样看起来前景一片暗淡。随着日本在第二次世界大战中战败，朝鲜半岛结束了长达 40 年（1905—1945 年）的被殖民历史，但很快又陷入内战（1950—1953 年）并分裂为两个国家。许多观察家对韩国的未来丝毫不抱希望，因为主要的工业力量都位于半岛北部的朝鲜，位于南部的韩国除了本国人民的勤勉与不辞辛苦之外，几乎没有任何东西。然而在接下来的 50 年内，比韩国经济增长得更快的国家却并不多见。韩国是一个值得研究的经济成功的典范。

1960—2010 年，韩国实际人均收入以每年 5.4%的速度增长（见表 3—4）。按照这个速度，人均收入每 13 年就可以翻一番。

表 3—4　　韩国的经济指标

	1960 年	1980 年	2000 年	2010 年
人均 GDP（2000 年美元）	1 154	3 358	11 347	16 372
外贸依存度	15.8	72	74.3	102

在内战刚结束的最初几年里，韩国的经济战略是限制进口并集中力量实施进口替代战略，这也是 20 世纪 50 年代发展中国家普遍使用的战略。同时韩国也是最早认识到该政策的局限性并加以调整的国家之一。1960 年和 1961 年，政治改革导致了经济政策改革，同时韩国也更加积极地参与到世界经济中。韩国取消了对进口贸易的很多限制并开始提升出口导向型产业的发展。1960—2010 年间，韩国的外贸依存度从 15.8 提高到 102。

刚开始，韩国的出口仅局限于本国随手可得的商品，主要是矿产品、少量农产品和海产品（如海藻）以及简单的消费品。在 1960 年后的几十年里，韩国的出口产业几经变迁，从不太需要技术和资本的简单产品发展到需要更多技术和大量资本的产品。在充分利用自身比较优势发展经济几十年之后，韩国在假发、纺织、制鞋和胶合板等领域形成了较强的竞争力。与此同时，随着收入的提高，技术水平和金融资本也在不断积累、提升，从而为更多技术密集型和资本密集型产业，如钢铁、造船、家用电器和电子配件等的发展提供了保证。接下来，汽车、计算机和电子产品等行业也开始蓬勃发展起来。到了21世纪的第一个十年，韩国已经成为一个高收入的工业化国家，有能力出口使用最先进的技术生产的很多产品。显然，韩国的历史说明比较优势不是一成不变的，比较优势可以成为一国提升居民收入、促进发展的手段。

韩国生产的产品中被销往世界市场的比例不断增加，因此韩国企业的生产决策不会受到本国市场的限制。此外，韩国的商品还必须在质量和价格方面具有竞争力。能够以世界价格获取进口品的能力固然也很重要，但是真正支撑韩国竞争力的是其生产率的快速提高。如果不是因为单位劳动能够生产更多产出，韩国人民的收入不会像现在增长得这么快，而且韩国将其比较优势从低技术产品转移到高技术产品的能力也不会持续提升。反过来，生产率的提升需要一系列的变革作为补充，从大学和科研机构的发展、组织的变革，到投资于新的机器和设备的金融资本的增加等等。

在大力发展出口和提高生产率的过程中，韩国遇到了一系列障碍，比如本国僵化的官僚体制、在与韩国完全不同的国外市场上营销的难题以及缺乏技术管理和行业经验等。但是韩国克服了这些困难，成为一国利用自身的比较优势去开发出口市场的榜样。同时，它也利用外国竞争者带来的压力来提高自己的生产率和产品质量标准，这又反过来提升了国民收入。韩国的成功是其政府、私人部门和一些公共—私人组织共同努力的结果。这些因素在韩国崛起的过程中究竟扮演了什么样的角色，至今仍是一个有争议的话题：韩国的成功究竟是应该归因于政府政策的正确引导；还是说这些政策与市场和竞争相比，仅仅起到了次要的（甚至负面的）作用？

3.5 比较优势和竞争力

“竞争力”一词在日常生活中经常会碰到，所以有必要说明一下它与比较优势之间的关系。到目前为止，所有分析都表明，比较优势来自于国家自给自足时的生产率差异。在前面提到的物物交换的简单模型中，工资、价格和汇率都被忽略了。但是，实际生活中我们不会用钢铁交换面包，而且也不会用企业的产出来支付工人的工资。

通常来说，通过忽略货币工资、货币价格和汇率，我们假定所有商品和劳动都可以被准确定价。换句话说，我们假设产出和投入品的价格准确地反映了其相对稀缺程度。在这种情况下，一国在某种商品上的比较优势与其企业以有竞争力的价格销售产品的能力之间是没有区别的，即如果所有市场都正确地给出了投入品和产出品的价格，则一国的商业优势由其比较优势决定。

然而令人遗憾的是，市场有时无法给出最优结果，有时产出品和投入品的定价又是不准确的。有时，高估或低估一种商品的价值源于衡量其真实价值或真实生产成本的固有困难。比如，当衡量开车的成本时，我们通常忽略空气污染成本。在另一些情况下，低估或高估可能源于政府的政策，如价格被人为地保持在高位或低位。此时，市场价格无法准确地反映一种投入品或产出品的经济价值这一事实说明，商业优势或者说竞争优势（competitive advantage）与比较优势是有区别的。

人们经常（不正确地）提议，一国应该追求企业的商业优势，即便这意味着资源的错配。实际上，这表明一国由于无法最大化本国产出的价值，正在执行降低其生活水平的政策。具体到图3—4和图3—5中，也就是主张美国和加拿大都在A点生产，此时美国高估了自己生产面包的价值而加拿大则高估了自己生产钢铁的价值。从国民福利的角度看，这两个国家最终的消费组合都是次优的。

让我们看一个真实的例子。尽管印度尼西亚在飞机生产方面并没有比较优势，但它还是试图发展飞机制造业。而且，通过一系列政策组合（包括对购买飞机的人直接提供补贴），有时与外国相比，该国生产的飞机的价格还是有竞争力的。从印度尼西亚整体国民福利和稀缺资源的最优化利用角度来看，这样做是错误的。然而，从一个行业的角度来看，印度尼西亚的政策使飞机制造变得有利可图，尽管从国家角度看这是次优的资源利用方式。

这个例子说明了一个常见的错误，即将国家等同于商业企业。印度尼西亚的飞机制造商关心补贴和任何能够使其获利的政策。但是，国家利益是在法律和价值观的约束下，实现最有效率的资源配置。通过补贴或者免除国际竞争等方式可以使单个企业获得高额利润，但同时这一政策却使整个国家的生活水平下降。企业不是用来确保资源在国家层面得到有效配置的。如果它们可以合法地使有关政策向对它们有利的方向倾斜，它们会毫不犹豫地这样做。

国家和商业企业的另外一个重要区别在于，国家之间的竞争不是我们惯常意义上的竞争。美国和加拿大或任何两个国家间的经济关系，都不同于像可口可乐和百事可乐这样的企业间的商业竞争。即便加拿大强大了，美国也不会出局或受到严重伤害。实际上，加拿大经济的增长会促进美国的增长而且会对美国产生溢出效应。可乐公司在一个相对静态的市场规模中竞争，但各个国家可以同时实现收入的提高。

3.6 经济重构

经济重构（economic restructuring）是指经济中的一些行业得到发展，而另一些行业收缩甚至整体消失的现象。例如，美国钢铁行业出现了大规模的收缩，但是若干年后，又重新出现了一个以更小规模、更加专业化的钢铁企业为基础的新行业。目前来看，汽车行业正在逐渐萎缩，且从长期来看前景并不明朗。在任何动态经济中，总是有一些经济活动得到了发展，而另一些则相应萎缩甚至消亡。在某些情况下，这种变化是对外开放程度增加的直接结果。例如，日本汽车的涌入对美国汽车行业的重组起到了重要的作用。

在前面那个简单的李嘉图模型中，开放贸易后美国通过将工人从面包生产行业转移到钢铁生产行业，实现了本国福利的最大化。虽然这种经济重构提高了整体的经济福利，但它并不意味着每个个体都会从中获益——一国的贸易利得会以不同方式进行分配，通常情况是一些个体因为贸易受益而另一些个体则利益受损。如果通过开放贸易存在净利得（用消费组合的增长来衡量），则说明获利者的经济利得要高于受损者的经济损失，于是整个国家是获利的。然而，对外开放让本国企业面临外来竞争的压力通常是一件痛苦的事情，而且常常会招致一系列新的问题。本章使用的模型假定工人可以随意地、无成本地在收缩性行业和扩张性行业间自由转换。但是在现实中却并不是这样。虽然一些衰退行业的失业工人或许很快就可以找到新工作，但大多数人却无法做到这一点。他们可能并不知道哪家公司招聘工人，又或者他们的技能无法满足有招聘需求的企业的需要。

比较优势模型并未告诉我们通过哪些政策来解决失业工人的问题。这类政策是另一个经济学分析领域，如劳动经济学等研究的话题。但是人们普遍认识到，贸易模式的变化——无论这是由于贸易协定的签署、贸易壁垒的降低、科技创新还是其他因素引起的——确实会导致公司倒闭和工人失业。即便如此，大多数经济学家依然支持开放贸易政策，因为对外贸易增加了消费者的选择，降低了生产者采购投入品的成本，提高了竞争力和创新能力，而且使得技术可以在更大范围内得到扩散。但是，记住贸易利得并不意味着每个工人或每家公司都能获利这一点是很重要的。

在很大程度上，有关世界运行方式的政治假设丰富了经济学家、政治学家和其他社会科学家们提出的关于失业问题的解决方法。比如，有些强烈支持政府减少对经济的干预的人认为，政府不应该出台任何政策来应对由进口快速增长所导致的失业。他们坚持认为失业是一个可以自动修正的问题；失业工人最终可以找到新的工作，而且如果迫不得已的话，会接受更低的工资。也有一些人则认为，这类社会问题不是政府应该关心的，应该留给私人经济和个体本身去处理。

与这种“无为”观点相反的意见是，政府应该想办法来补偿利益受损者。这一观点的支持者从以下几个方面来证明其正确性。第一，整个国家从贸易中获利了，所以该经济获得了可以用于补偿利益受损者的新增资源；第二，很多人认为他们有道义上的义务来帮助在经济变革中受损的人们；第三，补偿削弱了反对对外贸易的声音。

提供贸易调整援助（trade adjustment assistance，TAA）在包括美国在内的很多国家都是很普遍的做法。通常，这种援助表现为扩大失业救济范围和提供更多再就业培训的形式。比如，美国政府通过了一个特殊福利项目，以补偿由于签署《北美自由贸易协定》而在美国与墨西哥的贸易中利益受损的工人。1994 年，也就是《北美自由贸易协定》签署后的第一年，有 17 000 名工人获得了接受贸易调整援助的资格。一般来说，为了获得这一资格，工人需要证明他们的失业应该归因于来自墨西哥或加拿大的进口产品，或者是其所在企业转移到墨西哥或加拿大所造成的后果。显然，在进口和失业之间建立直接的联系有时是很困难的一件事；一家管理不善的企业的破产可能与进口有关，也可能与进口无关。

但重点是贸易带来了变化，一些人、行业或团体可能很难应对这种变化。当一个国家沿着生产可能性曲线移动到一个不同的产业组合时，会有一个转型时期，在这个过程中一些人可能会感到很痛苦。经济重构不是一夜之间可以完成的事，尽管我们希望享受到它给我们带来的更高的生活水准，但是变化和转型同样需要时间和金钱。

案例☞

逐渐丧失的比较优势

前面提到的韩国的例子表明比较优势并不是一成不变的，而是会随着一国经济发展而不断变化。但是，比较优势的变化是一把双刃剑，有些生产活动将不再是对一国资本和劳动力的最有效利用方式。在韩国的例子中，其发展早期出口的有些产品后来就不再是成本更低的产品了。

农业是许多国家在发展过程中都会渐渐失去比较优势的一个行业。一些农作物的生产是高度劳动密集型的，而随着经济的发展，劳动力成本会不断上升。技术进步可以通过减少对劳动力的需求在一定程度上解决因工资上涨带来的某些问题，但是，有些农作物的问题根本无法通过技术来解决。在一个理想的世界里，处于正失去竞争优势的产业的工人很容易并且很快就可以转向有新机会的产业。

农业的比较优势并不是一国政府在考虑本国农业部门时唯一的担忧。食品安全、粮食自给自足和对农村文化与社会的扶持等问题都得到了不同程度的关注，某些国家对这些问题的关注程度要更甚于其他国家。

WTO 多哈回合谈判的一个目标就是为低成本农产品生产者能进入他国市场而创造一个良好的经济环境。这轮谈判的目标是通过在机会成本最低的地方从事相关的生产活动，实现一个更加富有效率的世界经济，与此同时为发展中国家提供一些机会。如果一个发展中国家在棉花种植方面拥有比较优势，但是外国市场没有对它开放，那么它就不能充分获取比较优势为其带来的利益。

棉花不是粮食作物，对它的态度可以清晰地让我们看到说服有关国家降低贸易壁垒的主要困难在哪里，以及各国希望降低壁垒的主要原因是什么。根据国际棉花咨询委员会统计，全球来看棉花种植成本最高的国家是希腊、西班牙和美国，它们都被世界银行划入高收入国家范畴。种植成本最低的国家则主要分布在西非（如布基纳法索、马里、贝宁）和中亚（如乌兹别克斯坦和塔吉克斯坦）。

棉花在世界贸易中所占的比重并不高，只占 2003 年货物贸易总额的 0.12%。但是它又是非常重要的。有一亿家庭的主要收入来源要依靠种植棉花，几个低成本种棉国依赖棉花出口收入来购买包括谷物在内的主要进口产品。表 3—5 对比了棉花种植、贸易份额和一些低成本和高成本国家的人均收入。从该表可以看出，低成本国家虽然产量少但更依赖于棉花出口，因为较低的收入水平使这些国家的人们挣扎在生死线上，而且它们没有多少商品可供出口。相比较来说，高成本国家较少依赖于棉花出口，而且拥有较高收入。

表 3—5　　低成本和高成本国家的人均收入

国家	2009 年棉花出口（百万美元）	占总出口的比重（%）	2009 年人均收入（美元）
低成本种植国			
西非			
贝宁	97.6	7.8	772
布基纳法索	248.7	27.6	509
马里	73.2	4.1	601

续前表

国家	2009 年棉花出口（百万美元）	占总出口的比重（%）	2009 年人均收入（美元）
中亚			
塔吉克斯坦	71.0	16.0	734
乌兹别克斯坦	259.7	2.4	1 182
高成本种植国			
希腊	402.9	2.0	28 521
美国	3 386.8	0.3	45 793

资料来源：Food and Agricultural Organization；World Bank；World Trade Organization.

像美国、希腊这样的高成本种棉国依赖政府各种各样的干预来维持其棉花种植者的经营。在希腊，直接或间接补贴和棉花进口关税都按照欧盟共同农业计划进行管理。美国农业部则实施了诸多农业支持计划，包括对农民的补贴、补贴贷款、收入担保、补贴保险、营销和促销支持等，同时美国商务部还会对进入美国市场的外国棉花征收一系列税种。

富裕国家想方设法保护本国高成本生产者的做法带来的影响远不止是降低了生产的效率。这种做法降低了世界上最贫穷国家人民的生活水平，阻碍了它们收入的提高。通过利用其财富补贴生产，高成本生产者增加了世界市场上棉花的供给，限制了低成本生产者充分利用其在棉花上的比较优势的能力。简单来说，高收入国家发现放弃对本国老旧、低效率行业的支持在政治上是一件很困难的事情。

小　结

1. 贸易模式最重要的决定因素是生产可贸易品的机会成本。生产特定商品时牺牲最少数量其他商品的国家具有最低的机会成本，或者说比较优势。比较优势是经济学中最古老的概念之一，而且从 19 世纪中叶起就一直是国际经济政策方面的重要议题。

2. 根据自身的比较优势进行生产的国家最大化了其从贸易中得到的利益，从而使其国家福利最大化。这等同于最大化其贸易利得。

3. 人们经常把比较优势与绝对优势相混淆。绝对优势是指一国在特定商品上的绝对生产率高于其贸易伙伴。具有比较优势并不必然要求具有绝对优势。

4. 反对根据比较优势进行生产和贸易的一方经常会犯的一个错误是认为其他国家的工人工资低于本国。这个观点忽略了生产率问题。发展中国家的工资较低是由于得自每小时劳动的产出价值较少。劳动生产率较低是因为工人普遍是低技能的，在工作上的资本投入较少。

5. 企业家对贸易问题的看法不同于经济学家是因为他们的目标不同。企业家更关心其竞争能力，即在特定市场以最低价格销售特定产品的能力，其视角是特定的企业。而经济学家则是从国家或全球层面关注资源的有效利用，他们将所有企业放在一起通盘考虑。

关键术语

绝对生产率优势（absolute productivity advantage）

劳动生产率（labor productivity）　　自给自足（autarky）

重商主义（mercantilism）

竞争优势（competitive advantage）

比较生产率优势（comparative productivity advantage）

机会成本（opportunity cost）

生产可能性曲线（production possibilities curve，PPC）

消费可能性曲线（consumption possibilities curve，CPC）

相对价格（relative price）　　经济重构（economic restructuring）

贸易调整援助（trade adjustment assistance，TAA）

贸易利得（gains from trade）　　零和（zero sum）

习　题

1. 使用下表中给出的关于法国和德国劳动生产率的信息来回答问题（1）～问题（6）。

每工作小时的产出

	法国	德国
奶酪	2 千克	1 千克
汽车	0.25 辆	0.5 辆

（1）在奶酪的生产上，哪个国家具有绝对优势？在汽车生产上呢？

（2）如果不进行贸易，奶酪在法国的相对价格是多少？在德国呢？

（3）奶酪在法国的机会成本是多少？在德国呢？

（4）在奶酪的生产上，哪个国家具有比较优势？在汽车生产上呢？为什么？

（5）奶酪贸易价格的上限和下限是多少？

（6）画出法国的生产可能性曲线并标出斜率。假设法国根据其比较优势来确定在生产可能性曲线上的生产点，标出其生产点。如果汽车的贸易价格是每辆汽车可以换回 5 千克奶酪，通过贸易线来说明法国如何从贸易中获利。

2. 假设习题 1 中的表格变为如下形式。使用这些信息来回答问题（1）～问题（6）。

每工作小时的产出

	法国	德国
奶酪	1 千克	2 千克
汽车	0.25 辆	0.5 辆

（1）在奶酪的生产上，哪个国家具有绝对优势？在汽车生产上呢？

（2）如果不进行贸易，奶酪在法国的相对价格是多少？在德国呢？

（3）奶酪在法国的机会成本是多少？在德国呢？

（4）在奶酪的生产上，哪个国家具有比较优势？在汽车生产上呢？为什么？

（5）贸易价格的上限和下限是多少？

（6）画出法国的生产可能性曲线并标出斜率。假设法国根据其比较优势来确定在生产可能性曲线上的生产点，标出其生产点。如果汽车的贸易价格是每辆汽车可以交换 5 千克奶酪，通过贸易线说明法国如何从贸易中获利。

3. 即使不是每个人的福利都得到改善，一国仍能从贸易中获利。这种说法矛盾吗？

4. 发达国家的经济民族主义者担心国际贸易正在毁灭其国内经济。一个常见的抱怨是贸易协定打开了一国国门，增加了与那些工资收入仅为本国工人工资一半的国家之间的贸易。说明这种观点错在哪里。

5. 很多人认为国际贸易的目标应该是创造就业。因此，当他们看到由于企业没有能力与更便宜且更优质的进口商品竞争而造成失业时，他们就假设贸易对经济肯定是有害的。这种假设对吗？为什么？

6. 假设德国决定在香焦生产上自给自足，甚至出口。为了完成这一目标，政府给予那些投资于香蕉种植活动的企业一定的税收激励。很快，德国的香蕉业变得有竞争力且可以在世界任何地方以最低价格销售。德国在香蕉种植方面具有比较优势吗？为什么？这样做对于德国整体经济的后果是什么？

第 4 章 比较优势与要素禀赋

学习目标

通过本章的学习，学生应该掌握以下内容：

1. 阐述赫克歇尔-俄林模型。
2. 描述一国参与国际贸易之后生产活动的变化以及贸易的利得。
3. 判断贸易开放对不同生产要素的影响。
4. 判断要素禀赋的变化对贸易和生产的影响。
5. 说明随着生产过程的逐渐标准化，产品的生命周期的变化。
6. 说明如何在对外贸易和对外投资之间进行权衡。

4.1 引言：比较优势的决定因素

第 3 章提出的比较优势理论假设各国生产率水平并不相同，但是却没有考虑造成这种差异的原因是什么。本章将重点探讨一国内部的要素禀赋情况，比如劳动力、资本以及自然资源等。我们假定这些要素禀赋决定了一国生产的机会成本以及比较优势。我们还会检验贸易给一国的生产活动带来的变化，以及随之而来的对工人工资、资本以及资源所有者赚取的利润和租金的影响。这些分析有助于澄清担心国际贸易会减少对本国劳动力和资本的需求，进而导致他们收入下降的人们对进一步扩大贸易规模的反对。

4.2 现代贸易理论

在第3章，我们给出了比较优势取决于各国相对生产率，而相对生产率则是由初始假定所给定的。斯密和李嘉图认为每个国家都有自己独特的技术、气候以及资源，各国在这些方面存在的差别会使得它们的生产率存在差异。20世纪，一些经济学家在一国的比较优势取决于投入（我们称之为生产要素或简称要素）的禀赋的基础上，对贸易进行了更加细致的解释。该理论有很多名称：赫克歇尔-俄林模型、赫克歇尔-俄林-萨缪尔森定理，或要素比例理论等。它们所代表的思想都是一致的。

□ 4.2.1 赫克歇尔-俄林贸易模型（H-O模型）

赫克歇尔-俄林模型从各国拥有的投入（要素）的数量是不同的这个事实出发展开讨论。另外，生产每种产品所需的技术也是不同的，进而需要不同类型以及不同水平的多种投入品的组合。例如，生产钢铁需要大量的铁矿石、焦炭和半熟练的劳动力，还有一些较为昂贵的资本设备。而服装制造业需要的只是具有半熟练技能，甚至完全没有相关技能的劳动力，以及一些基本的缝纫机器。

为了解释投入的可得性是如何影响劳动生产率高低的，我们先界定以下概念——要素充裕（factor abundance）和要素稀缺（factor scarcity）。表4—1通过具体的数据解释了这两个概念。美国的资本—劳动比是50/150，或1/3。加拿大的资本—劳动比是2/10，或1/5。由于美国的资本—劳动比要比加拿大高，因此可以说美国是资本充裕型国家，而加拿大是劳动充裕型国家。我们注意到，虽然加拿大的绝对劳动禀赋要比美国低，但是仍然被认为是一个劳动充裕型国家，因为其劳动力供给相对资本来说是更充裕的。

表4—1　　一个要素充裕的例子

	美国	加拿大
资本	50	2
劳动力	150	10

注：美国为资本充裕的国家，而加拿大为劳动力充裕的国家。

某种生产要素的相对充裕意味着在自给自足的情况下，其相对成本要比该种要素相对稀缺的其他国家的相对成本低。相反，相对稀缺的资源往往更加昂贵。因此，在美国资本更为便宜，而劳动力则相对昂贵；加拿大恰好相反。我们自然而然可以得出，一个经济体在大量使用自己相对充裕的要素、较少使用自己相对稀缺的要素的产品生产方面具有相对较低的成本。在表4—1的例子中，加拿大在相对较多地使用劳动力、相对较少地使用资本的产业领域拥有更低的机会成本；而美国则在那些更多地使用资本、较少使用劳动力的行业上具有更低的机会成本。

赫克歇尔-俄林贸易理论（Heckscher-Ohlin trade theory）很准确地阐述了这一点。该理论提出，一国在那些使用自己相对充裕的要素进行生产的产业具有比较优势。为了更清楚地说明这一点，看一下美国的例子。美国在很多要素禀赋方面都很充裕。在自然资源方面，美国有大片大片肥沃的农田以及广袤的森林；美国还有高素质的劳动力，比如科学家、工程师、企业家等；美国的财富使得它有能力生产出大量的实物资本，不管是在公共部门还是私人部门。因此，美国出口的产品应该包括农产品，特别是那些需要熟练劳动力和实物资本的农产品，以及需要大量投入实物资本和科学工程技术进行生产的各种机械和工业制品。

美国最主要的一种出口产品是商用飞机——一种需要大量实物资本以及具有科技、工程以及管理等技能的劳动力才能生产出来的产品。美国还是一些谷物和谷物制品的主要出口国，如植物油的出口。这些产品的生产需要相对较少的劳动力、大量的资本（联合收割机、拖拉机等机械）、农田和为研制出高产杂交种子、杀虫剂、除草剂而投入的大量科研资源，以及其他农业投入。

□ 4.2.2 H-O 模型的贸易收益

在李嘉图模型中，我们假定每一个国家都面对一个固定的兑换比率——2 块面包换 3 吨钢铁（美国），或者是 3 块面包换 1 吨钢铁（加拿大）。该模型中的成本之所以是固定的，是因为只有一种同质的投入——劳动。劳动可以用来生产面包，也可以用来生产钢铁。工人在技能上并没有差别，且由于没有资本的投入，每个工人的生产率都是相同的。因此，当劳动从烘烤面包转向生产钢铁时（反之亦然），总能在一个稳定的比率上达到贸易均衡。

在 H-O 模型中，投入要素多样化了——劳动、资本、土地，所以可供每个工人使用的辅助性投入要素比如资本的数量是不同的。显然，同样是工作一天，但使用价值 5 美元的铲子的工人挖的洞，肯定会比一个使用价值 15 万美元的挖掘机的工人挖的洞要小得多。此外，劳动和资本也不再是同质的。有些工人是熟练工，有些则完全没有任何技能。有些工作需要劳动者接受过科技或其他技术方面的训练，同时有些工作则只需要劳动者具备基本的识字能力，有些工作甚至文盲也可以做。同样地，资本也可以区分为低技术资本和高技术资本。而另一些资源，如土地也因为其不同的肥沃程度和气候状况而存在差别。实际上，同种要素在质量上的显著区别可能是将其划分为两种截然不同的投入要素的关键特征，这样一来，非熟练劳动力和熟练劳动力可以被视为两种不同的要素。

如果一国在生产过程中使用的是可相互替代的多种投入要素，我们就不能假定其拥有固定成本的生产可能性曲线（PPC）。相反，我们假设该国成本是递增的，这意味着每个国家生产每种产品的机会成本都是不断增加的。因此，随着美国或加拿大把劳动、资本和土地都转移到面包的生产中，每多生产一单位面包都要比以前少生产更多数量的钢铁。其原因很简单：如果希望生产更多的面包，就必须把资源从钢铁行业转移出来。最佳策略就是把那些更适合生产面包而不适合生产钢铁的资源转移出去。这样，多生产面包带来的收益就会超过少生产钢铁带来的损失。接下来，生产活动将朝着更多面包的方向转变，进一步减少了用于钢铁生产的要素存量，直到不再有适合面包生产而不适合钢铁生产的资源可供流出。这时，为了实现面包产量相同数量的增加，就必须放弃比以前更多的钢铁。这个过程是对称的，即如果要素转移沿着相反的方向——生产更多钢铁——移动，则会使生产钢铁的机会成本随其产量的增加而上升。图 4—1 给出了成本递增条件下的生产可能性曲线。

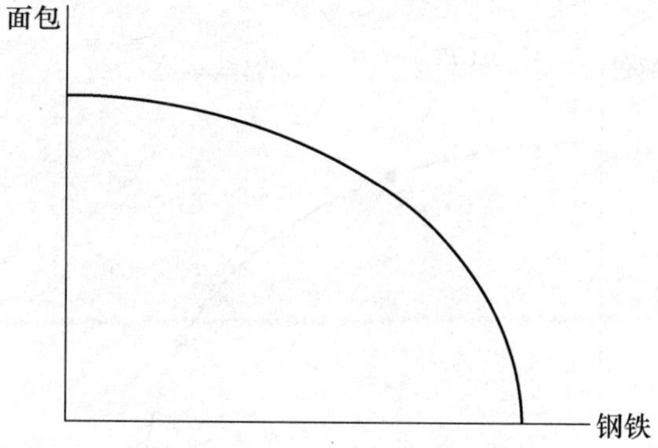

图 4—1　美国成本递增的生产可能性曲线

注：从左向右移动，额外 1 单位钢铁的机会成本逐渐增加。

和生产成本固定不变时一样，面包和钢铁之间的交换比率仍然等于生产可能性曲线的斜率。由于是曲线，其斜率在每一点都是不同的，所以每一个不同的产量点都对应一个交换比率。比如，在图 4—2 中，如果美国的生产点为 A，那么多生产 1 吨钢铁的机会成本就等于生产可能性曲线在 A 点的斜率。由于 PPC 是一条曲线而不是直线，因此必须在相应的生产点做一条与生产可能性曲线相切的直线，来求出此点的斜率。

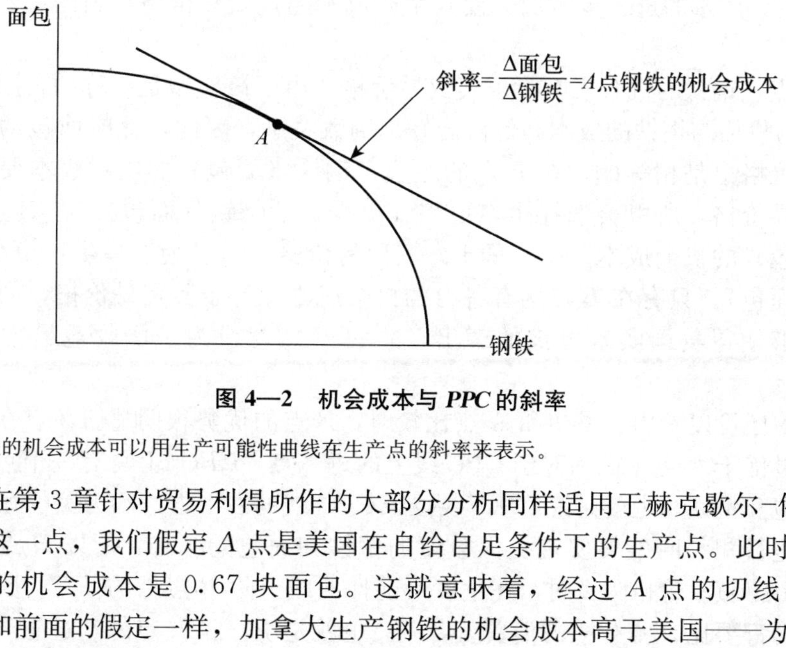

图 4—2　机会成本与 *PPC* 的斜率

注：钢铁的机会成本可以用生产可能性曲线在生产点的斜率来表示。

我们在第 3 章针对贸易利得所作的大部分分析同样适用于赫克歇尔-俄林模型。为了证明这一点，我们假定 A 点是美国在自给自足条件下的生产点。此时，生产一单位钢铁的机会成本是 0.67 块面包。这就意味着，经过 A 点的切线的斜率是 −0.67。和前面的假定一样，加拿大生产钢铁的机会成本高于美国——为生产每吨钢铁会损失 3 块面包。在此基础上，假设开放贸易后，和第 3 章的假设一样，世界价格或者说贸易价格为 2 块面包换 1 吨钢铁。那么此时，美国可以继续在 A 点生产并且不进行贸易，或者继续在 A 点生产，同时沿着消费可能性曲线（CPC）移动，用钢铁换回面包。同样，曲线 CPC 既是贸易线——给出了面包和钢铁之间的交换比率，同时也是消费可能性曲线——给出了美国的生产点为 A 点且参与国际贸易时可能的消费组合。

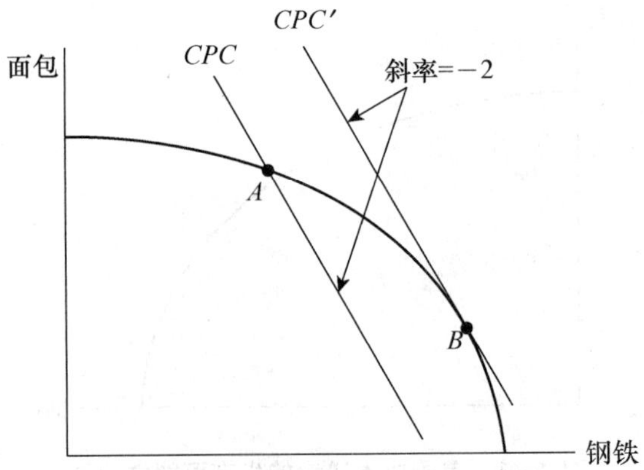

图 4—3　H-O 模型中的贸易利得

注：如果在 A 点生产，其所对应的贸易线是 CPC。当生产点在 B 点时可以实现收入最大化。

在图 4—3 中，CPC′是一条在 B 点——在 A 点右侧的一个可能的生产点，更靠近代表钢铁产量的横轴——与生产可能性曲线相切的贸易线。如果美国充分发挥比较优势，把生产点转移到生产更多钢铁上来，成本递增就开始发挥作用了。也就是说，钢铁生产的边际成本随着生产组合向横轴移动，会逐渐上升。随着钢铁产量的增加，生产的机会成本与贸易价格之间的差距会变得越来越小，直到最后在 B 点达到相等。钢铁产量的进一步增加会使其生产成本超过贸易价格；因此，要素转移就会终止。

在 B 点，钢铁的机会成本等于其贸易价格。由于该模型是对称的，面包的机会成本和贸易价格与钢铁的成本和价格恰好是倒数关系，因此，此时面包的机会成本与其贸易价格也是相等的。在 B 点的左边，钢铁（面包）的机会成本要低于（高于）其贸易价格，所以会选择生产更多（更少）的钢铁（面包）。在 B 点的右边，钢铁（面包）的机会成本高于（低于）其贸易价格，所以会选择生产更少（更多）的钢铁（面包）。只有在 B 点两者各自的机会成本才等于其贸易价格，由于没有其他的点能够使得美国实现更优的产出，故而 B 点就成为美国收益最大的生产组合点。

从图中还可以看出，最初和 A 点比较时，B 点的优势很明显。B 点在消费可能性方面明显优于 A 点，因为对于 CPC 线上的每一点，CPC′上总有一个点能够提供更多的面包和钢铁。也就是说 CPC′线位于 CPC 线的右上方。因为美国在 B 点进行生产并且进行贸易时能够实现更大数量的钢铁和面包的组合，所以 B 点要优于 A 点。此外，当贸易价格为 2 时，在生产可能性曲线上除 B 点外的任意一点所能提供的消费组合都要比 B 点代表的消费组合小。也就是说，除 B 点外，过生产可能性曲线上任意一点、斜率为−2 的贸易线都位于 CPC′线的左下方，这表明此时的钢铁和面包产量组合要小于 CPC′上的总产量组合。由此可知，B 点由于可以提供最大的消费组合而被视为收益最大的生产点。

H-O 模型中的贸易利得概念同李嘉图模型中的概念基本是一致的。唯一的重要区别就在于 H-O 模型中的专业化分工是不完全的，即美国仍继续生产一部分面包，而加拿大也会生产一部分钢铁。

4.3 贸易和收入分配

回顾一下我们在李嘉图模型中提出的比较优势概念，即国家从整体来看将从贸易中获益，并且根据假设，排除了贸易可能会给某些社会成员带来负面影响的可能。一旦有贸易发生，一国会将资源从原先的生产可能性曲线上的某一点转移到另外一点上。那些因为生产活动调整而受到影响的工人，就会从原先衰落的产业部门转移到扩张的产业部门中去。每一个人都被假定拥有同样的技能，每个产业都只需要一种要素即劳动力，所以每一个人都可以获得一份工作，每个人都会从下降的进口产品价格和上升的出口产品价格中获益。

H-O模型由于抛弃了这些不符合实际的假设，在解析贸易得失方面就显得更为复杂精细。劳动力可以被分为两个或更多层次的技能水平，其他投入要素也被考虑进来，不同产业需要不同种类、不同比例的投入组合。在以上这些更为实际的假设下，H-O理论揭示了国家作为一个整体从贸易中获益的同时，国内有些人比其他人获利更多，但也会有一些人因为贸易而实实在在地遭受损失。另外，该理论还指出，一个国家的要素禀赋和谁因贸易获益、谁因贸易受损之间有一种系统性关系。把讨论拓展到所谓的贸易“赢家”和“输家”，使得该理论具备了很重要也很基本的现实基础。我们发现并不是所有人都支持扩大贸易，如果没有关于贸易收入分配效应的分析，我们就无法理解那些反对贸易扩张者的立场。

□ 4.3.1 斯托尔珀-萨缪尔森定理

每个人的收入都取决于他对经济贡献的投入。根据所掌握的技能水平的不同，劳动者得到或高或低的工资；资本家得到利润；土地所有者得到租金。单位要素投入所得到的收入取决于这种投入在社会上的需求程度及其供给状况。对于某一特定投入要素的需求有时被称为引致需求（derived demand），因为它是间接地由对以这种投入作为原料生产出的产品的需求拉动的。如果对最终产品需求较大，那么其价格就会提高，用于生产这一产品的投入要素就会因此而得到较高的回报率。

总的来说，在经济中任何会影响到产品价格的变化都会直接影响到要素所有者的收入。我们已经观察到了贸易可以改变产品的价格——进口品价格下降，出口品的价格则会上升。价格的这种变动会影响到对于每一种要素投入的需求，最终导致每种投入要素得到的回报率发生变化。因此，贸易会影响收入分配。

一旦贸易使得产品的价格发生变化，资源就会从生产进口品的部门转移到生产出口品的部门。与简单的李嘉图模型不同，H-O模型认为不同的商品是由不同的投入组合生产的，所以沿生产可能性边界的移动会引起对每种投入要素需求的变化。对进口品部门密集使用的要素的需求会显著收缩，要素所有者获得的收入也会随之减少。相反，对出口品部门密集使用的要素的需求会变得越来越大，要素所有者的收入也随之增加。总而言之，当贸易开始之后，那些进口品部门密集使用的要素所有者的收入会下降，而生产出口品的部门密集使用的要素所有者的收入会上升。

这一效应也被称为斯托尔珀-萨缪尔森定理（Stolper-Samuelson theorem），它是从 H-O 定理发展而来的。斯托尔珀-萨缪尔森定理告诉我们，一种商品价格的提高会导致生产该商品密集使用的要素所有者的收入提高；反之，一种商品价格的下降则会导致生产这种商品所密集使用的要素所有者的收入降低。

图 4—4 描述了这种趋势。假设美国和加拿大使用劳动力和资本两种要素，生产钢铁和面包两种产品。另外，假定面包为劳动密集型产品，如下面的不等式所示：

$$K^b/L^b < K^s/L^s$$

假设与加拿大相比，美国拥有更加充裕的资本。如下面的不等式所示：

$$K_{can}/L_{can} < K_{us}/L_{us}$$

根据 H-O 定理，美国在生产钢铁上具有比较优势，会向加拿大出口钢铁以换取面包。在图 4—4 中，随着贸易的开展，美国的生产点会沿着生产可能性曲线从 A 点移向更加接近横轴的 B 点。

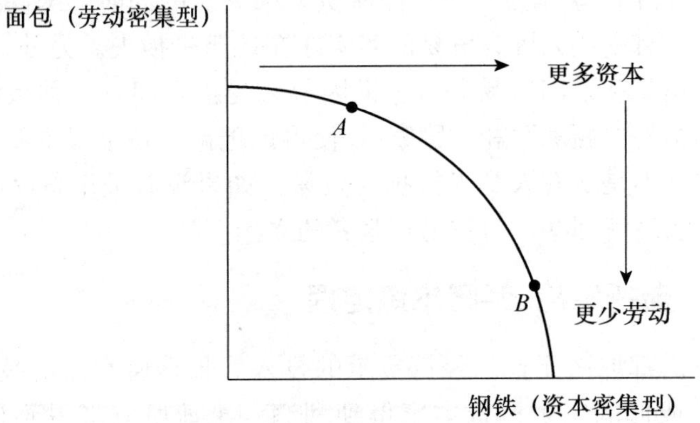

图 4—4　斯托尔珀-萨缪尔森定理

注：沿着生产可能性曲线从 A 点移动到 B 点，使得经济对劳动的需求下降，而对资本的需求增加。

随着美国沿生产可能性曲线的移动，生产出的产品比例变化使得对劳动的需求减少，而对资本的需求增加。钢铁产业会吸纳一些被面包产业解雇的劳动力，但相对于面包产业，由于钢铁产业的劳动密集度较低，它所增加的劳动需求还是少于从面包产业释放出来的劳动力数量。最终结果就是劳动的总需求下降，并导致工资水平及工人收入水平的下降。注意，斯托尔珀-萨缪尔森定理没有告诉我们所有用于生产出口商品的要素的所有者都会获益更多，或者所有进口竞争行业所使用的要素的所有者利益都会受损。但事实的确如此，那些决定一国比较优势是什么、出口什么产品的充裕要素的所有者会受益，而那些稀缺要素所有者无论处于哪个行业，其收入都会下降。

斯托尔珀-萨缪尔森定理是理解贸易的收入分配效应的起点，但是这还远远不够。作为对该理论的一个扩展，放大效应（magnification effect）揭示了产出价格的任何变化都会对要素收入产生一个放大效应。举例来说，如果开放对外贸易后，面包的价格降低了75%，那么劳动收入的下降程度将会超过75%。类似地，如果一种出口商品（如钢铁）的价格上升了50%，那么出口部门密集使用的要素（资本）的回报率的增加会大于50%。

开放贸易对于要素收入的最终影响取决于受影响要素在不同部门间自由流动的程度。如果投入到面包产业的劳动力不能够自由转移到钢铁生产部门，那么这些劳动者因为贸易而蒙受损失的程度要比劳动力能够自由转移时严重得多。下面的例子可以说明这一点：在围绕美国与墨西哥之间的自由贸易展开的辩论中，有一个十分细小但却引起激烈争论的话题，那就是关于鳄梨制品的争论。墨西哥在鳄梨产业上具有比较优势，因为它具有种植鳄梨所需的要素禀赋（特定的土地和气候条件、大量不熟练的劳动力以及较少的资本）。如果对鳄梨实行自由贸易，那么在加利福尼亚的鳄梨园主将会发现他们在土地、设备和鳄梨树上的投资将变得一文不值。当墨西哥产的鳄梨只卖25美分甚至更低时，怎么会有人愿意付1美元或更多来买一个鳄梨呢？但是，大部分加利福尼亚鳄梨果园都坐落于大都市的近郊地区，如果这些土地种植鳄梨已经没有价值了，那么它们将被用于另外一种更有价值的产业，如房地产开发。因而，在长期内，土地所有者的收入是不会下降的，虽然在短期内他们可能因无法将土地转作他用而遭受损失。为了把这些因素纳入贸易模型，我们就必须以一种短期的视角来考虑H-O模型。

□ 4.3.2　特定要素模型

在短期内，要素在不同生产部门之间转移的能力是有限的。举例来说，假设全球钢铁行业竞争变得更加激烈，美国钢铁工人的工资因此会减少，有一些工人甚至会失业。从长期来看，大部分被解雇的钢铁工人会在钢铁生产以外的部门重新找到工作；但是在短期内，他们无法摆脱被降薪和解雇的命运。类似地，实物资本一旦被投入到特定用途，往往很难转移到其他产品的生产，就像我们看见的那样，土地经常和某种特定用途捆绑在一起，不可能马上被转做他用。但是从长期来看，工厂和设备都可以被改装用来生产其他产品，土地也可以被转作其他用途，工人也可以在其他行业找到工作。

为了强调劳动和其他要素在长期内可以转作他用但在短期内却做不到这一点，经济学家对H-O模型增加了附加条件。假定有三种生产要素——土地、劳动和资本，有两种商品——钢铁和面包。假设生产钢铁需要资本和劳动，而生产面包则需要土地和劳动。在这种形式的H-O模型中，劳动是一种可变要素，因为它被用在两种商品的生产中。而土地和资本则属于特定要素，因为它们分别只能用于面包和钢铁的生产。

这就是特定要素模型（specific factors model）的一个例子，也是H-O模型的一个特例。H-O模型假定要素可以轻易地从一个部门转移到另一个部门，如从钢铁行业转移到面包行业。在特定要素模型中（见表4—2），每一种产品都需要一种仅能用于该产品的生产的特定要素，以及可用于两种或者更多类型产品的生产的可变要素。这些特定要素（土地和资本）是不能移动的，也不能在面包产业和钢铁产业间转移，而可变要素（劳动）则能够在两种产业间自由流动。

表 4—2　　一个特定要素模型的例子

投入	产出	
	面包	钢铁
特定要素	土地	资本
可变要素	劳动	劳动

注：特定要素土地和资本只能用于生产一种商品；可变要素劳动在面包和钢铁生产中都要用到。

特定要素模型对于比较优势决定因素的分析与 H-O 模型类似。像 H-O 模型所指出的那样，比较优势取决于要素禀赋。这两个模型的主要差别在于，特定要素起着至关重要的作用。假设加拿大是土地相对充裕的国家，而美国是资本相对充裕的国家，那么加拿大将出口面包，美国出口钢铁——原因同 H-O 模型的分析。由于加拿大在生产面包所需的特定要素——土地——方面比较充裕，其面包产业的机会成本就要比土地相对稀缺的美国低。同样，钢铁产业需要资本，而这种特定要素在美国比在加拿大更为充裕。

特定要素模型对贸易的收入分配效应的分析简单明了。当贸易开放后，每一个国家都会根据自己所具有的充裕的特定要素来决定比较优势所在，进行更专业化的分工。生产的转移降低了对萎缩行业密集使用的特定要素的需求，进而降低了该要素所有者的收入。例如，加拿大减少了钢铁的生产以便将资源更多地集中在面包生产上，并通过出口面包来换取钢铁。由于整个经济结构从资本密集型的钢铁制造业转向劳动密集型的面包产业，加拿大的资本所有者利益就会受损。同时，加拿大的土地所有者则会有截然相反的境遇，他们的收入会随着土地被用来生产面包以满足出口需求的扩大而提高。在美国，土地所有者利益受损而资本所有者得利。

在这个例子中，贸易对于可变要素劳动的收入分配效应是不确定的。由于劳动力是可以自由转移的，萎缩行业中被解雇的工人可以在扩张行业中找到工作。加拿大的工人发现钢铁的价格变低了，所以他们在消费钢铁制品时会得到好处。另一方面，世界市场上的面包价格要比加拿大开放对外贸易前的价格高了，这意味着工人的收入将会因为购买价格提高的面包而遭受损失。对加拿大工人而言，最终效应要看这两种效应哪一个更强，是面包价格提高给他们的影响更大，还是钢铁价格下降给他们带来的影响更大。对于美国工人来说，面对的是上升了的钢铁价格和下降了的面包价格。同样，最终效应是不明确的，取决于美国人的消费模式。

案例

单一自然资源带来的比较优势

自然资源是很多国家比较优势的来源。智利盛产铜，博茨瓦纳有大量钻石，沙特阿拉伯石油储量丰富。原油可能是当今世界最重要的地缘政治问题，也是最大的资源市场。实际上，除货币交易外，国际原油贸易无论从数量还是从价值来看，都超过了任何其他商品或者服务的贸易。根据美国能源信息署的统计，2009 年全球每天出口原油 4 020 万桶。以每桶价格 55.7 美元来估算，这意味着原油每天的出口额超过了 22 亿美元。

一国在原油生产方面的比较优势主要取决于该国的原油储备量，而且人所周知，全球已探明原油储备的大部分分布在中东地区。表 4—3 列出了全球十大产油国，以及原油出口在这些国家的总出口中所占据的比重。

表 4—3　　全球十大产油国

国家	储备量（2011）*	原油出口占总出口的比重（%）
沙特阿拉伯	2 667	80.7
加拿大	1 781	20
伊朗	1 362	74.2
伊拉克	1 150	98.2
科威特	1 040	83.4
委内瑞拉	994	90
阿拉伯联合酋长国	978	32.5
俄罗斯	600	57
利比亚	437	88.6
尼日利亚	362	83.9

*：现有技术下，单位为亿桶。

资料来源：U. S. Energy Information Administration；World Trade Organization.

石油就是财富。因此，当一国拥有丰富的原油储备时，劳动力和资本会蜂拥而至，进入石油产业，因为这样做能够实现投入要素价值的最大化。这也是充分利用资源禀赋带来的比较优势的一个很好的例证。但是这同样导致了糟糕的一面，大力发展石油产业带来的潜在丰厚回报导致一国很难开展其他的经济活动。这一点也可以从表 4—3 中看出来，对大多数产油国来说，石油出口在其总出口中占的比例都非常高。表中大部分国家都是单一产出型经济体。

某种丰富的自然资源导致一国其他经济活动萎缩的现象被称为资源诅咒。但是，对于有着大量石油储备或者是其他矿产资源的国家来说，资源诅咒并不是绝对无法逃避的——比如加拿大就没有遭遇这个难题——但是它确实给这些国家提出了挑战，而且警示人们丰富的自然资源总是可以让人们变得更加富足这个想法是有问题的。当一国突然探明大量的黄金储备或者其他矿产资源时，也容易出现资源诅咒。无论诅咒背后的资源是什么，只要一国无法克服诅咒，劳动和资本就会大量集中到与该自然资源的利用有关的行业，从而无法实现经济的多元化发展。当这种资源的价格出现波动时，该国的国民收入水平将在很短的时间内发生明显变化，进而导致严重的宏观经济波动，经济时而繁荣时而衰退。

某种资源的保有量过大带来的另一个问题是可能导致政治骚乱。人们有强烈的动机试图控制这些资源，各利益集团的资源争夺大战很容易导致领导权的变更和政治势力的交替。如果一国的政府治理能力较弱，自然资源带来的丰厚回报还很容易滋生腐败，因为政客们可能会以资源作回报换来自己需要的政治支持。更糟糕的是，甚至有可能会爆发内战。

并不是所有自然资源丰富的国家都遭遇了资源诅咒。坚决打击腐败、大力发展教育、积极提高国民技术水平、适度储蓄可以帮助一国积累起多元化发展所需的人力资本和金融资本，以便为资源不再那么值钱的日子做好必要的准备。加拿大在这方面就做得很好，阿拉伯联合酋长国也遵循了类似的发展路径。

4.4 比较优势理论的经验检验

几乎所有流行的贸易理论在谈到比较优势时都各有不同，而且每个理论都预测了各国应该出口和进口什么。因此，如果我们把这些预测的结果和实际的贸易情况进行比较，很容易就能看出哪些理论是正确的。遗憾的是，对贸易理论进行经验检验，要比仅仅用文字来阐述这些理论困难得多。这部分是因为我们很难知道一个封闭经济体的一些参数，比如要素禀赋和价格等。

我们在本章和第 3 章提到的两个贸易理论是最为广大经济学家所接受的，即以相对生产率为基础的李嘉图贸易理论和以要素禀赋为基础的 H-O 理论。在第 3 章所提到的李嘉图理论认为，比较优势是由相对生产率决定的。这个模型更易检验，因为衡量劳动生产率要比衡量要素禀赋简单易行。因此，李嘉图模型的统计检验结果要好得多。总而言之，这些统计数据证实了不同国家的贸易模式主要由劳动生产率的相对差异程度所决定。更加具体地说，如果一个国家的某个特定产业的劳动生产率提高了，那么该国很可能成为该产业生产的产品的下一个净出口国。

对于 H-O 理论的检验则要复杂得多。一方面，对于研究者来说，很难确定一个衡量要素禀赋的统一标准。在本章介绍的模型中我们只考虑了两种要素——尽管特定要素模型将考虑的要素扩展到了三种。但在实际生活中，投入生产的要素远远不止两三种。劳动可以分成很多类型（非熟练劳动力、半熟练劳动力、具有管理才能的人、专业技术型人才，等等），同样，自然资源和资本也是多种多样的。而且这些分类并没有一个标准的定义，因此，每种劳动、资本和自然资源在不同的国家都是以不同标准来衡量的。这就导致用传统的数理统计数据检验 H-O 定理时，数据测量误差是一个很大的问题。

尽管如此，经济学家们一致认为要素禀赋的确非常重要，虽然并不是唯一重要的。即使可以准确地衡量出不同国家的要素禀赋，不同国家之间的技术差异也是无法描述的，而这可能是各国劳动生产率差异的重要来源。除了技术因素外，要素禀赋理论没有考虑进来的其他一些决定贸易模式的重要因素包括经济规模、公司结构、经济政策等。

虽然构建在要素禀赋基础上的贸易理论缺乏经验论据的支持，但它仍是大多数经济学家研究贸易问题的基础。这看起来可能很令人费解，但事实并非如此。虽然要素禀赋理论不能解释世界上所有的贸易模式，但确实能够很好地解释其中相当大一部分。因此，在研究贸易问题时，从要素禀赋理论入手，然后用其他观点补充该理论的不足是一个很有效的研究方法。另外，也许最重要的一点是，要素禀赋理论能够很有效地将贸易的收入分配效应进行分类总结。正因为这些原因，H-O 模型及在该模型基础上得出的各种衍生理论始终是国际经济学的核心。

4.5 H-O 模型的拓展

除了前面提到的模型外，经济学家还构建了其他一些模型。这些模型的共同点是都关注某个或某些产业的生产特性，这使得它们有别于李嘉图和赫克歇尔-俄林所提出的那些简单模型。但是，它们仍然与比较优势有关。在第5章，我们将会跳出比较优势这一框架，介绍那些不是由生产率差异或要素禀赋决定的贸易案例。

□ 4.5.1 产品生命周期理论

产品生命周期模型（product cycle model）是由雷蒙德·弗农（Raymond Vernon）提出的。该模型将制成品和技术演化的思想纳入进来，对贸易模式进行深刻解析。该理论最强有力的作用在于能够解释为什么缺乏熟练劳动力和资本的国家同样可以出口精密制成品。

弗农指出，许多制成品如汽车、电子产品、新的设备等都存在一个要素投入随时间变化而变化的产品生命周期。当这类制成品还是全新产品时，企业需要对最终产品的属性和生产工艺进行大量的试验。举例来说，当MP3处在研发阶段时，可以选择各种各样不同的形式——不同的系统以及不同的大小、内存、连接方式以及其他一些特征。

在生产的初期，制造商需要选择那些高收入的市场，这些市场上消费者的反馈也是最好的。在产品基本特征的设计还处在尝试期时，企业格外需要从市场得到大量的反馈信息。因此，这个阶段特别需要一个收入比较高的客户群，同时也需要有一群经验丰富的营销人员负责将产品信息传递给顾客。另外，从投入方面看，有关产品设计和制造的试验和改进不仅需要科研和工程技术方面的投入，而且需要有能够忍受初始阶段利润微薄甚至没有利润的风险资本的投入。对于产品研发而言，消费者的配合以及生产者的配合都是必不可少的，初始生产往往发生在工业化国家。

然而随着时间推移，产业发展告别产品技术开发的初期阶段向中期阶段迈进（参见图4—5和图4—6）。产品生产本身在规模、特征以及制造工艺等方面开始趋于标准化。当产品研发工作朝着在基本设计基础上逐渐改进的方向转变时，基础性的针对新设计的试验也不再那么频繁。在中期阶段，产业则向劳动成本较低的国家转移。标准化的生产操作在产品生产过程中变得越来越普遍，这使得使用半熟练和低技能劳动力也可以完成产品的生产和组装。

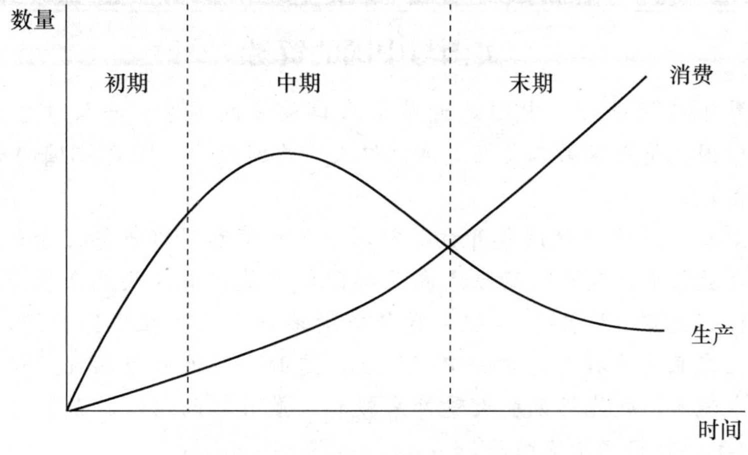

图4—5 高收入国家的产品生命周期

注：许多制成品都经历了创新期、稳定期和标准化期。

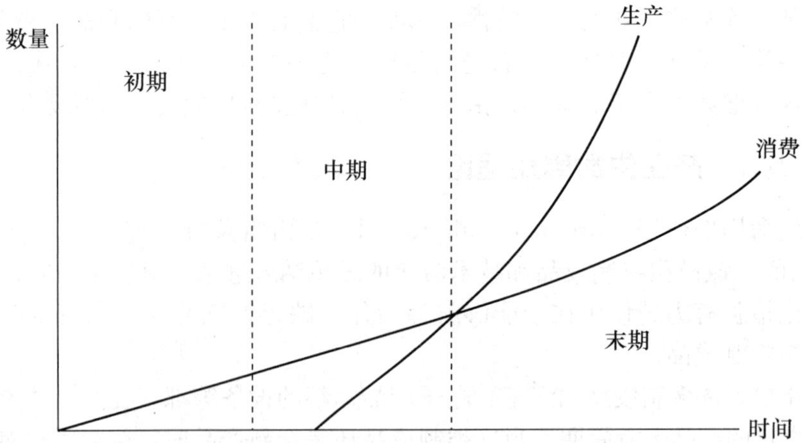

图 4—6　低收入国家的产品生命周期

注：当产品设计和生产技术在中期阶段渐渐稳定下来后，低收入国家开始介入产品的生产。

当高收入国家消费的产品数量超过其生产量时，位于产品生命周期的最后阶段的国家就参与了进来。在这个阶段，发展中国家生产的产品数量在其总产量中所占的比例越来越大，这些国家拥有的大量半熟练和非熟练工人把劳动力成本维持在较低水平。也是在这一阶段，发达国家感受到了进行新一轮产品创新的压力，于是一个新的产品生命周期开始了。

和李嘉图模型或者是 H-O 模型比起来，产品生命周期模型更精确地说明了科技因素对贸易的影响。尽管表面上看起来该模型和前两个模型有着本质区别，但其实不然。该理论的核心是机会成本。随着生产过程被标准化，产品生产可以由相对非熟练的劳动力来完成。实际上，生产投入组合是随着产业发展而变化的，从高度专业化的科技、工程和市场要素到基础性的不熟练或半熟练的劳动力，不一而足。因此，在发展中国家进行生产的机会成本要比在高收入国家低。从这个角度看，产品生命周期模型与李嘉图理论本质上是一样的。

案例

美国与中国的贸易

根据世界银行的统计，中国是世界上人口最多的国家——人口总数多达 13.4 亿；同时，中国也是全球第二大经济体，仅次于美国——2010 年中国的 GDP 折合大约 5.9 万亿美元。

从历史上看，1978 年的改革开放之前，中国经济和外部世界几乎是处在完全隔离的状态。开放初期，改革仅局限于农业部门，但是政府很快就在沿海地区建立了一些经济特区（见第 17 章）。地理上紧邻香港地区，同时在中国台湾、中国香港、新加坡和其他东亚地区有着大量的中国侨胞，这两个得天独厚的优势使得中国大陆一旦允许资本流入，就能够吸引大量外来投资。最直接的结果就是其经济特别是出口在过去 20 年的时间里快速增长。

中国有大量的非熟练和半熟练劳动力，但是相对缺少科技、工程方面的人才。因此，中国的出口偏重于劳动密集型制成品也就不足为奇了。表 4—4 给出了 2011

年中国和美国之间出口量最大的前十种商品。其中有六种是大量利用中国丰裕的劳动力、同时使用少量资本生产的简单工业制成品：家庭用品、玩具和体育用品、服装、鞋子、家具等。

表 4—4　　2011 年中国出口到美国的前十大商品

品名	价值（百万美元）
计算机	47 213
其他家庭用品（时钟、灯泡等）	40 433
电脑配件、外围产品、零部件	27 657
玩具、设计和体育用品、自行车	25 311
棉制以外服装以及其他家用纺织制品	19 752
通信设备	17 335
棉制服装及其他棉制家庭用品	16 481
皮革、橡胶及其他材质鞋子	14 089
家具、家庭用品、篮子	13 750
电子设备和零部件	12 948

注：中国丰富的廉价劳动力以及产品生命周期理论可以解释其对美国出口构成中的相当大比例。

资料来源：U. S. Census Bureau，“End-Use Data”，Country and Product Trade Data，2011.

其他出口产品表面上看起来似乎说明中国正在通过生产包括电脑和电脑配件等在内的具有一定科技含量的产品来进行产业升级。虽然任何人都不能否认中国技术升级的事实，但是中国出口计算机和通信设备以及其他产品并不意味着整体科技水平的提升。这更多地可以用产品生命周期理论以及跨国公司在不同国家分割价值链来解释。这些产品中有些属于简单的标准化产品，有些则是从他国进口零部件后在中国完成组装的。本章后面两个案例会对这个问题进行更详细的论述。

□ 4.5.2　对外贸易与对外投资

根据产品生命周期理论，企业可通过在海外投资建厂来代替出口，其海外公司生产的部分产品甚至会重新进口到母国。这种模式与简单 H-O 模型描述的出口某种商品然后再进口另外一种商品的情况截然不同。首先，在产品生命周期理论所描述的条件下，企业更愿意在海外投资建厂，而不是在本国生产产品后出口。也就是说，它们会用对外投资取代对外贸易。其次，其在外国分厂生产然后重新进口到本国的那部分产品属于国际贸易，但这完全是在同一个公司内部完成的。也就是说，这属于公司内贸易（intrafirm trade）——在母公司和海外分公司之间发生的国际贸易。

企业内贸易很难统计，但在 20 世纪 90 年代中期，据估计美国大约 1/3 的商品出口和大约 2/5 的商品进口都属于公司内贸易。但是大部分对外投资并不是为了出口，而是为了满足东道国的市场需求。不管对外投资是不是出于贸易目的，其取代了进出口贸易这一现象向经济学家和商学院的学者们提出了新的课题。为什么企业有时更愿意在国外建立分公司而不是直接进口另一家海外公司生产的产品？或者说，如果对外投资的目的是为了在海外市场销售自己的产品，为什么企业不直接将产品出口到该市场，而要在那里进行投资生产？从本质上来说，这些问题就等同于在什么样的情况下企业更青睐于进行对外投资而不是对外贸易。

产品生命周期理论为这些问题提供了一个答案，但这个答案并不完整，因为它没有回答为什么某企业会在中国投资而不是在墨西哥投资。如果劳动力成本差异是唯一的原因，那么在所有大洲中，非洲应该是对外投资最大的目的地。此外，产品生命周期理论也不能解释为什么大部分对外投资都流向欧洲和北美的发达国家，毕竟这些国家的比较优势与主要资本流出国是类似的。根据联合国的统计，高收入国家既是对外投资的主要流出国，同时也是对外投资的主要流入国；自次贷危机以来，这些国家吸收了65%的对外投资（同时是80%以上的对外投资的流出国），与危机之前平均吸收75%的对外投资相比有所下降，但是仍然占到了对外投资总额的三分之二。

关于对外投资和本国出口之间相互替代关系的研究认为，不管是企业层面的某些微观经济特征还是国家层面的宏观经济特征，对于吸引对外直接投资都是至关重要的。微观经济因素更多地关注单个企业的内部约束与机遇，而宏观经济因素则将有关国家内部能使其成为适宜的投资区位的因素纳入考虑范畴，这一结合两种不同特征的分析框架被称为对外直接投资的国际生产折中理论（OLI theory）。该理论的提出者约翰·邓宁（John Dunning）将其看成是结合了许多宏观因素和微观因素的折中理论。

OLI是所有权（ownership）、区位（location）、内部化（internalization）三个单词的首字母的缩写。在邓宁的分析中，在海外投资的企业首先要拥有某种可以为其在世界市场上带来竞争优势的资产（即所有权）。这种资产可能是有形的，如专利权、某种创新、蓝图或者是商业秘密，也可能是无形的，如商标或者是企业的声誉。无论是有形的还是无形的，拥有一项有价值的资产都会赋予企业某种潜在优势。其次，企业会寻找一个可以为其带来优势的生产区位。它们或者拥有更低的投入成本，或者有庞大的消费群体，或者周围经济环境良好能更有效地生产出优质产品。廉价劳动力只是提供了一种可能，如果当地的基础设施不够完善，不能提供运输和其他方面的便利，或者劳动力不具备雇主所要求的技能，或者离产品的最终消费市场太远，那么低工资并不足以弥补该地区在其他方面的缺陷。

最后，也是最抽象的部分，那些进行对外投资的企业试图把由其对资产的所有权带来的优势全部内部化。理论上，进行对外投资的企业更愿意选择将资产的使用权卖给另外一家外国企业，由后者进行生产。实际上，许多企业也正是这样做的。作为可供选择的措施之一，进行对外投资的企业可以出售其技术、商标或者商业秘密的使用许可。但仍有一部分企业，更愿意负担额外的成本在国外建立加工厂。它们之所以这样做有许多理由，包括对技术剽窃和模仿的担心、难以监督国外公司合约执行情况，以及担心由于国外公司生产出不合格产品而对母公司的名誉和品牌形象造成损害等。无论是什么原因，进行对外投资的企业都认为，如果将对资产的所有权优势内部化后可以得到更大的利益，那么它们就不会把资产所有权优势卖给别的企业。

邓宁的解释得到了很多学者的认可，因为他们认为该理论为许多企业的行为提供了一个有力而适当的解释。这不是一个贸易理论，因为它描述的是由于环境的激励因素使得企业更愿意进行海外投资而不是进行对外贸易，但与贸易理论也没有冲突。此外，这一理论简单阐述了跨国公司将会使用在不同地区的比较优势来实现企业的最大利润。在这一点上，它也证明了这种优势是如何激励单个企业不断调整经营行为以达到上述目的的。

□ 4.5.3 离岸和外包

离岸（off-shoring）和外包（outsourcing）虽然都是常用术语，但是它们的含义并不相同。在本书中，离岸是指将某一公司的部分或全部经营活动转移到母国以外的地方；外包则是指将经济活动重新分配给另一家公司——它可能是在母国，也可能是在国外。离岸和外包可有各种组合形式，而且在全球经济中确实存在这类做法。有些公司实行离岸，但是不实行外包，而是采取外国分公司（foreign affiliate）即母国公司所拥有的国外公司这种形式。比如，美国与墨西哥之间的很多贸易都是公司内贸易，包括汽车配件和电子组件在内的很多产品在美国的母公司和在墨西哥的子公司之间来回流转。母公司将某些生产离岸给墨西哥的分公司，而不是选择外包。也有一些公司实行外包，而不实行离岸。比如，将某些活动转签给国内供应商来做。一家汽车制造商可能从当地企业那里购买配件而不是自己制造或者是让墨西哥分公司来制造。最后，一家公司可能同时实行离岸和外包，即将生产转移到国外，并且同一家不属于本公司的企业签订货物或服务贸易合同。

20 世纪 80 年代，随着现代通信和交通技术的发展使企业得以将其生产转移到国外，离岸成为人们关注的一个焦点。最初，只是制造业工人关注离岸，但是到了 90 年代，随着信息技术的持续进步，某些离岸服务成为可能。这引起了制造业以外的服务领域工人的关注。历史上，大多数服务都是在产地被消费，但是近年来，某些服务的生产可以远离其消费地。比如，美国或者欧洲的某个医生可能会向一位在印度的对解读某种特定 X 光片十分有经验的同行请教。互联网和越来越高效的电信系统使得不同国家和地区的医生能够看到相同的图片，并且无须付出太高成本就可以进行交流沟通。

目前我们对于离岸服务的影响及其程度的了解还远远不够，因为大多数国家都没有收集这方面的数据。但是，第一代研究和分析得出的结论跟我们对贸易和比较优势的传统理解是一致的——没有明显的理由证明服务贸易应该和货物贸易不同。通过卡车和轮船运送的进出口货物在本质上和通过网络流通的服务没有区别。在这方面，服务的进出口并没有什么独特之处，专业化和贸易给服务带来的收益与它们给货物带来的收益也并没有什么太大不同。

不管是对服务业还是对制造业来说，围绕离岸问题的一个争论焦点是它对母国的影响，特别是对母国失业问题的影响。离岸活动尤其会使那些觉得自己与国际贸易无关的工人感到不安，如服务业工人，这也可以看作是全球化导致生活充满更多不确定性的例子之一。然而研究表明，离岸有各种各样的模式。在某些情况下，它确实会导致母国工作机会减少，但是在某些情况下，它也可能是对母国生产的补充而不是替代，会增加而不是减少工作机会和生产活动。

案例☞

美国跨国公司的离岸业务

随着技术使沟通交流变得更容易，随着政府对外来投资采取更加开放的态度，企业也纷纷将生产转移到海外。人们并没有定期收集与离岸业务有关的信息，不过包括美国经济分析局（BEA）在内的国家统计机构近年来加强了这方面的努力，以便经济学家和决策者能更好地理解这一现象的发展程度及其背后的原因。

表4—5给出了与美国跨国公司有关的两组数据，一组是1989年的，另一组是2009年的，都是测度通过海外分支机构负责离岸运营的跨国活动的占比。其中，附加值是总产值与购买的中间投入的价值之差；资本支出包括了机械设备、实验室、建筑物支出；就业则是指工人的数量。如该表所示，跨国公司在海外创造的附加值比重从1989年的23%上升到2009年的32%，离岸就业岗位占总就业人口的比重则从1989年的20%上升到2009年的32%。

表4—5　　美国跨国公司离岸运营的跨国活动的占比（%）

	1989年	2009年
附加值	23.1	31.7
资本支出	22.4	29.3
就业	21	31.8

注：美国跨国公司在本土以外的离岸业务在1989年到2009年间增长了大概50%。

资料来源：Barefoot and Mataloni（November，2011），"Operation of U. S. Multinational Companies in the United States and Abroad," *Survey of Current Business*（Bureau of Economic Analysis）。

导致企业开展离岸业务或者是将部分生产活动转移到其他国家和地区的原因很多。最重要的一个动因是，进入某一市场或生产特定产品以适应当地市场需求。这一发现和传统观点，即企业到国外建厂是为了寻求低成本劳动力或者逃避环境、劳动规制出现了分歧。传统观点并没有错，但是它仅描述了与离岸外包有关的一小部分内容。经济学家们之所以做出新的推断，是因为大多数美国跨国公司都是在高收入和高工资的国家开展外包业务。根据美国经济分析局的统计，大约70%的美国离岸业务发生在高收入国家。

美国公司在海外进行生产大多是为了满足海外市场的需求而不是为本国生产。总部设在美国的跨国公司的海外分公司生产的产品中，有60%以上销售给了东道国消费者，30%出口到其他海外市场，从海外分公司再次出口到美国国内的只有不到9%。这种模式很大程度上是由规模经济和交通成本决定的：企业发现在靠近消费市场的地方进行生产有利于成本的节约。劳动力成本和所有其他生产成本一样都是非常重要的，但是交通成本和基础设施、效率等方面的考虑往往比劳动力成本更重要。有些企业确实是出于寻找低工资劳动力以及降低生产成本的目的才在海外投资设厂的，但是这种情况并没有此前想象的那么普遍，也不是开展离岸业务的企业考虑的重点。

□ 4.5.4　移民与贸易

据世界银行统计，2010年全球约有超过2.15亿的国际移民。几乎80%的人都是移民到高收入国家，其中单是移民到美国一个国家的就超过了20%。国际移民并不在H-O模型的考虑范围内。该模型允许工人在不同部门间流动，但并不允许他们在不同国家间流动。国际移民打破了关于一国劳动力禀赋不变的初始假设，因此值得关注。

长期以来，经济学家像社会学家、统计学家及政治学家等其他社会科学领域的研究人员一样，对移民问题展开了研究。每一学科都有自己的分析工具，并为后人理解移民的决定因素和影响做出了自己的贡献。例如，社会学家和人类学家在帮助说明移民通常是一个家庭选择还是一个社群选择时，给出了有益的意见。政治学家帮助阐明了移民政策是怎样制定并执行的，或者在哪种情况下是难以执行的。经济学家则更愿意把移民看做是个体的行为，并试图解释激励个人进行移民的因素。在他们看来，经济上的激励因素是个人移民到特定国家的决定性因素。

经济学家认为供给推动因素（supply-push factors）是一国公民考虑移民的原因之一。推动因素包括经济衰退、长期产业结构调整引起的失业、战争、自然灾害以及一切使得在国内生活变得困难的因素。关于结构性调整的例子包括最近的中欧经济转型、拉美的经济改革以及在全球许多地方进行的工业化发展。在不久的将来，我们可以预期因为农业模式改变而产生的大量富余劳动力、由于气候变化被淹没的沿海地区的无家可归的人群将成为移民潮的主体。

需求拉动因素（demand-pull factors）则是指吸引移民进入某一特定国家或特定地区的因素。主要包括到达特定目的地的成本、在该国找到工作的可能性，以及在该国可能得到的薪酬。发展中国家和发达国家间巨大的工资差距能够解释它们之间移民的流动，但其他一些因素也十分重要。移民流入国的经济周期情况、移民政策，以及外国工人在该国能够得到的各种机遇都是很重要的需求拉动因素。

第三个决定移民是否可行的因素是社会网络（social networks）。移民不是随机分布在移民流入国的，而是聚集在某一地区。这部分是因为该地区有着更好的工作机会，但也反映了移民是困难且代价高昂的，家庭和社区成员的存在使得这一情况略有好转。如果在某一地区已经有自己或家庭成员熟识的移民存在、有人能够帮助新来的移民找到工作和住所并安定下来，并且有些熟悉的面孔来帮他们赶走孤独，这些都会对移民者适应新环境提供很大的帮助。

从理论上说，如果一项特定的要素禀赋增加，那么相对充裕的要素或者说潜在的比较优势也会随之改变。在实际生活中，流入的劳动力大多负责提供那些无法进行贸易的服务。以移民人口占国家总人口比例较高的两个国家卡塔尔（86.5%）以及阿联酋（70%）为例，流入这些国家的移民主要是菲律宾人、巴勒斯坦人等，从事的主要是家政服务，如保洁、烹饪、日常看护以及其他无法通过贸易交换的服务性工作。由于这些人所付出的劳动不是用于贸易品的生产（虽然他们解放了该国居民，使得后者能够在出口部门工作），所以他们并不会对东道国的比较优势产生直接的影响。但是，还有很多移民是工程师以及商务领域的专业人士，他们为石油和天然气行业提供专业性的指导意见。如果没有高技能移民，这些主要的石油和天然气生产国的生产活动有可能会受到很大的限制。

国际移民大部分都是从发展中国家来到发达国家。例如，在20世纪八九十年代，中美洲的内战使得大批萨尔瓦多人和危地马拉人移民到了美国，其中大部分是来到加利福尼亚，并在当地的服装生产企业工作，加利福尼亚的服装生产部门在1983—1997年间新增了40 000个就业岗位（几乎是50%的增长率），其中大部分聘用的都是廉价、非熟练的移民。考虑到服装业在美国是一个逐渐衰落的产业，大批移民的涌入使得加利福尼亚服装业的衰落被延缓了10年。然而从长期来看，随着移民逐渐融入美国，服装业必定会继续衰落下去。一些大量依靠移民从事生产的特定农业部门和旅游业也是移民影响了美国的比较优势的典型案例。非熟练劳动力供给的增加使得生产朝着劳动密集型产业转移。

4.6 贸易对工资和就业的影响

自20世纪60年代以来，无论是用产值占GDP的比重还是用雇佣人数占总就业人口的比重来衡量，制造业在北美和欧洲的重要性都在减弱。与此同时，收入不平等变得越来越严重，这一趋势在刚开始的时候发展还比较缓慢，但是在20世纪80年代迅速加剧。收入不平等现象在美国格外严重，并且主要是影响到年轻工人和受教育程度较低或不具备充分技能的工人。

与低收入国家进行贸易是否会拉低高收入国家的工资水平？发达国家工人的工作是否会被发展中国家同行抢走？反对自由贸易者的理由大多都是基于这些观点。美国民众关于贸易对工资和就业的影响的看法会因所掌握的技能和受教育水平的不同而不同，似乎也没有什么值得奇怪的。那些接受过高等教育并掌握较高水平技能的工人更倾向于减少贸易壁垒，而那些受教育程度较低、技能水平也较低的工人则恰好相反。

其中一个问题是，贸易是否会对高收入国家工人的就业产生负面影响。经济理论对这一问题给出了一些证据。在中期和长期，绝对就业量主要是由人口总量及年龄结构、劳动力市场政策以及经济周期决定的。尽管贸易可能会造成一些短期影响，特别是当本国企业无法与进口产品相竞争或者是出口突然扩张时，但是它会被在中长期影响整个国内经济的宏观经济政策的作用抵消。相比之下，贸易方面的变化只是影响一两个产业，或者是整个GDP的一小部分。

也有许多经济学家认为，几乎所有发达国家都出现制造业岗位大幅减少并不是因为贸易，而是由生产率提高所引起的，制造业比服务业更容易实现自动化生产，其结果就是制造业生产率的提高要远远大于服务业。另一方面，对于大多数服务业而言，生产率增长很慢，甚至是停滞的。因此，几个世纪前服务业所需要的劳动力和今天所需要的劳动力在数量上几乎没有差别。比如，剪一次头发还是需要一名理发师，而现代的音乐家在演奏巴赫的《勃兰登堡协奏曲》时也不比17世纪时更高效。当收入增加时，我们会消费更多的商品和服务，但是因为服务业每单位服务的生产所需要的劳动力几乎是一定的，而制造业生产每单位产品所需的劳动力会随生产率的提高而减少，所以总就业量的增加主要集中在服务业上。

第二个问题是与欠发达国家进行贸易会对工业发达国家工人工资产生怎样的影

响。许多经济学家都研究过这个问题，一个共识是，贸易的确会使技能水平较低的工人工资下降（因此造成了收入不平等的加剧），但这只能解释工资下降的一小部分。更主要的原因则是技术改进，它剥夺了非熟练和半熟练工人在制造业中的生产地位。

根据斯托尔珀-萨缪尔森定理，如果美国和其他发达国家（与欠发达国家相比）拥有比较少的非熟练劳动力，那么贸易将会使得这部分工人的工资降低。然而，长期来看，企业可以改变自身的要素投入，以利用廉价的非熟练劳动力带来的优势，同时保持一定数量的熟练劳动力。关键在于时间要足够长，以便企业调整自身在资本和其他要素方面的投入。但是，在涉及非熟练劳动力和高技术水平劳动力时，结果与理论预测恰好相反。在熟练劳动力变得越来越昂贵的同时，企业越来越多地使用他们；而非熟练劳动力在变得越来越便宜的同时，企业对其需求却变得越来越小。这一趋势已经持续了 20 多年，企业足以具备充足的时间来进行生产技术的改进。对此，一个解释就是，科技使得熟练劳动力在生产中的作用变得越来越重要，而非熟练劳动力则相反。

虽然看起来经济学家已经达成共识，即造成制造业就业岗位大幅减少和收入不平等显著加剧的原因是技术变革而不是贸易，但一个普遍的看法是经济学家们实际上并不那么确信自己是对的。一小部分经济学家则坚持认为，贸易在导致收入不平等方面的作用要比通常认识到的大得多。如果他们是正确的，那么政策结论很可能就是一致的了。不管是否认为贸易是造成收入不平等加剧的原因，对非熟练劳动力进行教育和培训都是很有必要的。在第 6 章和第 7 章，我们将看到为保护国内就业岗位而采取阻碍自由贸易的措施代价很高，并且采取这样的措施来维持薪资水平实际上会对长期经济运行产生十分不利的影响。

案例 ☞

统计数据歪曲了贸易关系吗？——以 iPhone 手机为例

离岸业务使企业得以拆分生产链，将产品的不同零部件分散在全球不同的国家和地区进行生产。我们都知道汽车零件是在全球各地生产的，贴有“美国制造”或者其他诸如此类标签的汽车所使用的零部件很可能来自很多国家。现代生产过程的不同环节散布在全球各地，精细的高科技产品更是如此。企业发现，将生产过程的不同环节进行离岸和外包，然后将在各不相同的国家生产的零部件集中在一起完成组装，将给它们带来巨大优势。iPhone 手机就是一个典型的例子。

2009 年针对 iPhone 手机零部件成本的一项调查表明，日本、韩国、德国以及美国创造了该手机绝大部分价值。苹果公司本身并不是制造商，它将所有生产活动都外包给其他公司，同时大部分都选择的是离岸厂商。组装完成后，一部 iPhone3 手机的组装成本和原料成本大概是 178.96 美元。这还不是手机的零售价格，因为这里面还不包括其他成本比如市场营销费用、专利使用费、运费和保险费，也没有包括经销商的利润。178.96 美元这个数字只是为了生产手机所需的零部件和原材料的价格，再加上组装成本。中国创造的附加价值是 6.5 美元，也就是从日本、韩国、德国以及美国进口零部件并完成组装创造的价值。如果这部手机被卖到美国的话，美国进口统计部门将增加一笔从中国进口 178.96 美元的记录（不包含保险和运费）。

美国创造的附加价值是10.75美元，因此，贸易统计部门针对这笔交易将记录一笔等于168.21美元（178.96美元减去10.75美元）的净赤字。中国在手机生产过程中仅仅创造了6.5美元的价值看起来很奇怪。如果我们从各个国家创造的附加价值的角度重新考察，那么美国在与中国开展iPhone手机贸易时实际上是处于盈余状态的：盈余额为10.75美元减去6.5美元，即4.25美元。相应地，美国与日本、韩国以及德国之间的实际贸易赤字将远远高于官方统计，因为iPhone手机的大部分价值是在日本（33%）、德国（17%）、韩国（13%）以及其他一些国家创造的。

对中国的生产制造活动进行更加系统的分析便不难揭示出它在出口产品附加价值创造方面的普遍模式。大量使用非熟练或半熟练劳动力生产的出口产品的附加价值大部分是在中国创造的。这类产品包括服装、鞋子、玩具、家庭用品以及表4—4中列出的其他一些产品。但是，精细的电子产品中只有30%甚至是更少的附加价值是由中国创造的。具体到iPhone手机，中国创造的附加价值不到手机出口价格的3.6%。

包括世界贸易组织总干事在内的很多经济学家都认为，国际贸易中这种似是而非的假象导致各国之间的经贸关系更趋紧张。为了解决这个难题，世界贸易组织发起了一项“世界制造”的倡议，试图用附加价值而不是总价值来测度各国之间的贸易额。我们希望了解各个国家究竟在某种产品的生产过程中做出了多大贡献的其他原因还包括它可以告诉我们发展中国家的企业是否参与到了跨国公司的价值链中，它们是否在朝着高精尖技术的方向前进。

小　结

1. H-O模型假定比较优势是基于国家间要素禀赋的差异。一国应该出口那些大量使用该国相对充裕的要素生产的产品，进口大量使用该国较为稀缺的要素生产的产品。

2. H-O模型暗含了贸易的收入分配效应。贸易开放有利于一国相对充裕的要素，同时会减少稀缺要素的使用。因此，相对充裕要素的回报率会提高，而相对稀缺要素的回报率会降低。作为H-O模型的一个推论，斯托尔珀-萨缪尔森定理很好地描述了这一效应。

3. 在特定要素模型中，一些生产要素被假定为不能在不同的产业间转移。因此，当对外贸易导致某种产品的产量增加时，对用来生产该产品的特定要素的需求就会上升，进而使得该要素带来的收入增加。对用来生产进口商品的特定要素的需求则会降低，进而此特定要素带来的回报也会随之下降。特定要素模型可以被看成是中短期的H-O模型。

4. 针对比较优势理论的实证研究并没有得出统一的结论。虽然生产率差异可以在很大程度上解释贸易发生的原因，但是各国在要素禀赋方面的差别对于解释贸易模式用处不大。

5. 除了以上提到的模型之外，经济学家们还提出了很多贸易模型。其中，大多数都是对比较优势理论的扩展。其中最为流行的两个贸易理论是产品生命周期理论和公司内贸易理论。产品生命周期理论将焦点放在了技术创新的速度以及大多数制成品从创新到稳定化和标准化阶段的整个生命周期的历史演变过程上。而公司内贸易理论则将比较优势的作用与产业组织的作用结合起来。关于产业内贸易的决定因素，我们无法给出一个一般性的原则。

6. 离岸是指企业将部分或全部业务活动转移到另一个国家或者地区的现象。外包是指某一企业将业务活动委派给其他企业——可能是本土企业，也可能是国外企业——完成的做法。随着通信技术的发展，离岸业务得到了蓬勃发展。相对而言，离岸是一个新生事物，但传统贸易理论仍然可以对其作出解释。

7. 国际移民可以改变一国的比较优势，虽然在实践中很多国家都没有接受足够多的移民或者说有足够大的移民流入来引起该国比较优势的长期改变。移民行为会受母国供给推动因素和流入国需求拉动因素以及能够为移民提供信息和资源的社会网络因素的激励。

8. 在中长期，贸易对一国的就业数量影响不大，甚至是根本没有任何影响。就业岗位的多少是由劳动力市场政策、工作激励因素以及央行和政府的宏观经济政策所决定的。在短期内，贸易也许会使得在竞争中处于劣势的产业部门的就业岗位减少，但同时也会增加在竞争中处于优势地位的产业部门的就业岗位。

9. 经济学家一致认为发达国家与发展中国家的贸易不是引起发达经济体中非熟练劳动力实际工资下降的主要原因。这与斯托尔珀-萨缪尔森定理的预测是一致的。造成收入分配差距加大的罪魁祸首是技术变革，它降低了对非熟练劳动力的需求，而增加了对熟练和受过良好教育的劳动力的需求。然而，这一点尚未被证实，仍然有待更进一步的实证检验。

关键术语

需求拉动因素（demand-pull factors）
要素稀缺（factor scarcity）
引致需求（derived demand）
海外分公司（foreign affiliate）
要素充裕（factor abundance）
赫克歇尔-俄林贸易理论（Heckscher-Ohlin trade theory）
产品生命周期（product cycle）
公司内贸易（intrafirm trade）
社会网络（social networks）
放大效应（magnification effect）
特定要素模型（specific factors model）
离岸（off-shoring）
斯托尔珀-萨缪尔森定理（Stolper-Samuelson theorem）
外包（outsourcing）
供给推动因素（supply-push factors）
国际生产折中理论（OLI theory）

习　题

1. 根据下表，哪一个国家是相对劳动力充裕的，为什么？哪一个国家是相对资本充裕的？

	美国	加拿大
资本	40 单位机器	10 单位机器
劳动	200 单位工人	60 单位工人

2. 假设美国和加拿大的要素禀赋情况如上表所示，进一步假定生产 1 单位的钢铁需要 2 台机器和 8 个工人，生产 1 单位的面包需要 1 台机器和 8 个工人。

(1) 哪一种商品是相对资本密集型的，哪一种是相对劳动密集型的？为什么？

(2) 哪个国家会出口面包？为什么？

3. 假定在开放对外贸易前，美国在生产可能性曲线上表示 20 单位面包和 20 单位钢铁的点上进行生产。一旦进行贸易，每单位的钢铁可以换 2 单位的面包。所以，美国将其生产点移至生产 30 单位钢铁和 10 单位面包的点上。美国的总生产情况有没有变得更好？为什么？

4. 根据问题 1 和问题 2 的信息，解释当贸易开始后资本和劳动力的投入回报率是怎样变化的。

5. 假定只有 3 种要素：资本、劳动力和土地。面包生产需要投入土地和劳动力，钢铁生产需要投入资本和劳动力。

(1) 哪一个是可变要素，哪一个是特定要素？

(2) 假定加拿大的要素禀赋为 10 单位资本和 100 单位土地，美国的要素禀赋为 50 单位资本和 100 单位土地。它们各自会出口什么商品？

(3) 贸易是怎样影响美国和加拿大各自的土地、劳动力及资本的投入回报率的？

6. 描述在产品生命周期三阶段中企业的生产需求和生产区位的变化。

7. 公司内贸易与比较优势理论是相互矛盾的吗？请说明原因。

8. 通用汽车公司是美国最大的跨国公司，也是欧洲以及南美最大的汽车制造商之一。运用邓宁的国际生产折中理论来解释通用汽车公司如何在是出口产品到欧洲和南美，还是在这两个市场上进行海外直接投资之间进行权衡。

9. 许多国内的服装制造厂商从海外买来服装，再将自己的商标附在上面，然后出口到国外，或销往本国市场。解释这些服装制造厂商为何选择上述战略，而不选择直接在本国生产然后出口的战略。

10. 假设西班牙向大批想要移民到该国的非熟练非洲劳动力敞开国门。简要说明这会对西班牙的贸易模式以及比较优势产生怎样的影响。

第 5 章 超越比较优势

学习目标

通过本章的学习，学生应该掌握以下内容：

1. 掌握产业内贸易与产业间贸易的区别。
2. 了解产业内贸易带来的收益。
3. 画图说明在垄断竞争市场上进行贸易的收益。
4. 区分内部和外部规模经济。
5. 分析运输成本和规模经济对贸易的影响。
6. 陈述产业政策的利与弊。

5.1 引言：催生贸易的其他动因

比较优势是我们理解贸易利得及其潜在收入分配效应的基础。但是，仅以比较优势为基础建立起来的贸易模型在预测一国的贸易模式时，并无法得出清晰一致的结论。由于我们长期以来一直认为只要能够准确地衡量一国的比较优势，就可以预测该国的进出口模式，所以建立在比较优势基础上的贸易模型无法给出一致预测这一弊端是一个巨大缺陷。另外，准确测度一国的比较优势实在是极其困难的一件事。让问题变得更加复杂的是，在一国比较优势既定的条件下它可以生产并且出口的产品数量很多，我们无法得知哪种产品占主导地位。再者，也许是最令人头疼的一点是，很大一部分国际贸易的发生不是以比较优势为基础的。在这一章中，我们将给出前面所提到的贸易模型的两个例外情况，并解释一下大多数国家是如何选择和规划其出口产业的发展的，以及它们为什么要这样选择和规划。

本章第一部分试图解释在国际贸易中，为什么有相当大的比例是出口同时进口相同的产品。例如，美国和加拿大是全球经贸关系最为密切的两个经济体之一，其中很大一部分都是以双方各自向对方出口汽车及汽车零部件为基础的。这种模式显然与我们在第 3 章和第 4 章所提到的面包交换钢铁的例子有所区别。在本章的第二部分，我们将探讨产业集群问题。许多在一国出口贸易中占主导地位的产品，大都是在某一地区集中生产的。比如，美国在娱乐产业（音乐、电视节目和电影制造业）的优势主要体现在特定的区域，如好莱坞和纳什维尔地区；软件业集群地则主要分布在硅谷、西雅图，同时在其他地区有一些零零散散的软件企业；生物科技产业集群地则主要是在旧金山、圣迭戈等地区。令人惊讶的是，国际贸易在产业集群的分布及形成上扮演着极其重要的角色，在某种特定条件下，它可能还会阻碍新的产业集群的形成。

关于地区集群的话题直接引出了我们在第三部分关于产业政策的讨论。一国经常通过特定产业政策来帮助某个特定地区或者是特定产业形成自身优势。一个国家可以选择出口什么产品，并成功地建立一个强大的生产该产品的出口产业吗？它所采取的政策会带来怎样的成本及收益？简单来说，我们要思考一国如何利用产业政策来塑造本国的经济发展模式。

5.2 产业内贸易

第 3 章和第 4 章提到的比较优势模型建立在国别差异的基础之上。根据这些模型，由于生产率或者要素禀赋方面的差异，各个国家可以通过专业化生产和贸易来提高国民生活水平。这些模型的要点不在于勾勒经济生活的具体图景，而是建立一个简化的抽象模型，更多地把焦点放在贸易领域的重要经济关系上。因此，它们省略了那些不必要的细节，一些不常见的现象或是特例也被忽略了。

有时不常见的现象或是特例会随着时间的推移而变得越来越重要。产业内贸易日益重要就是这方面的一个例证。产业内贸易（intraindustry trade）是指在同一产业内部进行的国际贸易，如钢铁与钢铁的贸易、面包与面包的贸易。与产业内贸易相反的则是产业间贸易（interindustry trade）。产业间贸易是指在不同的两个产业间进行的国际贸易（如面包与钢铁的贸易）。产业内贸易日渐重要，这使得经济学家构建了一系列新的模型去解释为什么有的国家会在出口某种产品的同时进口同一种产品以及此类贸易的收益问题。

□ 5.2.1 产业内贸易的特征

工业化国家之间的产业内贸易是很普遍的。然而，由于在如何界定同一产业这一最基本问题上始终存在分歧，对于产业内贸易重要性的实证检验结果并不一致。例如，如果计算机被定义为办公设备，那么计算机和卷笔刀就属于同一产业的产品，并且如果一个国家出口计算机，进口卷笔刀就可以被认为进行了产业内贸易。总的来说，某个产业的定义越宽泛，就会有更多的贸易活动被看作是产业内贸易；相反，对于同一产业的定义越具体，属于产业内贸易的贸易活动也就越少。有证据表明，高科技产业（这些产业的产品差异范围更大）、对贸易采取更加开放的态度的国家以及吸收了更多对外直接投资的国家产业内贸易也更普遍。

在第3章和第4章中提出的以比较优势为基础的贸易模型中，生产成本要么是恒定不变的（如第3章所提到的）要么是不断提高的（如第4章提到的）。因此，每额外多生产一单位的面包会导致少生产特定数量或者是越来越多的钢铁。然而，很多商品的生产存在规模经济的特征，或者说随着产量增加生产成本逐渐降低。建立在规模经济基础上的新贸易模型是过去几十年间国际贸易理论领域最新也是最重要的一个突破，大大深化了我们对产业内贸易的理解。在经济学文献中，这类模型被称为新贸易理论，因为它们超越了建立在规模报酬不变或者是递减基础上的传统贸易理论模型。

在新贸易理论中，规模经济可以是内部规模经济（internal economies of scale），也可以是外部规模经济（external economies of scale）。内部规模经济是指随着产出规模的扩大平均成本逐渐下降。在实践中，这导致企业规模更大，因为更大的生产规模使得企业的平均成本更低，企业因此获得竞争优势。产业内贸易最显著的特征就在于内部规模经济的存在。

表5—1给出了规模报酬递增条件下企业的成本结构。通常来说，存在一个临界值，一旦企业产量超过这一水平，平均成本不但不会继续下降，反而会上升。规模报酬递增通常是由生产过程内在得到优化或者工程技术、市场营销等方面的进步引起的，且常见于固定成本较高的产品。举例来说，汽车制造商、软件公司以及一些流行品牌的生活用品公司，其产品的成本构成中有很大一部分是固定不变的。这些固定成本的存在是由很多因素决定的，如为了建造一个大型加工厂所花费的成本、巨额的研究开发费用或者是市场营销费用。例如，软件公司需要投入巨额的前期研发费用来进行产品开发，其销售的产品越多，可以用来摊销固定研发成本的产品也就越多。

表5—1　　单一企业的规模报酬递增

产量	总成本	平均成本
100	1 000	10
200	1 400	7
300	1 500	5
400	1 600	4
500	1 650	3.5
600	1 950	3.25

注：随着产量的增加，总成本增加，但是单位成本趋于下降。大企业比小企业更富有效率。

内部规模经济在很大程度上还与占主导地位的市场类型有关。在第3章和第4章中，我们假设企业处在完全竞争的市场中，没有任何一家企业能够对市场价格及产业的总产出存在决定性的影响。然而，随着大企业竞争力越来越强，市场中存在的企业数量将会减少，最终形成另一种市场结构。在寡头垄断（oligopoly）市场中，仅有为数不多的几家企业为整个市场提供产品。在这种情况下，生产及贸易的模式就很难预测，因为每一家企业在制定其利润最大化战略时，都要对竞争对手的行动进行预判。其结果就是，每家企业都会根据竞争对手的行动来调整自己的产出水平，从而使整个行业的生产水平和贸易活动变得难以预测。

在通常情况下，内部规模经济会导致垄断竞争（monopolistic competition）的格局，这也是比较常见的一种市场结构。回想一下在完全垄断的市场中，整个行业的产出都由某一家企业提供；而在垄断竞争条件下，市场中存在许多相互竞争的企业，但它们之间的竞争激烈程度又因实际存在的产品差异（product differentiation）而弱化。因为存在产品差异，所以同行业中每一家企业生产出的产品都是略有不同的。这就是垄断竞争市场垄断的一面，即对于每一个企业来说，它所生产的产品都是独一无二的。例如，只有福特公司能够提供福特探索者这种车型的汽车。然而，与完全垄断不同，每一家企业所生产的产品互相之间都有很强的替代性，这又使得竞争成为了可能。

在垄断竞争市场中，只要有新企业进入市场，各公司间的竞争程度就会加剧。这就产生了两方面的效应：一方面，竞争加剧使得产品价格下降，因为产品是可以相互替代的，为了抢占更多的市场份额，产品价格存在下降的压力。另一方面，当更多的企业来抢占市场时，平均来说每家企业所能卖出的产品数量就减少了，因此成本就会相应上升。这是每一家企业的内部规模经济导致的直接结果。只要产品价格高于成本，就会有更多的企业进入该市场；相反，当产品价格低于成本时，则会有企业退出。

内部规模经济的存在正是企业想要从事出口活动的原因。任何一家出口企业都会拥有一定的竞争优势，因为其产品销量因出口而增加了，从而能够充分利用内部规模经济所带来的成本递减效应。给定企业的数量，市场规模越大，每个企业的平均成本往往会越低。这是由以下两个因素导致的：一是企业的规模经济效应；二是如果企业数量不变，随着市场规模的扩大，每个企业平均来说都将售出更多的产品。

图 5—1 给出了以下变量之间的关系：（1）某个产业中的企业数量，（2）平均成本，（3）产品价格。横轴测度的是某个产业中的企业数量，纵轴则表示平均成本和价格。直线 P 给出了企业数量和产品价格之间的关系。这条曲线是向右下方倾斜的，因为进入某个市场的企业增加将给价格带来向下的压力。直线 AC 则表示的是每个企业的平均成本与市场中企业的总数量之间的关系。该线向上倾斜，因为随着越来越多的企业进入某个市场，每个现有企业所能销售的产品数量都会减少从而平均生产成本增加。当价格高于 P_1 时，新企业有动力进入该市场，因为此时价格高于平均成本。当价格低于 P_1 时，情况恰好相反，有些企业将会退出该市场，因为它们的成本高于市场价格。

图 5—1 还清晰地说明了企业为什么愿意出口。任何愿意出口的企业都有一定的竞争优势，因为它实现了降低成本所需的更大的销量。这一点在图 5—2 中可以看得更清楚，该图中的平均成本曲线 AC^* 与图 5—1 中的成本曲线 AC 的区别仅在于前者代表了一个更大的市场。在企业数量既定的条件下，曲线 AC^* 意味着在一个更大的市场上平均成本更低。这同样也是由以下两个因素导致的：一是企业的规模经济效

应；二是如果企业数量不变，随着市场规模的扩大，每个企业平均来说都将售出更多的产品。

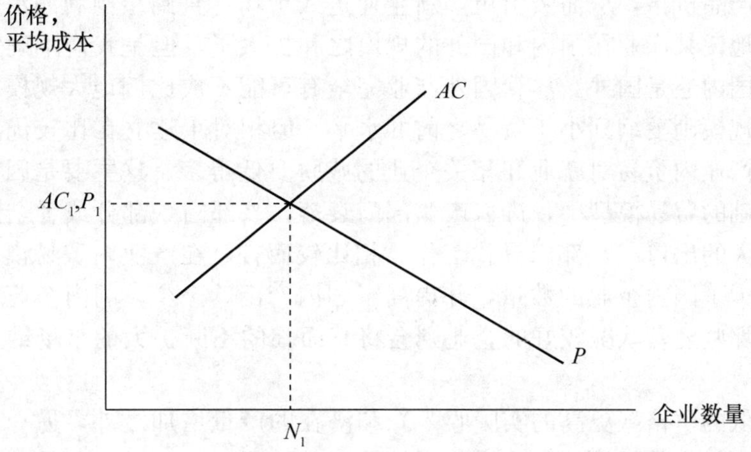

图 5—1　垄断竞争市场

注：在垄断竞争市场上，企业数量增加导致产品价格降低，企业平均成本上涨。当价格等于平均成本时，市场实现了均衡。

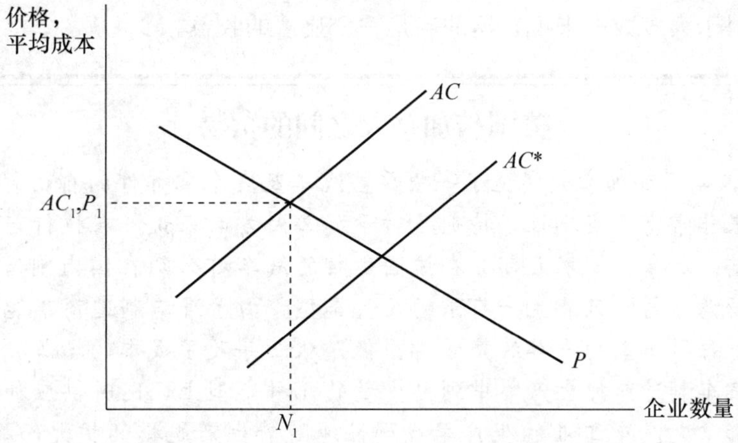

图 5—2

注：给定企业数量，通过海外销售扩大市场规模实现了规模经济，从而降低了企业的平均成本。

□ 5.2.2　产业内贸易的利得

产业内贸易也能创造贸易利得。尽管随着市场规模的扩大，企业成本会由于规模经济效应而变得更低，但是企业间的竞争迫使企业不得不将其低廉的成本优势以低廉的价格形式分享给消费者。进出口产品价格同时下降与以比较优势为基础建立的贸易模型的情况形成了鲜明对比。回忆一下我们在第 3 章和第 4 章所提到的贸易模型，各国消费者都从降低的进口产品价格中获益；但同时，出口产品价格却在上升。然而，在产业内贸易中，进口品和出口品价格却同时下降，从而给贸易双方的消费者带来了实实在在的好处。贸易使企业能够为更大的市场生产产品，并且提高了企业生产的效率。因为价格的降低，每个人的实际收入都得到了提高。

贸易引致的市场规模的扩大最终会导致企业数量的增加，这是由于出口使得产品成本低于产品价格，从而吸引更多新企业进入市场，直到超额利润消失。虽然我们可以确定地说某产业在国内和国外的规模之和扩大了，但是我们不确定这样的扩大是发生在国内还是国外。尽管国外产业完全有可能不成比例地大规模扩张，而国内该产业的规模则萎缩到小于贸易之前的水平，但相对于建立在比较优势基础上的贸易来说，产业内贸易对就业和相关企业的威胁要低得多。这主要是因为，在以比较优势为基础的贸易模型中，进口产业部门衰落，该部门一部分或者全部工人都需要在不断扩大的出口产业部门寻找工作。相比较而言，在产业内贸易模式中，很可能是贸易扩大了国内企业的数量，并提高了国内产出。至少，国内企业会有扩大规模的机会，那些经营状况较好的企业则会将其面临的不断扩大的市场纳入自身发展规划之中。

除了更低的价格（更高的实际收入）和潜在的产量增加之外，另一个我们能从产业内贸易中得到的益处就是它增加了消费者的选择。如果没有贸易，消费者就只能购买国内市场所提供的商品。对于一些消费者来说，可能并不存在这样的限制，但是只要看一眼高速公路上的车流，就足以使人们相信，对于许多消费者而言，外国商品要远远比本国的同类商品更有吸引力。多元化选择带来的价值很难用金钱来衡量，但是对于大多数人来说，这的确是一个显著的收益。

案例☞

美国与加拿大之间的贸易

1965年，美国和加拿大实施了一项覆盖汽车及汽车零部件的自由贸易政策。这项政策的结果非常富有戏剧性，特别是对于加拿大方面来说。在执行与美国的汽车贸易协定之前，加拿大要求大部分在该国出售的汽车都必须在国内制造。加拿大相对狭小的市场意味着它只能生产有限的几种车型。由于汽车制造商不能充分利用规模经济效应，每种车型的汽车的产量都很低，从而导致了成本的增加。在该项协定执行之后，汽车制造商把生产集中到更少量的几种车型上，同时供应加拿大市场及美国市场。加拿大汽车工业的生产率戏剧性地随着生产规模的扩大而提高。此外，随着从美国进口的汽车数量的增加，加拿大消费者在汽车种类上有了更多的选择。

美国和加拿大汽车产业的生产活动已经彻底融为一体。两国间贸易迅猛发展，并最终发展成为全球最大的双边贸易关系。从表5—2不难看出两国之间产业内贸易的重要性。

美国对加拿大出口额排名前五位的商品中有三类、美国从加拿大进口额排名前五位的商品中有两类都是汽车及相关制品。用价值来衡量，汽车及相关制品贸易额在排名前五位的进出口中占据了绝对地位。显然，产业内贸易是美国与加拿大之间基本的贸易模式。

需要注意的是，美国从加拿大进口的前五类商品中，有三类是加拿大利用本国自然资源禀赋生产的商品。这部分贸易关系反映了建立在不同要素禀赋基础上的比较优势贸易模型。由此我们可以得出结论，美国与加拿大之间的贸易，部分是产业内贸易，部分是以比较优势为基础的产业间贸易。

表 5—2　　美国与加拿大之间的商品贸易（2011 年）　　单位：十亿美元

美国前五大出口商品	价值	美国前五大进口商品	价值
除引擎外的汽车零部件	21.4	原油	67.9
公共汽车、卡车以及其他汽车	13.8	轿车	38.3
轿车	12.2	天然气	12.8
其他石油化工产品	9.4	除引擎外的汽车零部件	10.1
工业机器	8.4	其他石油化工产品	9.5

注：汽车以及汽车零部件贸易在美国和加拿大之间的贸易中占据了最大比例。
资料来源：U. S. Census Bureau，"End-Use Data，" Country and Product Trade Data，2011.

5.3 贸易与地理

2008 年诺贝尔经济学奖获得者保罗·克鲁格曼（Paul Krugman）指出，国际贸易实际上是关于地理以及区位决策——每个企业都必须做出的在哪里开展业务活动的决策——的学问。在国内还是国外生产？如果在国外，在哪个国家？如果在国内，在国内哪个地区？在中心城区附近，还是在地价更便宜的乡村？在很多情况下，这样的选择是比较容易的——正是某一特定地域的特征使得企业的选择看起来是显而易见的。例如，劳动力或能源的可获得性、接近消费市场或特定投入要素的供应商等，都会决定企业的选择。研究地域特征的地理学是企业必须考虑的重要因素，同样它也会对贸易产生重大影响。

贸易和地理通过以下两种基本方式联系在了一起。首先，某个地方比如某大城市可能会由于它靠近市场而促进经济活动的发展。其次，某个地方可能会给企业提供重要投入要素——如熟练劳动力——从而处在发展前沿。不管是出于这两方面中哪一方面的考虑，某个地方在产出方面和投入方面的特征都是企业决策过程中重要的考虑因素。因此，地理在某些贸易中发挥了关键作用。

□ 5.3.1　地理、运输成本和内部规模经济

因为规模经济的存在，对大多数制成品来说，将其生产配置在所有消费市场附近是不现实的。比如，在每个汽车经销商附近建立一家汽车组装厂显然是不明智的，因为这样做将导致生产规模非常小，进而生产成本大幅提高。相反，汽车生产会集中在少数地区，然后将最终产品运到销售地。因此，不管是将零部件运到装配厂，还是将组装完成的汽车运往最终销售市场，都会发生高昂的运输成本。相应地，汽车公司在选址的时候就会非常谨慎，尽量选在市场附近以降低运输成本。

不是所有类型的制造活动都具有相同的运输成本，服务品的运输成本就很低甚至为零，但是在某种程度上，将零配件运给装配商、再将成品运给销售商的成本是许多公司都要慎重考虑的。如果没有内部规模经济，将产地设在销售市场附近是可行的，但是规模经济的存在使得这种做法在大多数情况下都是不现实的。牛奶和鸡蛋适合当地生产，因为这类活动规模经济有限，而运输成本太高；相反，飞机制造

应该高度集中，因为这类活动规模经济效应巨大，而运输成本相对较低。

运输成本和规模经济这两个制造业的特征有助于解释我们在国际经济中观察到的一些现象。比如，我们在第 4 章中曾经提到，现今大多数对外直接投资都流向了高收入国家，而不是发展中国家。这主要是由于高收入国家通常拥有更大的市场，企业会发现靠近最终消费市场非常方便。在其他条件都一样的情况下，低运输成本会成为首要考虑因素——哪怕其他成本可能稍高一些。这也解释了 20 世纪 90 年代美国汽车制造公司为什么会南下——当时，密歇根和俄亥俄州的汽车厂商们纷纷搬到得克萨斯州，就是为了离在墨西哥的最终装配商更近一点。运输大量汽车或卡车零部件所需的高额费用要求装配商和零部件供应商最好不要相隔太远。

案例☞

墨西哥制造业的地理转移

美国与墨西哥之间大约三分之二的贸易属于产业内贸易。这些产业内贸易大部分发生在墨西哥一个名为边境加工业（maquiladora）的特定出口加工部门。边境加工业始于 1965 年，最初只限于墨美边境一带，但很快就扩展到全国。政府发展边境加工业的最初目的是为了在墨西哥北部边境创造就业机会。但从长期来看，边境加工业已经变成了墨西哥制造活动的主体，提供了最多的就业机会，同时也是墨西哥主要的出口产业之一。

边境加工业是出口加工区（export processing zone，EPZ）的一个范例。在出口加工区内，国内外企业为了出口而生产时，无须为其进口的配件和原料缴纳关税。这就使包括通用汽车、索尼等在内的企业纷纷在墨西哥建厂，只要它们将产品用于出口，就不需要为其从国外进口的投入要素缴纳关税。

从事出口加工活动的企业数量一直在缓慢但平稳地增加，到 1980 年，也就是最初立法 15 年之后，有 620 家企业、12 万名工人参与到了这项活动中。然而，出口加工业仍属于逆潮流而动，因为墨西哥主要的制造活动仍然是紧盯国内市场的。在 20 世纪 80 年代中期以前，墨西哥的发展策略一直是偏内向型的，大多数企业发现为国内市场生产要比出口更有利可图，因为在国内销售的产品会受到保护而免于竞争压力，出口商品则无法享受这样的待遇。1982 年，墨西哥爆发了金融危机，决策部门因此开始重新思考本国的发展模式。直到那时，以国内市场为主要目标的生产模式仍在影响着企业的区位选择，大多数企业都集中分布于墨西哥城或像蒙特雷、瓜达拉哈拉这样的大城市周围。通过把厂址选在最终目标市场附近，这些墨西哥企业不仅降低了运输成本，而且因为只有一家或者少数几家工厂从而可以发挥其内部规模经济优势。就这样，以人们从未想过的方式，墨西哥在 20 世纪 50—70 年代所采取的发展模式使墨西哥城逐渐发展成世界上最大的城市之一，同时也导致该国人口大比例集中于本国最大城市的中心地带。

20 世纪 80 年代中期，在为国内市场生产还是为国外市场生产方面，决策部门采取了更为中性的政策。决策者取消了许多关税和其他保护本国企业不受外来竞争威胁的措施。通过降低甚至取消关税和其他限制进口的措施，决策者为出口生产商创造了一个更加平等的环境。实际上，因为这些做法消除了国内市场供应商面临的优势，所以间接提高了为国外市场生产商品的利润。

部分受这些政策转变的影响，墨西哥北部边境的出口加工业快速发展。到2000年中期，边境加工业企业达到3 700家，雇用了130万工人，承担了墨西哥出口总量的一半以上。边境加工业之所以出现快速发展的势头，是因为新的激励政策使得墨西哥和非墨西哥企业选择在墨美边境而不是墨西哥城附近建厂。根据新规则，能给企业们带来最大利润的市场是美国而不是墨西哥城。根据内部规模经济和运输成本原理，选址尽量靠近美国市场是更理智的做法，所以墨西哥北部边境城市，如提华纳、华雷斯等在美国、墨西哥、加拿大三国签订自由贸易协定之前十多年就已经开始蓬勃发展了。

□ 5.3.2 外部规模经济

如果说随着行业内企业数量增加——但是单个公司可能有也可能没有动力去扩大规模，企业的生产率提高了，那么我们就说出现了外部规模经济。外部规模经济的成因很多。第一，如果同一地区内有多家企业生产类似产品，那么就很有可能会出现技术外溢，从而使所有企业站在最新技术与最新发展的前沿。密切的关系会加大技术外溢，因为通过正式或非正式的人际网络，会创造更多的信息交流机会。地区行业协会在帮助建立人脉方面很重要，但是足球队、教会、女童子军以及其他类似组织也能够将为不同企业效力的人们聚集起来。技术外溢对于那些正经历着快速技术革新的前沿产业而言特别重要，同时外溢对于面对面的交流也非常敏感，但这种形式的交流却常常被空间距离所阻隔。

当某地大量生产者的出现有助于能够提供特殊技能的劳动力市场产生时，就会出现另一种形式的外部规模经济。如果某个产业的规模大到足以持续吸引大量具有某种特殊技能的潜在劳动力流入，就会降低企业的搜寻成本，并为企业提供最好的可用劳动力。这一优势对于一些要求雇员具备较高技术或者某种稀缺技能的产业来说特别重要。

大规模空间集聚带来的第三个潜在优势是，它可以导致高密度的投入品供应网络的形成。中间产品制造商更愿意选择靠近其产品市场的区位，因为这样可以降低交通运输成本，并使其得以及时了解需求情况。在高科技产业部门，大量临近的零部件供应商的存在会降低生产厂商寻找某种特殊投入的成本，并且在深度与广度上扩大了企业对初始投入产品和服务的选择范围。以上所有效应都降低了生产者的成本。生产者与后向零部件供应商之间的联系也可以从另一个方向发生。如果产业集群生产的是某种中间产品或服务，它就会吸引那些运用其产品来制造最终产品或提供最终服务的企业。这不仅会给企业带来更多的市场信息，并且有可能促进零部件供应商及购买中间产品作为生产投入的企业之间更密切的合作。

□ 5.3.3 贸易与外部经济

地理集中的一个本质特征是它是自我强化的。例如，随着企业吸引的技术工人及特殊投入要素供应商越来越多，可用的优质投入要素的增加会产生反作用，吸引越来越多相同产业的企业集中到这一地区。反过来，这又对工人和要素供应商产生巨大的吸引力。这些因素的相互作用有效地推动了该系统向前发展。

从这些特征中我们可以得到的一个启示是：初始条件的细微差别有可能导致最终结果的巨大差异。也就是说，某一地区在发展初期的微弱领先地位或在吸引企业方面具备的细微优势可能会导致该地区比其他地区更早地形成显著的规模经济。一旦规模优势充分体现出来，领先地区和其竞争者之间的差距就会加大，并且有可能变成领先地区的永久竞争优势。初始优势的来源多种多样，甚至包括历史上的偶然事件。例如，第二次世界大战期间，飞机引擎在英国被研发出来后，盟国决定在美国西海岸组织生产，以最大限度降低轴心国通过空袭摧毁工厂的可能性。最终，这导致主要喷气式飞机制造企业（波音、洛克希德、麦道等）集中在这一地区，培养了大量在飞机引擎等领域具备特殊技能的劳动力。这个历史偶然事件以及盟国政府决定引发的结果是，美国在商用飞机制造领域占据了几十年的统治地位，直到欧洲政府联合起来运用大额补贴和其他干预措施培养出了一个欧洲竞争者——空中客车公司。

一旦美国的领先优势得以确立，在技术能力方面与美国相差无几的其他国家永远都不可能赶上，即使在理论上这些国家完全能够实现与美国相同的效率水平。美国的地区产业集群的发展（如在西雅图和南加利福尼亚地区的专业航空器制造企业构成的产业集群）赋予了美国难以被超越的先发地位与竞争优势。与那些新的欠发达的同行相比，美国飞机的售价总是更为低廉。在这个例子中，贸易扼杀了一个有可能发展成为与现有生产商具有同等竞争力的潜在行业的发展。

理论上，贸易完全有可能扼杀一个比现有产业更具效率的新生产业的发展。例如，假设欧洲在商用飞机制造方面比美国潜在效率更高。但是，其潜质只有在经过一段时间的尝试和发展之后才能显露出来。欧洲企业在一开始面临的难题是，由于美国的元器件供应商和生产者之间有着更为密切的联系，所以美国在生产效率上占有优势。在这种情况下，贸易以及可以较低价格买到美国飞机这一现实削弱了欧洲人投资自身产业的积极性，进而阻碍了一个可能更具效率的产业的发展。只要美国飞机比欧洲飞机价格便宜，那么人们就没有任何经济理由去购买欧洲飞机，缺乏先期市场意味着欧洲人将会经历一段时间的亏损，因而打击了投资的积极性。实际上，为躲避希特勒的炸弹而将飞机制造业转移到美国这一历史偶然所造成的国家间产业差异被贸易永久地锁定了。

关于飞机的例子是很有启发性的，因为它告诉了我们贸易可能无法带来收益。在其他我们已经检验过的例子中，贸易总是会带来收益。然而，在上文所描述的情况下，贸易带来的是潜在的损害，因为通过把世界生产集中于低效率的厂商，贸易降低了全球的生产效率。飞机的例子还告诉我们，初始时微不足道的差别是怎样逐渐积累成产业间巨大差异的，以及在外部规模经济作用下，贸易模式可能是完全不可预测的历史偶然的结果。

5.4 产业政策

面对更具竞争力的美国飞机制造业，欧洲各国要做些什么才能使得自己的产业实现腾飞呢？这是数十年之前英国、法国、德国以及西班牙政府提出的问题。解决方案是联合各国在飞机及航空器制造领域的资源，并由四国政府共同提供大量补贴来帮助这些企业联合体分摊初始亏损，发展自己的产业。最终成果就是空客公司——美国波音公司在欧洲最大的竞争对手——的出现。空客公司的诞生是政府运用产业政策（industrial policies）引导经济活动的典型案例。就像从字面以及前面的例子中能够看出来的那样，产业政策就是由政府设计，用于创设新的产业或者支持现有产业的政策措施。

产业政策是有争议的这一点并不会让人感到太意外；因为争议太大甚至导致近年来国际协定会限制一国为扶持本国产业所能采取的政策范围。另外，在某些情况下，产业政策被证明是由政治意图所操纵的，其结果是白白浪费了大量的金钱。例如，巴西和印度尼西亚也都曾经采取过产业政策来发展短程商用飞机制造业，目标锁定在20～100人的商用飞机市场。尽管巴西取得了成功，但是印度尼西亚在花费了几十亿美元的税收，并占用了大量本可以用来发展印度尼西亚经济的工程师以及其他有着专业技能和卓越天赋的工人后，结果却失败了。毫无疑问，比较优势的确会发生变化，在将来的某一天，随着教育投入的增加、道路和港口等基础设施的完善，以及资本的积累，印度尼西亚也会在飞机制造领域形成自己的比较优势。所有高收入国家都曾经历比较优势的显著变化，但是对于印度尼西亚来说通过促进特定产业发展来加快本国发展进程是不是适得其反的呢？一国如何才能知道应该促进哪个产业的发展呢？促进特定产业的发展带来的结果一定优于提供有利于经济良好运行的基础设施——比如更好的教育、稳定的制度、合意的宏观经济政策、保护知识产权、健全的法制等——吗？市场结果一定无法保证资源的最有效利用吗？

□ 5.4.1 产业政策与市场失灵

当私人市场经济无法提供最优数量的商品和服务时，我们就说出现了市场失灵（market failure）。市场失灵是为政府实施产业政策进行辩护的一个重要理由。最优数量是指，在这一水平上提供给个人消费者和社会的商品的总价值与生产总成本相等。因此，市场上商品的过剩或是不足都可以看作是市场失灵的结果。我们可以从很多角度来解释市场失灵，但其中最易理解的观点是将市场失灵看做私人收益（private returns）与社会收益（social returns）产生背离导致的。造成私人收益与社会收益产生背离的最普遍的原因是，一些经济活动的成本或收益可能会外部化，或者说超出了参与该活动的经济人的考虑范围。显然，经济学家倾向于将市场失灵归结于成本或收益的外部化，即所谓的外部性（externality）。外部性这个概念背后的思想是，一项经济活动产生的所有成本或收益不会完全分摊到参与经济活动的人或企业身上。也就是说，这些人或企业将成本或收益外部化了。例如，污染了河流的钢铁厂给下游居民带来了额外的成本；为自己的孩子接种牛痘的父母无形中给邻居的孩子带来了好处。从会计学角度来看，私人收益是指钢铁厂或者为孩子接种牛痘的父母的成本及收益，而社会收益则在包含私人收益的同时，还包括了其他社会成员——下游居民或邻居孩子——的成本及收益。注意，外部化的成本或者收益并不意味着它们会消失，或者说不会造成任何后果。从经济学角度来看，虽然这些外部化的成本和收益不会直接由触发它们的个人与企业承担或获取，但确实与其他成本或收益一样重要。

分析市场失灵问题时有两个简单的原则。第一个原则是，当社会收益大于私人收益时，市场经济的产出将会低于最佳产量。这是因为创造利润的个人或者企业意识到这些利润不能全部由其所得，所以自然不会按照能够创造出最大利润的产量进行生产。第二个原则是，当社会收益低于私人收益时，市场经济的产出将大于最佳产量。在这种情况下，经济参与者不会考虑那些溢出到他人身上的成本，即使这些成本会降低整个社会的商品及服务的价值。

图 5—3 详细描述了私人收益与社会收益发生背离时的情况。该图给出的是完全竞争条件下进行生产且具有外部收益的商品供给与需求曲线。供给曲线 $S_{私}$ 是一条正常的市场供给曲线，描述了企业在生产中所面临的各种私人成本。其下标表明这条曲线表示的是私人成本，即生产企业付出的成本。由于在生产过程中其他社会成员（没有在此图中体现出来）会享受到企业生产的外部收益，所以我们可以用外部收益来抵消部分生产成本。用原先的供给曲线减去这些外部收益，就可以推导出一条新的供给曲线 $S_{社}$——私人成本减去外部收益后的供给曲线。由于不仅考虑私人成本与收益，而是把整个社会的成本和收益都考虑进去，供给曲线 $S_{社}$ 比供给曲线 $S_{私}$ 涵盖的范围更广。

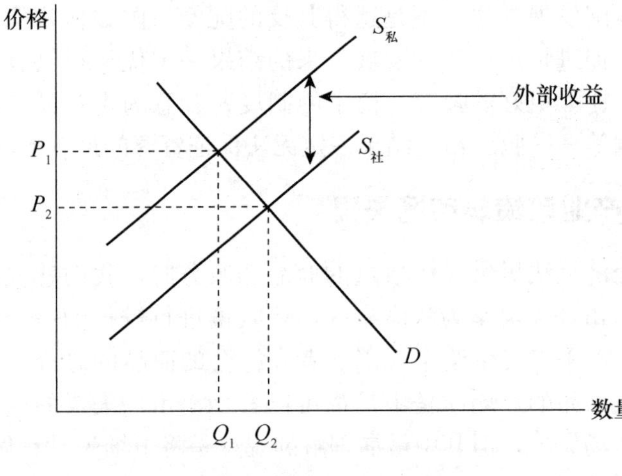

图 5—3　市场失灵：外部性

注：当社会收益超过私人收益时，市场提供的产品数量将低于最佳数量，售价则高于最优价格。

正如我们在图 5—3 中看到的那样，私人市场将导致价格为 P_1，产量为 Q_1。但是，从社会最优的角度来看，这个价格太高了，而产量则太低了。当同时将生产企业的内部及外部成本与收益考虑进去时，社会最优水平会在价格 P_2 和产量 Q_2 处实现。实际上，私人企业所得到的利润总和要小于社会总收益，后者包括前者无法获得的外部收益。因此，针对该经济活动的投资将会少于实现社会最优时需要的投资量。对于产业政策的支持者而言，解决的途径就是通过积极的政府干预来提高这一希望进行的经济活动的水平。与这种干预有关的政策工具及其带来的问题我们将在下文讨论。

社会收益与私人收益出现差别的原因很多。知识溢出效应就是最普遍的一个例子，并且常被用来作为实施产业政策的一个理由。受雇于不同企业的工人在社交和商业上的相互往来会促进有关新产品及新生产工艺的信息传播。在这种情况下，新知识带来的社会收益要大于私人收益，因为由这一新知识带来的收益中的一部分将由创造它的企业溢出到其他企业。知识溢出的一个重要例子来自率先进入某一行业的企业。在这个过程中，研发领域出现了技术溢出，因为实现了技术创新的企业通常会给那些模仿其突破性创新并加以小的改进，然后生产属于自己的产品的企业创造收益。

协作问题也是导致社会收益与私人收益不相等的原因之一。没有将彼此纳入考虑范围的一些独立的项目可能根本没有机会落实，因为这些项目要求其他企业的配合。例如，智利水果和蔬菜出口产业的发展壮大离不开对道路和港口等基础设施的投资，也离不开对清洁水资源输送设备的投资。单凭水果生产商自己无法提供需要的所有设施；没有农业从业人员、基础设施投资方、水利公司的合作，水果和蔬菜出口产业根本不可能实现腾飞。

造成私人收益与社会收益相背离的另一个原因是资本市场的不完善。由于这种情况的存在，新企业很难获得足够的启动资金。现有企业要想筹措资金进行新产品或者新生产工艺的开发，也面临着同样的融资约束。如果金融体系中的银行和其他信贷机构缺乏发放贷款所需的必要的信息，那么许多固定资产建设项目就得不到充足的资金支持。

□ 5.4.2　产业政策工具

虽然可用来落实产业政策的方式方法很多，但其目的都是为了把资源集中到目标产业上。可以实现这一目的的方法多种多样，但效果最显著的做法是给目标产业中的企业直接提供补贴。正如前面曾经提到的，这在现实中很难做到，因为 WTO 的乌拉圭回合协议明确禁止为竞争性生产活动提供补贴。不过，WTO 的规则允许政府为研究类等“竞争前活动”提供补贴，竞争性活动和竞争前活动之间的区别有时候非常模糊。但是，政府直接为目标产业提供补贴以便支持其发展完全是没有必要的。可供政府选择的措施很多，从为本国企业提供有关国外市场情况的信息（通常是通过大使馆或者是领事馆）、帮助洽谈合约到游说外国政府采用本国技术标准，或者是对外援助项目要求从本国企业处采购等不一而足。

一些新兴工业化国家（或地区）的政府经常采用的做法是，以低于市场价格的汇率向目标企业出售外汇，这样一来后者就能以低于市价的价格从国外购进资本品。第二种常用的手段是政府以低于市场水平的利率向私人企业提供贷款，或者为企业向私人部门贷款提供政府担保，从而帮助借款企业获得一个有利的贷款利率。同样，政府也可以针对目标行业提供特殊的税收政策；或者是通过政府采购来支持某个产业的发展。政府采购涉及的活动范围很广，包括州立医院的医疗设备、州立电力供应系统、州立电话与广播公司的通信设备以及军用硬件设备等等。在某些情况下，企业——例如，美国军用硬件设备供应商——能得到一定的利润保证来研发新产品，从而将自己面临的所有风险都转移到了纳税人身上。

政府还常常通过鼓励企业加强合作来支持某个产业的发展，这可以通过对产业协会的技术研发进行直接的资金支持或放松反托拉斯法的约束来做到。这既降低了该产业中相互竞争的企业将资源浪费在复制对手研发成果上的可能性，同时也增强了这些企业的市场势力。最后，政府还有可能直接将企业收归己有来支持某个产业的发展。

□ 5.4.3 产业政策存在的问题

虽然所有经济学家都承认市场并不是总能实现最优结果，但是仍然有许多人质疑运用产业政策解决市场失灵问题的现实可行性。另外，因为很多产业政策被认为侵害了外国企业的利益，所以乌拉圭回合谈判中引入了一些新的规则，这些规则限制了各国政府采取那些一度很普遍的政策的能力（参见本章最后的案例分析）。

第一个基本的问题是，人们很难获得用来衡量市场失灵程度的必要信息。例如，一个有效的产业政策要求政府向被支持产业提供数量恰到好处的额外资源。这就意味着，只要这些资源实现的外部收益大于其成本，政府就要不停地向企业提供更多资源。但是，在大多数情况下，没有人可以准确地对收益进行测算，特别是当这些外部收益分布在整个经济中，并且要经过很长一段时间才能表现出来时就更是如此。在没有可靠的数据作为依据的情况下，我们不难想象，某政府花费了 1 亿美元却只实现了 5 000 万美元的外部收益完全是有可能发生的。

第二个问题是，如何决定政府应该支持哪个产业。如果大家都认为某一产业会有光明的前景，那么企业家和投资者将会蜂拥而至，也就不再需要政府的支持了。另一方面，我们知道外部收益会导致市场处于投资不足的状态。因此，在选择支持对象时可以遵循的一个原则就是，选择那些具有最大外部收益的产业，但是这一策略的问题在于，新的技术与发明所带来的正外部效应往往会远远超出参与者的想象，我们在事前根本无法知道是否会产生外部效应。比如，在 1990 年时，几乎没有人预测到了互联网时代的到来。

产业政策存在的第三个问题是它们鼓励寻租行为（rent seeking），即企业、个人或其他特殊利益集团在没有使整个经济体收入增加的情况下，让收入分配朝着于他们自身有利的方向改变的行为。举例来说，假设利益集团游说国会通过了一项对进口钢铁征收关税的议案，那么该议案会增加美国钢铁产业相关人员的收入，但降低了钢铁使用者的收入。如果企业得知政府希望采取某些产业政策来促进经济发展，那么它们就会花费时间和精力来争取这些补贴。这就导致企业雇用游说团体、经济学家或工程师等来游说立法机关或者是其他规则制定者。由此产生的负面影响是白白浪费了资源却没有增加总产出。

产业政策将在多大程度上导致资源被浪费在游说及其他不经济的生产活动上，很大一部分取决于选取目标产业的管理程序，以及执行产业政策的国家的政治文化。那些腐败程度较高的国家在以科技或经济标准来选择要扶持的目标产业时很可能会面临更大的困难。然而，即便在腐败程度相对较低的环境中，产业政策鼓励了寻租行为这一点也是确实存在的。

产业政策存在的第四个问题是，很难将研发支出带来的外部收益限制在一国国内。新技术很快就会传播到有能力利用这一技术来获益的每一个国家。据估计，一国研发支出所带来的总收益中，大约有1/4被其他国家获取。众多美国企业与欧洲、日本企业组建合资企业进行研发与生产合作这一现实，更是为一项新的突破性技术传播到其他国家创造了更多的机会。

尽管存在前面提到的种种问题，但是产业政策仍然是一个充满争议的话题，特别是在发展经济学领域。日本和韩国政府曾经广泛采用过这类政策，它们被看作发展中国家的典范而一再被提起。反对实施产业政策的人则坚持认为，合理的宏观经济政策、高储蓄率和投资率，以及国民较高的受教育水平才是这两个国家成功的关键，产业政策充其量只是转移了人们的注意力。产业政策的支持者则将这种说法看作是对国家经济政策在意识形态上的反对。鉴于我们很难明确给出经济发展过程中的因果关系，产业政策支持者与反对者之间的激烈争论必将继续下去。我们将在第16章详细地讨论东亚地区的例子。

案例☞

WTO规则反对产业政策伤害了发展中国家的利益吗?

关贸总协定乌拉圭回合谈判的成就远不止是决定成立世界贸易组织（WTO）和进一步降低关税这么简单。该轮回合的谈判还达成了一系列新的协定，这些协定涵盖的范围极为广泛，从服务贸易、投资准则、知识产权保护到限制产业补贴等等。

所有经济学家都一致认为，这些新协定产生的效应之一就是大大限制了各成员国政府针对特定企业、特定产业、特定企业集群或者是特定产业集群采取某种产业政策的能力。但是，关于针对产业政策的这些限制性规定是否伤害了发展中国家的利益，经济学家的意见就没有这么统一了。那些认为产业政策是促进经济发展的有力手段的经济学家将世界贸易组织施加的这些限制看作是对各国发展政策的不利制约，但是那些秉持产业政策无效论的经济学家则把这些限制看作是避免贸易争端的既有益又有效的措施。

对各国政府实施产业政策的能力做出的限制性规定主要体现在以下两个协议上，即《与贸易相关的投资措施协定》（TRIMs协定）和《补贴与反补贴协定》（SCM协定）。《与贸易有关的知识产权协定》（TRIPS协定）也被指责说限制了新知识与新技术的采用，给发展中国家造成了潜在危害。

1.《与贸易相关的投资措施协定》

TRIMs协定主要是为了保证各国政府在面对本国投资和外来投资时，不会对后者进行歧视（即应该给予后者国民待遇）。该协定并没有从一般意义上对与贸易有关的投资措施做出界定，但是它就禁止性行为列出了一个示范清单。各成员国政府不得对外来投资施加限制措施，比如使用当地生产的投入品或者是生产的产品只能用于出口等。历史上，很多国家都曾通过制定一些强制性要求，将外来投资者和当地制造商捆绑在一起。例如，外来投资者在建厂房的时候必须符合一定比例的当地成分要求，以便增加当地创造的附加值、增强本国企业与某个产业之间的联系度，或者是加强技术从海外企业向本土企业的转移。这种做法在汽车产业格外普遍。各国政府还经常对外国企业提出贸易平衡要求，即后者的出口额必须和其进口额相匹配，或者是赚取的外汇收入必须等于用来购买进口投入品的外汇支出等。

2.《补贴与反补贴协定》

SCM 协定对禁止性补贴和可诉性补贴做出了规定。禁止性补贴是指要求企业使用本国生产的投入品或者是要满足一定的出口要求的补贴。从对成员国政府可以采取的政策施加限制的角度看，SCM 协定和 TRIMs 协定是一致的。可诉性补贴则是指给予某一企业的、会对其他国家的企业或者产业造成危害的所有经济利益。例如，如果一国政府给予本国汽车产业特殊的税收政策，而且这种做法影响到了位于其他 WTO 成员国的汽车企业的销量，那么后者可以向 WTO 提起诉讼，或者是自行发起调查并且对从提供补贴的国家进口的汽车征收关税。

3.《与贸易有关的知识产权协定》

第三个协定，即《与贸易有关的知识产权协定》在很多人看来，伤害了发展中国家的利益，因为该协定限制了发展中国家利用新技术和新知识。之所以会这样是因为该协定要求对知识产权，比如商标和版权等实施更加严格的保护。那些反对该协定的人认为，发达国家在工业化发展的初期对知识产权的保护也是相当薄弱的。这就使得这些国家的企业可以拆开产品来看看它是如何设计的，然后进行仿制——这个过程被称为逆向工程（reverse engineering）。TRIPS 协定禁止逆向工程，而且将很多新的技术领域纳入其适用范围，以前这些领域是可以不受商标和版权保护限制的。另外，TRIPS 协定还延长了商标权的有效期，同时为了和前面两个协定保持一致，该协定还限制了政府通过本土化生产或技术转移等要求来管制商标持有人的能力。

关于标题中提出的问题，经济学家们并没有达成一致意见。有些经济学家认为整体来说，这些协定消除了发展中国家利用产业政策谋求发展的可能，限制了发展中国家获取新技术的途径。他们认为，东亚经济体从产业政策中获取的收益格外明显，全球主要高收入国家在自身发展过程中也曾利用宽松的知识产权保护政策来获取新技术。那些认为产业政策无用甚至是有害的经济学家则不认为 WTO 的规则制约了发展中国家，因为在他们看来完全没有必要实行产业政策。

近年来，中国经济的高速增长以及其他一些发展中国家（比如巴西）取得的成绩——这些国家的政府都积极参与到了指导本国发展中——再次激起了人们关于产业政策的实际作用和潜在作用的研究兴趣。

小　结

1. 国际贸易中有很大一部分不能用比较优势理论来加以解释。在许多国家，产业内贸易占商品贸易的 50%以上，对于美国以及其他一些大型经济体来说，这一比例更是达到了 2/3 以上。

2. 产业内贸易不是基于比较优势的，因为它涉及的是同类产品的进出口，而且往往发生在具有相似的劳动生产率、技术水平和要素禀赋的国家之间。产业内贸易是以规模经济和产品异质性为基础的。

3. 只要平均成本随产出增加而下降，就存在规模经济。规模经济是贸易模式的一个重要决定因素，因为它为贸易提供了另一种有别于比较优势的基础。

4. 规模经济可以是内部规模经济、外部规模经济，或者是两者兼具。在内部规模经济条件下，贸易利得包括更为广泛的消费选择及更低的产品价格。而在外部规模经济条件下，贸易利得则不那么确定，因为从理论上讲，贸易可能会将生产锁定在低效率的国家，同时阻止更高效的国家的生产的发展。

5. 外部规模经济会引起企业的区域集聚。企业被空间上毗邻的生产经营活动所带来的正面效应吸引而趋于集中。这些正面效应中最主要的三项是大规模熟练劳动力的供给、专业供应商以及知识溢出。

6. 产业政策理论是建立在以下思想基础上的，即单纯依靠市场无法培育出对未来经济发展具有重大意义的某个产业，或者是因某一产业存在过大的外部效应致使该产业的发展不能达到最优水平。

7. 历史上，各国政府都采用过许多方法来扶持其认为能大大促进自己未来经济繁荣的那些产业的发展。这些方法包括一系列直接或者间接的补贴手段。乌拉圭回合谈判达成的各个协定规定，为某种商业性产品提供补贴是非法的，从而加大了针对某些企业或者是产业进行扶持的难度。

8. 产业政策存在的问题包括缺乏有效的方法来选择目标产业、鼓励寻租行为、无法阻止国际溢出，以及如何正确评估最优政府支持水平等。

关键术语

出口加工区（export processing zone，EPZ）
外部规模经济（external economies of scale）
外部性（externality）　市场失灵（market failure）
垄断竞争（monopolistic competition）　寡头垄断（oligopoly）
产业政策（industrial policy）　私人收益（private returns）
产业间贸易（interindustry trade）
产品差异（product differentiation）
内部规模经济（internal economies of scale）
寻租（rent seeking）　社会收益（social returns）
新贸易理论（New Trade Theory）　产业内贸易（intraindustry trade）
补贴与反补贴（Subsidies and Countervailing Measures，SCM）
与贸易相关的投资措施（Trade-Related Investment Measures，TRIMs）
与贸易有关的知识产权（Trade-Related Aspects of Intellectual Property Rights，TRIPS）

习　题

1. 什么是产业内贸易？如何进行测量？它与产业间贸易有什么区别？得自产业

内和产业间贸易的利得是否相似？

2. 比较美国和德国、美国和巴西的贸易。其中美国和德国的贸易更像是基于比较优势的，还是基于规模经济的？为什么？

3. 外部规模经济与内部规模经济在企业规模、市场结构以及贸易利得方面有什么区别？

4. 激励某产业中的企业在某一地理区域内集聚的三个关键因素是什么？

5. 在一国进口生产过程存在外部规模经济的商品的条件下，贸易会对该国造成怎样的危害？

6. 美国在1989年与加拿大签署自由贸易协定时，没人对此提出异议。而美国在1994年与墨西哥签署同样的协定时，却遭到了激烈的反对。试用产业内贸易和产业间贸易的概念来解释两项贸易协定所面临的不同情况。

7. 选择某特定产业作为扶持对象的理论依据是什么？

8. 实施产业政策所面临的普遍问题是什么？

9. 图5—3描绘了一个生产活动中存在外部社会收益的产业的例子。画出在生产中存在外部成本的产业的需求与供给图。将市场条件下的价格和产出水平与社会最优价格和产出水平进行对照比较。

第 6 章

关税和配额理论

学习目标

通过本章的学习，学生应该掌握以下内容：

1. 画出供需曲线图并用此图说明消费者剩余和生产者剩余。
2. 画图说明关税和配额对价格、产出以及消费的影响。
3. 用图文两种方法说明关税和配额对资源配置以及收入分配产生的影响。
4. 区分实际保护率和名义保护率。
5. 列举并详细讨论至少三种类型的动态保护损失。

6.1 引言：关税和配额

第 6 章和第 7 章对与关税和配额有关的理论与政策做了一个简单介绍。在经济学文献中，这种分析被称为商业政策。第 6 章主要介绍关税理论，第 7 章则对贸易保护主义的直接成本和保护贸易支持者所采用的论据进行了实证检验。在测度完关税与配额的直接成本后，很容易就可以看出这些被用来保护本国产业和就业的手段造成的低效率和成本。

□ 6.1.1 对关税的分析

贸易壁垒的形式和规模多种多样。一些贸易壁垒很明显或者说是透明的（transparent），有些贸易壁垒却非常隐蔽或者说是不透明的（nontransparent）。配额直接限制进口数量，而关税则通过税收的形式间接限制进口。关税和配额使得消费者转向相对较为便宜的国内商品或者彻底放弃对这种商品的消费。同时，因为关税和配额使消费者从购买外国产品转为购买本国产品，从而鼓励本国生产商增加产出。

在后面的分析中，我们仅就关税和配额对相关行业的影响进行分析。例如，我们不会分析针对钢铁进口征收的关税对整个经济的影响。用经济学的术语来说就是第 6 章的分析是局部均衡分析（partial equilibrium analysis），因为它仅仅考虑到了关税和配额对部分经济的影响，即对建立贸易壁垒的市场的影响。但是，在正式开始分析关税之前，我们必须先来介绍两个重要的概念——消费者剩余和生产者剩余。

□ 6.1.2 消费者剩余和生产者剩余

为了买到 1 加仑的牛奶，你最多愿意支付多少钱？根据他们的收入水平、对牛奶的偏爱程度、是否有需要牛奶的宝宝、是否能忍受乳糖以及其他很多主观因素，不同消费者对这个问题的回答也是不同的。消费者对牛奶价值的主观判断体现在牛奶的市场需求曲线中，该曲线勾画了在各种可能的价格水平上，消费者愿意而且能够购买的产品数量。随着市场价格下降，产品的购买数量会相应增加，这是因为会有更多的消费者认为更低的价格会等于甚至低于他们赋予牛奶的价值。

例如，假如你愿意为每加仑牛奶支付 3.5 美元，但是目前牛奶的价格仅为 3.2 美元。因为牛奶的价值超过了你必须支付的价格，因此从这个意义上来说，每加仑牛奶为你提供了 0.3 美元的“免费”价值。这个额外的价值被称为消费者剩余（consumer surplus），即消费者得到的价值中超过其支付价格的部分。之所以会产生消费者剩余，是因为不同消费者对于相同商品有不同的估值，但是大多数的商品却只有一个价格。如果需求曲线是已知的，消费者剩余就可以计算出来。因为需求曲线是各个消费者对某一特定商品的估值的汇总，所以需求曲线和价格线之间的面积就可以表示消费者剩余。

图 6—1 给出了假想中的对牛奶的市场需求和供给曲线。在市场均衡价格每加仑 3.2 美元处，牛奶的需求量和供给量都为 10 000 加仑。但是，许多人对牛奶的估值要更高，即他们从每加仑牛奶的消费中得到的价值超过了 3.2 美元。在图 6—1 中，消费者剩余是价格线 3.2 美元以上、需求曲线以下的三角形的面积，根据面积计算公式，也就是（1/2）×高度×宽度，或者（1/2）×(1.3 美元)×10 000＝6 500 美元。这等于消费牛奶所获得的主观价值与消费者的支出之差。

对消费者来说，消费者剩余是一种实实在在的节约。如果企业可以通过某种方法来确定每个消费者愿意支付的最高价格，那么理论上它就可以向不同的消费者收取不同的价格，从而就可以将消费者剩余降为零。对于我们这样不从事牛奶生意的人来说幸运的是，要做到这一点，企业必须借助烦琐且成本高昂的调研活动。结果就是，企业对不同顾客收取不同的价格事实上是不可能的（在某些情况下也是不合法的）。然而，一些企业，如汽车经销商总是试图对同样的商品制定不同的价格。但对于大多数企业来说，最简单的策略就是对所有人统一定价，因此，消费者剩余对于大多数市场上的大多数消费者来说都是一种实实在在的节约。

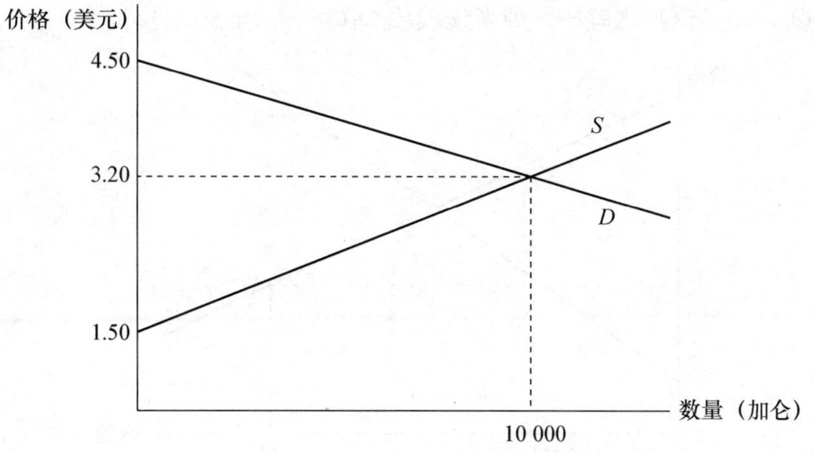

图 6—1　消费者剩余和生产者剩余

注：消费者剩余为价格线以上需求曲线以下的面积；生产者剩余是供给曲线以上价格线以下的面积。

从生产角度看也有一个对称的概念叫做生产者剩余（producer surplus）。在我们提到的牛奶的例子中，假设你拥有一家农场，能够而且愿意以每加仑 3 美元的价格出售牛奶，如果每加仑牛奶的实际价格为 3.2 美元，那么你每提供一加仑牛奶就可以得到 0.2 美元的生产者剩余。因为市场供给曲线是该市场中的单个厂商供给曲线的加总，反映出的是在既定的产出水平下，企业能够接受的最低价格。在图 6—1 中，一些厂商愿意在每加仑 2 美元的价格水平下提供牛奶，而且只要每加仑牛奶的价格高于 1.5 美元，就总有一些企业愿意提供牛奶。每个愿意在均衡价格水平 3.2 美元之下提供牛奶的企业都可以获得超过它们所需最低收益的超额收益。这个超额收益就被称为生产者剩余。

同消费者剩余一样，我们也可以计算出生产者剩余。计算生产者剩余需要知道和供给曲线有关的一些参数（比如该曲线在纵轴上的截距和斜率），因为生产者剩余就是供给曲线以上价格线以下的面积。在牛奶这个例子中，生产者剩余就等于三角形的面积，即 1/2×（1.7 美元）×10 000＝8 500 美元。这就是生产者得到的超过生产 10 000 加仑牛奶所需的最低收益的超额收益。

□ 6.1.3　价格、产出和消费

在讨论关税和配额的收入分配效应时，我们会用到生产者剩余和消费者剩余这些概念。但是，在分析这些效应之前，我们必须首先描述一下关税对价格、国内产出以及国内消费的影响。

图 6—2 给出了一国国内对某种进口产品的供给曲线和需求曲线。我们假设该产品只有一个价格，我们称之为世界价格 P_w，同时假设外国生产者愿意提供我们在世界价格下需要的任意数量的产品。这就相当于假设外国的供给是完全富有弹性的，或者说美国的消费量没有大到足以影响世界价格的程度。当讨论大国情形的时候，我们将放弃这个假设。需要注意的是，世界价格低于一国国内均衡价格。这就意味着国内生产者在价格水平 P_w 下不能满足所有的国内需求，消费者的一部分消费依赖于外国生产的产品。具体来说，在价格水平 P_w 上，国内的消费量为 Q_2，而国内的供

给量仅为 Q_1，Q_2 与 Q_1 之差——或者说线段 Q_1Q_2——就表示进口。

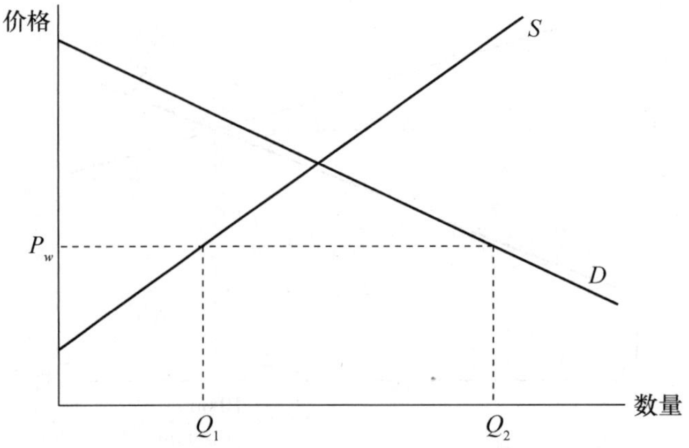

图 6—2　进口产品的国内供给和需求

注：国内需求和国内供给之差 Q_2-Q_1 等于在价格 P_w 下的进口数量。

现在假设政府征收数量为 t 的关税。进口商仍然可以按照价格 P_w 从外国生产者那里购买产品，但是现在它们必须支付数量为 t 的进口关税—— 它们可以通过提高价格将这一关税支出转嫁给国内消费者。换句话说，如图 6—3 所示，消费者的价格提高到 $P_w+t=P_t$。国内市场上价格的上涨会对国内的消费、生产和进口产生影响。首先，价格上涨会把一些消费者挤出市场，国内的消费量从 Q_2 降低到 Q_2^*。其次，从生产方面来说，本国生产的产品数量将会增加，高价格鼓励国内生产者将产量从 Q_1 提高到 Q_1^*。国内产量的增加是由于国内企业可以收取相对更高的价格（P_w+t）来弥补其递增的成本，同时仍然可以维持对外国企业的竞争力。最后，进口量从 Q_1Q_2 降低到 $Q_1^*Q_2^*$。总而言之，关税使得国内价格上涨，上涨幅度等于关税额，同时国内的消费量下降，国内产量上升，进口量下降。

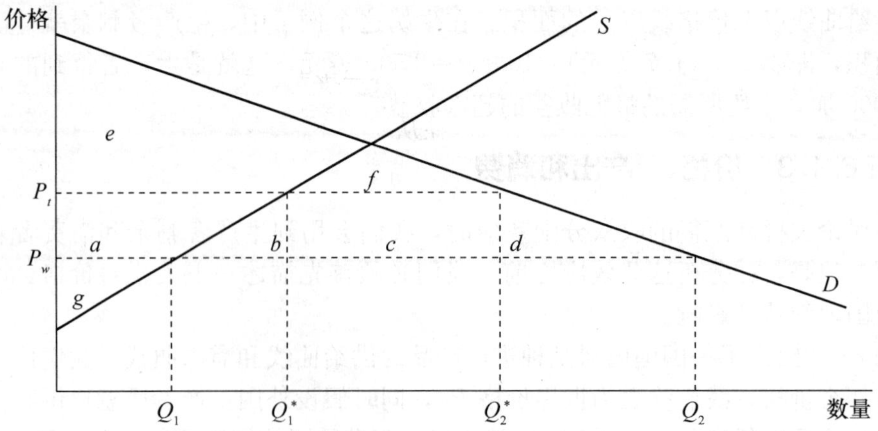

图 6—3　关税效应

注：关税引起国内价格上涨，生产扩张，同时国内消费下降。关税增加了生产者剩余和政府收入，但降低了消费者剩余。

□ 6.1.4 资源配置和收入分配

关税带来的影响远不止价格上涨、进口量下降这么简单。国内产量的增加要求更多的土地、劳动力以及资本等资源从原有用途中退出，重新流入受关税保护的行业。同时，当价格变动时，消费者剩余和生产者剩余也会相应改变。

我们首先考察一下关税对消费者剩余的影响。图 6—3 给出了征收关税之前和之后的价格以及产量水平。记住消费者剩余是价格线以上需求线以下的整个区域的面积。当消费者支付的价格为 P_w 时，这个区域的面积为 $a+b+c+d+e+f$。征收关税后，价格上升到 P_t，消费者剩余萎缩到 $e+f$。前后的面积之差 $a+b+c+d$ 代表了消费者的福利损失。

与消费者剩余的变动不同的是，生产者剩余增加了。征收关税前生产者剩余为面积 g，征收关税后为 $g+a$。二者之差 a 是鼓励国内生产企业将产出水平从 Q_1 增加到 Q_1^*，获得的高于最低必要成本的额外收益。总的来说，生产者受益，而消费者受损，但是从整个国家来看，福利究竟发生了怎样的变化呢?

我们可以将消费者全部的福利损失 $a+b+c+d$ 分成不同的子区域。损失的一部分，即面积 a，是消费者剩余向生产者剩余的转移。尽管这一转移使消费者利益受损，但以同样的程度使生产者受益。因此，作为一个整体，该国既没有受益也没有受损，除非我们可以证明把这些资源配置给生产者可能会使整个国家福利受益或者受损。这部分消费者剩余的损失就是关税的收入分配效应，即关税通过将资源从一个集团（消费者）转移到另一个集团（生产者）实现了国民收入的重新分配。

关税的另一个收入分配效应由面积 c 来表示。不难发现这个区域的高等于关税，宽度则是征收关税后的进口量。因此，消费者剩余的这部分损失等于关税×进口量，这也是政府通过征收关税所得到的收益。此时，收入分配效应是指收入从消费者向政府转移。同样，我们假设关税对整个国家福利的净效应为零，因为消费者的损失正好由政府的收益所抵消。只要收入的这种转移不改变整个国家的福利水平，净效应就为零。

另外两块消费者剩余损失分别是 b 与 d。这二者都意味着整个国家的损失，都包含了资源的错配。首先来看一下面积 d。在从 Q_2^* 到 Q_2 这一段需求曲线上，消费者对该商品的估价高于需要付出的成本，即世界市场价格。然而，征收关税后，他们由于不愿意或者没有能力支付价格 P_t 而被挤出市场。消费者对某产品的估价虽然高于从世界市场购买时付出的成本，但在国内市场却无法买到该产品，这对整个国家而言是一种福利净损失。经济学家将这种不能通过其他途径得到补偿的价值损失称为无谓损失（deadweight loss，有时又称净损失）。面积 d 就是一种无谓损失。

最后我们考虑一下面积 b。沿着从 Q_1 到 Q_1^* 这一段的国内供给曲线，现有企业的产量增加了。给定供给曲线是向上倾斜的这一前提，企业只有在产品价格上涨的条件下才会增加产量。换句话说，为了实现更大的产出，国内生产者必须能够索取更高的价格以弥补每单位额外产出上升的成本。征收关税前，进口 $Q_1Q_1^*$ 的总成本为价格乘以数量，即 $P_w \times Q_1Q_1^*$。国内生产相同数量的产品的成本等于进口成本加上面积 b。换句话说，三角形 b 是一个国家试图自己生产，而不以价格 P_w 在世界市

场购买 $Q_1Q_1^*$ 数量的产品时多付出的成本。三角形 b 意味着资源的错配及整个国家的福利净损失，因为为了得到数量为 $Q_1Q_1^*$ 的产品，该国原本不需要付出这么大的代价。三角形 b 代表了另一种类型的无谓损失，因为它发生在生产一方，所以有时又被称为效率损失（efficiency loss）。

从消费者的福利损失中减去生产者与政府的收益，就可以得到关税的净效应：$(a+b+c+d-a-c)=b+d$。三角形 b、d 表示净损失，即没有得到补偿的损失；它们代表了整个国家的实际损失。表 6—1 对我们上面提到的各种关税效应做了一个总结。

表 6—1　　图 6—3 中关税的经济效应

变量	自由贸易条件下	征收关税后
消费者支付的价格	P_w	P_t
本国消费量	Q_2	Q_2^*
本国生产量	Q_1	Q_1^*
进口量	Q_1Q_2	$Q_1^*Q_2^*$
消费者剩余	$a+b+c+d+e+f$	$e+f$
生产者剩余	g	$g+a$
政府收益	0	c
净消费损失	0	d
净生产（效率）损失	0	b

注：关税使得部分收入从消费者手中转移到了企业和政府手中。关税还造成了部分无谓损失，这既有消费方面的，也有生产方面的。

案例☞

关税税率的一个对比

世界贸易组织的多哈发展议程将焦点集中在发展中国家的贸易问题上。启动多哈回合谈判的一个推动力，以及强调经济发展背后的一个原因是，许多发展中国家抱怨它们并没有从 1993 年结束的乌拉圭回合谈判中获得多少利益。许多发展中国家面临的一个主要问题便是关税税率以及发达国家在农产品、服装以及纺织品的市场准入方面设置的各种壁垒。这些大都是发展中国家具有比较优势的领域，当产品的生产需要独特的气候条件或者是大量使用劳动力而较少使用资本时就更是如此。

然而，从它们的立场出发，许多发达国家、世界银行以及世界贸易组织却认为发展中国家面临的主要问题是发展中国家彼此之间相对较高的贸易保护。较高的关税壁垒限制了发展中国家之间的贸易，因此也就限制了它们发挥各自比较优势的能力。

图 6—4 显示了三组不同收入水平的国家的关税税率水平和变化趋势。以 2010 年美元计算，低收入国家的人均收入水平不到 1 005 美元，中等收入国家的人均收入水平在 1 005 美元至 12 275 美元之间，人均收入高于中等收入国家水平的就是高收入国家。

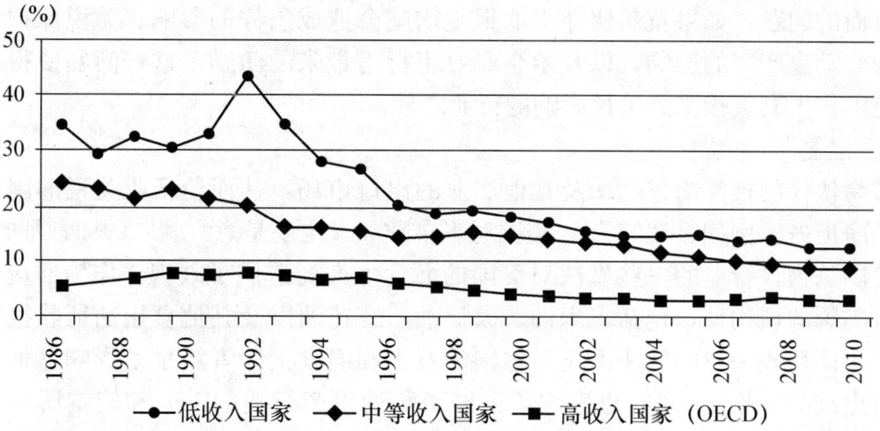

图 6—4　平均关税税率（1986—2010 年）

注：高收入国家关税税率偏低；从 20 世纪 80 年代中期开始，几乎所有国家的关税税率都有所下降。
资料来源：Data from World Bank，World Development Indicators.

因为很难收集到大量国家的关税税率数据，因此在如何看待图 6—4 给出的信息方面，我们必须保持慎重。在计算每组国家的年度数据时，用作参数的具体国家和国家数量都是不同的。此外，正如我们在后面的内容中会了解到的，关税不过是贸易保护的形式之一而已。

尽管数据方面存在不足，但我们还是可以从图 6—4 中看出两种显著的趋势，而且这两个趋势也是得到各方一致认可的。首先，一国的收入水平越高，其关税税率就可能越低。当然，凡事总有例外，也有一些低收入或者中等收入国家关税税率很低（如博茨瓦纳、智利和土耳其）而高收入国家或地区的关税税率却相对较高（如百慕大群岛和韩国）的例子。但是，就整体而言，低收入意味着高关税而高收入意味着低关税。其次，关税税率长期以来都是在不断下降的。在上面提到的三组国家中，平均关税税率在 1986—2003 年间下降了近 50%。

如果说贸易有利于经济增长，低收入国家为什么还倾向于征收更高的关税呢？尽管根据其具体情况的不同，不同国家会给出不同回答，但是一个最为重要的原因就是，关税相对来说是一种比较容易管理的税种，并且通常是政府收入的重要组成部分。对收入、销售活动以及财产征税不仅需要更为复杂的会计系统，同时还要有一个大量经济活动得以进行的正规市场。在那些不存在正规市场的国家，市场中商品和服务的交易都是没有记录的。这样一来，征税就变得很困难。此外，征收所得税和财产税很容易遭到势力强大的利益集团的抵制，它们往往会选择逃税或者是阻止开征某个税种。因此，对于许多发展中国家政府来说，关税收入成为维持其正常运转的一个主要收入来源。

□ 6.1.5　其他潜在成本

前面提及的关税带来的效应大多是可以被预见到和测算出来的。在第 7 章，我们将给出美国、欧洲和日本一些行业关税和配额的生产与收入分配效应的实际估计值。然而，关税带来的影响并不仅仅局限在这些方面，我们至少还应该注意到以下三个方面的问题：如果贸易伙伴采取报复措施会造成怎样的影响、关税保护对国内创新和劳动生产率的影响，以及给企业寻租行为带来的激励。这些问题使得我们把考虑范围扩大到直接受到关税影响的行业之外。

1. 报复

贸易伙伴的报复措施会伤及其他产业的出口市场，从而给征收关税的国家造成更大的净损失。例如，1995年，美国对来自欧洲（主要是意大利）的面食征收关税，因为美国认为该行业的一些做法对美国的面食生产商造成了歧视。作为回应，欧盟对来自美国的植物油，包括玉米油、大豆油、红花油以及其他食用油征收报复性的关税。美国征收关税的做法不仅对本国的意大利面食消费者产生了影响（他们不得不支付更高的价格），同时也影响了美国植物油生产行业的工人和资本所有者的利益。从根本上来说，除了关税带来的无谓损失外，植物油生产行业在出口市场上的损失也应该包括进来。另一个更为严重的问题是，这种报复行为很容易升级。比如，在20世纪30年代，许多陷入萧条中的国家都通过关税来压缩进口。其结果是虽然进口竞争部门的就业增加了，但出口部门的就业水平却下滑了。最终结果是，就业没有额外增加，贸易萎缩，每个人的生活水平都下降了。

2. 创新

关税造成的另一个代价颇高的后果是，它虽然帮助本国企业避开了外国同行的竞争，但是却使得本国企业没有动力引入新的产品或者是提升现有产品的质量。进口往往是获得新技术或者新产品的一个重要途径。正如第1章所提到的那样，方方面面的证据都表明，开放经济比封闭经济的增长速度更快。

3. 寻租

从理论上看，如果国内生产者意识到关税是暂时性的，迟早有一天要被取消，那么关税会激励它们不断提升产品质量。但问题是，受到关税保护的企业可以雇用游说者来进行游说，进而使这种保护长期存在下去。经济学家使用寻租这个术语来描述这种行为。任何在没有实际提供产品或者服务的情况下，动用各种资源来试图获得更多的收入的行为，都可以被称为寻租。如果游说政府提供保护比增强自身竞争力更为容易，那么企业就会使用寻租的策略。相反，如果游说不太可能成功，那么企业就不太可能采取这种形式的寻租活动。鉴于这个原因，不轻易征收保护性关税的政治体制更有可能避免资源的浪费。

□ 6.1.6 大国情形

在进行关税分析的时候，经济学家通常要区分大国与小国。在实践中也许两者之间并没有太大的区别，但是在理论上，大国却有可能通过关税来提高国内的福利水平，只要其贸易伙伴不进行报复。用经济学术语来说，大国就是这样一个国家：该国对某种产品的进口数量足够大，以至于如果它征收进口关税，出口国为了保住不然就要失去的市场份额，不得不降低其出口价格。

图6—5给出了大国情形（large country case）下征收关税的一个例子。假设美国是一个大国，对石油的进口课征数量为t的关税。由关税带来的美国需求的下降使得世界价格由P_w降低到P_{w^*}，从而抵消了关税带来的部分或者全部无谓损失。

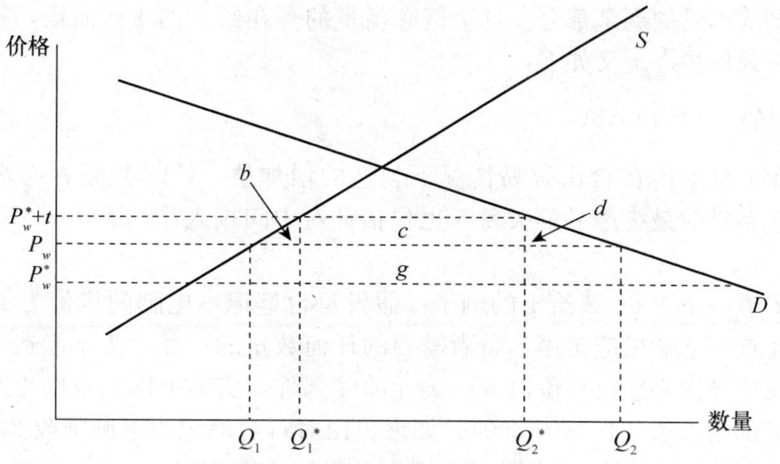

图 6—5　大国情形下的关税

注：大国关税引起需求下降的程度如此之大，以至于外国生产商不得不降低价格。

更进一步看一下图 6—5，我们可以比较大国和小国关税的异同。大国在征收关税前的情况与图 6—3 所示并没有什么不同。二者主要的区别在于，大国情形下，国外供应商在征税后将价格降低到 P_w^*。结果，国内额外增加的产量较少，同时被挤出市场的消费者较少。换句话说，图 6—5 中三角形 b 和 d 的面积小于不存在价格下降的小国情形。但是，较小的无谓损失并不是关税造成的唯一效应。在图 6—5 中，面积 g 表示关税收入，它与面积 c 一起构成了总的关税收入。然而，与征税前的情况相比，面积 g 是进口国的净收益。在征收关税前，面积 g 是购买进口产品花费的支出的一部分。征收关税后，由于价格的下降，面积 g 成为政府得到的收入的一部分，因此留在了进口国国内。

只要 $g>b+d$，大国就可以通过征收关税来提高本国福利水平。但是，这个结果是建立在贸易伙伴不会进行报复、没有寻租以及对创新没有不利影响这些假设之上的。

□ 6.1.7　有效保护率和名义保护率

颇为讽刺的一点是，关税保护通常并不像表面看起来的那样。实际上，对某种产品的保护程度不仅取决于针对该产品的关税，同时还取决于生产这种产品所需的中间投入品是否也征收了关税。比如，假设美国决定对笔记本电脑的进口征收关税。如果美国制造的笔记本电脑需要使用外国生产的零部件，那么美国制造的笔记本从关税中得到的保护还要取决于是否对进口的外国零部件征税。换句话说，我们不难理解，关税给国内笔记本电脑生产商带来的保护可能会完全被它们需要为进口零部件缴纳的关税所抵消。

经济学家通常会区分有效保护率（effective rate of protection）和名义保护率（nominal rate of protection）。到目前为止我们所讨论的，都是名义保护率——对既定产品征收的关税税率。有效保护率则既考虑了名义保护率又考虑了中间投入品的关税税率。因此，有效保护率更为准确地描述了某种产品所得到的保护。有效保护率同附加值这个概念联系在一起。附加值等于某产品的价格减去用来生产该产品的中间投入的成本后的剩余部分。这个概念衡量的是在给定的生产阶段，资本和劳动的贡献。有效保护率定义如下：

$$(VA^* - VA)/VA$$

其中 VA 是国内在自由贸易情况下创造的增加值，VA^* 则是在考虑了所有关税——既包括针对最终产品的关税，也包括针对中间投入品的关税——后的国内附加值部分。

让我们看一下表 6—2 给出的例子。假设每台笔记本电脑的售价为 1 000 美元，此时外国生产商愿意供应美国消费者需要的任何数量的产品。为了制造一台笔记本电脑，美国生产商必须进口价值 600 美元的零部件，实际上国内电脑生产商只创造了 400 美元的附加值（1 000－600）。如果美国对每台笔记本电脑征收 20%的关税，那么价格升到 1 200 美元。美国生产商现在的附加值就是 600 美元（1 200－600），有效保护率为 50%［即（600－400)/400］，也就是说 20%的关税提供了 50%的保护。之所以会这样是因为最终产品价值的大部分是在国外生产的，所以所有的国内保护都落在了美国创造的那部分价值上。

表 6—2　　名义保护率和有效保护率

变量	零关税	对最终产品征收 20%的关税	20%的关税加上 50%对进口投入品的关税
笔记本电脑的价格	1 000 美元	1 200 美元	1 200 美元
外国投入品的价值	600 美元	600 美元	900 美元
国内创造的附加值	400 美元	600 美元	300 美元
有效保护率	0	50%	－25%

注：如果对中间投入品实行零关税，那么有效保护率高于名义保护率。如果对中间投入品征收关税，有效保护率会降低，甚至可能为负。

接下来考虑一下如果美国为了保护国内零部件生产商，决定也对中间投入品征收高额关税。如果对外国零部件征收 50%的关税，那么零部件的成本就从 600 美元提高到了 900 美元。假设对最终产品仍然征收 20%的关税，那么进口产品的价格将维持在 1 200 美元，这个价格也是美国笔记本电脑制造商的价格。在对中间投入品征收关税的条件下，国内创造的附加值为 300 美元（1 200－900），有效保护率为－25%（(300－400)/400）。也就是说，即使对外国笔记本电脑征收 20%的关税，美国的笔记本电脑生产商仍然得到的是负保护。对最终产品征收关税带来的保护效应完全被对中间投入品征收的关税所抵消，和根本没有关税的情形相比，国内笔记本电脑生产厂商更多地暴露于外国同行的竞争之下。

关税保护率为负的情况并不罕见。这部分是因为，从长期来看征收关税往往是一种零零碎碎的临时性举措，而不是连贯地、有计划地进行的。来自于国内游说者的压力、出于战略利益的考虑以及许许多多其他力量共同影响着一国关税体系的形成。因此，不难发现许多相互矛盾的关税政策，新的关税往往会抵消旧的关税的影响。

在这里我们需要提醒大家注意的一点是，在确定到底哪个行业得到了保护时必须小心。显然，和名义保护率相比，有效保护率与保护效果之间的联系更为密切。你所看到的关税保护并不一定是你实际得到的保护。

案例☞

乌拉圭回合与多哈回合

经过长达七年的谈判后，乌拉圭回合谈判最终在 1993 年结束。这比原先计划的时间长了三年，并且其中一个议题的谈判最后完全破裂。乌拉圭回合协议于 1993 年签署，1994 年得到 123 个缔约方中的大多数的批准，并于 1995 年开始执行。

表 6—3 总结了该回合谈判的四个主要议题。该回合谈判还通过了很多机制来减少贸易壁垒，包括降低关税税率、对于补贴的分类规则、一系列涉及贸易新领域的协议，以及在现存关贸总协定框架下的制度改革。最值得注意的是，乌拉圭回合谈判促成了 WTO 的建立，负责监督各种协定的执行，并进一步完善这些协定。

表 6—3　　乌拉圭回合谈判

种类	结果
关税	大多数工业产品的关税降低了 40%；农业配额向关税的转变
补贴	补贴限制；区分禁止性补贴和可诉性补贴
新协议	《纺织品与服装协定》；《与贸易有关的知识产权协定》；《与贸易相关的投资措施协定》；《服务贸易总协定》
制度性成果	促成世界贸易组织的重组；完善争端解决机制；实行贸易政策周期性回顾

注：乌拉圭回合谈判取得的成果不仅仅是关税的降低。

乌拉圭回合给国际贸易模式带来的最重大的潜在转变可能当属单独就《纺织品与服装协定》（ATC）展开谈判了。在 1994 年以前，针对纺织品和服装贸易，有一项单独的国际协议进行管理，即《多种纤维协定》，此协定是由关税及配额构成的一个体系。在 ATC 下，纺织和服装业被直接纳入 WTO 体系中，ATC 规定要分阶段取消并在 2005 年完全消除这两个产业的配额，但该协定允许缔约方在该产业进口量突然大幅增加时，申请执行暂时的保护性关税税率。然而，其后欧盟和美国分别与中国就限制中国纺织品和服装出口问题进行了双边谈判。

乌拉圭回合谈判取得的其他一些显著成果则是签署了一系列针对某个特定方面的单独协定，包括关于服务贸易的单独协定——《服务贸易总协定》，关于知识产权保护的协定——《与贸易有关的知识产权协定》，以及一项关于投资的协定——《与贸易有关的投资措施协定》。另外，乌拉圭回合还决定成立世界贸易组织（WTO），履行此前关贸总协定的职责。WTO 在多边贸易谈判以及监督所有协议的执行方面起到了领导作用，并且提供了一个更为有效的争端解决机制。此外，WTO 还负责对单个国家（地区）的贸易政策进行周期性评估，评估结果（附有详细的说明）可以通过其官方网站 http://www.wto.org 获得。

多哈回合于 2001 年在卡塔尔的首都多哈发起，原本的目标是在 2005 年年底达成协议，但事实证明这是不可能完成的任务，该回合谈判于 2006 年 7 月被搁置。我们并不感到意外的是，当谈判涉及农产品相关的贸易壁垒及补贴以及服务和制成品的市场准入时碰到了阻碍。

最初的《多哈宣言》包括 21 个谈判议题，其中一些在谈判过程中逐渐被放弃了。由于多哈回合比以往更关注发展中国家的需求，因此又被称为多哈发展回合。举例来说，多哈回合的一个重要议题是如何解决许多发展中国家在履行乌拉圭回合承诺时碰到的问题。此外，如何在 TRIPS 协议下获得关键援助已成为一个问题，并且对于发展中国家来说十分重要的农业、纺织业以及服装业，在进入发达国家市场时，仍然面临着严重的贸易壁垒。

农业和农业支持政策始终是多哈回合谈判继续进行的最大障碍。包括欧盟、美国和日本等在内的高收入国家和地区发现它们很难同意减少对农业的支持政策，或者是允许国外生产商进入本国市场。这样一来，农业补贴和市场准入问题就成了达成新协定的最大障碍。与此同时，美国和欧盟又敦促发展中国家逐渐降低针对制成品和服务的贸易壁垒，并进一步开放市场。目前，我们还无法预测多哈回合谈判的结果，甚至我们都无法预料多哈回合谈判能否圆满完成。

6.2 配额分析

对于配额的经济分析和关税几乎是完全一样的。配额是指直接限制进口产品的数量而不是对进口产品征税。不过，配额和关税所造成的结果是相同的：进口量下降、国内总消费下降，以及国内生产扩大。配额和关税的主要区别在于，在没有其他配套措施的条件下，配额无法给政府创造收入。因此而损失的关税收入可能被外国生产者得到，因为它们可以通过提高价格来平衡供给和需求。因此，配额造成的福利净损失可能要超过关税。

仍然以图 6—3 为例，消费者的福利损失仍然是 $a+b+c+d$，但是图形 c 并没有以税收的形式被政府获得。（后面我们会解释区域 c 去了哪里，但是我们建议读者在这里自己尝试推导一下。）

□ 6.2.1 配额的类型

最显而易见的配额就是直接限制进口数量。有时候，这种限制表现为针对来自某个特定国家的产品设定进口数量；而有时候，这种限制又是总体性的，不会考虑进口产品具体来自哪个国家。比如，以服装产品为例，一直到 2005 年，美国都针对每种服装（男士西服、男士衬衫、袜子等）的进口数量设置配额。同时针对每种产品的配额会进一步根据供应国来分配。例如，就每种出口到美国的服装而言，对来自中国香港和海地的限制就是不同的。

另外一种配额形式是进口许可证。虽然美国用得不多，但是其他很多国家都依靠这种配额形式来提供保护。例如，直到 1989 年，进口许可证一直都是墨西哥进行贸易保护的主要手段。正如其字面意思表达的，进口许可证要求进口商在进口产品之前先取得政府的许可。通过规定发放的许可证的数量以及每一许可证所允许的进口数量，进口许可证在本质上和配额并没有什么区别。但是进口许可证的透明度却没有配额那么高，因为政府部门通常并不公布允许的进口数量的信息，外国厂商对于出口的具体限制数量更是一无所知。

第三种类型的配额，也是美国贸易政策中最常见的一种配额，就是自愿出口限制（voluntary export restraint，VER），也被称为自愿限制协议（voluntary restraint agreement，VRA）。在自愿出口限制下，出口国“自愿”同意限制其在某段时间内的出口量。在自愿限制协议签署之前，相关方面往往要经过艰苦的谈判，在这个过程中出口国大多面临如果不限制其在某市场的出口就会遭到更为严厉的制裁这样的威胁。鉴于这种情况，将这种限制称为是“自愿”的，显然是不太恰当的。

自愿出口限制的做法在 20 世纪七八十年代很普遍，但是乌拉圭回合谈判对其使用做出了新的限制。不过，2005 年美国和欧盟都与中国就纺织品和服装达成了出口限制协议。

□ 6.2.2　对外国生产商利润的影响

关税和配额的主要区别在于配额无法给政府带来关税收入。取而代之的结果是，外国生产者获得了更大的利润，我们称之为配额租（quota rents）。

在图 6—6 中，世界价格为 P_w，国内产量为 Q_1，进口量为 Q_1Q_2。假设政府规定进口配额为 $Q_1Q_2{}^*$。在价格 P_w 处，需求超过了供给——供给等于国内产量 Q_1 再加上 $Q_1Q_2{}^*$ 的进口量。因此，价格将会上升直到供给等于需求，此时需求曲线和供给曲线之间的距离等于 $Q_1Q_2{}^*$。这个结果体现在图 6—7 中，其中国内供给增长到 $Q_1{}^*$，国内价格 P_q 高于 P_w，$Q_1{}^*Q_2{}^*$ 等于图 6—6 中的 $Q_1Q_2{}^*$。

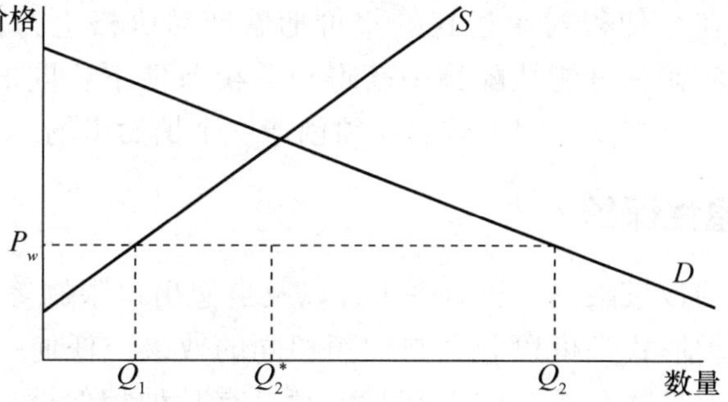

图 6—6　配额分析 1

注：配额将进口量限制为 $Q_1Q_2{}^*$，从而出现了 $Q_2{}^*Q_2$ 的超额需求。

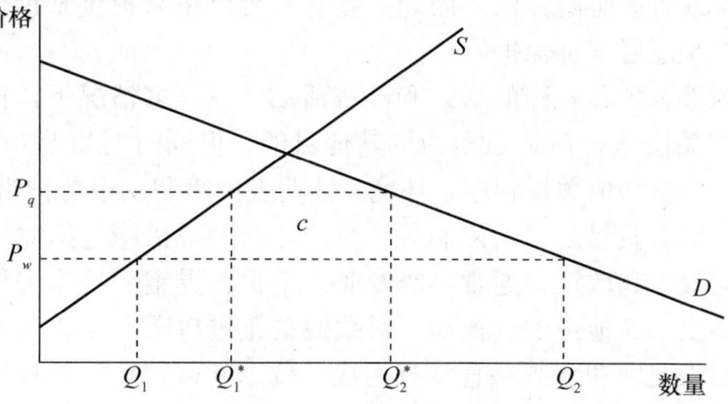

图 6—7　配额分析 2

注：配额为外国生产商带来了大小为 c 的额外收益。

关税和配额的第二个重要的区别在于，随着对产品需求的增加，它们对生产者剩余的长期影响是不同的。如果配额保持固定不变，消费者需求的增加同样会使其支付的价格上升，进而国内企业得到的生产者剩余提高。相反，如果对某种征收关税的进口商品的需求增加，结果只是增加该产品的进口数量，而不会使价格提高。在这里我们假设该国相对来说是一个小国，并且需求的增加不会改变世界（关税前）价格。正是由于这个区别，国内生产商较之于关税更喜欢通过配额来保护自己所在的行业也就没什么值得奇怪的了。

有两种情况会减少或者限制外国生产商能够获得的额外利润。第一，如果外国供应商的数量比较多，那么竞争压力将导致它们无法提高价格。第二，一个聪明的政府可以通过拍卖进口许可证的方式，将外国生产商以及本国进口商得到的额外利润转移到自己的手中。

假设实施进口配额的国家决定拍卖进口许可证。那么，国内进口商愿意为此支付的价格是多少呢？从图6—6和图6—7中可以看出，外国供应商愿意以价格 P_w 出售该配额数量（图6—6中的 $Q_1Q_2^*$，或者图6—7中的 $Q_1^*Q_2^*$）。意识到自己可以按照价格 P_q 销售产品的国内进口商愿意为此配额支付略低于 P_q 和 P_w 之差的价格。换句话来说，其进口价格为 P_w，销售价格为 P_q。为了获得在该国市场进行销售的权利，只要对配额支付的价格低于 P_q-P_w，那么进口商就能够获得利润。在均衡条件下，拍卖市场的存在会使得对销售权的报价随着产品价格上升而等量提高。因此，在拍卖市场上，政府就有可能从配额中获得与关税条件下相同的收益。当然，对配额进行管理的成本可能更高，因为政府必须创造一个拍卖市场。

□ 6.2.3 隐性保护

除了存在直接的数量限制、进口许可证以及自愿出口限制等多种形式的配额外，还有许多其他的保护形式都可以起到与配额相同的效果。任何一种不通过征税的方式降低进口数量的贸易壁垒或多或少都与配额具有某种相似性。因此，经济学家们将不同的保护形式划分为两大类：关税和非关税壁垒（nontariff barriers，NTBs）。非关税壁垒可以进一步分为配额和非关税措施（nontariff measures）。非关税措施通常是不透明的，或者说是隐性的，因为尽管它们可以用来提供某种保护，但是却没有体现为贸易壁垒或者某种保护形式。

非关税措施涉及各种各样的形式和经济活动。在许多情况下，很难界定它们是直接属于贸易相关措施，还是原本为了其他目的，但同时对贸易活动产生了影响。这类措施包括非常复杂的关税程序，环境、消费者健康和安全防护措施，技术标准，政府采购规则，国有贸易公司的限制等。总之，非关税措施包括除限制进口的关税和配额外的任何规章和政策。通常，非专业人士很难界定一项非关税措施是为了保护某一行业还是出于其他考虑。比如，对欧盟禁止进口喂食生长激素的牛肉和猪肉这一点，长期以来美国和欧盟一直没有达成一致。欧盟宣称，这样做是为了保护消费者的健康；而美国方面则反驳说这种禁令是没有科学依据的。WTO支持美国的观点，但是欧盟坚持说这类肉食对人类健康存在长期隐患。欧盟是应该继续禁止进口以便保护其牛肉和猪肉生产商呢，还是采取更为合理审慎的态度？

关于非关税措施到底造成了多少经济价值损失这一问题，虽然各方并没有达成共同意见，但是经济学家们仍一致认为，如果能够削减非关税措施，那么全球经济都会受益。研究显示，随着非关税措施的减少，许多产品的价格都会降低，进口和出口的数量都会增加，生产水平就会提高，由此整体福利水平也会相应提高。从这个角度来说，非关税措施与关税和配额并无太大区别。但是，因为非关税措施往往涉及一国国内的经济政策，所以要消除它们就显得更加困难。

案例 ☞

知识产权与贸易

知识产权通常可分为文学和艺术作品的版权及其相关权利、工业产权，如商标、专利、工业设计、地理标识、集成电路布局设计等。乌拉圭回合谈判（1986—1994年）就与贸易有关的知识产权（intellectual property rights）保护规则这一问题进行了磋商，并且达成了《与贸易有关的知识产权协定》（Trade Related Aspects Intellectual Property Rights，TRIPS）。

20世纪后半叶国际贸易的蓬勃发展引发了人们对知识产权重要性的关注。越来越多的贸易产品和服务包含了专门的知识和独特的创意。药品、计算机硬件、通信设备以及其他高科技产品的价值在于其所包含的创新与研究，软件、电影、音乐还有其他艺术形式也是由于其创造力才具有了价值。在签署TRIPS协定从而制定统一标准之前，各国对于创造者或者创新者的保护程度可谓千差万别。

知识产权保护不足被认为是一种非关税措施，因为对知识产权保护不力或者是根本没有能力保护知识产权会限制贸易活动。如果它们知道自己的创意或者商标很可能被当地人复制或者盗用的话，出口商将不愿意将其产品销售到该市场。因此，在达成、实施知识产权保护协议这一问题上，发达国家施加了很大的压力。自1995年开始执行乌拉圭回合谈判协议以来，WTO已经解决了31起与知识产权相关的诉讼，其中大多数与专利有关，还有很大一部分与药品相关。

阻止通过家庭或者朋友这类非正式网络发生的侵权行为似乎是不大可能的。例如，朋友之间拷贝iPad里的音乐或者分享微软公司的软件都是发生在正式市场之外的，是不可能轻易被阻止的。另一方面，许多国家都存在大量明目张胆销售冒牌商品和盗版DVD及软件的市场。北京著名的秀水街（Silk Market）就是一个引起广泛关注的例子。2005年，作为履行加入WTO义务的一部分，中国法院开始对售卖假冒伪劣商品的摊主们进行罚款，并开始清除假货，这些假货大部分都是仿制欧洲那些奢侈品品牌。另外，工业领域侵犯知识产权的行为（如拷贝专利技术）可能导致上亿美元的损失。

TRIPS协定最根本的经济逻辑在于通过保护创新，给予创新企业或个人以经济激励，进而使之继续创新。然而，并不是所有人都认为TRIPS协定对促进国际贸易的繁荣起到了积极的作用，这其中就包括诺贝尔经济学奖获得者约瑟夫·斯蒂格利茨，他批评该协定给中国、墨西哥以及其他发展中国家带来了巨大的成本，这些国家为执行该协定必须投入本就稀缺的资源。斯蒂格利茨指出，仅墨西哥一国，为了执行该协定就花费了5 000多万美元。同时，经验分析并不能证明创新的收益会超过协定的执行成本，尤其是对发展中国家而言。由于必须支付版权费和其他相关费用，发展中国家接触新技术的机会大大降低了。

药品是一个典型的例子。随着艾滋病在某些国家的蔓延，能否获得抗艾滋病的药物是非常关键的。如果TRIPS协定对专利权的保护阻碍了更为便宜的抗艾滋药品的生产，那么就会危及整个人类的繁荣与发展。尽管该协定中有一系列例外，允许发展中国家有机会获得救命药品或者关键技术，但是对于许多发展中国家来说，利用这些例外仍然是非常困难的，因为它们缺乏必要的核心技术知识来仿制这些生产工艺复杂且价格高昂的药品。

最后，许多国家还缺乏彻底执行TRIPS协定所需要的资源。但是这并不妨碍该协定成为万众瞩目的焦点，尤其是对那些有大量需要保护的专利、版权和商标的发达国家来说，就更是如此。

小　结

1. 关税提升了一国国内的生产和就业，但代价是更高的价格和更低的效率。生产和分配效应是通过估计生产者剩余和消费者剩余的变化来测度的。

2. 除了短期的福利和效率效应外，关税还存在长期成本，即寻租机会的增加、创新的减缓以及由于贸易伙伴国的报复所造成的出口市场萎缩。

3. 从理论上说，大国有可能通过关税来提高国内福利。总之，关税提高福利的效应是很小的，只有在其他国家不进行报复或者不产生诸如寻租机会增加这样的外部成本的情况下才会存在。

4. 经济学家们将关税保护效果区分为名义保护率和有效保护率。有效保护率是有关税和没有关税时国内价值增值百分比之差。

5. 配额与关税的影响相似，尽管由于配额租转移给外国生产商而造成了更大的福利损失，然而政府可以通过在拍卖市场上拍卖某一配额产品的进口权，减少配额所产生的配额租，并且最多可以产生与等量关税相同的收益。

6. 从行政管理的角度来说，配额有很多种类型。可以是明确的进口数量限制、同贸易伙伴国达成的出口数量限制或者要求必须取得进口许可证等等。

7. 非关税措施指一系列有效降低国际贸易量的规制和政策。它们通常表现为隐蔽的保护形式，且一般都根植于一国的制度和规则，同配额一起共同构成了贸易的非关税壁垒。

关键术语

消费者剩余（consumer surplus）　　生产者剩余（producer surplus）
无谓损失（deadweight loss）　　配额租（quota rents）
有效保护率（effective rate of protection）　　效率损失（efficiency loss）

知识产权（intellectual property rights）

大国情形（1arge country case）　　透明（transparent）

名义保护率（nominal rate of protection）

非关税壁垒（nontariff barrier，NTB）

自愿出口限制（voluntary export restraint，VER）

非关税措施（nontariff measure）　　不透明（nontransparent）

习　题

1. 画出某种既在国内生产又存在进口的产品的需求和供给曲线。假设小国情形，不足以影响世界价格。在图中给出进口产品的关税效应，讨论：

(1) 收入分配效应。

(2) 资源配置效应。

(3) 国内生产和消费效应。

(4) 政府收益效应。

(5) 产品的价格效应。

2. 假设某种产品的世界价格为 40，国内的需求和供给曲线由下列等式给出：

需求：$P=80-2Q$

供给：$P=5+3Q$

(1) 消费量是多少？

(2) 国内的生产量是多少？

(3) 消费者剩余和生产者剩余各是多少？

(4) 如果征收 10%的关税，国内的消费量和生产量变动多少？

(5) 消费者剩余和生产者剩余变动多少？

(6) 政府可以从关税中取得多少收益？

(7) 征收关税的国家净成本是多少？

3. 在什么样的条件下，关税会增加一国的福利？

4. 除了消费者剩余和生产者剩余这样的福利损失之外，征收关税还存在什么样的潜在成本？

5. 关贸总协定的乌拉圭回合谈判开始了逐步取消自愿出口限制的过程。为什么自愿出口限制在 20 世纪 80 年代会盛行？作为一种配额，自愿出口限制与关税相比产生了配额租和更大的国内福利损失，那么为什么许多国家还使用它来替代关税？

6. 关贸总协定认可的保护措施更倾向于关税，而不是配额或者其他非关税措施。它鼓励新加入的成员国将配额转变为等量关税。主要原因之一就是较之于非关税措施，关税更为透明。请解释透明原则。为什么非关税措施不是透明的？

7. 假设在美国生产的自行车既需要使用国内生产的零部件，也使用外国生产的零部件。

（1）如果自行车售价 500 美元，但是使用 300 美元的进口零件，那么国内的价值增值是多少？

（2）如果对相同质量和样式的自行车征收 20％的关税，那么国内的价格和价值增值将会怎样变化？（假设美国不能引起世界价格的变化。）

（3）有效保护率是多少？

（4）如果除了对最终产品征收 20％的关税外，还对进口零件征收 20％的关税，对于美国自行车生产商来说有效的保护率是多少？

第 7 章

商业政策

学习目标

通过本章的学习，学生应该掌握以下内容：

1. 给出至少三个理由说明经济学家为什么支持进一步开放贸易，即使用全球 GDP 衡量的话这样做带来的预期收益非常低。

2. 列举出相对来说关税较高的部门。

3. 画出供给需求曲线图，并使用该图说明关税和配额给消费者带来的成本以及净福利损失。

4. 解释为什么各国会走向贸易保护主义并逐一分析原因。

5. 讨论美国实施贸易保护的具体途径。

6. 界定美国政府实施的各种形式的法律保护措施。

7.1 引言：商业政策、关税、为保护主义辩护

在过去的几十年里，全球范围内的关税水平都出现了大幅度的下降，推动国际贸易量出现了显著增加。各国纷纷将配额转变为关税等价形式，签署了大量与补贴、对外投资以及知识产权有关的新协定。2001 年世界贸易组织启动多哈回合谈判，将农产品和服务贸易纳入到了贸易协定的框架内，并且希望通过完善基础设施以及新的市场进入协定来进一步促进贸易的发展。在关贸总协定成立 60 多年、开展八轮多边谈判之后，针对在国际贸易中占据最大比例的绝大多数非农产品的关税税率都已经很低了。不管以什么标准来衡量，在关贸总协定和世界贸易组织倡议下开展的各

个回合的多边贸易谈判在制定贸易规则、降低贸易壁垒方面，都可以说取得了巨大成功。

在本章中，我们先看一下与关税水平有关的具体数据，然后探讨最常见的一些支持贸易保护主义的论点。考虑到世界主要贸易大国的关税水平已经很低，非关税贸易壁垒也已经大大减少了这个事实，贸易谈判能够带来的收益正在逐渐减少，这意味着用占世界 GDP 的比重来衡量的话，从进一步降低关税中能够实现的贸易利得相对来说也是比较小的。本章会具体来看一下这些数字，并且解释为什么在贸易利得比较小的情况下，经济学家还是非常热衷于进一步削减贸易壁垒。进一步开放市场的原因很多，其中之一是贸易的直接利得并不是判断保护主义政策带来的成本的唯一方式。一国设置关税和其他贸易壁垒通常是为了某个特殊目的，比如保护本国工人的就业或者是扶持某个产业，如果我们希望准确了解关税带来的机会成本，那么我们就必须知道征收关税的理由是什么。这自然而然就会引出一个问题，即有没有更好的政策措施可以实现和关税同样的结果。本章对一国实行贸易保护政策的原因作了深入的探讨，并且提出了一系列的准则来证明贸易壁垒通常并不是实现那些特殊目的的最优政策工具。

7.2 世界主要贸易国的关税税率

从图 6—4 中可以看出，自 20 世纪 80 年代中期以来世界范围内关税税率大幅下降。如果我们继续向前看，会发现这种趋势自第二次世界大战结束以来就已经出现了，并且在 1947 年签署关贸总协定后开始加速下降。表 7—1 列出了世界三大主要贸易国和一大贸易区目前的关税税率。在对比各个经济体的贸易和贸易政策时，我们往往把整个欧盟地区看作是一个整体，因为不管是在参与世界贸易组织的事务还是在与其他国家进行贸易谈判时，该地区都是以一个整体的身份出现的。表 7—1 中列出的四大经济体占全球 GDP 总量的 66％，在全球出口总额和进口总额中分别占 39％和 43％ 。

从表 7—1 中我们可以发现一些规律性的东西。第一，农业部门的关税税率要高于其他部门。这一点是众所周知的，而且符合大多数国家的现实——虽然不是所有国家。没有呈现出这一特征的主要是阿根廷、澳大利亚等，这些国家的农业部门往往比较发达，生产率也比较高，具有较强的比较优势。但是，从整体上看，大多数国家在农产品贸易方面都施加了更多的壁垒。之所以会这样，原因包括食品安全方面的考虑（保证本地区具有充足的粮食供给能力），为了支持农村以及偏远地区的发展而希望收入分配向农民倾斜等等。

第二个规律是，各国保护程度最高的部门存在重叠。例如，以农业部门为例，牛奶、糖与糖制品、香烟和烟草等受到的保护程度最高，谷物以及动物制品紧随其后。在非农业部门，服装、纺织品、皮革制品以及鞋子与其他产品相比，受到的保护要更多。它们基本属于劳动密集型部门或产品，在这些方面高收入国家大多没有什么比较优势。

第三个规律是，整体的关税税率（表 7—1 的上半部分）相对比较低，非农产品以及高收入国家尤其如此。如果降低关税带来的边际回报是递减的，因此后续每一轮关税削减带来的收益都低于前一轮，那么我们可以合理地得出下面这个推论：未来关税水平的降低不太可能给全球贸易和人们的收入带来显著的影响。大小都是相对而言的，但是回忆一下第 3 章给出的日本的案例，当时我们提到两个经济学家估计，19 世纪 80 年代日本从完全闭关锁国状态转变为近乎自由贸易后，该国的 GDP 增长了高达八九个百分点。相比之下，据估计多哈回合谈判大概只能带动全球 GDP 增加 0.1%～0.5%，其中大部分估计认为这一数字为 0.3%。考虑到全球 GDP 总值大约为 65 万亿～70 万亿美元，即便是增长 0.5%也不过是微不足道的 3 500 亿美元。如果将这个数字平均分配给全球的 70 亿人口，那么每个人每年不过增加了 50 美元。虽然不是特别大，但是如果把这些利益都分给全球最贫困的那些人的话，那么低收入国家的人们的福利还是会显著提高。这在一定程度上可以解释为什么多哈回合谈判把焦点放在了提高发展中国家从贸易中获得的收益上。但是，即便是最贫困的国家获得了贸易带来的大部分收益，最贫困人口是否会受益依然是不确定的，而且 3 500亿美元这个数字是对贸易利得最乐观的估计。

表 7—1　　世界主要贸易国（地区）适用的关税（%）

	平均关税税率	
	农业	非农业
欧盟	12.8	4.0
中国	15.6	8.7
日本	17.3	2.5
美国	4.9	3.3
	适用关税税率最高的产品	
	农业	非农业
欧盟	奶制品（48.3）	服装（11.5）
	动物制品（22.2）	纺织品（6.6）
中国	糖和糖制品（27.4）	服装（16.0）
	谷物及谷物制品（24.3）	皮革制品和鞋子（13.2）
日本	奶制品（93.3）	服装（9.2）
	谷物及谷物制品（42.0）	皮革制品和鞋子（9.0）
美国	奶制品（20.3）	服装（11.7）
	香烟和烟草（15.6）	纺织品（7.9）

注：农产品的关税（和非关税壁垒）要比非农产品的高。个别部门的贸易壁垒极高。
资料来源：WTO，*Tariff Profiles*.

□ 7.2.1　贸易保护的代价

即便进一步开放贸易带来的经济收益不是很大，仍然有很多理由支持各个国家采取这样的措施。有些经济学家认为，多哈回合谈判的失败将会摧毁世界贸易体系的合法性，并且产生极为严重的后续影响。回忆一下，与贸易有关的国际协定带来的一个公共产品是，各国承诺当经济出现严重衰退时它们依然会保持本国市场对外开放。这就避免了类似于 20 世纪 30 年代那样的状况发生，当时为了保护本国的进口替代部门，各国纷纷采取对外关闭本国市场的做法，但紧接着它们就发现贸易伙伴出于同样的考虑也采取了类似的政策，最终所有国家的出口部门都遭遇大衰退，没有任何一个国家从中得利。在2007—2009年这次危机期间，各国市场都保持了对外开放状态，尽管世界贸易活动因为整体经济下滑而出现了萎缩，但是随着各国GDP恢复增长，贸易活动很快就重拾上升势头。

也有一些经济学家认为，估计贸易利得的常规方法造成了很多遗漏，故而由此得出的数据并不可信。例如，在评估贸易利得时，有些效应很难用数字来衡量，比如驱动成本下降的规模经济效应、产品差异性增加带来的收益、竞争加剧带来的影响、得自风险更加分散的好处如食物来源更加多样化等等。最后，贸易还使得一个国家更大程度地暴露在其他国家面前，在这个过程中，会产生新知识。所有这些收益都很难量化，而且其中有很多是不确定的，是高度条件依存的。然而，如果仅仅因为我们的经济模型无法准确测度这些收益，就说这些收益不存在，显然是有失公平的。

支持进一步开放贸易的第三个理由是，在大多数情况下，贸易保护在实现其希望实现的目标方面基本上是无效的。表7—2估计了20世纪90年代中期每保留下一个就业岗位，给消费者带来的成本以及净国民福利损失（无谓损失）。该表对比了欧盟、日本和美国在服装、纺织品以及农产品方面的情况。估计的结果等于图6—3中区域a、b、c、d的美元价值（90年代中期的价格）分别除以保留的工作岗位的估计值。如该表所示，不管是哪个部门，保护给消费者带来的总成本都是非常显著的。这种成本等价于向消费者征税，因为它提高了国内产品的关税（和/或配额）后价格，使得收入转移到了生产商或者是政府手中。

表7—2　　高收入国家关税和配额的成本（以现值美元计算）

	每保留一个就业岗位	
	给消费者带来的成本	净国民福利损失
欧盟		
农产品	149 820	34 835
服装	248 204	12 735
纺织品	252 036	9 078
日本		
农产品	945 979	14 897
服装	778 406	5 620
纺织品	503 333	309
美国		
农产品	486 866	2 045
服装	138 666	55 615
纺织品	202 123	4 423

注：大多数高收入国家保留的保护政策中，有很大比例都是针对表中给出的三个部门的。

资料来源：Messerlin (2001), *Measuring the cost of protection in Europe*; Sazanami, Urata, and Kawai (1995), *Measuring the cost of protection in Japan*; Hufbauer and Elliott (1994), *Measuring the cost of protection in the United States*. Estimates are based on data from the mid-1990s.

每保留一个就业岗位给国民福利带来的净损失相对来说要小一点，因为这个损失是关税和配额给消费者带来的总效应的一部分。但是在某些领域，这一损失仍然不容小觑，比如美国的服装制造业。考虑到每个服装生产工人 2011 年的平均年薪大概是24 000 美元，我们不禁要问，为了保留一个就业岗位不惜造成 55 615 美元的福利净损失，这样做值得吗？此外，如果消费者知道为了保留一个就业岗位他们需要付出 138 666 美元的代价的话，他们会同意以更高的价格这种形式对他们征税吗？

这里的分析没有涉及各国对维持一个强大且富有活力的服装制造部门的渴望，也没有解释如果表中的三个部门解决了更多人的就业的话，整个社会会变得更好还是更糟。我们的分析不是为了帮助人们理解农业在一国文化中的重要地位，或者是保留一个强大的纺织品制造业带来的影响。但是，这里的分析有助于我们揭开关税和配额背后隐藏的那些成本，也有助于我们了解如果实行保护政策的话，我们需要做出怎样的取舍。我们之所以把农产品、纺织品和服装单列出来，既因为它们受到的保护更多，也因为很多发展中国家启动发展进程正是从这些部门开始的。最后，从表 7—2 很容易就可以看出，出于保护就业目的的贸易保护主义是一项代价不菲的政策。

□ 7.2.2 集体行动的逻辑

既然每保留一个就业岗位需要消费者付出如何之高的成本，人们为什么还会容忍关税及配额的存在呢？就某些商品而言，消费者不知情确实是事实，但某些关税及配额的成本相对来说已经颇为大众所熟悉了。例如，许多人都知道对进口食糖制定配额会导致每个美国人——不管是男人、女人还是孩子——每年多付出 5～10 美元的成本。这些成本表现为糖果、软饮料以及其他含糖产品的价格的提高。我们当中很少有人在食用糖行业工作，所以我们的工作依赖于配额这种说法起码是没有什么说服力的。

然而令人惊讶的是，我们可能会仅仅因为关于贸易手段会影响就业的诸多观点中的某一种，就允许关税及配额的存在。经济学家奥尔森（Mancur Olson）对这一问题及类似的几个问题进行了研究，并总结出关税及配额的两个重要特点。第一，政策所带来的成本将在很多人之间分摊；第二，收益集中在一些特定群体手里。比如，尽管我们每个人都为糖果和软饮料支付了一个更高的价格，但是从糖业进口限制中获得了极大利益的却是少数几家制糖厂。奥尔森发现，在诸如此类的案例中，人们支持和反对此类政策的动机的强烈程度是不对称的。贸易保护的利益被集中到某个产业，因此该产业投入大量资源以便获取或维持某种贸易保护是值得的。该产业会雇用游说者，而且有可能会通过直接派出候选人参与竞选以及资助与自己关系较好的候选人的方式直接参与到政治进程中来。如果该产业的从业人员认为自己的生活取决于是否有能力限制外来竞争，那么他们就会有很强大的动力参与到政策制定中来。

贸易保护的成本永远不可能像其收益那样集中在某一方身上，因为这些成本要在受保护产品的所有消费者之间进行分摊 。每个人都觉得每年要因为食糖配额多支付 5～10 美元成本这件事根本不值得我们雇人去游说政府，或者在华盛顿进行游行抗议。因此，一方用尽全力去获得并维持其贸易保护，另一方却对此保持沉默。既然是这样一种不平衡状况，为什么不设定更多的贸易壁垒这个颇有意思的问题就出现了。

案例☞

农业补贴

WTO成员国在农业问题方面一直都存在激烈冲突。其中不乏高收入国家之间的争斗，比如日本和美国之间关于苹果的纠纷，以及美国和欧盟之间关于香蕉的纠纷。不久前的WTO多哈发展议程开始尝试处理对发展中国家与发达国家关系极为重要的农业问题。特别是以下三个问题，已经被摆在桌面上：关税及配额（市场准入），国家为鼓励农产品出口提供的出口补贴，以及直接给予农民的生产补贴。

直接补贴被视为是有害的，因为这种做法会引起生产过度、挤压进口，在某些情况下甚至会出现在国外市场倾销过量产品的后果。最初的关贸总协定也涉及了农业问题，但是存在很多疏漏，以至于收效甚微。直到1993年乌拉圭回合最终结束，即在最初签署关贸总协定将近50年之后，农业贸易规则才开始出现显著变化。许多配额被转变为关税，并且发达国家同意将其对本国农业部门的直接支持减少20%。间接支持，如研发活动、基础设施建设则被认为是必需的、可取的。

虽然减少了直接支持性补贴，但是乌拉圭回合保留了给农民的补助——认为这样做理论上不会刺激增产，并将其作为一个国家或者地区发展计划的一部分，或者是作为限制生产的措施之一。你可能会觉得这样会造成很多漏洞，而事实也正是如此。因此，当下正在进行的多边贸易谈判，即多哈发展议程再次着手处理农业问题，并且发展中国家尤其关注如何限制那些阻碍它们进入高收入国家市场的政府行为或是限制发达国家对农业生产进行补贴的议题。

表7—3给出了一些发达国家对农业生产者的直接支持性补贴。27个欧盟成员国在此被归为一组，因为其贸易和农业政策不是在国家层面而是在欧盟层面规划的。按照绝对支持力度来衡量的话，欧盟是最大的补贴者，但是日本农民对补贴的依赖程度更高，因为农民收入中的47.8%来自政府支持项目。但是，并非所有的国家都对农业进行补贴。从补贴占GDP的份额来看，澳大利亚的补贴水平还不到美国的一半，但即便如此，它还是凭借自身的比较优势在全球15大农业出口国中占据了一席之地。

表7—3　农业补贴（2009年）

	农业补贴额度（百万美元）	占农民收入的百分比（%）
澳大利亚	926	2.7
加拿大	7 793	20.2
欧盟	120 839	23.5
日本	46 491	47.8
美国	30 598	9.7

注：欧盟提供的补贴额度最高，但是日本农民最依赖农业补贴。

资料来源：OECD，*Producer Support Estimate by Country*，http://www.oecd.org/tad/support/psecse.

这些补贴究竟会给发展中国家带来怎样的影响并不太容易量化，因为影响大小取决于不同国家的国情以及要素禀赋。对撒哈拉以南非洲国家比如马里和贝宁的棉花种植者来说，高收入国家政府向本国棉花种植者提供补贴导致世界棉花供给量增加，价格下降，因此这显然伤害了它们的利益（参见第3章案例）。同样地，针对美国棉花种植者的补贴提高了墨西哥棉花的供给量，压低了该国小农场主可以收取的价格，后者基本是在临近补贴的水平上维持经营。这成为墨西哥一些农村地区爆发危机的导火索，进而导致对农用设备和农业用品——那些富裕的农民本来可能会从当地生产商那里购买这些东西——的需求下降。

另一方面，高收入国家向本国农民提供补贴导致在其他条件相同的情况下，世界粮食价格下降。那些有大量工人在城市就业的国家则从这一趋势中受益。例如，中国有很多农民移居到城市里，并在当地工厂找一份工作。考虑到这些农民的生产率非常低，因此当他们来到城市居住并且成为工人之后，从整体上看中国是受益的，因为低廉的粮食价格使得这些农民工的生活更容易，生活水平也得到了提高。结果就是，包括中国在内的一些发展中国家从高收入国家提供的农业补贴中获益了。

7.3 为什么要保护本国产业

各国在不同时间和不同场合都会利用贸易保护措施来实现一系列潜在目标。几乎没有哪个国家或者地区会在所有领域都实行零关税壁垒（中国香港是唯一的例外，虽然新加坡等征收关税的产品也很少、税率也很低），但是很多国家或者地区的关税都比较低（如表7—1所示）。也有些国家虽然设置了关税，但是唯一的目的就是增加政府收入。例如，智利就决定不将关税作为商业政策之一，因此它对所有部门都执行统一的关税税率。统一关税意味着没有哪个部门相较其他部门来说受到了优惠待遇，因此资源并不会因为关税而转移到某个特定部门。通常来说，采用贸易保护主义政策的原因可以分为以下六个：关税收入、就业、产业扶持、文化保护、国家安全，以及报复不公平的贸易行为。

□ 7.3.1 关税收入

在发展中国家，经济活动有很大一部分是没有记录的。勉强维持生计的农民可能会去市集上卖掉富余的产品，修理工和手工艺者工作时也可能没有留下订单或者收据等书面工作记录。在这种情况下，很难开征所得税及营业税，即便不是完全无法征收。从另一方面来说，关税可以相对容易地由海关人员在港口和出入境口岸征收。他们只需简单地估计一下进口商品的价值，就可以对运输货物的人员征收一定的税费（关税）。美国就是持此观点的一个典型例子，至少在20世纪以前，关税收入一直都是美国政府的最大收入来源。

表7—4给出了关税收入在政府收入中所占的比重。表中的数据并不是以国家为统计单位，而是各个区域若干国家的一个平均值。从中我们可以推导出的一个结论是，越是贫困的地区（非洲、南亚、中东部分地区），政府收入越是依赖关税收入。一国政府可能会出于其他一些原因才征收关税，但是对某些国家来说，关税的主要作用就是为政府正常运转提供经费。

表 7—4　　关税占政府收入的比重（按地区）

地区	关税占税收总收入的比重（%）	区域内样本数量
非洲	26.86	22
东亚与中亚	8.35	14
拉丁美洲	8.41	20
中东	22.57	14
南亚	22.29	6
欧洲	2.53	41

注：收入越低的国家，关税在政府收入中占的比重也越高。
资料来源：World Bank，*World Development Indicators*.

□ 7.3.2 就业保护论

就业保护论是支持贸易壁垒的一个经久不衰的正当理由。在整个 19 世纪一直可以看到该观点的出现，甚至直到最近这一理论又重新被许多贸易协定的反对者提了出来。该观点认为，国家必须保护其市场不受来自薪资水平很低的国家的进口商品冲击，否则，他国低工资的优势将伤害本国国内产业或迫使本国工资向低水平工资看齐。例如，在关于是否批准《北美自由贸易协定》的争论中，反对者提出，墨西哥企业付给其工人的工资只是美国工人工资的几分之一（从平均水平来说，大约为 1/8），因此墨西哥在与美国的贸易中拥有不公平的优势。

就业保护论没有考虑到劳动生产率的差异。例如，因为墨西哥工人的平均生产率只有美国工人的 1/8，所以他们获得的工资只相当于美国工人工资的 1/8。由于其劳动力所受教育和技能培训水平低于美国，墨西哥工人工作的报酬少于美国，并且墨西哥经济的基础设施建设远没有美国完善，所以墨西哥的劳动生产率要比美国低。随着墨西哥工人获得更多的技能、接受更多的教育，单位劳动可用资本的增多，墨西哥的劳动生产率一定会提高，并且薪资水平也会随之提高。

如果一国的目标是创造足够多的就业岗位以便实现充分就业，那么制定正确的宏观经济政策和劳动力市场政策会是更好的选择。能够保持经济增长的货币政策和财政政策（见第 11 章）、为失业工人提供就业帮助的劳动力市场政策、让雇佣者雇用工人的激励政策要比采取贸易政策的成本低得多。如果目标是为了保护某个特殊产业，那么直接为生产者提供补贴则是更优的做法，因为这样做不会出现因强迫消费者退出市场而带来扭曲的局面。

□ 7.3.3 幼稚产业保护论

为贸易保护进行辩护的另一个更为复杂的理由是幼稚产业（infant industry）保护论。这一理由主要与发展中国家为保护其幼稚产业，抵御发达国家更为成熟的同类产业的竞争所采取的关税政策有关。幼稚产业保护论与我们在第 5 章给出的产业政策论非常相像。幼稚产业保护论建立在两个信念的基础上。第一个信念是，市场力量不能很好地支持某个特定产业的发展，这常常是因为外国企业在得到充分发展后，竞争力太过强大，或者是因为该产业风险过大。第二个信念是，在该问题所涉及的产业中产生了溢出效应，或者正的外部性的存在使得该产业对于国民经济来说，其价值要大于直接产生的效益和发给工人的工资。只要存在溢出效应，市场就有可能无法使该产业的发展达到最优水平。由于正的外部性（externalities），许多由企业生产带来的收益被其他企业或个人所占有，因为生产者不能够得到其生产所带来的全部收益，故而它们提供的产量就会低于社会最优产量。

在持幼稚产业保护论的人看来，正的外部性通常以与其他产业的关联性形式或某一项技术特性形式表现出来。作为一个产业关联性的例子，许多国家都试图建立自己的钢铁工业，因为这被认为可以为其他产业，如汽车产业提供廉价的钢铁资源。但这种看法存在的一个问题是，这并不能证明自己生产而不是进口某种商品的做法一定是有内在优势的，换言之，并不意味着从本土厂商那里购买钢材会使本国汽车制造业拥有特别的优势。如果本国汽车制造商被迫按照高于世界价格水平的价格购买本国钢材，那么对于本国钢铁产业的保护反而会损害汽车产业的利益。这正是当巴西政府决定排除国外生产者，建立本国计算机产业时所发生的情况。这一政策确实给巴西企业带来了负面的关联效应，因为它们必须支付更高的价格，而购买的机器性能却较差。巴西如果能像现在这样进口计算机，企业的状况会更好。

即使外部性确实存在，也没有充分的理由证明幼稚产业保护论是合理的。在判断其合理性时，我们必须牢记两个条件。首先，这些保护措施是有时间限制的；其次，被保护的产业成本必须是逐渐下降的。对于保护措施的存续时间加以限制，确保了那些被保护的产业部门不会成为消费者利益损失的永久享有者；而不断下降的成本则保证了该政策最终会收回成本，并且保证该产业会变得越来越有竞争力。

□ 7.3.4 国家安全论

每个国家都把保护某些产业用作维护国家安全的手段。最明显的例子是对军工产业的保护，或者更广义一点，对战略性技术的保护。大多数国家都不会和政见相左的国家就军事技术或军事武器开展贸易，一些国家甚至将受保护的范围扩大到用于制造军事硬件比如喷气式飞机的战略性矿产资源。但是为了保护国内可利用的特殊资源而采取限制出口或征收进口关税的做法，通常并不是最优选择。更可取的做法是，在和平时期以较低的价格购买大量的该种资源，建立资源储备。

□ 7.3.5 文化保护论

文化产业包括电影、电视、音乐、纸质媒体、戏剧以及艺术等。一些国家担心如果放任文化产业完全实行自由贸易，那么最商业化的影视节目将统治该产业，而本国的文化价值就会变得越来越模糊，甚至被遗忘。由于美国在各个娱乐产业的强势地位，保护一国文化的目标常常被定义为支持一国保护本国电影制造业、广播电视业以及音乐产业免遭美国竞争对手的完全统治。例如，《北美自由贸易协定》的前身，即《加拿大—美国自由贸易协定》（1988 年签署）就授予加拿大一项权利，要求本国电视台及无线电台必须播放一定比例的加拿大制作的节目。同样，在音乐、戏剧以及纸质媒体上，加拿大也提出了相似的要求。美国的电视台以及电影制造商自然反对这项对自由贸易的限制，并要求获得能够卖出不受数量限制的美国娱乐产品的权利。然而，美国人输掉了这场争论，并且在乌拉圭回合协定签署之后，再次遭到失败。该协定允许所有国家对其影视产业以及其他文化产业实行类似的限制措施。

有些国家会出于文化方面的考虑对非文化产业进行保护，对这种做法的分析更加复杂。我们可以通过一个例子来说明这一点。法国以及其他一些欧盟成员国宣称，它们之所以要对农业进行保护，是为了支持农村地区的发展和稳定。如果不对农产品进口设置任何壁垒，部分乡村地区将陷入经济衰退，因为很多农场如果拿不到补贴的话都将无法盈利，这样一来人们就会离开乡村地区，该国的文化遗产将因此受到破坏。至于这种说法究竟是一种聪明的辩护之辞，还是说真的是对贸易壁垒的一种有效的、非经济解释，就很难说清楚了。

□ 7.3.6 报复论

为贸易壁垒正当化进行辩护的最后一类理由是报复对手的不正当贸易行为。当一国觉得另一国的贸易行为对其产生了不公平的歧视时，较为普遍的反应就是针对后者设置贸易壁垒。报复性关税及配额往往可以推动双方进行谈判，但同样也会导致贸易战的升级。

由于这类贸易壁垒的最终结果取决于一国应对压力的政治程序、展开谈判的意愿的强弱以及谈判的结果，因此经济学分析在理解这一情况方面的作用是有限的。关于该问题，经济学家们的立场大概可以分为三种。第一类经济学家认为，无论一国的贸易伙伴会采取怎样的行动，自由贸易总是有益的。如果其他国家选择保护其市场，其国内的生活水平会降低；如果我们也采取报复手段，即设置贸易壁垒，那将会是十分愚蠢的。第二类经济学家认为，由于自由贸易是有益的，对于每个人来说，在全球范围内尽可能地广泛推广自由贸易是符合其利益的。因此，如果今天实行的某项关税政策能够促使其他国家在将来开放市场，那么世界经济在长期中仍将受益。

第三类经济学家认为，那些依靠实行贸易壁垒来闭关锁国或者限制市场准入的国家是拥有不正当优势的，特别是在高科技产品方面。它们拥有一个完全对内开放的国内市场，并且可以在比本国市场对外开放程度更高的国外市场上进行自由竞争。在市场规模极为重要的情况下，能够在一个比其竞争对手更大的市场（国内市场加上国外市场）上出售产品，赋予了被保护市场中的企业以竞争优势。如果开放市场中的企业倒闭，那么其此前拥有的科技能力和专业知识都会由那些实行了保护本国市场策略的国家的企业获得。为了确保不会出现这样的局面，同时也是为了确保本国不会丢失关键技术，一些人认为应该采用报复性措施来迫使原先封闭的市场开放。

案例 ☞

传统知识与知识产权

传统知识构成了传统社会和本土社区文化遗产的一部分。这类知识——往往作为世界观和文化生活的一部分扎根于文化实践中——也可以包含世代相传的关于动植物和自然界的智力知识。那些中医、各种土医生、从事小规模生产的农民，以及狩猎者和采集者等，都拥有具有商业潜力的动植物方面的知识。如果这些知识在其原始拥有者没有意识到的情况下，就被外来者占为己有或使用，则不仅仅是对其原始拥有者有失公允，同时也是对他们的一种潜在伤害。

例如，美国研究者希望为姜黄——在治疗皮外伤和皮肤病变方面有良好效果——申请专利。姜黄是用在咖喱和其他菜肴中的一种明黄色香料，也是在印度传统医学中已经使用了4 000多年的一种药物。但是，美国专利局却把姜黄用作愈合剂的第5401504号专利授予了密西西比大学。在现实中，这个专利可能无法执行，但它却可能对传统使用者施加支付专利使用费的法律要求。印度政府对此表示了反对，认为姜黄是其传统常识的一部分，且在印度长期以来一直被用作愈合剂。在他们出示了描述姜黄作用的梵文经文后，这个专利被取消了。

巴西和印度是诸多热带国家中率先尝试保护自己的传统知识和生物多样性的。让人担忧的一点是，"生物投机家们"将会收集当地社区的传统治疗者展示给他们的植物标本，在实验室中剥离出关键化合物，申请一个新的药物专利，并忽视其传统社区和所在国家的利益。

萨摩亚（西南太平洋的一个群岛）的传统医师们把mamala树皮用于多种药用用途，包括治疗肝炎。根据传统知识的指导，研究者发现它是制作蔓生素（一种抗艾滋的化合物）的一种有效药，由于帮助发现该物质及其在抗艾滋方面的应用的村庄和村民们可以分享到相关收益，所以这个故事看起来还算是有一个完美的结果。但是，如果没有强有力的执行和监督，传统知识恐怕无法得到认可和尊重。

在另一个例子中，从传统知识借鉴来的新植物品种被一家种子公司申请专利。在非洲国家马里，贝拉社区（bela community）食用一种更加耐枯萎和耐病害的野生大米。来自加利福尼亚州立大学戴维斯分校的研究人员从中克隆出重要的基因，并用以强化传统的大米品种。他们申请这个专利，引发了与具有枯萎病抵御基因的新改良基因大米和贝拉人利益间的问题。最终方案是成立"遗传资源认可基金"（Genetic Resource Recognition Fund），为来自野生大米生长地的马里和其他国家的农科专业学生提供研究资助。

考虑到经济方面和文化方面的潜在风险，很多国际机构都积极关注这类问题，其中最引人注目的是世界知识产权组织（World Intellectual Property Organization，WIPO）、国际植物新品种保护联盟（International Union for the Protection of New Plant Varieties，UPOV）、联合国粮农组织（Food and Agriculture Organization）、世界贸易组织（WTO）、联合国环境署（United Nations Environmental Program）。尽管国际条约很多，但这是一类新出现的问题，与此相关的国际法也会随着时间推移不断发展完善。

资料来源：World Intellectual Property Organization，*Intellectual Property and Traditional Knowledge*. No date. http://www.wipo.int/freepublications/en/tk/920/wipo_pub_920.pdf.

7.4 美国贸易保护的政治学分析

虽然美国与全球其他国家和地区的贸易逐年增长，但关于保护国内产业的政治压力也不断加剧。这部分是因为国会改革使得现在的国会议员无法像20世纪五六十年代那样，与产业游说者处于隔绝状态。第二个原因则是“冷战”的结束使得美国为保持紧密的地缘政治联盟而牺牲贸易利益的意愿下降。第三个原因是包括中国在内的东亚出口导向型的新兴工业国家的崛起，及其对美国国内诸多产业造成的压力。最后，美国不断加剧的贸易赤字以及20世纪80年代广泛出现的对美国业已丧失竞争优势的担忧等，都造成了美国在未得到其他国家互惠性承诺的情况下，更加抗拒开放本国市场。最近，自2000年以来美国贸易赤字的快速增加以及制造业就业岗位的大幅度减少，使得20世纪80年代的竞争恐惧情绪再次出现。由于以上所有原因，贸易冲突变得越来越激烈。

美国的贸易保护常常是由总统直接授权实施的（如20世纪80年代对于日本汽车实行的自愿出口限制），或是通过以下几个不同的法律程序得以执行：（1）反补贴税；（2）反倾销税；（3）免责条款；（4）301报复条款。

不管是依据以上四项中的哪一项法律程序，某一企业、产业贸易协会或政府机构都可以向联邦政府提出申请，启动针对外国政府或者外国企业行为的调查。

□ 7.4.1 反补贴税

反补贴税（countervailing duty，CVD）是当本国产业因为外国政府向其企业提供补贴（subsidies）而受到伤害时，征收的一个税种。由于补贴使得一个企业能够以更低的价格出售商品，且仍能获得利润，所以补贴的一个效应是使企业更有竞争力。反补贴税的目的就是把国外商品的价格提高到足以抵消其补贴效应的水平，使得没有得到补贴的国内企业与得到补贴的国外企业处于同一竞争平台上。

反补贴税的运用不像其他贸易保护措施——如反倾销税——那么频繁。在美国，从1985年以来，每年平均有4～5个反补贴税案例。由于其目的是抵消补贴的作用，反补贴税需要对补贴做出明确定义。乌拉圭回合的成果之一就是标准化了补贴的定义，即补贴就是由一国政府提供的财政援助，或者是由公共机构给予的特殊利益。补贴可以通过很多形式实现，包括补助金、低息贷款、优惠的税收待遇、免费或者以低于成本价获得商品或者服务的供给，以及其他任何形式的财政补助。

□ 7.4.2 反倾销税

反倾销税（antidumping duty，ADD）是对以低于产品公允价值（fair value）的价格出售的进口商品所征收的关税。由于对于倾销问题的法理分析和经济分析产生了分歧，在使得一项反倾销税正当化的过程中，公允价值的确定是非常主观的。因此，反倾销税已经成为国家间贸易关系紧张化的重要诱因。许多国家都希望加强WTO规则中反倾销政策执行的难度，也就没什么好奇怪的了。

根据WTO规则，当出口商以低于本国市场价格的价格水平向他国出售产品时，就可以认为它存在倾销行为。但是，不是在任何情况下都可以对本国市场价格和国外市场价格进行比较，而且批发商、交通运输成本以及其他价格附加因素，都会限制上述比较的效果。因此，通常利用另外两种方式来判断一种商品是否存在倾销：与在第三国市场的价格进行比较，或者是与从生产成本估计出的价格进行比较。与其他国家市场价格进行比较，可能与在出口厂商本国市场和提出控诉国家市场进行价格比较存在类似的困难，并且出于同样的原因，这种比较可能无法提供任何有用的信息。因此，WTO允许第三种方法的存在，即一国根据外国企业的生产成本评估出其产品价格，并以此作为判断其是否存在倾销的依据。在这种情况下，企业不能以低于生产成本的价格出售产品，否则将被视为有进行倾销的嫌疑。只有当外国企业不以正常投资回报率价格出售产品时，倾销指控才能成立。

要想征收反倾销税，还必须满足另外一个终极条件，即声称他国进行倾销的国家必须证明倾销已经对本国企业造成了实质性损害；如果倾销行为确实产生了，但却未对国内企业产生损害，那么反倾销税也是不被允许的。当倾销幅度过小，难以对其国内企业产生影响时就属于这类情况。

从最基础的层面上说，反倾销税是一项用来保护本国企业免受外国企业掠夺性价格损害的政策性工具，以低于成本价出售产品作为驱逐竞争对手的策略被认为是不公平的，而且任其发展会对整个国家的经济利益造成损害，其后果非常严重，特别是在本国生产者被迫离开市场后，产品价格很可能会变得更高。从1985年以来，美国平均每年新增21例反倾销案件。

不过，由于经济理论和法律定义不尽相同，问题也就产生了。首先，为了能够在国外市场上以低于成本的价格出售产品，企业就必须在本国市场上获得市场势力以赚取高于正常利润的收入，从而可以用这部分收入来补贴在国外市场的销售。如果一个企业不能够在某一市场上获得高于平均利润的收入，那就无法在其他市场上维持一个低于成本的产品价格。但是，在调查倾销诉讼时，市场结构这一点却很少被考虑进去。使用估计的生产成本来判断是否存在倾销则使得这个问题变得更加复杂，因为估计成本要求对技术和其他投入进行猜测，很容易造成相当大的误差。

其次，从正常的商业运营角度看，企业以低于成本的价格销售产品是常有的事情，最明显的案例就是关于易腐商品的销售。某一鲜活鱼类产品出口商，在港口某个地方存储货物，随着时间的流逝，卖价很有可能会逐渐降低。在这种情况下，鱼的生产运输成本代表了业已发生的沉没成本，因此唯一的选择就是以任何可能的价格卖出货物。企业也会将以低于成本的价格卖出特定的产品作为占领市场的策略之一。这与大规模零售商的经营行为很相似，它们以极低的价格提供某些商品，以便赢得价值导向型零售商的声誉。最后，企业在扩张期，即便产品售价无法弥补其资本和其他固定成本，但只要该价格能够弥补其可变成本，如劳动和原材料投入成本，那么它仍会以此价格出售产品。由于无论企业生产什么产品，其资本成本，如贷款利息都是必须支付的，所以在短期，企业主要考虑的是其产品价格能否充分弥补其劳动力成本和原材料投入成本。长期而言，一个企业如果不能按一个较高的价格出售产品以满足其资本成本的需求，它就会倒闭；但在短期，它还会继续生产。

越来越频繁地使用反倾销政策已经引起了大批学者对如何更加审慎地界定其应用范围的关注。现在看来，国家间关于反倾销政策的适用情况和它们愿意就其使用方法进行谈判的意愿是相当多元化的。一些国家很少使用这些政策，有些贸易协定，如加拿大和智利之间的一项协定规定，除一些特殊情况外，禁止使用这些政策。有些国家则十分频繁地使用反倾销政策——通常情况下，这看上去是一种为满足某个重要产业游说集团的需求所提供的政治便利。

在美国，企业要想获得贸易保护，从程序上看需要先向商务部国际贸易管理署（ITA）提出申请。国际贸易管理署要对是否存在倾销进行调查（或者是对提出反补贴税申请的案件进行关于补贴是否发生的调查）。如果他们发现答案是肯定的（即存在倾销），该案就被上交给美国国际贸易委员会（USITC）——一个独立的管理委员会。USITC 会开展另一项附加的调查来判断该情况是否对国内企业产生了实质性损害，并且判断是否有必要开征反倾销税或者反补贴税。近年来，美国企业相对成功地证明了国外企业存在倾销，这刺激了反倾销税申请的大量增加。

□ 7.4.3 免责条款救济

之所以被称为免责条款救济（escape clause relief），是因为它涉及美国以及关贸总协定的一个贸易条款，该条款允许通过暂时征收某种关税，以使某产业规避由进口产品带来的竞争压力。免责条款救济是为了给本国产业留出时间进行调整，而对进口产品征收的一种暂时性关税。该程序起始于某一产业或企业直接向 USITC 递交缓解产品进口急剧增加所带来的压力的申请之时。免责条款救济的举证责任由企业承担，它必须证明自身是因进口遭受损害的，而不是由于其他的原因，如经营管理不善等。因为这个程序规定，在实际中得到救济从而免于进口产品的竞争是如此困难，以至于很少有申请能够获得通过。

□ 7.4.4 301 条款与特别 301 条款

美国 1974 年通过的贸易法案中的 301 条款（Section 301）规定总统的首席贸易谈判代表，即美国贸易代表（United States Trade Representative，USTR）必须采取行动以应对某国持续进行不公平贸易的行为。该行动通常以向目标国提出谈判要求为发端。谈判的目标就是要迫使该国取消针对美国商业活动的不合理或者不公平的限制政策。

要求 USTR 调查的贸易行为非常广泛。最近的案例包括中国的汇率管理问题、乌克兰在执行知识产权政策上的问题，以及欧盟不履行 WTO 对添加荷尔蒙饲料喂养的牛肉进口的裁定等。

与 301 条款相类似的条款是广为人知的特别 301 条款（Special 301）。这一美国贸易法令条款要求 USTR 对全球知识产权执行情况进行监控。2005 年，USTR 对 90 个国家进行了调查，并将其中的 52 个国家界定为没有对美国艺术家及依赖于知识产权保护的产业给予充足的保护措施或者拒绝其进入市场。被列入这个名单，意味着 USTR 对此产生了担忧，并会持续监视这一情况的发展。

案例☞

经济制裁

经济制裁是贸易管制的一种。与关税及配额只会影响到进口不同，制裁往往会同时影响进口和出口，甚至可能会涉及金融领域。从私人银行或国际信贷机构获得贷款的能力有可能会受到限制或完全被拒之门外，国内企业在该国的投资也可能成为被制裁的对象。禁止出口的例子包括美国在“冷战”时期对本国企业向苏联出口计算机的禁令，以及现在向古巴和朝鲜出口商品及服务的禁令。国际社会在南非种族隔离结束之前，联合抵制在该国进行投资就是一个关于投资和贸易的制裁案例。

经济制裁作为简单的贸易或投资措施以外的形式存在。在大多数案例中，它们通常被用作旨在达成一项更为远大的政策目标的策略，如终结苏联的扩张或南非的种族隔离等。制裁的另一个特征是，常常伴随有其他附加的措施，从外交压力到军事介入。

对于制裁，我们要提出的一个逻辑上的问题是，“它们有效吗”？在一项有关该问题的两卷本的研究报告中，三位经济学家分析了自第一次世界大战以来国际上所发生的120项经济制裁案例。表7—5列出了他们的发现。经济学家发现出于研究需要，有必要将制裁的目的分为五个单独的类别：为达成一项相对轻微的政治转变而实行的制裁（比如，释放某个政治犯，或者限制核扩散）；为颠覆一国政府而实行的制裁；为瓦解一国对另一国的军事行动所实行的制裁（如为制裁伊拉克入侵科威特）；旨在打击他国军事潜力的制裁；以及第五项关于其他理由的制裁，如消除种族隔离以及阿拉伯联盟为报复美国支持以色列联合抵制向美国出口石油等。

表7—5　　第一次世界大战以来的经济制裁

目标	案例数	成功数
温和的政策转变	51	17
瓦解某个政府	21	11
终止军事叛乱	18	6
杜绝潜在军事冲突	10	2
其他	20	5

注：第一次世界大战结束到1990年间，经济制裁的成功率大概在38%左右。

资料来源：Gary Clyde Hufbauer，Jeffrey J. Schott，and Elliott. *Economics Sanctions Reconsidered*. Washington，DC：Institute for International Economics. 1990；“Executive Summary.” 1998.

只有政策的结果是那些实行制裁的国家所期望的，并且制裁是造成这些政策结果的原因之一的情况下，才能说制裁是成功的。胡佛鲍尔、斯科特以及艾略特（Hufbauer，Schott and Elliott）从其研究的120个案例中发现了41个成功的案例，但其报告显示1973年之后成功的例子大大减少。他们认为制裁通常在以下情况中更为有效：当被制裁对象很小，经济比较脆弱，且政治不太稳定时；当被制裁对象是盟国之一时；当制裁的实行迅速而果断时；实施制裁的一方所需付出的成本较小时；以及当所要求的目标改变相对较小时。

制裁目标看上去越难达到，就越有可能需要军事力量支持。美国在2003年对伊拉克的入侵就是最好的例子。联合国对伊拉克的制裁毫无疑问帮助美国削弱了伊拉克的经济，虽然这些制裁从来都没有得以完全执行。从这一意义来说，这些制裁为美国成功地促成伊拉克政府的更替做出了贡献。尽管如此，如果没有军事入侵，光靠制裁是不太可能引起政府的更替的。

小　结

1. 不考虑成本和能力，为达成某一期望的目标，每个国家都使用贸易壁垒。在大多数发达国家，设置这些壁垒不是为了帮助新产业形成比较优势，而是为了保护不再具有竞争力的老产业或者暂时性地保护一些遭受新竞争者打压的产业。农业、服装业和纺织业属于许多发达国家重点保护的部门。

2. 关税及配额在创造（或者保持）就业岗位上是低效的机制。因为其成本被隐含在消费者付给国外以及国内商品的价格中，很少有人意识到它们如此低效。

3. 贸易壁垒的主要得利者是受到保护的企业和得到关税收入的政府，利益受损者则是消费者。因为其收益集中在相对少数人身上，而其损失却广泛扩散，因此反对贸易壁垒的动力是微弱的，而设置贸易壁垒的动力却很强大。

4. 支持贸易保护的理由包括无法被估计的社会经济回报，以及不能由市场表现出的回报，即市场没有考虑到从生产中溢出的效益。然而，制造某项商品的所有价值，包括任何溢出，其测度都是极其困难的，并且某一产业所创造出的技能或者技术的未来价值也常常是无法预测的。

5. 除了总统授权之外，美国还有其他几种贸易保护形式：对外国补贴的反补贴税，对外国商品倾销的反倾销税，对某项进口产品突增的免责条款救济，以及对国外不公平贸易行为采取报复行动的 301 条款。除了免责条款救济，征收其他任何关税都要求证明国外企业在美国市场上进行不公平的竞争，并给国内生产者造成了实质性损害。最普遍采用的关税是反倾销税。

关键术语

反倾销税（antidumping duty，ADD）
反补贴税（countervailing duty，CVD）
倾销（dumping）
免责条款救济（escape clause relief）
公允价值（fair value）
幼稚产业（infant industry）
301 条款（Section 301）
特别 301 条款（Special 301）
补贴（subsidies）

习　题

1. 在美国和日本，哪个产业受到严格的保护？美国和日本的贸易壁垒对于高收入国家和低收入国家而言，哪类国家所受影响较大？为什么？

2. GATT 乌拉圭回合谈判结束之后，对于贸易和投资问题的规定涉及了哪些新领域？

3. 既然关税及配额损害了消费者的利益并且它们在创造或者保护就业上的效率是相当低的，为什么还会允许这些政策的存在？

4. 各国政府为特定产业进行辩护的四类理由是什么？其中哪些是经济方面的，哪些是非经济方面的？

5. 评价就业和幼稚产业保护的观点。

6. 关税可以作为对其他国家的报复性措施而被正当化吗？阐述你的理由。

7. 美国企业在寻求贸易保护时可选择的四个法律程序是什么？每一项保护的成立所要求的条件是什么？

第8章 国际贸易与劳工和环境标准

学习目标

通过本章的学习，学生应该掌握以下内容：

1. 列举并讨论制定标准的三种可能性。
2. 讨论并举例说明收入水平与环境、劳工问题之间的关系。
3. 定义劳工标准。
4. 区分并且接受解决跨境和非跨境环境问题的不同方法。
5. 给出执行劳工和环境标准的三种贸易替代措施。

8.1 引言：收入及标准

自第二次世界大战结束以来，许多正式的国际贸易壁垒已经消除了。这一成果的实现与全球贸易参与国在关贸总协定、世界贸易组织以及最近在全球范围内更为频繁出现的区域性贸易协定所提供的谈判框架下的不懈努力是分不开的。

然而，随着贸易壁垒的消除，阻碍世界经济一体化程度提高的新障碍又开始出现，这些障碍是由两种明显不同但却同样重要的力量所促成的。第一，仅从国内角度出发而实施的法律法规可能会限制在更为一体化的经济环境中的国际商务活动。例如，一项旨在帮助实现规模经济效应的法律使某公司在电信服务市场上享有了垄断特权，从而使得外国电信企业不可能进入本国。

第二个限制世界经济一体化程度提高的障碍则是关于标准的争论。这些争论涉及的范围从科技产品标准、健康与安全标准到劳工和环境标准。这些问题背后的原因多种多样。例如，针对某种产品设定一组共同标准会给已经以这种标准进行生产的企业带来明显的商业优势，并且每个国家都希望能在世界范围内大力推广本国的标准。关于标准争论背后的另一个原因是全球收入水平的差异。发展中国家与发达国家的贸易往往是以比较优势为基础的，并且会使得这些国家的生产沿着各自的生产可能性曲线移动，从而使得生产的专业化程度提高。虽然每个国家可能都可以从贸易中得到较大收益，但是更高的专业化水平会在一国国内催生出赢家和输家，由此引发公平性的问题。

发展中国家的经济状况和生活水平与包括美国在内的发达经济体的情况截然不同。特别是，与高收入国家相比，较低的工资、更长的工作时间、更恶劣的工作条件、更多重污染产业以及对环境破坏考虑较少等情况在低收入国家更为普遍。当两个生活水平不同的国家之间进行贸易时，人们会对从低收入国家进口的廉价商品产生很多疑问。它们在生产过程中是否存在对儿童的剥削和压榨，工作环境是否是安全健康的，工人是否拥有政治权利和公民权利，所使用的生产方法是否有利于保护生态环境？如果不是，那么像关税、配额或者完全禁止从该国进口等贸易壁垒能否有效迫使该商品出口国改变其生产方式？

8.2 制定标准：统一标准、相互认可还是独立标准

即使有着不同的法律法规、不同的经济管理方针，两个或两个以上的经济体也是可以实现更高层次的一体化的。美国就是一个最好的例子，因为它的各个州在汽车尾气排放、最低工资标准、教师培训、食品安全、建筑规范，以及产品可得性方面执行的标准都是不同的。主权国家之间原本单一的一体化形式，如区域贸易协定、自由贸易区、关税联盟以及共同市场，在考虑到法律、规章以及标准等问题之后，也会变得更加多样化。

对于希望扩张其商业联系的国家来说，制定统一的产品以及生产流程标准是一个不错的选择。统一的标准（harmonization of standards）是指两个或两个以上国家，就各方所关心的领域，如产品安全、劳工待遇、环境条件、公平竞争等采用共同的标准。另一种可供选择的做法则是标准的相互认可（mutual recognition of standards），即各个国家都保持其原有产品和生产工艺方面的标准，但将其他国家的标准作为同样可行的补充标准加以接受。比如，国外的医学博士接受的教育和训练也许和本国的医学博士有很大的差别，但是在彼此承认的体系下，该博士可以取得在两个国家行医的资格。第三种可供选择的方法则是独立标准（separate standards）。在这种情形下，各个国家保持各自的标准，并且拒绝承认其他国家的标准。例如，如果本国对于蔬菜的农药残留量有着更为严格的规定，那么它将会根据这一独立标准禁止其认为不安全的产品进口。大部分区域性贸易协定和WTO协定都是统一标准、相互认可标准以及独立标准的有机结合。

我们无法找到一个普适的原则来判断哪种标准是更有效的或者说是更公平的。在产品设计或者产品性能方面实行统一的技术标准是比较实用的，因为这样做会创造出一个规模更大、一体化程度更高的市场，从而带动效率的提升。这方面的例子包括螺丝钉上单位长度内的螺纹数量、家用电器的插头大小等都有着统一规定，这些规定使得市场更为一体化，并且经济体都因为效率提高而受益。在某些情况下，统一标准有

可能导致一个潜在问题，即标准停留在较低水平上。新科技就是这方面的一个例子。由于我们很难预测到新产品和新工艺的演进，将技术标准固化为法律条文很有可能会对未来技术发展产生负面的影响。此外，关于劳工或者环境保护的法律法规很多，我们很难确定哪个国家的标准是最好的。在这种条件下，相互认可标准不失为一个最优的选择方案，因为这种方法允许不同标准之间相互竞争，从而有助于每种标准的成本和收益。

有时候，统一标准会因为没有将各个国家的差异考虑在内而导致一些问题。总的来说，一国的平均收入水平越低，其所具备的制定和执行标准的管理水平、科技水平以及技术能力也就越低。此外，国家优先考虑的重点会随着收入水平的变化而变化，并且认为一国的某一群体优先考虑的方面就应该占主导地位是没有道理的。收入水平差异并不总是阻碍达成统一标准的障碍，因为许多产品标准的制定主要是考虑技术因素，因此只有在采用一组通行的标准有助于扩大市场、降低价格时，这么做才是有意义的。

当各国之间的发展水平差异较大时，通常更好的做法是互相认可对方的标准；或者如果从安全或者其他角度来看无法做到相互认可时，最好各自保持独立的标准。虽然贸易理论对此做出了清晰的解释，但是许多生活在高收入国家的人们还是很难接受这一点，特别是涉及劳工以及环境保护方面的标准时。很多人担心，如果缺乏统一的劳工和环境标准，国外较低的标准所带来的竞争压力会使得国内企业被迫降低自身的标准，或是将生产转移到国外以降低成本。这一可能情况被打上了竞争到底（race to the bottom）的标签，这里的"底"是指最低可能水平的标准。在后面的内容中，我们将在劳工和环境标准的框架内，对包括这个问题在内的诸多问题加以分析。

案例 ☞

收入、环境及社会

根据收入水平的不同，世界银行将全球所有国家划分为四大类：人均收入为12 176 美元（2010 年美元）及以上的为高收入（high-income）国家；人均收入为3 976～12 175 美元的为中高收入（upper-middle income）国家；人均收入为 1 006～3 975 美元的为中低收入（lower-middle income）国家；人均收入低于 1 005 美元的为低收入（low income）国家。

表 8—1 列出了每一大类各包括多少个国家、涉及的人口总数以及平均人均收入水平。截止到 2010 年，全球接近一半的人口都生活在低收入或者中低收入国家（见表 8—1）。收入水平的巨大差距不可避免地会导致社会及环境标准方面的巨大差别，如表 8—2 所示。

表 8—1　　2010 年世界银行人口及收入分类表

收入类别	国家数量	人口总数（百万人）	平均人均收入水平（美元）
低收入	35	796.3	526
中低收入	56	2 518.7	1 716
中高收入	54	2 452.1	6 247
高收入	70	1 127.4	38 352

注：全球很大一部分人口都生活在低收入或者是中低收入国家。

资料来源：World Bank，*World Development Indicators*.

表8—2给出了对经济、社会和环境至关重要的四个指标。第一个指标即儿童死亡率，是健康状况的重要衡量标准。得益于卫生和营养条件的改善以及医疗保健水平的提高，该指标随着收入的增加呈平稳下降趋势。第二个指标是安全饮用水的可得性。能否获得安全的饮用水是最重要的公共健康问题之一，也是会对健康产生直接影响的环境问题。随着收入的增加，获得安全饮用水的人口比例有了显著的提高，实际上高收入国家的公民都能获得安全饮用水。这并不是说高收入国家没有水资源问题，只是说它们的公民能够获得安全的饮用水。

总之，在考虑劳工和环境标准时，牢记收入水平完全不同的国家的一般趋势是很有必要的。

表8—2　　收入水平、社会以及环境

收入类别	每千人中5岁以下死亡人口数（2010年）	可获得安全饮用水的人口比例（%）	二氧化碳排放量（人均公吨数，2008年）	森林保有率变化（%，1990—2010年）
低收入	107.9	65.2	0.3	−1.2
中低收入	69.4	86.8	1.5	−9.1
中高收入	19.6	92.9	5.3	−1.6
高收入	6.4	99.5	11.9	1.6

注：有些指标随着收入的提高出现好转，有些进一步恶化，有些变化趋势无法确定。
资料来源：World Bank，*World Development Indicators*.

另外两个指标呈现出来的趋势比较复杂。其中，二氧化碳排放问题随着收入提高逐渐恶化。二氧化碳排放是全球气候变暖的主要原因，矿物燃料燃烧时便会产生二氧化碳。高收入国家比低收入国家消耗更多的能源，因此它们产生的二氧化碳数量是全球人均二氧化碳排放量的20倍。中等收入国家处于中间水平，但是随着收入的增加，燃料消耗和二氧化碳排放量都在增长。有些环境指标，如水质，会随着收入的增长而改善，至少要超过临界水准。其他指标虽然从长远来看存在着改善的趋势，但并没有确定的模式。在表8—2中，森林保有量就是一个例子。中低收入国家森林被破坏的比例最高；中高收入国家和低收入国家的森林砍伐率要低一些；而高收入国家的森林覆盖率正在逐渐提高。

8.3　劳工标准

近年来，包括美国在内的一些国家要求将劳工和环境标准问题纳入到未来所有的贸易谈判中。这是一个政治诉求问题，有时比较严重有时则可以忽略不计，具体取决于执政党的政治理念，但也反映了人们对人权及全球环境等相关问题的关注日益提高。到目前为止，美国与加拿大、墨西哥（《北美自由贸易协定》）、约旦以及智利签署的贸易协定，要么在协定正文中要么在附件中，都包含了有关劳工和环境标准的内容。在每一协定中，都详细规定了各国必须严格执行其自身的标准，否则将会面临罚款。许多支持劳工和环境保护的积极分子认为这还远远不够，故而仍希望继续推动在现有协定以及将来的协定中（包括WTO所达成的协定），将贸易制裁作为执行机制的一部分包括进去。

出于对劳工和环境保护的关注而提出的贸易诉讼大多比较相似。在所有案例中，申诉国都声称与标准较低的国家进行贸易造成了标准上的竞争到底效应，那些高标准国家都被迫降低其标准或者经历过一段失业增多、产业萧条的痛苦期。此外，没有制定和执行更高标准使得低标准国家的企业形成了一定的优势，因此与这样的国家进行贸易是有失公平的。在具体讨论这些问题之前，我们非常有必要解释一下标准的含义，特别是在关于劳工标准的例子中。

□ 8.3.1 劳工标准的定义

由于劳工标准这个概念囊括了很多潜在的权益，如从摆脱强制劳动的基本权益一直延伸至在工会取得代表权的公民权益，所以劳工标准的概念很广。目前，没有哪一组核心的、与工作相关的权益被所有人视为具有普遍意义的人权。

我们将由国际劳工组织（International Labor Organization，ILO）提出，并由经合组织（OECD）修订的以下五项劳工标准作为讨论该问题的起点。

（1）禁止强迫劳动；

（2）工会的自由权益；

（3）形成组织并集体与雇主讨价还价的权利；

（4）禁止剥削童工；

（5）招聘时的非歧视性。

大部分人可能都会赞同这些权益，但对于它们的理解，还有相当一部分是含糊不清的。比如，在高收入国家被视为剥削的条件，在低收入国家看来却是可以接受的；出于文化或者宗教原因导致男人和女人的就业机会不均等可能与非歧视原则是相互冲突的。

其他一些潜在的标准争议性就更强了。举例来说，考虑到全球各个国家和地区在收入及生活条件上的巨大差异，很难针对最低工资、每日最长工作时间以及工作场所的健康安全问题做出一般性规定。非熟练工人相对稀缺的高收入国家，与非熟练劳动力相对丰富的低收入国家相比，面临的是完全不同的经济约束。如果低收入国家被迫支付一个足以满足高收入国家指责者要求的最低工资，许多人担心低收入国家生活水平不但不会提高，反而可能会遭遇企业倒闭、失业增加的恶果。换句话说，虽然提高最低工资水平会是低收入国家极力追求的目标，但这有可能降低其国民的生活水平。甚至，由于很难确定多高的薪资水平才算是高水平，所以连高水平的最低工资这一点也是模棱两可的。

案例 ☞

童工

关于儿童（child）最常见的定义是指不满18岁的人。这也是联合国和世界劳工组织给出的定义，并且为大多数国家所认可。许多儿童也从事经济活动，但是他们不属于被剥削的童工这个范畴，因为他们的工作比较轻松，工作时间不长，他们工作是为了勤工俭学或学习技能。

要反对使用童工非常容易，特别是考虑到雇用童工对儿童的身心健康造成的危害时。但是，当没有上学机会并且贫困家庭需要依靠它们的孩子赚取的一点微薄收入维持生活时，反对雇用童工就显得比较复杂了。在这种情况下，儿童以及他们的工作为家人的生活做出了贡献，这时候要采取人性化的政策而不是简单地禁止儿童工作。

从全世界范围来看，童工数量在逐渐下降，但是在一些地区雇用童工仍是一个非常普遍的现象。据国际劳工组织估计，2009 年有 2.153 亿 5～17 岁的儿童从事对其身心有害的工作。从地理区域上看，他们大多生活在亚太地区，其次是撒哈拉以南的非洲地区（见图 8—1）。

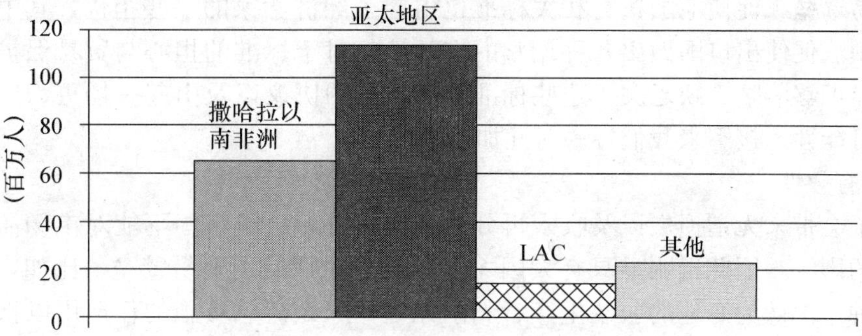

图 8—1　2008 年 5～17 岁童工的地区分布

注：亚洲童工最多，接下来是撒哈拉以南非洲地区。LAC 代表拉丁美洲和加勒比地区。
资料来源：International Labour Office，*Accelerating the Action against Children Labour*（2010）.

撒哈拉以南非洲地区雇用的童工总人数虽然少于亚太地区，但是该地区儿童被迫加入劳动力大军的比例却更高。2008 年，在 5～17 岁的孩子中，大约有四分之一的人需要工作（见图 8—2）。贫困、缺乏受教育的机会、农业为主都是导致这种局面的原因。农业部门吸收的童工人数最多（占 60%），服务业排名第二（25.6%），工业（制造业、建筑业、采矿业和基础设施建设）排名第三（7%）。很少有童工进入出口导向型行业，并且从总体来看，童工的雇佣量随着 GDP 的增长而下降，入学机会的增加也会减少雇佣童工的现象。国际劳工组织等认为消除童工最有效的办法就是提高入学率。

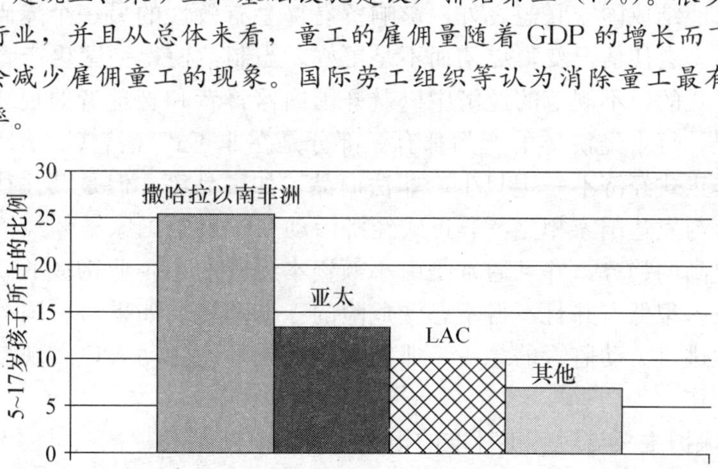

图 8—2　2008 年 5～17 岁年龄段儿童工作的百分比

注：撒哈拉以南非洲地区儿童被迫加入劳动力大军的比例最高，亚太地区紧随其后。
资料来源：International Labour Office，*Accelerating the Action against Children Labour*（2010）.

□ 8.3.2 劳工标准与贸易

贸易经济学家和劳工保护主义者之间的分歧主要源于，是否使用贸易壁垒来促进劳工标准的执行，即一国应该使用贸易壁垒来向他国施加压力迫使后者改变其劳工标准吗？部分出于我们在第7章给出的原因，贸易经济学家往往对贸易壁垒的使用持怀疑态度。在那里我们曾经提到，贸易壁垒对于希望达成的大多数目标而言，都是一种代价高昂并且极度低效的政策。除了会给本国生产以及消费带来无谓损失外，使用贸易壁垒来促使他国执行相关标准也引起了经济学家的一些担忧，其中包括利用这种做法促使出口国做出各种调整的有效性、对于标准的担心与贸易保护主义之间的边界不够清晰、缺乏关于这些标准具体内容的协议以及引起一场更为广泛的贸易战的可能性。接下来我们逐一对此加以解释。

1. 有效性

除了会带来无谓损失以及收入再分配效应以外，由于小国不能对市场需求产生足够大的影响，因此很明显只有大国才有可能成功地使用贸易壁垒。比如，如果像荷兰这种小国认为海地的服装生产者剥削儿童，那么荷兰实施的任何用以抵制海地产品进口的贸易壁垒，都不太可能将对海地产品的需求降低到足以改变其习惯做法的程度。只有占海地出口市场很大份额的国家制定这样的壁垒，才会给海地生产者造成损失，但即便如此，也只有在海地产品没有其他市场可供选择的情况下才会产生效果。鉴于被制裁的国家即便遭受巨额损失，也不愿改变其政策作为回应的例子（古巴、缅甸以及其他国家的例子）实在是太多太多，所以可以认为在现实中即使是大国设置的贸易壁垒，也无法迫使目标国做出改变。实际上，一般来说，贸易壁垒的有效性会随着实施国家的增多而增强。比如，最为强大的世界发达国家结成联盟对南非实施制裁，至少取得了结束种族隔离政策的效果。

除了是否能结成国家联盟之外，影响贸易壁垒有效性的另一个障碍是，在某些情况下贸易壁垒会使情况变得更糟而不是更好。当制裁使得一国生产者将其生产设备转移到非正式的、不规范的经济中以避开国内监督者和管理者的视线时，便会出现这样的情况。每个经济体的产品都有一部分是在非正式经济（informal economy）中生产的。非正式经济不一定只生产非法商品，如毒品等，但是其往往会逃税，并且缺乏监管。与发达国家相比，非正式经济活动在发展中国家整体经济活动中所占比例有不断提高的趋势，并且通常是由小额资本运营的小企业构成的。这些小企业的雇员往往收入很低，并且不得不忍受危险的工作环境。如果对一国的制裁使得该国的雇主产生逃避劳动监管的念头，那么将会有更多的劳动人口发现自己在更为恶劣的环境下工作。

2. 贸易保护主义与对劳工标准的担忧之间的模糊界限

对于国外劳工状况的担忧在什么情况下可以成为实施贸易保护措施的一个正当理由？对此，我们无法给出一个确切的答案，尽管特殊利益集团经常利用劳工标准问题来为其真实目的——谋取保护，以便抵御国外竞争——辩护。这也的确是很多发展中国家的担忧所在，这同时也解释了为什么这些国家的政府会抵制有关劳工标准的谈判。发展中国家拥有大量的非熟练劳动力，这些劳动力都依赖于低薪、低生产效率的工作岗位来为其提供就业机会。在这些国家，设置劳工标准并且将贸易壁垒作为一项执行机制的提议，被广泛视为高收入国家的一种新的单边贸易保护主义。考虑到大部分的高收入国家在发展中国家占据优势的生产领域——如农业、服装业以及纺织业——持续进行市场保护，不能不让人们产生一种强烈的质疑，即发达国家极力鼓吹的劳工标准是其暗中削弱低收入国家比较优势以及关闭其特定领域市场的一种手段。

3. 劳工标准的具体内容

在劳工标准的具体内容上达成协议这一问题还没有得到解决。我们可以看到童工的收入水平千差万别，并且不同国家关于儿童的定义也有很大差异。比如关于合法进入劳动力市场的最低年龄的争论，到现在仍是阻碍就童工问题达成国际共识的一大难题，更不用说对雇用童工这一行为的指责，就更加含糊了。其他一些问题也同样具有争议，尽管这些问题看起来总会在长期内达成国际共识。然而，就目前情况来看，有关劳工标准具体内容的国际协议的缺失，而不是经合组织和国际劳工组织相对模糊的倡议，意味着贸易制裁是一项有可能引起冲突并削弱国际经济关系的单边措施。

4. 引发贸易战的可能性

WTO 成员国的一项最基本的义务就是要平等对待所有成员方，即不允许 WTO 的某一成员国歧视另一成员国。虽然也会有例外，如涉及国家安全的情况，或者给予某一自由贸易区成员国某种特殊利益的情形，但总的来说，歧视性贸易政策是不被允许的。因此，运用贸易制裁促进劳工标准的执行使得该国违反了其为履行 WTO 义务所做的承诺，并且加大了其遭到目标国报复的风险。在这种情况下，最终结果如何是不确定的。

□ 8.3.3 关于低标准是掠夺性行为的证据

支持贸易制裁的一方提出的一个担忧是，低标准可能是为占领市场以及吸引外国投资而采取的一种蓄谋性行为，即一国会利用其强制权力来保持或者压低劳工标准，并且由此降低产品的生产成本。虽然这在理论上是可能的，但这一推断还需要许多实证的例子来检验。

在现实中，很少甚至根本没有证据证明一国会用低水平劳工标准来吸引外国投资这一说法。虽然有证据显示一国可以通过限制工会或者其他抑制性措施来降低生产成本，但却没有证据可以证明，这类政策能够给任何国家带来生产过程中的比较优势。也就是说，低标准确实可以降低生产成本，但却不能改变一国的比较优势。

这一结果并不影响具有相同或类似比较优势的国家之间的竞争。在某一特定生产领域，如服装行业，各国可能会通过降低劳工标准来提高自身的竞争力，但是低标准的负面效应只会影响到其他低标准国家，而不会对高标准国家或者是具有完全不同优势的国家产生影响。

虽然较低的劳工标准也许能够帮助一国与其他低标准国家进行竞争，但有明显的证据显示，低劳工标准不是吸引国外投资的成功策略。原因很简单，低劳工标准往往与丰裕的未受教育的、非熟练劳动力有关。此外，这也是一国的道路、港口、能源供给、电信、学校和公共卫生等基础设施不够完善的一个标志。因此，低劳工标准带来的劳动力成本的节约，很有可能被生产过程中其他方面成本的提高所抵消。所以，实证研究显示，采用低劳工标准的国家在吸引外资上并不是很成功。

最后，在现实生活中我们会看到一些让人难以忍受的现象，如南非的种族隔离、苏联的古拉格集中营和苏丹及其他地方的奴隶制等。这些行为激发了一系列道德问题，这仅靠经济分析来解决是不可能的。但是，很显然，世界各国在对抗某种非人道行为方面越团结，制裁就越有可能取得成功。比如，美国在对古巴实施制裁问题上被孤立了，虽然它确实使古巴的经济付出了巨大的代价，但是由于缺乏国际社会的支持，美国的制裁并没有改变古巴的政策。

案例☞

国际劳工组织

国际劳工组织（ILO）“寻求伸张社会正义，并在国际范围内维护人权和劳动者权益”。该组织成立于1919年，是第一次世界大战后成立的国际联盟中唯一的幸存者，比联合国成立的时间还早。1946年，国际劳工组织被并入联合国，并且从那时起，世界上大多数国家都成为该组织的成员。

国际劳工组织运用各种政策工具来达成自己的目标。最引人关注的是，它首创了体现在具体规定和建议中的劳工标准。它鼓励各个国家认可国际劳工组织的规定，但是并不会强求各国这样做。到目前为止，该组织制定了183项规定，其中26项已经被搁置并且不再提及，剩下的157项仍在执行。

1998年6月18日，国际劳工组织颁布了《关于工作及后续行动的基本原则和权益宣言》。其中详细解释了它认为所有国家都应该尊重的八项核心劳工标准——不管各个国家认可该组织的哪项规定。国际劳工组织将这八项核心标准归纳为四个方面：

（1）自由集会，以及认可集体讨价还价的权利；

（2）消除一切形式的强迫劳动；

（3）有效禁止雇用童工；

（4）废除在人事雇佣以及职位晋升方面的歧视。

国际劳工组织处理的最为严重的案件当属工人组织、企业或者政府起诉某成员国政府未能保障工人核心劳动权益。处理此类诉讼的程序通常从与被告进行磋商开始，如果磋商不能够解决问题，随之而来的则是对其进行官方调查。调查委员会会向目标国提出一些建议措施，如果目标国对此有异议那么可以向国际法庭上诉。如果选择上诉的话，那么在此之后国际劳工组织可以提议对侵害他人权益的国家采取制裁行动。经济行动如贸易制裁，是在国际劳工组织合法框架下可选的措施之一。然而，值得注意的是，在国际劳工组织漫长的历史中，只提议对一个国家采取惩罚措施，从未提议对任何国家进行过贸易制裁。

因为国际劳工组织没有强烈意愿来充分行使其权利，加上一些支持它充分行使权利的成员国在受挫后也渐渐放弃了对其的依赖和信任，结果它逐渐变为一个相当软弱的组织。在国际劳工组织存续的漫长时间里，只对一个国家——缅甸——提出过制裁，该国当时在全国范围内大量征用童工，特别是让孩子们入伍。国际劳工组织在1998年宣布对缅甸进行监察，并于2000年提出针对该国进行贸易制裁。当缅甸政府承诺做出改正之后，2001 年该项制裁提议被撤回。

除了处理申诉和就规定提出的建议外，国际劳工组织也在劳工政策方面提供技术上的帮助，其中包括劳动法规、工人福利计划、假期培训、合作发展与管理等。

资料来源：International Labor Organization，http：//www. org. Elliott，Kimberly Ann，"The ILO and Enforcement of Core Labor Standard". Washiongton，DC：Institute for International Economics. July，2000. http：//www. piie. com/publications/pb/pb00-6. pdf. Accessed10-9-00. "Gathering Mild Rebuke：Myanmar"，*The Economist*. September 2，2006.

8.4 贸易与环境

在过去的 40 多年里，人们越来越意识到，人类活动对自然环境产生了巨大的影响。遗憾的是，我们的生产和消费选择并不总是能够体现我们的决定所造成的环境成本，并且在短期内，我们的经济活动常常看起来好像与环境成本和环境限制无关。当经济部门忽视其所造成的环境成本时，经济利益与环境利益的冲突就在所难免。大多数高收入国家在这个问题上都爆发了大量的冲突，且贸易——和其他经济活动一起——受到了环保人士的批评。

□ 8.4.1 跨国境和非跨国境效应

环境标准和劳工标准之间有许多共同点。举例来说，支持将环境标准纳入贸易协定的人们认为，贸易制裁——关税、配额以及完全禁止进口——应该被用作一种执行机制。但是，反对实施贸易制裁的一方却有着类似于我们在前面的内容中讲到的那些担忧：贸易制裁相对低效，对环境的担忧和贸易保护主义之间界限模糊，缺乏国家间的协议，以及可能引发贸易战等等。

然而，劳工标准和环境标准之间还是有些区别的。首先，有些（但不是所有）环境效应是跨境的。也就是说，一国低水平的环境标准会引发另一个或几个国家环境质量的下降。在谈到贸易政策时，跨境和非跨境环境影响（transboundary and non-transboundary environmental impacts）之间的区别是很重要的。我们首先分析非跨境或者说是专属于一国国境内的影响。

1. 贸易与非跨境的环境影响

支持运用贸易壁垒来执行环境标准的一方将其分析建立在两种观点的基础上。首先，他们认为环境标准降低了产业的竞争力，这会引起环境竞争到底效应，即一国会为提高其竞争力而被迫降低其环境标准。其次，他们声称富裕国家的环境标准会使得这些国家通过转移其污染产业，出口污染到发展中国家。由于对环境标准施加下降的压力并且导致污染产业集中在少数几个发展中国家，上述两种效应都对环境造成了危害。

第一种观点，即环境标准会降低产业的竞争力从理论上来说是可能的，因为标准一定会提高生产成本。从本质上来说，环境标准会在最大程度上禁止企业将环境成本转嫁给公众，因而迫使企业采用更为完善的措施控制其所有生产成本。如果标准得以严格执行，无疑将会提升一国国民的福利，并且有助于实现经济上的最优产出水平。这暗含着下面这样一个观点，即反对执行环境标准的企业提出的关于标准的争论，实际上就是关于企业利益与国家利益的争论。显然，当污染企业适度减少生产时，即便萎缩产业的企业和工人在中短期内的处境会变得更糟，其所在国家也会变得好起来。认为某些利益集团具有足够强大的政治力量，迫使放缓环境管制（竞争到底效应）或者阻止新标准的引入，这一观点可能还是有一定道理的。但总体来说，环境标准在大多数国家都会变得越来越严格，而不是越来越宽松。

为外国企业提供一系列低标准的环境要求的国家，被称为污染庇护所（pollution havens）。注意，污染庇护所与声称通过降低其劳工标准来吸引外国投资的国家之间在本质上是类似的。有证据表明，在 20 世纪 70 年代，当发达国家首次对环境污染者做出大规模惩罚时，一些高收入国家的污染企业确实转移到了发展中国家。钢铁业和化工业就是其中的代表，尽管随着高收入国家在这些领域丧失比较优势，发展中国家有可能在这些领域获得比较优势。无论如何，有充分证据显示污染庇护所理论是不成立的，即我们无法找出任何一个国家，它凭借低环境标准成功获得了新的投资。不存在污染庇护所这一事实是一个好消息，但这并不意味着单个企业不会为了逃避高收入国家的环境管制而转移到其他国家。毫无疑问，这方面的案例很多，尽管具体数字及其带来的影响是不确定的。

从贸易角度来看，由于收入和偏好的不同，导致每个国家的最优环境标准之间差别很大，这导致环境问题进一步复杂化。比如，欧洲的最优环境标准与北非或中亚的标准有可能是完全不同的。预算和管理能力的有限性意味着国家不可能做它想做的每一件事情，而只能是为一些优先选择的项目做出努力。某个国家在环境方面可能会优先考虑生物多样性以及栖息地保护问题，而另一个国家则可能更加看重清洁的水资源与水土保持问题。考虑到各国之间的最优标准是多元的，以贸易壁垒为手段将一国标准强行应用到另一国的生产体系中去，确实很有可能会降低而不是提高全球的福利水平。

2. 贸易与跨境环境问题

当一国的环境污染溢出到其他国家时，比如当共同的水域被上游使用者污染，或者某一国的工业生产导致别国出现酸雨时，我们就说发生了跨境环境影响。跨境环境影响也可能以一种互相影响的方式发生，如在两国间往返运输货物的大卡车会给两个国家都造成大气污染。最后，跨境环境影响也可以是许多国家类似产业活动导致的全球影响，如全球变暖以及臭氧层空洞问题等。国家可以采取的措施很多，从对污染产业征收关税或对于污染产业实施禁运，到多国之间甚至全球谈判等。

对于劳工标准的分析框架在此同样适用，除大国外，一国所采取的单边措施不太可能产生任何影响。尽管如此，实行制裁的国家越是孤立无援，其行动成功地扭转被制裁国政策的可能性就越小。

案例 ☞

贸易壁垒与濒危物种

贸易与濒危物种保护之间的关系是世界贸易组织极为关注的一个环保运动领域。其中一个例子是，美国对用网捕捉的金枪鱼施加进口禁令，因为这种捕捞方式会对海豚造成很大的伤害。根据 1973 年《濒危物种法案》相关条款，美国禁止进口无法证明捕捞方式对海豚无害的金枪鱼。墨西哥对此提出申诉，调查的结果是关贸总协定做出规定，只要商品是合法的，一国就不能以生产方式的理由禁止进口。只要美国允许金枪鱼在其市场出售，就不能阻止以伤害海豚的方式捕获的金枪鱼进入本国。

美国对某些虾类产品的进口禁令是另一个引起我们对贸易与濒危物种保护之间的冲突予以关注的重要案例。美国试图保护濒危海龟不受那些没有在渔网上安装除龟器（TEDs）的拖网捕虾者的伤害。1987 年，美国发布指引，要求拖网捕虾必须使用 TEDs 设备，并在 1989 年宣布从 1991 年 5 月开始，美国将禁止在国内出售来自那些没有获得 TEDs 设备使用认证的国家的虾产品。该指引只适用于加勒比海和西大西洋地区，并为各有关国家留出了 3 年过渡期。1996 年，美国又对进口虾产品提出一系列附加条件，并将该指引的适用范围进一步扩大到全世界，且只为有关出口国提供了 4 个月的过渡时间。

印度、马来西亚，巴基斯坦以及泰国立即向 WTO 提出抗议。这些国家的主要抗辩理由是它们只有 4 个月的时间来达到这一要求，而加勒比海地区国家有 3 年的时间，并且获得了技术上的援助。此外，这些国家还引用了海豚—金枪鱼的例子，提出这违反了关贸总协定关于禁止以生产方式为理由，对进口产品实施歧视性政策的规定。在美国与亚洲国家通过非正式磋商解决问题失败之后，亚洲国家提请 WTO 争端解决部门派遣一个专门小组来解决这一问题。这一问题随着裁决以及上诉等争端解决程序的推进而不断演变，最终慢慢发展成一项承认国家有权为了保护濒危物种而设立贸易壁垒的决议。不过，最终的决议也裁决美国未能成功地与受影响国进行谈判或者协商，从而违反了 WTO 的规则。此外，由于对亚洲国家进行区别对待，美国涉嫌进行了歧视性的贸易行为。作为回应，美国启动了与申诉国的一系列谈判。最终，该指引改变了时间要求和进行认证的程序，并且同意为申诉国使用 TEDs 提供技术上的协助。

这一案例具有格外重要的意义，因为援引 WTO 的话来说，“我们没有裁定 WTO 主权国家不能够采取有效措施来保护濒危物种，如海龟等。显然，它们可以这样做，且应该这样做”。实际上，通过美国向这些发展中国家提供它们所需要的技术帮助，WTO 推动各方达成了一项多边解决方案，该方案对美国保护海龟的行为有着重要的意义；而美国的技术援助也相对地提高了发展中国家商业捕捞的价值。这使得美国能够将其对于濒危物种的保护扩展到全球范围，同时也给南亚的捕捞船队留出了足够的利润空间。

WTO 对有关产品和生产过程的争议问题做出了澄清，而这一争议就是由海豚—金枪鱼案例首次引发的。在裁定中，WTO 阐明了允许通过贸易手段保护濒危物种，同时该裁定也强调了通过谈判来解决问题的必要性，并且禁止单边行动。

资料来源：World Trade Oragnization，“United States-Import Prohibition of Certain Shrimp and Shrimp Products”，AB—1998—4. http://www.wto.org/english/tratop_e/dispu_e/58abr.doc.

8.5 其他贸易措施

目前，我们还无法预测贸易规则将会随劳工和环境标准的变化而发生怎样的改变——甚至我们都无法预测贸易规则是否会相应发生改变。这是世界贸易体系面临的新议题，且很有可能导致国际经济关系日趋紧张。只要发达国家和发展中国家之间存在巨大的收入差距，它们之间在标准方面的分歧就不可能消失。如果围绕标准而产生的紧张经贸关系继续以这种或那种形式存在，那么我们就无法在解决标准争端的同时，找到一种方式来保护国际贸易给人类带来的利益。

在寻找替代性贸易措施时，非常有必要牢记下面这个基本的经济学原理，即有效的政策必须直接针对其旨在解决的问题的根源。我们在第 7 章已经论述过这个问题，在那里我们证明了贸易壁垒即便能够解决某一特定产业就业不足的问题，也需要相关国家付出极高的代价。至于环境恶化以及剥削劳工这两个问题，其根源在于对某种特定商品的生产及（或者）消费，而不在于贸易。如果一家钢铁厂给河流造成了污染或者是存在剥削童工的现象，那么对于环境和人权造成伤害的直接原因是该厂实行的生产标准，而不是钢铁出口到国外这一事实。一些带来负面环境效应的案例（如燃油汽车引起的空气污染），其问题的根源不在于生产，而在于消费。考虑到环境恶化以及剥削劳工是生产及消费的副产品，所以解决这些问题的最优政策应该是生产和消费层面上的，而不是贸易措施层面上的。在某些情况下，如对于仍实行奴隶制的国家，贸易措施也许是除了军事干预之外唯一可行的手段；但对于大部分与劳工标准和环境标准有关的国际冲突来说，总有比贸易措施有效得多的政策手段可以选择。

□ 8.5.1 出口标签

出口标签这种做法在各个国家都很普遍，但是最终效果不一。这一措施具体说来就是，在产品出口时对其实行资格认证程序，并且给其贴上一个标签。贴有这个标签就意味着，此种产品的生产条件是人道的并且在环境上是可持续发展的。现实中有这方面的一些案例，不过结果并不一定是成功的。比如，1999 年，美国与柬埔寨达成协议，如果柬埔寨允许国外观察员视察其工厂，美国将会提高柬埔寨纺织品和成衣的出口配额。柬埔寨之所以会同意观察员进驻该国工厂，是因为当时柬埔寨的出口贸易形势极为严峻。这一协议带来的第一反应是激化了柬埔寨工会与雇主之间的冲突，并且厂方威胁要将工厂转移到国外。咖啡则是一个较为成功的例子。在该案例中，零售商通过一家为企业提供服务的独立检验机构进口咖啡以及其他的热带作物，而零售商可以在广告中声称它们所售卖的咖啡经证明是对小规模经营的农民有益的。类似地，一些化妆品品牌和零售商也会努力证明自己的产品从未在动物身上进行过试验。

标签在解决争端方面或许可以扮演重要的角色，但并不是以目前我们看到的形式。首先，许多国家都会将许可外国观察员深入本国调查工作条件和环境状况的做法看作是对其主权的侵犯，会加以抵制。接下来的问题是，消费者必须确信标签所提供的信息是可靠的。如果一件在柬埔寨生产的毛衣被贴上了是在人道主义条件下生产的标签，那么在你看来这一信息的可信度有多高呢？随着标签措施的应用日益普及，它所具有的真实信息价值很有可能会下降。当然，这些问题不是无法克服的，但必须在更大规模使用标签之前加以解决。

□ 8.5.2 对本国标准的要求

第二个可供选择的贸易措施是要求本国企业无论何时在国外建立分公司，都要遵守本国标准。其中一个例子是苏利文原则（Sullivan Principles），该原则要求跨国公司在南非种族隔离时期采取非歧视措施。具体到劳工标准来说，这意味着如果高标准国家的企业想要在发展中国家开办工厂，必须遵循在国内必须遵守的相同的劳工标准。这并不意味着工资和奖励措施必须与母国一致，毕竟劳动力成本是不同的，但是海外分公司在最低工资与奖励措施、安全健康的工作场所、童工和工作时间等方面遵循的标准必须与母国一致。在环境标准方面，对于企业来说，在国外采用与国内相同的标准并不罕见，因为这些环境控制措施往往会逐渐发展演变为成熟的环保技术，而且最低成本战略通常就暗含着采用同一套标准而不是多套标准。

这种做法的优势在于，通过使本国公司无法采用国外低水平的劳工标准和环境标准，解决了竞争到底的问题；同时也使企业利用劳动力丰裕国家的低工资劳动力成为可能。此外，这一做法将实施高标准产生的成本转移到了高收入国家的企业和消费者身上——成本问题正是大部分人对标准问题心存忧虑的根源。虽然对在本国领土之外经营的企业进行规制看上去很怪异，但只要这些标准不与东道国的法律相冲突，对于在国外运营的本国企业施加一定要求就完全属于一国的合法权利。考虑到母国所要求的标准会比东道国的标准更为严格，这种做法就不应该受到质疑。

然而，这种方法的缺点之一在于，它仅仅解决了高标准国家去海外经营的企业的问题，但却没有解决那些向本国市场出口产品的在国外运营的外国企业的问题。换言之，这一规定无法约束低标准国家的企业。更严重的问题是，一个在高标准国家生产经营的服装制造商，也许会通过签订合同的形式把生产外包给低标准国家的企业，这使得该国对于部分生产的监管鞭长莫及，并且很难保证外包部分的工作环境是令人满意的。由于剪裁和缝纫工作实际上是由外国企业完成的，它们有可能完全处于高标准国家服装制造业规范的约束范围之外。

无论如何，管制本国企业在海外的生产经营活动大大缓解了对竞争到底效应的担忧。特别是，这些管制消除了如果不降低国内标准，企业就会转移到国外去的威胁，并确保了外国产品的吸引力来自于其比较优势，而不是来自于更低的劳工标准或者忽视环境问题。此外，这种做法还避免了给人高收入国家支配中低收入国家劳工和环境标准这样的错觉。每一个国家都会制定自己的标准，但是当企业进行跨境生产经营时，必须遵守本国或东道国两者之中更高的标准。

□ 8.5.3 加强国际谈判

第三种可供选择的贸易措施则是提高国际谈判的水平，或者通过现有的国际组织，如国际劳工组织来解决劳工问题，或者创造出新的协定和组织来解决环境问题。在劳工标准领域，主张加强谈判的一方希望看到国际劳工组织将那些违反核心劳动权益承诺的国家公之于众。国际劳工组织可以通过公布自己已经收集的关于成员国实际劳动状况的信息来做到这一点。人们越来越多地认识到从技术角度说，国际劳工组织具备对一国劳动政策进行评估的能力，而世界贸易组织（WTO）无法做到这一点，因此人们希望国际劳工组织的地位得到进一步提升。

在环境领域，据WTO统计，全球一共有将近200项多边环境协定（比如，对氟利昂的使用做出了规定的《蒙特利尔协定》；对有害气体的运输做出了规定的《巴塞尔公约》，以及《关于濒危物种的国际贸易协定》），其中有20项协定可能会对贸易产生影响。对于两个或两个以上国家签署协定，并且明文规定允许将贸易制裁作为其执行机制的一部分这种做法，WTO的态度是由此产生的争端应该根据环境协定而不是在WTO机制下进行解决。然而，在没有环境协定的条件下，如美国禁止进口不符合规定的虾产品这个案例，则适用WTO的非歧视规则。

WTO将自己从多边环境协定涉及的问题中剥离出来的做法有非同寻常的意义。WTO明确承认自己不是专门的环境组织，在这一领域没有专长，但WTO还是为环境协定建立自己的执行机制留下了余地。这并不能改变贸易制裁不是解决环境争端的最优（最低成本）策略的事实，但WTO确实将采取何种执行方式的决定权留给了当事国。

案例

全球气候变化

针对气候学家的一项调查显示，全球变暖是一个不争的事实，而且确实是由人类活动引致的。虽然有些科学家并不认同这一观点，能源公司或者是其他一些在化石燃料领域有利益关系的团体聘请的顾问也试图对此提出质疑，但是大部分气候学家同意全球气候正在逐渐变暖，我们必须采取一些措施来降低气候变暖带来的影响。全球变暖显然是一个跨境环境问题；不管你生活的地方距离温室气体排放地有多远，你——甚至地球上的每一个人——都无法摆脱它的影响。

人类大部分活动都会涉及化学燃料的使用，或者是直接的——比如开车时，也可能是间接的——比如我们消费使用煤炭或石油等生产出来的产品时。化学燃料在燃烧过程中会释放出二氧化碳以及其他温室气体。这些气体的排放量超过了地球的吸收转化能力，随着时间推移逐渐在空气中积累起来，吸收更多的地表反射的红外能量，直接导致地表温度上升。研究这一问题的经济学家们通常把注意力集中在政策层面，而不是气候变暖的原因方面，毕竟经济学家不具备从事大气化学和大气物理学研究的专业知识。但是，经济学家们确实得出了一系列的工具，作了大量分析来帮助社会理解补救措施的净价值，而且在评估不同气候问题解决方案方面起到了至关重要的作用。经济学可以评估不同对策——从什么都不做，到非常积极地减少化学燃料的使用和废气排放——的成本和收益。

国际社会围绕气候变化问题首次进行合作的成果就是1997年签署的《京都议定书》。《京都议定书》对发达国家的温室气体排放量做出了严格的限定，但是没有对发展中国家做出类似限制。之所以会这样，主要的考虑是发达国家有能力承担做出必要调整的成本，但是发展中国家不具备这样的能力，另外也是因为在当时大部分的温室气体是高收入的工业化国家产生的。美国并未签署该协定，而且在2010年的哥本哈根峰会上，不管是美国还是中国都拒绝在显著减少温室气体排放方面做出承诺。目前，《京都议定书》已经到期，很多观察人士认为不会继续修订。

有两个问题导致解决气候变化问题格外棘手。第一，科学只是给我们提供了一种概率或者说可能性，而不是确定性的。这使得我们很难判断出在多大程度上做出反应才是恰当的，同时也使得普通百姓面对能源公司或者是在化学燃料方面有经济利益的团体质疑气候变化问题的科学性时更加困惑。多大的反应程度才是恰当的取决于危害程度有多大、预防措施的成本有多高、我们需要等待多久才能看到收益等。经济学家充其量只能做到收集科学家们给出的关于气候变化对未来影响的各种估计结果，评估一下排放量减少多少可以扭转或者是降低危害程度，同时从产出减少、环境恶化、购买新技术等角度对应对措施的成本作一下评估——经济学家从不同的危害程度、不同的政策措施出发，模拟了大量情境。一个关键的问题在于，如何将现在这一代人花钱去保护未来几代人——以过去 200 年的历史来看，他们的福利状况很可能要比我们好得多——的利益这一点纳入考虑范围。

这类模拟得出的一个中心结论是，我们应该为二氧化碳排放支付更多成本。这个结论缘于下面的事实，即当我们使用化学燃料时，给世界上的每一个人都带来了负的外部性。对于所有的负外部性，解决方案都是将所有的成本内化到价格中。耶鲁大学著名经济学家威廉·诺德豪斯指出，碳排放税不仅可以告诉消费者，他们消费的产品中哪些在生产过程中使用了大量的化石燃料，也可以告诉生产者哪种生产方法大量使用化石燃料，同时也向创新人士和企业界传递了一个信号去寻找化石燃料的替代品。诺德豪斯还估计，对每吨碳排放物征收 30～50 美元的税平均来说将导致每个美国家庭每年多支付大约 90 美元的电费——从 1 200 美元增加到 1 290 美元。

碳排放税要想最大限度地发挥作用，就必须成为一个全球性的税种，这就引出了解决气候变化难题的第二个问题：怎样才能把全球所有国家团结起来共同应对呢？如果气候变化带来的危害预计会加剧，那么全球统一的碳排放税就要上调；相反，如果预计危害程度没有想象的那么严重，碳排放税就要下调。和所有跨国界问题一样，这要求大量的协调工作。但是与大多数环境问题只涉及两个或者少数几个国家不同的是，气候变化关系到全球所有国家，虽然过去温室气体大多是高收入国家排放的，但是现在大量温室气体是包括中国、印度、巴西、俄罗斯在内的发展中国家产生的。最后，除非实现了我们目前无法预知的重大技术突破，否则加强国际谈判似乎仍是应对气候变化问题的重要途径。

小　结

1. 过去半个世纪以来国际贸易的不断增长使得关税大大减少，并且消除了配额，但另一方面，许多国内政策，包括竞争政策、产品标准、健康和安全标准以及劳工与环境标准，已经在无意中成为阻碍贸易的壁垒。

2. 各国没有必要为了贸易而统一标准。很多时候，统一标准会消除国家间的差异，进而消除了贸易利益。可供选用的处理各国在标准方面的差异的方法包括标准互认或完全保持各自独立的标准。

3. 劳工标准与环境标准的不同已经成为高收入国家和低收入国家之间激烈冲突

的焦点。标准的差别主要是因为收入和要素禀赋的不同。

4. OCED与ILO规定的核心劳工标准包括：(1) 禁止强迫劳动；(2) 工会的自由权益；(3) 形成组织并集体与雇主讨价还价的权利；(4) 禁止剥削童工；(5) 招聘时的非歧视性。

5. 童工在非洲和亚洲最为普遍。亚洲拥有全球数量最多的童工，但非洲14岁以下的童工所占比例是最高的。童工在农业以及规模较小、由家庭经营的企业中最为普遍。

6. 支持用贸易壁垒来促使他国执行劳工以及环境标准的一方声称，标准上的差别会为低标准国家提供不正当的竞争优势。他们又担心贸易以及国外投资因素会在标准上产生竞争到底效应，并且低水平的环境标准会使一些国家成为污染庇护所。

7. 很少有证据显示有关国家能够使用低水平标准来吸引产业投资。实际上，低标准常常与低水平的国外投资相联系。此外，也没有能够支持污染庇护所理论的相关证据。

8. 大多数经济学家反对运用贸易措施来迫使他国执行某种标准，因为这些措施相对低效，不能深入问题的根源，不是以涉及标准内容的协定为基础的。它鼓励了以支持高标准为借口的贸易保护主义，并会引起更为广泛的贸易冲突。

9. 环境问题可以是跨境的，也可以是非跨境的。但不管是围绕哪一类问题产生的国际冲突与劳工标准的冲突都是相似的，特别是跨境环境问题，需要国家间的谈判来解决。

10. 可供选择的替代性贸易措施包括出口标签、要求在外国经营的本国企业执行国内标准以及加大国际谈判的力度等。对ILO的大力支持和对国际环境协定的支持不断增强都是更为有效的替代性贸易措施。

关键术语

核心劳工标准（core labor standards）

非正式经济（informal economy）

统一标准（harmonization of standards）

标准的相互认可（mutual recognition of standards）

高收入、中高收入、中低收入、低收入经济体（high-income，upper-middle，lower-middle，and low-income economy）

污染庇护所（pollution havens）　竞争到底（race to the bottom）

独立标准（separate standards）

国际劳工组织（International Labor Organization，ILO）

跨境和非跨境环境影响（transboundary and non-transboundary environmental impacts）

习　题

1. 各国处理他国与自己不同的标准的三种方法是什么？对于想要一体化的国家而言，标准必须是一样的吗？

2. 对于采取同一标准的国家而言，其优点和缺点分别是什么？

3. 高清电视刚出现时，美国政府举行了一场竞赛来选择其全国适用的技术标准。美国政府认为制定一套标准的优势是什么？对于那些有兴趣为美国市场进行生产的私人企业而言，它们支持和反对这一标准的理由各是什么？

4. 为什么各国的标准是不同的？以几个劳工标准的例子来说明你的答案。

5. 劳工标准是什么？为什么关于劳工标准的争论主要被限制于高收入国家与中低收入国家？

6. 讨论为什么使用贸易壁垒来执行劳工或者环境标准会比其他措施缺乏效率。

7. 支持使用贸易壁垒来执行劳工及环境标准的论点是什么？评述这些论点。

8. 对 WTO 的批评之一是，它抑制了一国环境保护措施的执行并降低了其标准。比如，当美国试图运用贸易措施来保护濒危海龟时，WTO 却阻止了它。这一说法准确吗？

9. 提高劳工和环境标准的备选贸易措施是什么？每一个措施的优势和劣势是什么？

第三部分

国际金融

第 9 章

贸易和国际收支

学习目标

通过本章的学习，学生应该掌握以下内容：

1. 一国贸易与收支的经常账户和金融账户的定义。
2. 列举并说明经常账户的三个组成部分。
3. 列举并说明国际资本流动的三种类型。
4. 用简单的数学模型说明经常账户与一国的储蓄、投资、政府预算平衡之间的关系。
5. 论述经常账户赤字的利与弊。
6. 定义一国的国际投资头寸，并说明其变化与一国经常账户平衡之间的关系。

9.1 引言：经常账户概述

一国所进行的国际交易被分别计入三个账户：经常账户、资本账户和金融账户。对大部分国家来说，资本账户的数额相当小，最重要的是经常账户和金融账户。经常账户（current account）记录的是一国商品和服务的流入与流出；金融账户（financial account）记录的是金融资本的流动；而资本账户（capital account）记录的则是特定类型的相对小规模的资本流动。本章介绍记录一国国际交易的会计体系，主要目的在于帮助大家理解国内投资、国内储蓄和商品、服务及金融资产国际流动之间的联系。此外，我们还将借助国际账户来考察国际负债的含义及其影响。

□ 9.1.1 贸易差额

2011 年，美国从外国供应商那里购买了价值 26 550 亿美元的商品和服务，其中既包括有形商品也包括无形商品，从日本的汽车到委内瑞拉的石油，从奢侈的墨西哥旅游到便宜的欧洲火车票，不一而足。同一年，美国公司出口了总价值 21 050 亿美元的飞机、软件、谷物、迪斯尼世界之旅等商品和服务。商品和服务的出口总值与进口总值之间的差额被称为贸易差额（trade balance）。对美国而言，其 2011 年的贸易差额为 21 050−26 550 亿美元，或者说−5 500 亿美元，负号意味着美国存在贸易逆差。

因为出口和进口都包括商品和服务，因此贸易差额可进一步分解成商品贸易差额和服务贸易差额两部分。在美国的例子中，商品贸易差额为−7 380 亿美元，服务贸易差额则为 1 780 亿美元。2011 年，服务贸易占美国总出口的 29%，且多年来在美国乃至世界贸易中所占的比重都在不断增加。服务贸易中的主要项目包括旅游与交通、运输服务、版税和许可费，以及教育、金融、商业和技术服务。虽然美国服务贸易差额显示为顺差，但由于服务贸易在全部贸易中所占比重仍然比较小，因此并不足以抵消美国在商品贸易中形成的巨额逆差。

□ 9.1.2 经常账户余额

商品贸易余额是在衡量一国与世界其他国家的经贸关系时最常用的指标。各种媒体关于每月贸易余额统计数据的报道使得贸易余额成为民众最熟悉的国际经济词汇，也是他们了解美国国际经济关系的出发点。

一个更具综合性的统计指标是经常账户余额（current accout balance），它衡量了一国与世界其他国家当期发生的所有非金融交易。经常账户余额主要包括三大内容：贸易余额（商品和服务出口额减去进口额）、投资余额（美国人在海外的投资收入与外国人在美国的投资收入之差）和单边转移支付（所有外国援助和其他来自外国人的转移支付减去对外援助和对外国人的转移支付）。商品和服务（goods and services）、投资收入（investment income）和单边转移支付（unilateral transfers）都可以分为贷方（正号）和借方（负号）两部分。表述这三个组成部分的最简单的方法是使用借贷法，如表 9—1 所示。

表 9—1　　经常账户构成

项目	贷方	借方
商品和服务	出口	进口
投资收入	汇回本国的对外投资收入	支付外国在本国的投资收入
单边转移支付	收到的国外转移	支付给外国的转移

注：表中列出了经常账户的三个主要构成项目，每一个项目都被分成借方和贷方。

表 9—1 中的投资收入并不是指投资资本的流动，而是因为前期金融资本流动所收到或支付的资金。例如，购买德国债券的本金不能计入投资收入项目中，但是持有债券获得的利息就要记录在内（这笔离开美国的本金会同时记录在美国和德国的金融账户中）。可以将投资收入看做是因为使用了其他国家的金融资本而支付的报酬。例如，假设美国的一个共同基金在墨西哥股票市场上进行投资，最初用来购买股票的资金不会直接出现在经常账户中而是计入金融账户中。但接下来，当股票的盈利返回给美国共同基金时，盈利就被美国计入投资收入，而墨西哥则记录为收入支付。从概念上理解，这就类似于墨西哥公司租用了美国资本，因此必须向美国投

资者支付报酬，类似于一种有偿服务。

经常账户中的第三项包括外国援助、侨民汇款（将工资寄回母国）等非商品和服务交易型支付，属于一种单方面无偿转让。对美国而言，这类支付数额相对较小，但是对于那些得到外来援助或者侨民汇款的发展中国家而言，转移支付在经常账户余额中格外重要。

表 9—2 给出了美国 2011 年的经常账户构成。4 730 亿美元的赤字是美国不断增长的经常账户赤字的一部分（如图 9—1 所示）。从 1982 年前后首次出现巨额赤字开始，或多或少的经常账户赤字已经成为美国经济长期以来的一个特征。虽然 1991 年时美国的经常账户由逆差转为 66 亿美元的小幅顺差（部分归因于在海湾战争期间从其他各国收到大额的单边转移支付），但自此之后贸易赤字又开始严重恶化。

表 9—2　　2011 年美国经常账户（十亿美元）

项目	余额
1. **商品和服务**	
商品出口	1 497
服务出口	608
商品进口	−2 236
服务进口	−429
2. **投资收入**	
收到的投资收入	739
支付的投资收入	−517
3. **净单边转移支付**	−135
备注	
商品和服务差额	−560
经常账户差额	−473

注：2011 年美国经常账户赤字为 4 730 亿美元。赤字的主要原因是商品进口超过出口。美国在服务和投资收入方面处于顺差。

资料来源：U. S. Department of Commerce，Bureau of Economic Analysis，http://www.bea.gov/.

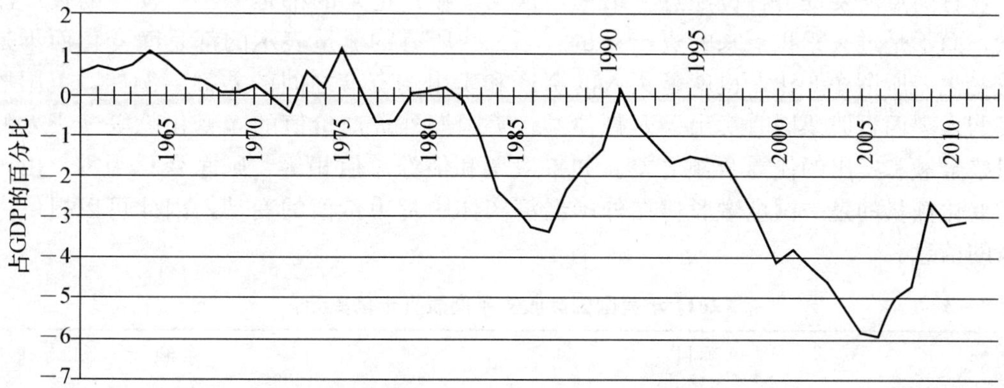

图 9—1　1960—2011 年美国经常账户余额

注：美国历史上曾有两个时期出现大规模的经常账户赤字。第一个时期包括了 20 世纪 80 年代的大部分时间，第二个时期则从 90 年代初开始一直持续到现在。

资料来源：U. S. Department of Commerce，Bureau of Economic Analysis，http://www.bea.gov/.

后面我们会探讨巨额经常账户赤字的成因和后果，但这里需要指出的是赤字并不能被简单地视为经济脆弱的信号。相反，20 世纪 90 年代美国经济快速增长不仅提高了本国居民的收入，而且带来了巨大的进口需求。与此同时，美国主要贸易伙伴国的经济增长则陷于停滞状态，收入涨幅很小，由此导致它们对美国出口产品的需求远远小于美国对进口产品的需求。因此，有人认为，经常账户赤字是美国经济相对强盛的标志。但这一观点很难站住脚，因为长期赤字是不可持续的，赤字不断累积将为未来经济发展留下隐患。我们将在本章后面的内容中继续探讨这个问题，在这里只是简单地介绍几个概念。

9.2 金融账户和资本账户

金融账户和资本账户主要记录国家间金融资本和其他资产的流动。在大多数国家，资本账户数额都很小几乎可以忽略不计，金融账户才是记录国际金融资本流动的主要账户。资本账户包括几种特定类型的资本的转移，如债务豁免、移民时的个人资产、房产和其他不动产的转移如军事基地和大使馆产权的转移。大多数国家此类资本的年度流动额都很小。

金融账户主要分为三类：(1) 美国拥有的海外资产净值的变化；(2) 外国在美国拥有的资产净值的变化；(3) 金融衍生品的净值的变化。资产可包括银行账户、股票和债券，以及不动产，如工厂、企业和房产。金融衍生品的价值取决于利率、汇率或商品价格等变量——同时也是衍生品的基础资产——的价值。金融衍生品大多表现为以各种形式交易的复杂的合同，直到最近才被纳入国际收支平衡表中。2006 年它们之所以被纳入金融账户，是因为人们认为这样做可以消除一部分统计误差，因为衍生品在国际金融中正变得越来越重要。

表 9—3 给出了完整的经常账户、金融账户和资本账户。关于金融账户和资本账户，有两点需要提醒各位注意。第一，这两个账户记录的都是一年中发生的资产流量，而不是过去累积下来的资产存量。第二，所有的流量表示的都是净变化而不是总变化。所谓净变化，也就是买入的资产和卖出的资产之间的差额。例如，美国居民购入墨西哥股票同时卖出墨西哥债券，美国海外资产价值的净变化就等于买入的股票金额和卖出的债券金额之差。如果股票和债券总值相等，则净变化为零。由于净变化衡量的是一国金融股权在外国经济实体中货币价值的变动，因此可以提供大量的信息。

表 9—3　　2011 年美国国际收支平衡表（十亿美元）

项目	余额
经常账户	
1. 商品和服务	
出口	2 105
进口	−2 665
2. 投资收入	

续前表

项目	余额
收到的投资收入	739
支付的投资收入	−518
3. 净单边转移支付	−135
资本账户	
4. 净资本账户交易	−2
金融账户	
5. 美国海外资产净值变化［增加/流出（−）］	−396
6. 外国在美资产净值变化［增加/流入（+）］	784
7. 金融衍生品的净值变化	7
统计误差	80
备注	
经常账户余额	−473
资本和金融账户余额	393

注：金融和资本账户测度资本流入和流出，与经常账户数值相等，但是符号相反。统计误差表示我们误测的数量，等于三个账户之和的相反数。

资料来源：U. S. Department of Commerce，Bureau of Economic Analysis，http://www.bea.gov/.

某项资产流动是记入金融账户的借方还是贷方，应遵守以下会计原则：金融资产的流出记入借方账户，而流入记入贷方账户。如果把资本流出本国看作是为了购入外国资产，资本流入是出售本国资产获得的收入，这一点就非常容易理解了。按照这个原则，资产流动的正负号就和商品进出口是一致的了。换言之，购买外国资产需要资本流出，记在金融账户的借方（负号）；相反，当外国购买本国资产，则意味着资本流入，记在金融账户的贷方（正号）。

经常账户、资本账户和金融账户是相互关联的。经常账户衡量的是一国与其他国家之间的商品和服务流动，资本和金融账户则衡量用于获取商品和服务的资金流动。更确切一点说，资本和金融账户之和的绝对值等于经常账户的绝对值，但是符号相反。例如，如果一国的经常账户有 200 亿美元的赤字，则该国的金融账户和资本账户中就会有 200 亿美元盈余（资本流入）。资本流入的方式很多，举例来说，比如外来资金存入本国银行、外来资金购买本国股票和债券，或者外来资金购买本国房产和公司等等。

然而，一国金融账户下的交易中有相当大一部分是与经常账户中的商品和服务流动无关的。例如，一家总部设在伦敦的投资公司可以购入智利公司的股票、借款给泰国政府，或者是从事与经常账户中的商品和服务贸易完全无关的金融交易。在会计意义上说，这些纯金融性质的交易的净值必然为零，因为一项资产的购入额恒等于该项资产的卖出额。例如，如果你购买了一股股票，那么你获得了相应份额的企业资产所有权，同时股票卖出者得到了你支付的现金。国际交易也是一样的道理。如果加拿大公民在墨西哥股市购买股票（资本流出），他必须卖出加元或其他资产（资本流入）（如果他用墨西哥银行开出的支票购买的话，则属于外国资产种类的变化，并不会记入金融账户）。由此可见，金融账户完全是对年度内金融资产净流动的记录。

在表 9—3 的底部，国际收支平衡表的最后一项为“统计误差”。在前面的内容中，我们曾经说过经常账户、资本账户和金融账户之和必然为零。从会计学意义上讲三个账户的总和的确为零，但并非每笔交易都可以准确计量。统计误差（statistical discrepancy）即为计量时出现的误差。统计误差的大小就等于经常账户、资本账户和金融账户之和的相反数。2011 年，美国国际收支平衡表的统计误差的值为：

$$(-1)\times(-473+393)=80$$

之所以会出现统计误差是因为我们对国际收支活动的记录是不完全的。虽然误差可能来源于三个账户中的任何一个，但大部分误差很可能都源于金融账户，因为金融账户是最难准确记录的。金融资本流动是无形的，而且在某些交易中，如在洗钱及非法毒品交易中，交易双方都有瞒报的动机。

□ 9.2.1 资本流动的类型

大部分政府关注的焦点之一是金融资本流入和流出本国的形式。有些资本的流动性非常高而且呈现出短期的趋势。这种资本流动往往会成为将金融危机从一国转移到其他国家的媒介，或者是突然改变投资者对一国短期经济形势的预期。资本流动性以及资本流动引发一国经济出现波动的可能性，使各国不得不重视流入本国的金融资本的类型。

作为细分金融账户的首选方法，有必要像表 9—3 中那样将金融资本按原本来自公共（政府）部门还是私人部门进行分类。大部分国家的金融资本流动以发生在私人部门居多，但是在危机时期这一情况会发生变化。表 9—4 给出的是美国 2011 年的金融账户，其中按照所属部门是政府的还是私人的，将资本流入和流出分成了五小类。

表 9—4　　2011 年美国金融账户的构成（十亿美元）

项目	余额
1. 美国海外资产净值变化［增加/流出（－）］	－396
A. 美国官方储备资产	－16
B. 除官方储备外的美国政府资产	－102
C. 美国私人资产	－278
2. 外国在美资产净值变化［增加/流入（＋）］	784
A. 在美国的外国官方资产	165
B. 在美国的其他外国资产	619
3. 金融衍生品净值变化	7

注：金融资本流动可分为六大类，每个大类还可以进一步细分为若干个小类。
资料来源：U. S. Department of Commerce，Bureau of Economic Analysis，http://www. Bea. gov/.

官方储备资产（official reserve assets）主要由全球最大、经济最稳定的国家的货币组成，如美元、欧元、英镑和日元。黄金和国际货币基金组织创造的货币——特别提款权（special drawing rights，SDR）也属于官方储备资产的范畴。储备资产可用于偿付外债，因此各国中央银行和财政部将其作为价值贮藏手段。例如，一个小国，如智利的进口商从欧洲购买了一船货物，它可以用欧元、美元或者英镑支付，但出口商肯定不会接受智利比索。进口商必须将比索兑换为美元这类储备货币才能进行支付。如果智利的中央银行无法向本国的商业银行和进口商提供美元或其他储备货币，那么在无法获得卖方信贷的情况下，智利进口商就只能放弃这笔交易了。

因为各种形式的外债都要以储备资产——特别是几种主要的国际货币——来偿付，所以储备资产在国际金融中扮演着非常重要的角色。如果一国缺乏储备资产，就意味着该国经济可能正出现严重的问题。例如，1994 年末 1995 年初墨西哥经济严重崩溃，根本原因就是墨西哥欠各国投资者大量的美元。但是 1994 年美元的突然流出严重削减了墨西哥国内美元的供给，导致短期内企业和政府陷入了无力偿付美元外债的困境。直到国际货币基金组织、美国和加拿大对墨西哥实施了贷款救援，才使其重新恢复了官方储备资产的供给，缓解了紧张局面。（关于这个案例的详细情况，可参见第 12 章的相关内容。）

因为金融账户记录的是金融资本的流动，所以它并不能显示出可供利用的金融资产存量或者说金融资产的总供给水平。从表 9—4 可以看出，美国官方储备资产借记 160 亿美元，这意味着购买了 160 亿美元的储备资产，但这一会计处理并不能告诉我们美国可用储备资产的总量是多少。

表 9—4 的第 1. B 项中包括了联邦政府获得的其他资产——主要有提供给外国政府的贷款（对美国来说是资产，但是对借款国来说则是负债）、对外国政府展期贷款、未偿贷款的利息，以及非储备货币——如墨西哥比索或以色列谢克尔——的头寸变化。表 9—4 中的 2. A 项与 1. A 项是对应的。当联邦政府需要借钱弥补经常账户逆差或者为外债融资时，通常会选择向外国政府出售美国的国库券或国债，这笔交易显示在第 2. A 项中。对外国政府来说，美国国库券基本等同于储备资产，因为它可以随时兑换为美元，而美元是被广为接受的用以偿还国际债务的货币。私人部门也可以购买美国国库券或其他证券，这种购买行为和其他对美国经济的私人投资一起显示在第 2. B 项中。

表 9—4 的 1. C 项和 2. B 项中的私人资产流动在表 9—5 中被进一步细分。除了金融衍生品净值的变化外，表 9—5 还给出了私人资本净流入、净流出的三个主要的子目。第一个子目是外国直接投资（foreign direct investment，FDI）。FDI 在第 4 章介绍邓宁的国际生产折中理论时提到过。在金融账户中，FDI 包括像房产、工厂、仓储运输设施和其他实物资产等在内的有形资产。第二个和第三个子目可以被认为是证券投资，因为它们都是股票、债券和贷款这些纸质资产。FDI 和外国投资组合（foreign portfolio investment）的相似之处在于，它们都享有未来分享外国经济成果的权利。但是两者时间跨度不同，对东道国的影响也截然不同。直接投资由于很难迅速变现，因此时间跨度通常较长，代表的是在东道国的长期头寸。股票和债券构成的投资组合通常时间跨度较短。虽然许多投资者可能会长期持有外国证券，但从本质上说，股票和债券比不动产或工厂的流动性要高得多。因此，证券投资者通常会选择短线操作，预期下滑时会迅速抽离资金。

预期的变化可能会导致资本流入突然中断，随之而来的就是金融资本大规模外逃，经济出现动荡。经济学家卡尔沃（Guillermo Calvo）将这一现象称为急停（sudden stop）。在过去 30 年里，大多数金融危机中都出现过急停。具体到表 9—5

中，急停表现为第 2. B 和 2. C 项从这一年到下一年出现突变，由正转负，甚至可能会引起总的金融账户余额变为负数。负的金融账户余额意味着没有净资本流入来弥补经常账户赤字，这样一来经常账户就必须由负数转变为正数——这通常要通过减少进口、增加出口来实现。在很多情况下，一国经贸关系发生如此急剧的变化往往会导致经济的深度萧条。

表 9—5　　2011 年美国金融账户的私人资本流动（十亿美元）

项目	余额
1. 美国海外私人资产净值变化［增加/流出（一）］	−278
A. 直接投资	−406
B. 外国证券	−93
C. 给外国公司（包括银行）的贷款	221
2. 外国在美国的非官方储备资产净值变化［增加/流入（+）］	619
A. 直接投资	228
B. 美国证券和美元	120
C. 给美国公司（包括银行）的贷款	271
3. 金融衍生品净值变化	7

注：私人资产流动是金融账户中最大的部分。私人资产的流入和流出又被对称地细分为三个子部分。金融衍生品的净值变化构成了私人资产的一个主要子类。

资料来源：U. S. Department of Commerce，Bureau of Economic Analysis，http://www. bea. gov/.

急停所引起的问题可能会因为债务国的内部转贷变得更加复杂。在国际市场上，银行和其他金融机构所借的资金通常是外币，如美元、欧元。借入的资本在转换为本币之后可以起到增加国内的信贷规模的作用。如果出现急停，银行和其他金融机构就会有风险，因为它们的债务是外币的形式，但是收入却是本币，它们可能兑换不到用于偿还债务的美元或欧元。而且，如果急停伴随着本币贬值，那些依靠借入资金运营的机构用本币衡量的外债将同步增加。

□ 9.2.2　资本管制

几年以前，大多数国家对金融资本的跨境流动仍在进行限制。其中一种典型做法就是，允许与经常账户交易有关的资本流动，严格限制与金融账户交易有关的资本流动。换言之，如果进口商从国外购买商品需要外国贷款，或者出口商购买原材料需要从国外融资，这些资本流动虽然受到管制，但一般是被允许的。相反，如果银行想利用海外借款在国内放贷（如贷款给房地产投机商），那么国外资金的流入即使不是被直接禁止的，也会附加烦琐的限制条款。针对资本流动的各种限制措施在 20 世纪八九十年代还是国际经济运行的常态，甚至在发达国家也是如此。例如，直到 1993 年欧盟才完全实现了成员国之间资本的自由流动。

在过去几十年进一步开放市场的浪潮中，对跨境资本流动的控制明显放松了。国际经济政策的这种变化可以说是众望所归，毕竟禁止资本跨境流动限制了金融资本的获利能力。特别是对于发展中国家来说，由于自身资本稀缺，收入的提高和生活水平的改善严重依赖于外部资本，因此它们被认为是自由化的最大受益者。

另外，要想区分哪些资金流入是经常账户交易融资的需要，哪些是纯粹的金融账户交易，并非是一件很容易的事，这使得控制金融资本流动变得十分困难。很多经济学家认为，控制资本流动衍生出了多余的繁杂程序，助长了官僚作风，降低了经济效率。在过去的20多年里，从20世纪80年代到2007—2009年金融危机爆发，经济学家一致认为，允许资本跨越国境在全球范围内自由流动是一个更好的选择。

最近，一些金融市场发生剧烈波动并且给很多国家造成了严重伤害，再次激发了人们加强管制，以便降低由不可预期的巨额资本流出所导致的危害的想法。不过，这些国家的紧张情绪是可以理解的。一方面，外资流入是有益的，因为资金流入国可以加大对工厂、港口和其他实物资产的投资，有助于提升生活水平和人们的收入。另一方面，突发的资本外逃会引发债务危机，使东道国经济陷入严重衰退。关键问题在于，如何在享受投资增加带来的收益的同时将资本外逃的风险最小化。针对这个问题，什么样的政策措施才是最优的，经济学家并没有达成共识。在引入更多概念后，我们将在第12章再次阐述这些问题。

案例

2007—2009年的危机和国际收支

2007年爆发的这次全球金融危机对国际收支既有中期影响又有长期影响，而且虽然自2007年底陷入衰退以来已经过去了五年的时间，但是美国的失业率仍然处在相当高的水平。对美国等国家来说，2007年夏末，随着金融市场面临严重的压力，危机就已经出现了。这些压力一直持续到2008年，并且随着一些开展了重要国际业务的大型金融服务公司的倒闭而加剧。从2007年年末到2008年，银行和其他金融服务机构，如保险公司和证券交易所纷纷重新评估自己的投资组合，并通过大量出售海外资产来降低风险。其目标是建立短期的、高流动性的和安全的资产储备，如现金和美国国债。

包括银行在内的金融机构明白它们持有的某些资产是“有毒的”，不可能保值甚至在某些情况下根本没有价值。随着危机的加剧，问题越来越棘手，因为人们很难对已经停止交易、又没有合适的参考价格的资产的市场价值做出判断。如果银行不能建立适当储备来应对它们可能遭受的损失，后果不堪设想，因为它们将无力偿还所欠的债务。金融市场在2007年夏末秋初的这次转向发生得很突然，并且一直延续到了2008年年底。全球金融市场模式的这种突然大幅逆转可以通过表9—6予以说明，该表列出了2007年和2008年美国金融账户的主要组成部分。

表9—6显示，2007年到2008年间，不管是外国还是美国本土的金融机构都转向自我防御状态，大幅收缩购买对方资产的行为甚至是不再储备对方的资产。2007年，美国私人部门购买了1.449万亿美元的国外资产（见1.B行），但是2008年，它们卖出了超过0.5万亿美元的国外资产（5 340亿美元）。这一变化主要体现在减少提供给海外的借贷（见1.B.iii行），其次是减少购买外国债券（见1.B.ii行）。因为1.B行的数字在2008年仍然为正，这意味着降低了它们在外国资本市场上的风险暴露，并且卖出了2007年构建的投资组合中的外国资产。美国公司的对外直接投资（1.B.i行）有小幅下降，但变化不大。

表 9—6　　2007—2008 年美国金融账户（十亿美元）

项目	2007 年	2008 年
1. 美国海外资产，不包括金融衍生品［增加/流出（一）］	−1 472	−0.1
A. 美国政府资产	−22	−534
B. 美国私人资产	−1 449	534
i. 直接投资	−399	−332
ii. 外国证券	−367	61
iii. 借贷（包括银行和非银行）	−685	806
2. 外国在美资产，不包括金融衍生品［增加/流入（＋）］	2 129	534
A. 在美国的外国官方资产	481	487
B. 在美国的其他外国资产	1 649	47
i. 直接投资	276	320
ii. 美国证券和货币	662	99
iii. 借贷（包括银行和非银行）	711	−372

资料来源：U. S. Department of Commerce，Bureau of Economic Analysis，http:// www. bea. gov/.

来自美国政府部门的资金流出部分地抵消了私人部门资金流出的减少（见 1. A 行），这主要归因于联邦银行和欧洲中央银行、日本银行签署的新协议，协议规定联邦银行通过购买和持有外国货币来向欧洲和日本提供美元。美国政府部门资产的主要增长体现为欧洲各国的货币而不是欧元。

第 2 行显示 2008 年国外部门储备的美国资产量远小于 2007 年。变化最大的是向美国银行和非金融公司提供的贷款，从接近 7 110 亿美元的净流入下降到 3 720 亿美元的净流出（2. B. iii 行）。同时，外资购买美国债券的量也减少了 5 500 多亿美元。

总体来看，表 9—6 表明了不论是美国还是其他国家的公司是如何尽量保护自己不受正在蔓延的危机影响的，它们要么减少了海外投资，要么选择了回收流动资产。

9.3　经常账户和宏观经济

学习国际收支有两个重要的现实意义。第一，了解经常账户失衡的内涵，分析可用于消除经常账户赤字的政策。这不仅对那些极易受到全球经济变化冲击的小国而言非常重要，同时也是美国这样的大国所关心的——多年来美国巨额经常账户赤字已经成为常态。第二，清楚如何避免因大规模资本外逃导致的经济危机，以及采取什么样的政策可以将危机造成的破坏降至最小。在如何应对资本流动剧烈波动带来的问题方面，经济学家们显得无能为力；对资本流动是放任自流还是加强管制，资本流动与经济增长之间究竟存在怎样的关系，面对这些问题，现有的经济解释也还远远不够，有很多的工作要做。但是，经济学家已经在一些基本观点上达成一致，对此我们将在第 10 章和第 12 章进行讨论。在此之前，我们必须先来探讨一下经常账户与宏观经济之间的关系，因此有必要对宏观经济学的基本概念做一个简单的回顾。

□ 9.3.1 国民收入和生产账户

一国用来记录本国总产出和总收入的内部会计核算体系被称为国民收入账户（national income accounts）和生产账户（product accounts）。这些账户详细提供了关于收入、产出以及与宏观经济相关的其他指标的信息。我们要经常用到这个核算体系中的基本概念，首先从国内生产总值（gross domestic product，GDP）开始。GDP 是在一定时期内（通常为一年），一个国家或地区在自己境内所生产出的全部最终产品和劳务的市场价值。虽然大家一致认为它忽略了一些重要因素，如闲暇的价值以及生产过程中造成的环境污染等，但 GDP 仍是衡量某一国家或地区经济规模最常用的指标。此外，GDP 只包括那些在有组织的市场上交易的产品，家务劳动（做饭、缝衣服、美化自己的花园、照看孩子等）和其他非市场化的产品并没有被考虑进来。因此，经济学家告诫说，不能将 GDP 视为社会繁荣的唯一决定因素。尽管存在这样或者那样的局限性，但 GDP 仍然是我们了解不同经济体的出发点。

为了避免重复计算的问题，GDP 只包含最终产品和服务的价值。这实际上是该指标的一个优点，因为如果我们将汽车制造商购买钢材的价值和汽车的价值都加起来，就会导致钢材在 GDP 核算中被计算两次：第一次是钢材本身，第二次是钢材作为汽车的一部分。GDP 定义中的"最终"意味着，GDP 必须是对一段时期内——通常是一年——价值的测度。虽然很多国家每两个月就会进行一次 GDP 核算，但还是年度 GDP 数据最有价值。

另一个反映一国总产出水平的指标是国民生产总值（gross national product，GNP）。GNP 是指一个国家用归其所有的资本、劳动和其他生产要素生产出的全部最终产品和劳务的价值，既包括国内生产的，也包括在国外生产的。大部分国家的 GNP 和 GDP 数值差异不大。在核算上，GNP 等于 GDP 加上对外投资收入和单边转移收入，减去外国在本国的投资收入和单边转移支出，即：

GDP＋本国对外投资收入－外国在本国的投资收入＋净单边转移收入＝GNP

需要提醒大家注意的是，GNP 和 GDP 之差恰好等于表 9—1、表 9—2 和表 9—3 中的第 2 项和第 3 项，即经常账户下的投资收入和单边转移支付两项。了解这一点是非常有必要的，因为 GDP 核算中只包括出口净值，GNP 则将整个经常账户都纳入了进来。

当我们观察 GDP 的四个主要组成部分时，净投资收入（本国对外投资收入－外国在本国的投资收入）与净单边转移收入之和非常有用。表 9—7 中给出了所有必需的变量。GDP 等于消费加上投资加上政府支出再加上商品与服务的出口，减去商品与服务的进口，即：

$$GDP = C + I + G + X - M \tag{9.1}$$

给定 GNP 等于 GDP 加上对外投资净收入和净单边转移收入：

$$GNP = GDP + (\text{对外投资净收入} + \text{净单边转移收入}) \tag{9.2}$$

或者

$$\text{GNP}=(C+I+G)+(X-M+\text{对外投资净收入}+\text{净单边转移收入}) \tag{9.3}$$

我们可以用经常账户余额写出 GNP 的定义，改写后式（9.3）的简化形式为：

$$\text{GNP}=C+I+G+CA \tag{9.4}$$

方程式（9.4）清楚地给出了经常账户与消费、投资和政府支出这些主要宏观经济变量之间的关系。

表 9—7　　常用变量的含义

变量	含义
GDP	国内生产总值
GNP	国民生产总值
C	消费
I	投资
G	政府在商品和服务方面的支出
X	商品和服务的出口
M	商品和服务的进口
CA	经常账户余额
S	私人储蓄（家庭和企业的储蓄）
T	净税收（税收总额减转移支付）

作为由劳动、资本和其他要素生产出来的产品和服务的总值，GNP 也是获取的收入的价值。这也就验证了生产最终商品和服务所创造的收入等于产出价值这一事实，并体现在基本宏观经济核算中——每个国家的收入都必然等于其产出。收入有三个可供选择的使用方式：消费（C）、储蓄（S）或者缴税（T）。在生活中，我们无非是对上述三种使用方式进行组合。于是，根据收入和用途可以将 GNP 公式改写为：

$$\text{GNP}=C+S+T \tag{9.5}$$

式（9.4）和式（9.5）都是 GNP 定义的表达式，一个是依据产出的构成，另一个是依据收入的使用。我们可以将两式合并，得到：

$$C+I+G+CA=C+S+T \tag{9.6}$$

等式两边消去消费，得到

$$I+G+CA=S+T \tag{9.7}$$

或者

$$S+(T-G)=I+CA \tag{9.8}$$

公式（9.8）是一个会计恒等式，或者说根据定义是一定成立的。我们必须牢记该公式，因为它告诉了我们开放经济中经常账户、投资、私人储蓄和政府储蓄之间的重要关系。式（9.8）虽然并不能说明投资或者储蓄与经常账户之间具有因果关系，但是却可以加深我们对经济的理解和观察。例如，如果总储蓄保持不变而投资上升，则经常账户将由盈余转为赤字或者经常账户赤字将进一步扩大。

为了理解这一点，必须弄清楚等式左边的 $T-G$ 项。这一项是各级政府（联邦、州、地区）财政预算余额的总和，或称政府储蓄。之所以说是储蓄，是因为 T 是政府收入，G 是政府支出。正的 $T-G$ 说明政府预算盈余，相当于政府部门增加了储蓄；反之，$T-G$ 为负，说明政府预算赤字，相当于储蓄减少。将政府预算余额放在左边，是要强调经济中的储蓄源于两处：私人部门（S）和政府部门（$T-G$）。如果政府储蓄下降（预算赤字），则必须向私人部门借款，且等式左边的国家储蓄总额肯定是下降的。

从式（9.8）中，我们知道国内储蓄（私人加政府）被用作两处。一处是构成了国内投资（I）的资金来源，用于购置机器设备的新增投资是经济增长的源泉，因此这部分储蓄的使用扮演着一个非常关键的角色。投资是促进技术升级、增加资本配置、引进新技术以提升资本质量的重要手段。根据式（9.8），如果政府预算出现赤字，国内储蓄总量会减少。在其他条件不变的情况下，投资将比预算盈余时低。相反，政府预算出现盈余将扩大私人投资并增加可供投资的资金。

国内储蓄的另一种用途是对外投资。如果经常账户盈余，则国内储蓄为外国居民购买本国产品提供融资。反过来，或者说作为支付，本国获得外国金融资产。前面阐述了经常账户和金融账户之间的关系，金融账户可以看做是经常账户的镜像。换言之，经常账户顺差（盈余）对应着金融账户逆差（赤字）即金融资本的流出。若外国居民在国际市场上买入比其卖出的更多的商品和服务，那么资本流出数额与经常账户逆差之间的相等关系，保证了他们有足够的资金来满足融资需求。从某种意义上说，顺差国为世界其他国家和地区提供了储蓄，从而（顺差国）能卖出比买入更多的商品。对顺差国而言，金融资本的流出换回了预期会在未来得以偿付的资产，因此可以视为一种投资。这种投资与国内投资的不同之处在于，获得的资产在本国国境之外，因此经常账户余额又被称为对外净投资。经常账户顺差意味着对外净投资为正值，经常账户逆差意味着对外净投资为负值（撤资）或者外国净资产减少。

除 1991 年以外——这年收到了巨额的海湾战争补偿支付，美国自 1981 年以来经常账户一直都是赤字（见图 9—1）。2010 年，美国经常账户赤字达到了 GNP 的 3.2%。图 9—2 给出了 1990 年以来的经常账户赤字和式（9.8）中的三个相关宏观经济变量。自 1990 年以来，私人储蓄（S）整体来看不断减少而投资（I）却不断增加，两者共同导致经常账户余额的下降——假定政府储蓄 $T-G$ 固定不变。然而 $T-G$ 并不稳定，20 世纪 90 年代后半期政府储蓄的提高为国内投资和对外投资注入了资金，但是当政府储蓄提高时私人储蓄却进一步减少。

图 9—2 中的四个宏观经济变量表明，经常账户余额和政府预算余额之间，或者是储蓄和投资之间没有固定的关系。四个变量中的任何一个都是由其他三个变量决定的，它们之中任何一个发生变化都会影响到其余所有变量。比如，经济陷入衰退时，许多国家都出现预算赤字。2009 年，西班牙预算赤字大概占到了该国 GDP 的 9.6%，即便是通常情况下一直都是预算盈余的新加坡也出现了相当于 GDP 4%的预算赤字。但是，西班牙的经常账户赤字与政府预算赤字相差不多（GDP 的 7.5%），新加坡的经常账户却存在几乎相当于 GDP 15%的顺差。

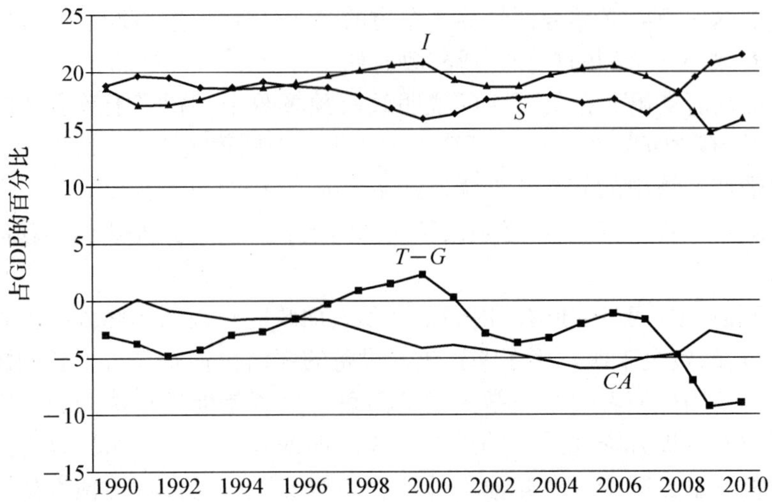

图 9—2　1990—2010 年美国的储蓄和投资

注：20 世纪 90 年代私人储蓄一直在下降，而投资则在增加。储蓄与投资之间的缺口被增加的政府储蓄（$T-G$为正数）和资本流入（经常账户赤字）冲抵。

资料来源：U. S. Department of Commerce，Bureau of Economic Analysis，http:// www. bea. gov/.

国际资本的流入使得经常账户逆差国在国内储蓄不足时仍然能够获得必需的融资。虽然国际资本流动还没有完全打破国内储蓄和国内投资之间的联系——因为大多数国家的储蓄水平和投资水平大体上差不多，但并不是所有的国家都是这样，特别是最近几年来，这样的国家越来越少。比如，洪都拉斯、埃塞俄比亚和肯尼亚等储蓄率相对较低的发展中国家用于投资的比率远高于它们仅依靠国内储蓄可以达到的程度。这之所以可行，是因为资本流入可以弥补它们的经常账户逆差，并为投资提供额外的资金来源。

□ 9.3.2　经常账户逆差是有害的吗

经常账户余额、投资和国内总储蓄之间的关系是一个恒等式，因此并不能告诉我们一国经济出现顺差或逆差的原因。在式（9.8）中：

$$S+(T-G)=I+CA$$

根据定义，一定有该等式成立，所以我们无法分辨经常账户逆差是因为储蓄太少还是投资过高。

媒体和公众通常倾向于将经常账户逆差看做是经济疲软的信号，认为逆差损害了一国国民的福利。另外一种观点是，与没有逆差的情况比，经常账户逆差创造了更多的投资，而更多的投资是与更高的生活水平联系在一起的，因此经常账户逆差可能是有益的。此外，与经常账户逆差对应的是资本流入，这表明外国投资者对本国经济充满信心。例如，1980—1991 年间，日本将 250 亿美元的贸易盈余投资到美国的制造业。从 20 世纪 90 年代开始，日本在美国拥有 66 个钢厂、20 个橡胶和轮胎厂、8 家整车制造厂和 270 家汽车零部件供应商，雇用了超过 10 万名工人。另外，这些投资是与美国三大汽车制造商（克莱斯勒、福特和通用）裁员和向海外转移生产基地同步进行的。这些投资中一部分是以日本企业并购那些否则就会倒闭的企业的形式完成的，另外相当大一部分则是利用日本国民的储蓄完成的新建投资。在90年代的赤字时期，虽然美国国内的储蓄率一直在下降，但由于外国投资者持续注入资本，其投资水平和生产率还是得到了提升。在这个例子中，经常账户逆差对美国来说是有益的，因为在其他条件一定的前提下，与无逆差时相比，逆差给美国带来了更多的投资。

但是，经常账户逆差也会带来许多问题。与经常账户逆差相伴而来的资本流入增加了外国在东道国的资产存量，也加大了一旦外国投资者对未来经济走势的预期发生变化，出现大规模资本外逃的可能性。更糟糕的是，与资本外逃接踵而来的很可能就是外汇储备被耗尽和金融危机。这正是20世纪80年代以来很多发展中国家的经历，但这并不足以让我们得出一国最好是尽量避免经常账户逆差的结论。如前所述，经常账户逆差给一国带来更多的投资，这一点对资本匮乏的发展中国家也是极为重要的。而且，如果贸易伙伴发生危机，经常账户顺差也并不能保证一国对金融危机具有免疫力。国际性的金融危机就像生物学中的病毒一样，具有传染性。例如，当墨西哥在1994—1995年间陷入比索危机时，经济学家和记者都谈到了给拉丁美洲带来的“龙舌兰效应”。同样，当泰铢在1997年7月大幅贬值时，关于危机在东亚和其他发展中国家蔓延的消息铺天盖地而来。这两个案例都表明，一国经常账户余额的大小并不是一个很好的危机预警指标（关于金融危机的详细介绍，参见第12章）。

20世纪80年代和90年代的经验告诉经济学家，除了经常账户逆差的规模，引发金融危机的因素还有很多，而且很难在安全的逆差水平和危险的逆差水平之间找到一条明确的分界线。虽然说如果逆差占GDP的比重达到了3%～4%则需提高警惕，如果这一数字达到了7%～9%，可认为存在极高的风险，但在判断是否会爆发金融危机时，还要考虑其他很多因素。

案例☞

美国经常账户逆差

从图9—1和图9—2中可以看出美国经常账户存在越来越严重的问题。2011年的逆差超过了4 730亿美元，占GDP的3%以上。虽然这个数字看上去已经很高了，但是与2004—2007年间占GDP 5%、2002—2008年间占GDP 4%以上的贸易逆差相比，已经是有所下降了（见图9—1）。对大多数发达国家来说，一旦经常账户逆差占GDP的比重达到4%～5%的区间，通常就会触发调节机制来降低逆差规模。那么我们自然会问：始于2007年的金融危机是否跟美国经常账户逆差有关？

从图9—1中可以看出，美国有两段时期的逆差是扩大的。在20世纪80年代，逆差先增加，然后消失；第二阶段始于90年代，逆差不断扩大，并持续到最近。虽然这两段时期内经常账户逆差看上去差不多，但是方程（9.8）中其他变量的走势却是截然不同的。

从1981年前后开始，美国联邦政府预算（$T-G$）由盈余转为巨额赤字。由于缺乏足够的私人储蓄来满足国内投资的需要（I），补偿政府部门储蓄不足，美国只能依赖外国资本来弥补这个缺口，经常账户因此出现逆差。20世纪90年代的情况与80年代在很多方面都有很大的不同，但最主要的一个区别是，在这段时期联邦预算由赤字转为盈余。如果其他条件保持不变，那么美国对外国储蓄的需求将会下降，经常账户也会向顺差的方向转变。但是 S 和 I 并不是常量。90 年代时，企业为了提高自身的竞争力，大手笔投资于计算机技术和通信设备，导致投资支出急剧增长。此外，股票市场和房地产市场的繁荣使消费者拥有了更多财富，结果导致家庭消费支出的快速提高和个人储蓄的下降。因为政府预算的改善完全被投资增长和私人储蓄下降所抵消，所以美国经常账户逆差不但没有缩减，反而越来越大。2002 年，联邦预算再次转为赤字，给美国从外部融资带来更多的压力。

2007 年的危机之前，一些观察人士已经将关注的焦点转移到美国经常账户逆差是否会给美国经济带来危险这个问题上。危机开始之后，除了经常账户逆差外，可能导致危机爆发的一系列其他问题也开始浮出水面。虽然没有人能够肯定地说是经常账户逆差引发了危机，但是二者很可能与全球失衡的长期后果显著相关。

为了维持美国多年来的经常账户逆差，它必须获得与之相匹配的几个经常账户顺差国家的资金支持。从国际收支的角度讲，美国经常账户逆差是由其金融账户的资本流入来补足的。这些净资本流入意味着德国、日本、中国等在美国投资的国家的贸易顺差。换句话说，美国经常账户逆差的另一面是其他经济体的一系列顺差。

实际上，正是外国政府和企业愿意将它们的收入投资到美国，才使得美国能够在保持低储蓄率的情况下存在长期巨额的经常账户逆差。这产生了一系列的后果，包括 2000 年以来房地产市场的繁荣和美国人的狂热消费（低储蓄率）。房地产融资泛滥，消费信贷极易获得，可以说许多美国人的生活是由外国家庭、企业和政府的储蓄来间接支持的。在德国、日本、中国以及其他顺差国家，储蓄率非常高，居民消费远低于收入，贸易顺差越来越大，这一点在 2000 年以后格外明显。

如果这种全球失衡只是短期现象，或者失衡是因为进行一些旨在提高生产率的投资导致的（实际上，确实部分是这样的），那么引起的问题还不太严重。但是，有些经济学家认为，全球失衡是始于 2007 年的这轮金融危机的根源，因为失衡长时间持续，使各种问题——比如高风险贷款——逐渐积累恶化并最终不可收拾。同时，金融市场监管者没有为资金的大规模流入做好准备，也缺乏足够经验来察觉到资金长期流入所带来的潜在风险。吸收存款的银行和证券公司为了能获得收入来支付存款利息，承受了大量放贷的压力。许多年来，来自顺差国的稳定资金供给使美国利率保持在较低水平，并鼓励借贷，特别是针对房产、汽车等大件消费品的贷款。房贷获取上的便利提升了住房需求，并且推高了房价。高房价又使得房子看上去像一种稳定的投资，从而催生更多的贷款和更多的房屋建设。一旦房价开始下跌，整个体系就会崩溃，给银行和其他与房贷市场有关的机构造成巨大的损失。

9.4 国际债务

经常账户逆差必须通过资本流入来补偿。回忆一下表 9—5 的内容和前面曾经介绍的外资流入的各种形式——从直接投资到购买股票、债券和货币，再到贷款。来自外国的贷款使得一国的外债（external debt）存量增加，并产生了还本付息义务（debt service）。债务在这里被定义为必须使用外币偿还的、欠非本国居民的钱，既包括政府部门的债务也包括私人部门的债务，既包括长期债务也包括短期债务，其中短期是指在一年以内到期。理论上，外国贷款的危害并不比其他债务形式更严重。也就是说，只要借入的资金用于提高技术和生产率水平，借款者就能毫不费力地偿还债务。然而，在现实生活中，借入的资金常常被用于其他方面而没有用于提高一国生产能力，这导致偿债义务成为一种不可持续的负担，制约着一国经济的发展。

大多数国家，无论是富国还是穷国，都有外债。在高收入国家，由于外债的数额相对于本国经济总量来说比较小，外债的偿付几乎不是问题。另外，很多高收入国家都可以用本国货币来借贷。比如，美国、日本、瑞士和英国等都有大量用本国货币计价的外债，从而没有积累大量贸易盈余来偿还外债本息的压力。但对于低收入和中等收入国家而言，情况就不一样了。很多时候，相对于其偿还债务本息的能力来说，很多国家的债务负担已经成为不可持续的了。

外债负担之所以会达到无法持续的地步，原因很多。在某些情况下，一国的出口仅仅依赖于一两种初级产品，比如铜或者咖啡。一旦产品价格突然下跌，出口价值的减少就会导致无可估量的巨额经常账户逆差。在有些情况下，遭遇飓风、地震等自然灾害的国家不得不要求债务减免和外国援助，还有一些政治动荡的国家则依靠借债来购买军火。腐败也是一个重要原因，如后面案例中讨论的刚果民主共和国的例子。甚至选举政治也可能成为外债不可持续的原因之一，如政客们为赢得关键选民支持而无限制地追加经费。最后，如后面刚果民主共和国的例子中要探讨的，外国债权人的行为也是一个很重要的诱因。

债务是一个严重的问题。2010 年，全球范围内中低收入国家累计债务总额超过了 4 万亿美元，每年需要偿还的本金加利息就有 5 000 多亿美元。债务负担恶化了中央政府的财政预算头寸，因为预算中必须有一部分支出是付给外方的；沉重的债务负担还导致一些重要国内项目——如基础设施、学校、卫生保健——的资金需求无法得到满足。过度负债还可能会引发经济危机，如 1997—1998 年的东亚金融危机就属于这种情况。

近年来，发展中国家的外债问题已经引起包括世界银行在内的多边国际机构、高收入国家政府和认为应该减免债务的那些私人机构等各个方面的极大关注。其中最广为人知的一个项目当数世界银行、国际货币基金组织以及高收入国家政府共同发起的重债穷国计划（Highly Indebted Poor Countries，HIPC，或称扩展的 HIPC）。HIPC 计划的目标是为某些国家提供债务减免，但前提是这些国家必须极度贫困、背负高额债务并且愿意进行配套经济改革。目前，共有 39 个国家被列入 HIPC 计划，其中 33 个位于撒哈拉以南的非洲地区，迄今为止它们 80%的债务已经被豁免。

案例 ☞

恶债

39 个 HIPC 国家中有 33 个位于撒哈拉以南非洲地区。这 39 个国家的平均人均年收入只有674美元，人均寿命55.6岁。因为它们都属于极度贫困国家，所以很难反对针对它们的债务豁免行为，尽管有些人质疑这么做究竟有没有价值。质疑者认为，只要造成这些国家借债的条件没有改变，这些钱就只会被白白浪费掉，新一轮的借款导致它们很快就又恢复到减免前的外债水平。另外也有些人担心，债务豁免会导致某些国家认为未来有机会得到债务豁免，从而过度负债。

尽管如此，仍然有很多人支持某种形式的债务豁免，不过经济学家在这一问题上并没有达成一致意见。高收入国家是债务豁免的提供方，严重负债的穷国是债务豁免的接受方，这两类国家的债务豁免成本被不合理地进行了比较。此外，一部分债务被划入恶债（odious debt），对于这部分债务，很难置支持债务豁免的看法于不顾。恶债的正式定义是，未经国民同意且没有用于为国民谋取利益的债务，这种债务一般发生在政府腐败的国家或者专制国家。

在HIPC计划面向的国家中经常能找到恶债的例子。例如，在撒哈拉以南非洲地区，民主刚果共和国（以前称为扎伊尔）、肯尼亚和乌干达的外债几乎都可以归入此类；至于其他国家，至少一部分外债也属于此类。1972—1999年间，对HIPC计划内国家大约60%的贷款给了那些被Free House——这是一家评测国家民主程度的国际机构，它把国家分为民主、部分民主和非民主三类——认为是非民主政权的国家；1985—1995年间，对HIPC国家的贷款大约67%给了那些被《国际国别风险指南》(International Country Risk Guide)——一家风险分析服务机构——认为存在严重腐败的国家。

民主刚果共和国是一个典型的例子。1965—1997年，民主刚果处在约瑟夫·德西穷·蒙博托的统治下。期间，虽然政府聚敛了价值数十亿美元的外国援助和贷款，但该国以2000年价格测算的人均实际GDP却从317美元下降到110美元。与此形成对照的是，蒙博托的个人财产估计达到了40亿～60亿美元，大部分存在他在瑞士的银行账户上。2004年，该国人均收入仅为88美元，而国际债务总额大约为120亿美元，是该国当年GDP的2.25倍和出口总额的12.8倍。

考虑到该国持续下降的人均收入，以及各国政府和跨国机构援建的大量项目并没有如期完工，没有证据表明借来的钱已被投入到发展该国经济上。另外，债权人在贷出款项的时候就知道这种状况会发生，他们之所以依然愿意放贷，是因为觊觎民主刚果的钴矿资源和其他战略性金属矿藏。在类似民主刚果的情况下，很难说服债务国的民众承担起偿还债务的责任。2003年，民主刚果被接纳为HIPC计划成员，根据其宏观经济表现，最高可获得80%的债务豁免，截止到2010年，大约一半以上的债务已经被豁免了。

资料来源：Birdsall and Williamson, Delivering on Debt Relief, 2002, Center for Global Development and Institute for International Economics, Washington, DC; World Bank, *Global Development Finance*, 2003, World Bank, Washington, DC.

9.5 国际投资头寸

每年，只要一国出现经常账户逆差，该国就对外借款，并计入其对外债务总额中。每年，只要一国出现经常账户顺差，该国就借款给他国，并且冲抵累计外债。从本国居民持有的外国资产中减去外国居民持有的本国资产后的余额就是国际投资头寸（international investment position）。如果国际投资头寸为正值，就表示本国卖出持有的全部外国资产，用所得收入购回外国居民持有的全部本国资产后仍有剩余；如果国际投资头寸为负值，则意味着即使卖出本国持有的全部外国资产，依然没有足够收入购回外国居民持有的本国资产。

下面我们以美国 2010 年年底的情况为例来说明国际投资头寸。当时美国政府、企业和居民持有的外国资产的市场价值为 202 980 亿美元，其中包括工厂、股票、债券、外汇和银行贷款。同时，由外国政府、企业和居民持有的美国资产价值为 227 720 亿美元。因此，美国在 2010 年年末的国际投资头寸如下所示，为－24 740 亿美元：

国际投资头寸＝本国拥有的外国资产－外国拥有的本国资产
＝202 980 亿美元－227 720 亿美元
＝－24 740 亿美元

20 世纪八九十年代和 21 世纪初的巨额经常账户逆差侵蚀了美国的国际投资头寸，使之从 1983 年的 2 886 亿美元到 1989 年下降为零，之后一直为负值。一国经常账户逆差意味着外国居民获得的本国资产多于本国居民获得的外国资产，国际投资头寸则进一步缩水。

我们已经探讨了资本流入的利弊。资本流入使一国获得了更多的投资，但也有可能使政府和消费者花得更多（储蓄更少）。到目前为止，我们还未提及的资本流入带来的一个潜在收益是，它可能引致技术转移（technology transfer）。当资本以直接投资的方式流入时，可能会为东道国带来新的技术、新的管理方式和新的创意。这种转移不仅对于缺乏先进技术的发展中国家尤为重要，而且对高收入国家也同样很重要。但是对外直接投资并不必然会引致技术转移，因此现在很多关于此类资本流入的研究都试图了解技术转移发生的条件。

尚未讨论的与资本流入有关的一项成本是可能会导致他国干涉本国政治。虽然跟资本流入国的政治文化有一定关系，但是通常来说，对他国进行大手笔直接投资和证券投资可以提供与该国重要政治人物接触的机会。无论大国小国都是如此，但是在中低收入国家特别明显，因为在这些国家财富很少会碰到阻力。

小　结

1. 一国与世界其他国家的经济交往要记入其国际收支平衡表。该表由三部分构成：经常账户、资本账户和金融账户。其中，最重要的两部分是经常账户和金融账户。

2. 经常账户记录的是一国与世界其他国家之间进行的贸易、投资收入和转移支付情况。

3. 金融账户记录的是一国与世界其他国家之间金融资本的流动情况。金融账户等于经常账户与资本账户之和的相反数，这是因为根据会计记账原则，每一笔商品或劳务的买卖必然产生一笔相对应的收付。

4. 金融账户中的资本被分为政府资本和私人资本两部分：私人资本流动是国际资本流动中最主要的部分。它们被划分为直接投资和证券投资两类。通常，直接投资是长期性行为，因此也更加稳定。

5. 突然的巨额金融资本流出导致许多国家陷入经济动荡，这在 20 世纪 90 年代格外严重。这激起了关于如何评价外国资本流动的热烈讨论，经济学家在这一问题上分成两派。一派赞成实施管制，而另一派则支持资本自由流动。

6. 私人储蓄与政府储蓄之和必须等于国内投资加上对外投资净值，这是一个基本的经济恒等式。经常账户余额等于对外投资净值，这一数额为负值等价于从海外撤资。

7. 相比不存在经常账户逆差的情况，经常账户逆差可以使得一国获得更多的投资，进而对国民收入产生有益影响。但如果逆差太大，将会加剧一国经济的脆弱性，可能导致金融资本突然外流。

8. 被归入重债穷国之列的 39 个低收入国家中有 33 个位于撒哈拉以南非洲地区。所有这 39 个国家的债务水平都达到了不可持续的程度，其中一些国家的外债被认为属于恶债，因为这些债务未经国民同意且没有用来为国民谋取福利。

9. 国际投资头寸是本国居民拥有的外国资产与外国居民拥有的本国资产之间的差额。

10. 外国对东道国的投资有利有弊，一方面有可能带来技术转移效应和更高的投资水平，另一方面也可能会导致危机扩散以及外国对本国内政的干涉。

关键术语

资本账户（capital account）　　经常账户（current account）
经常账户余额（current account balance）
还本付息（debt service）　　外债（external debt）
金融账户（financial account）
外国直接投资（foreign direct investment，FDI）
外国证券投资组合（foreign portfolio investment）
商品和服务（goods and services）
国内生产总值（gross domestic product，GDP）
恶债（odious debt）
国民生产总值（gross national product，GNP）
单边转移（unilateral transfers）
国际投资头寸（international investment position）
投资收入（investment income）
国民收入和生产账户（NIPA）（national income and product account，NIPA）
官方储备资产（official reserve assets）

统计误差（statistical discrepancy）

急停（sudden stop）　　　　　　技术转移（technology transfer）

贸易差额（trade balance）

习　题

1. 利用以下信息回答问题。假设资本账户余额为零。

净单边转移	250
商品和服务出口	500
美国政府非储备海外资产净增加	30
外国在美非储备资产净增加	400
美国私人海外资产净增加	250
美国海外投资收入	200
美国官方储备资产净增加	20
商品和服务进口	600
外国在美国储备资产净增加	100
美国向外国支付的投资收入	300

（1）经常账户余额是多少？

（2）金融账户余额等于经常账户余额吗？

（3）统计误差是多少？

2. 从美国的国际收支的角度考虑下列情况，判断各笔交易属于经常账户或者金融账户的哪个子项，并说明应记入借方还是贷方。

（1）美国政府卖出黄金获得美元。

（2）加利福尼亚一名移民工人将500美元汇回墨西哥的家乡。

（3）一位美国共同基金经理用投资者的存款买了巴西电讯的股票。

（4）位于田纳西州的一家日本公司从马来西亚子公司购买汽车零部件。

（5）一家美国教堂向苏丹捐赠5吨大米以救济饥荒。

（6）一对美国退休夫妇乘坐日本航空公司的客机从西雅图飞往日本东京。

（7）墨西哥政府向美国财政部卖出比索买入美元。

3. 论述大规模贸易赤字的优缺点。

4. 一国财政赤字与经常账户赤字有关系吗？如果有，是什么关系？说明美国经常账户逆差增加的同时财政赤字消失的可能性。

5. 比较外国对本国的证券投资和直接投资的异同。

6. 为什么经常账户盈余等价于对外进行投资？

附录A　国际投资头寸的测度

让资产价值增加似乎是一项很简单的工作，但事实远非如此。看看下面这个例子：美国在20世纪50年代和60年代持续贸易盈余，其持有的外国资产积累至很高的水平。到了20世纪80年代和90年代，美国转为贸易赤字，外国就持有了大量美国资产。截止到2008年，美国持有的外国资产中有相当大一部分是在价格很低的时候购买的，而外国持有的美国资产多是在20世纪70年代以及80年代初世界性通货膨胀之后才购买的。如果按照历史成本（即购买资产时的价格）来计算资产价值，外国持有的美国资产似乎价值更高，因为这些资产是在近期市场价格比较高的时候购买的。

以现值而不是历史成本计算资产价值看起来更符合逻辑，其中现值是当前购买资产需要支付的金额。在1991年以前，美国仅计算所持有的外国资产的历史价值。因此，随着美国在20世纪80年代中期出现巨额贸易逆差，外国人新持有的美国资产也迅速积累起来，美国的国际投资头寸迅速变成负值。到了20世纪90年代，美国开始按照现值报告所有的资产价值。这样做在数据上造成的主要弊端是无法进行国别或行业细分。因此，我们可以知道美国总体的国际投资头寸，但是不能确切地了解美国与日本的双边投资头寸，因为我们只知道美国持有的日本资产的历史价值。

附录B 国际收支数据

现在，大部分国家的经常账户和国际投资数据都可以轻松找到。

1. 美国经济分析局

美国经济分析局是获取美国国民收入、产出和国际账户数据的官方来源。其网站上有现在或过去的完整数据，网址为：http://www.bea.gov。

2.《国际金融统计》(International Financial Statistics，IFS)

这是国际货币基金组织的正规出版物。每月发行，每年年末出版年鉴（Yearbook）。正如其名所示，IFS主要发布金融数据，包括与经常账户和国际资本流动有关的数据。几乎世界上所有国家的数据都能在IFS中找到，且最新的年鉴通常会包括每个国家过去10年的数据，是许多国际机构和私人企业使用的数据来源之一。几乎在所有大学图书馆和许多城市图书馆都可找到IFS。

3.《国际收支统计》(Balance of Payments Statistics，BOPS)

这也是国际货币基金组织的一本出版物，可以作为IFS的补充读物。借助各种国际数据源，BOPS拥有最新和最详细的经常账户统计数据。此外，它还包括详细的资本流动细目分类。

第 10 章

汇率和汇率制度

学习目标

通过本章的学习，学生应该掌握以下内容：

1. 持有外汇的原因以及外汇市场上的主要机构。
2. 区分决定货币价值的短期、中期和长期因素。
3. 画图说明对外币供给和需求的变化会对本币的币值造成怎样的影响。
4. 根据利差计算某种货币的远期升水和贴水。
5. 用公式证明本国通货膨胀率升高给实际汇率造成的影响。

10.1 引言：固定、浮动还是其他

一国必须选择一种汇率制度，从而决定本国货币按照怎样的比率兑换成其他国家的货币。有些国家选择将本国汇率维持在一个固定的水平上，也有些国家则选择让市场力量决定本国的汇率。这两种做法各有利弊。不同汇率制度的差别很大，从丝毫不能变化的完全固定汇率制度，到完全由市场上对本国货币的供求决定的自由浮动汇率制度。在这两个极端之间，还有许多兼具不同程度固定和浮动特征的中间汇率制度。

不管一国选择了哪一种汇率制度，都要求政府和中央银行实施可信的政策来维持它们的选择，因为贸易活动、资本流动以及其他国际经济压力都会引起一国汇率水平上下波动。在这一章我们主要研究货币市场因素，分析决定一国货币价值的基本机制，讨论一国在选择汇率制度时需要考虑的因素。所有这些都是一国汇率制度

和货币价值的重要决定因素。

10.2 汇率和货币交易

汇率（exchange rate）是用一种货币表示的另一种货币的价格。汇率有两种表示形式：单位本币的外币价格和单位外币的本币价格。例如，我们可以用单位比索能够兑换的美元数量（0.10 美元）或者单位美元兑换的比索数量（10 比索）给出美元与比索的汇率。具体采用何种形式依习惯而定。例如，美元兑英镑的汇率通常以 1 英镑的美元价格来表示，但美元兑墨西哥比索的汇率通常是以 1 美元的比索价格来表示。在本书接下来的内容中，汇率都是以单位外币的本币价格来表示的。对于美国而言，这意味着 1 比索或者 1 英镑的美元价格。

主要报纸的经济版和很多网站上都会每天公布汇率。图 10—1 给出了近年来美元和三大交易最频繁的货币，即欧元、日元和英镑之间的汇率变动情况。这些数据来自于美联储的网站，并且是银行间的同业拆借汇率，即一家银行从其他银行买入大量某种货币时使用的汇率。交易量比较小的个人和企业在换取外币时可能要支付更高的价格。

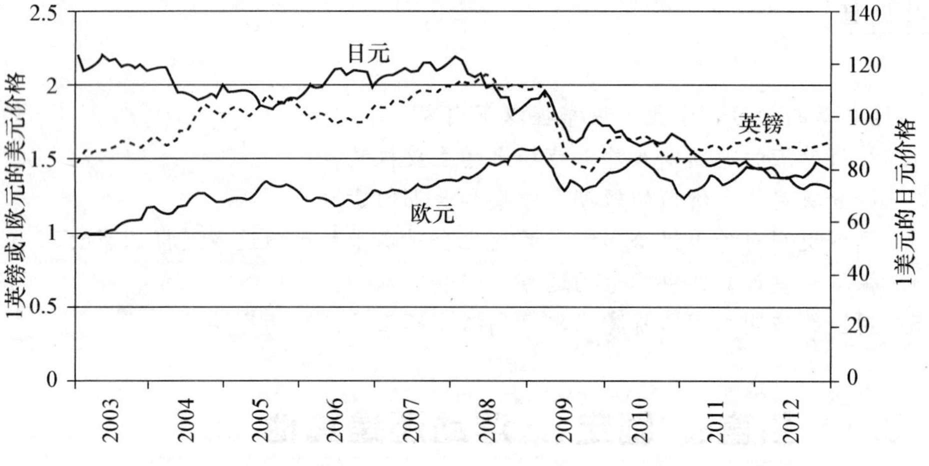

图 10—1　主要交易货币与美元之间的汇率（2002—2012 年）

注：左轴代表欧元和英镑的汇率，右轴代表日元的汇率。浮动汇率的变化幅度不管是从短期还是从长期来看都比较大。

资料来源：Board of Governors of the Federal Reserve System.

这三种货币与美元之间的汇率都是上下浮动的，而不是固定不变的。从图中可以看出，欧元和英镑相对于美元来说有一个稳定升值阶段，即从 2002 年到 2007—2009 年金融危机爆发初期。与此同时，日元也呈现出不断升值的势头（单位美元可以兑换的日元更少了）。这三种货币与美元之间的汇率的最大值与最小值相差了三分之一到一半。考虑到各国的实体经济变化并没有这么大，通过图 10—1 我们可以对汇率的波动性有一定的了解。

在图 10—1 所代表的时间段最后，日元与美元之间的兑换比率大约在每美元 80

日元左右，或者说每日元 1.25 美分。每欧元可以兑换 1.3 美元，每英镑则可以兑换 1.6 美元。单从这些数字来看，似乎很容易得出日元比较疲软而欧元和英镑比较坚挺的结论。但是，这个结论是错误的，因为货币就像华氏度和摄氏度或者英里和公里一样，只是一种刻度。不管两种货币之间的兑换比例是多少，我们都不能认为刻度可以代表某种货币坚挺或疲软。为了说明这一点，不难发现自 2007 年中以来日元对美元和英镑一直处于升值状态，对欧元则从 2008 年起处于升值之中。实际上，在过去几十年里，日元一直都是最坚挺的货币。

□ 10.2.1 为什么要持有外汇

经济学家认为人们之所以持有外汇，不外乎以下三个原因。一是贸易和投资需要。贸易商（进出口商）和投资者的日常交易需要用外汇结算，即收到或者支付另一个国家的货币。旅行者对外汇的需求也算在这一类中，因为他们持有外汇是为了购买外国商品和劳务。

二是利用国际利差来获利，也就是套利（interest rate arbitrage）。所谓套利是指在某种商品或资产价格存在差别的情况下，在价格较低的地方买进，然后在价格较高的地方卖出，从而获取收益。利用国际利差套利与此类似，套利者在利率低的地方借入资金，然后在利率高的地方贷出。套利行为的存在引起的资本流动使得世界各国的利率水平不至于相差太大，此外，套利也是各国经济发生联系的重要渠道之一。资本流入高利率国家，对其利率产生了向下的压力；资本从低利率国家流出，资本供给减少从而对利率产生了向上的推力。这种不同国家之间的利率牵制正是各国经济相互影响的表现。各种各样的其他因素，比如风险暴露虽然也很重要，但通常来说套利对世界经济具有很强的影响，已经成为持有外汇的主要原因之一。

持有外汇的第三个原因是投机。投机商指那些预期货币升值时买入、预期货币贬值时就卖出的人。他们并不需要用外汇来购买商品、劳务或金融资产，只是希望通过准确预测货币价值的市场走向来获利或者止损。投机商经常是大众媒体指责的对象，但事实上，他们可以帮助一国货币的币值从高估或低估状态重新回到均衡水平。当投机商认为一种货币被高估时，就会卖出该种货币，这个过程将造成币值下降，进而达成其预期结果。但是，如果投机商判断失误，他们就会损失大笔资本，因为他们预期的结果没有实现。因此，一些经济学家认为，投机行为只有两种结果：不是完成了币值适当调整的有益功能，就是投机者因失败而退出。但是并不是所有人都认可这个观点，一些经济学家觉得，货币投机并不总能促使汇率达到均衡水平；相反，这种做法通常会打破货币间的汇率平衡，导致币值总体被高估或者低估，这也是被牵涉到投机活动中的国家面临的主要问题。

□ 10.2.2 机构

外汇市场上主要有四类参与者：零售客户、商业银行、外汇经纪商和中央银行。其中，商业银行是最重要的。零售客户是指因前述三种持有外汇的原因（购买商品和服务、调整投资组合或者从预期汇率变动中获利）需要而持有外汇的企业和个人。在大多数情况下，零售客户通过商业银行进行外汇买卖。全球许多国家的商业银行都持有外汇储备，以便为客户提供外币兑换服务。并非所有银行都提供货币兑换服务，但所有提供这类服务的银行通常都会和几家外国银行建立合作关系，存放它们所持有的外汇头寸。当外汇余额累积到一定程度，或者出现外汇短缺状况时，这些银行可相互进行交易来调剂余缺。

在美国，外汇经纪商也起着很重要的作用。美国的银行通常并不直接与外国银行进行交易，而是选择外汇经纪商。外汇经纪商一般并不持有外汇，只是充当买方和卖方的中间人，经纪商还可以作为中央银行的代理人。市场运作方式如下：需要外汇的个人或企业致电给他的开户银行，银行给出外汇的卖出价。银行报价基于以下两种可能的外汇供给源中的一个：一种是该银行在外汇使用国银行的存款，另一种则是向外汇经纪商询价。经纪商会寻找外汇的卖方和买方，通过将外汇卖家和希望为客户购买外汇的银行撮合到一起来达成交易。

在大多数情况下，外汇交易是通过借记或贷记企业银行账户的形式完成的。例如，美国一家进口商必须支付日元，于是它打电话告诉开户行，向日本供货方的日本银行账户汇入日元。这样，进口商的当地银行账户借记与所付日元等额的价值。如果这家美国银行在日本有分支机构或者往来银行，它就以电讯方式通知对方从自己账户借记日元并在供货商开户的日本银行等额贷记。如果美国银行通过外汇交易商而不是直接与日本银行交易，那么它首先要买入日元，然后再把部分或者全部日元汇入日本供货方的银行账户。

□ 10.2.3 汇率风险

跨国经营企业大多会面临汇率风险（exchange rate risk）。之所以存在汇率风险，是因为一国货币的币值经常变动，从而导致未来支付或收到的外币折合成本币后，与签署合同时约定的本币金额不一致。

假设一家美国半导体生产商与英国一家电脑生产商签署了一份微处理器销售合同，约定 6 个月后交货。如果美国生产商同意以英镑付款，那么它必须知道 6 个月后英镑的汇率，这样它才能知道自己收到的英镑可以折合成多少美元。如果美国一方要求对方必须以美元付款，那么汇率风险则被转移给英国企业。美国厂商确切知道 6 个月后自己将收到多少钱，但是英国公司就必须面对英镑与美元之间不确定的汇率，从而这批微处理器的英镑价值也就是不确定的了。

金融市场很久以前就认识到了这个问题，并且在 19 世纪时创造了解决问题的对策——远期汇率和远期市场。远期汇率（forward exchange rate）是在未来进行交割的货币价格；远期市场（forward market）指用于未来交割货币的市场。货币远期市场是国际贸易商、投资者和投机者常用的工具，因为可以通过该市场来抵消未来货币收付存在的汇率风险。有了远期外汇市场，进口商在签署货物买卖合同的同时，还可以订立一份货币合约。后者规定了某种外汇在未来 30 天、90 天或者 180 天等的价格。与之相对，当前进行货币交割的市场被称为现货市场（spot market）。图 10—1 中给出的外汇价格就是“现货价格”。

现在假设美国半导体生产商签署了一份 6 个月后向英国企业出售一批微处理器的合同，以英镑定价。该生产商知道 6 个月后自己能赚到多少英镑，但却不知道英镑会升值还是贬值，因此它就无法确切得知未来的美元收入。解决办法是再订立一份 6 个月后以现在双方约定的价格卖出英镑换回美元的远期合同。通过远期市场，美国生产商避免了汇率发生不利波动的风险。

远期市场对金融投资者和投机者的重要性也是类似的。例如，债券持有者和其他类型的套利者经常借助远期市场保护自己在持有外国债券和其他金融资产期间免受外汇风险的影响，这种做法被称为套期保值（hedging），具体来说就是买入一份在债券或其他生息资产到期时卖出外币的远期合约。套利者利用远期市场来规避外汇风险的做法被称为抵补套利（covered interest arbitrage）。

10.3 外汇的供给和需求

和其他很多事物一样，一国货币的价值也是由其供给和需求决定的。在弹性——或者说浮动——汇率制度下，对美元的需求增加将提高美元价值（引起升值），美元供给的增加将降低美元价值（引起贬值）。在固定汇率制下，中央银行通过干预市场供求将美元价值维持在某个不变的水平上 。因此，无论采取何种汇率制度，供求分析都是理解币值变动趋势的一个有用工具。因此，我们首先假设汇率是完全浮动的。在检验了供求分析的效果后，我们再来分析其他的汇率制度，包括金本位制和各种固定汇率制度。

□ 10.3.1 浮动汇率下的供给和需求

图 10—2 给出了美国对英镑的供给和需求。其中，需求曲线是向右下方倾斜的，表明英镑相对于美元贬值时，美国居民对英镑的需求数量增加。纵轴表示英镑的价格——汇率。我们用的是英镑的美元价格，因此汇率（R）的提高意味着美元贬值。换言之，汇率上升代表英镑升值，相当于美元贬值；相反，汇率下降代表英镑贬值。

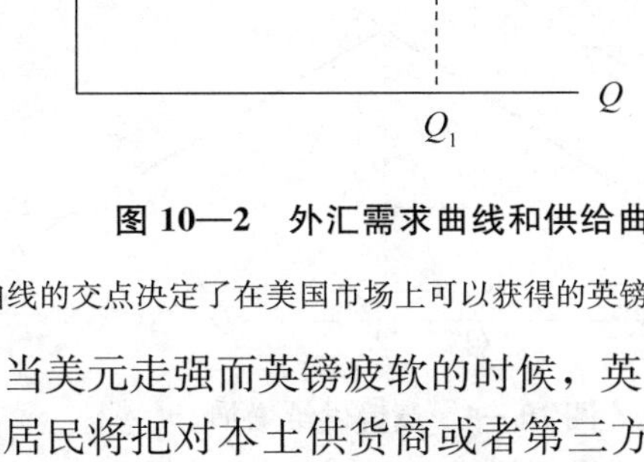

图 10—2 外汇需求曲线和供给曲线

注：需求曲线和供给曲线的交点决定了在美国市场上可以获得的英镑的数量（Q_1）及价格（汇率 R_1）。

对美国人来说，当美元走强而英镑疲软的时候，英国商品变得更便宜了。因此，当英镑贬值时，美国居民将把对本土供货商或者第三方供货商产品的需求转化为对英国产品的需求。然而，在购买英国商品之前，他们首先必须将美元兑换为英镑。

这样一来，对英国商品需求的增加自动地提高了对英镑的需求。

图 10—2 中的供给曲线向上倾斜，这是因为当美元贬值时，英国的企业和消费者愿意购买更多的美国商品。此时，1 英镑可以兑换更多的美元。然而，在英国消费者购买美国商品之前，他们首先必须把英镑兑换为美元，因此对美国商品需求的增加将自动提高美国市场上的英镑供给。供给曲线和需求曲线的交点决定了均衡汇率和美国市场上英镑的供给数量。在汇率水平 R_1 上，英镑的供给量和需求量均为 Q_1。

□ 10.3.2 长期汇率

我们已经知道了外汇供给曲线向右上方倾斜，需求曲线向右下方倾斜。供求分析的下一步就是分析哪些因素会影响供给曲线和需求曲线的交点和实际汇率。我们继续假设汇率是完全浮动的。在本章后面的部分，我们还将研究固定汇率和介于固定与浮动之间的中间汇率。

在图 10—3 中，美国对英镑需求增加（需求曲线向右上方移动），引起汇率提高——英镑升值而美元贬值。相反，对英镑的需求下降将促使需求曲线左移，导致英镑价值下降，美元价值上升。在供给层面，美国市场上英镑供给增加（供给曲线右移）的情形可见图 10—4。在图中供给曲线和需求曲线相交于汇率更低的一点，表明美元的升值。类似地，英镑供给下降则供给曲线左移，引起汇率上升，美元贬值。

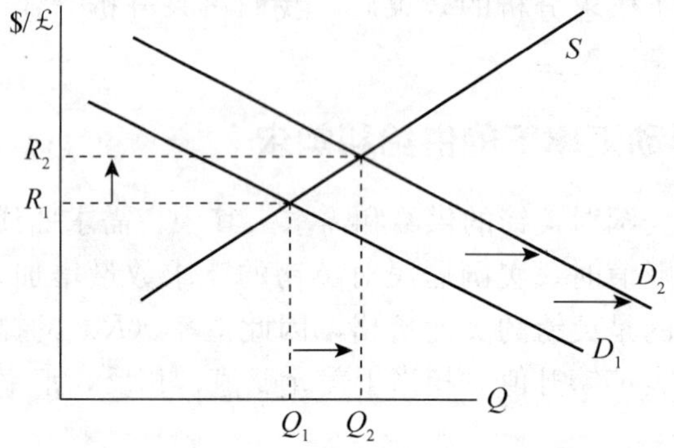

图 10—3 对英镑的需求增加

注：美国市场上对英镑需求的增加（需求曲线右移）引起美元贬值。

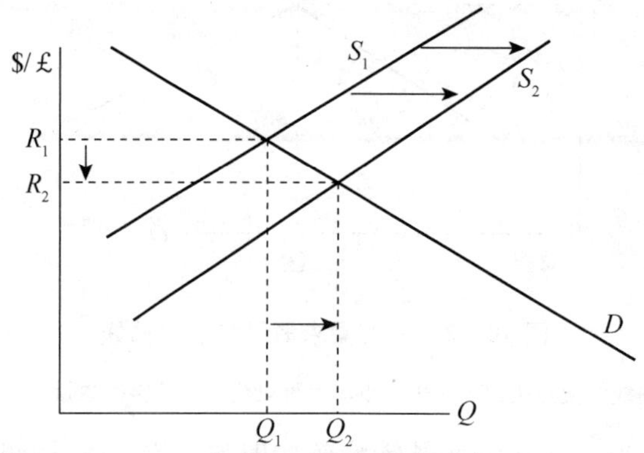

图 10—4 英镑供给增加

注：美国市场上英镑供给的增加（供给曲线右移）引起美元升值。

按照长期、中期和短期三种情况来考察汇率的决定因素，有助于概括对外汇供给和需求曲线移动的原因的分析。从经验上看，这么做似乎是比较准确的，因为并不是所有汇率决定因素都能立刻产生作用。事实上，一些因素的影响需要很长时间——十年甚至是更长——才能显现出来；与此同时，很多短期和中期因素可能会推动汇率朝着完全相反的方向变动。

首先从长期考虑，购买力平价（purchasing power parity）理论指出，均衡的汇率水平必须使得一定数量的某种货币在国内和国外购买到同等数量的商品。根据这一准则，若美元和英镑之间的兑换比率使得同样数量的美元对商品和服务的购买力不变，那么就说这个汇率是均衡汇率。也就是说，将美元兑换成英镑之后，100 美元在美国能够购买的一揽子商品和服务，也能用兑换后的英镑在英国买到同样一揽子商品和服务。表 10—1 通过例子来说明这一点。

表 10—1　　　　长期汇率的一个例子

	两国同一揽子商品的成本
商品的美元标价	1 000 美元
商品的英镑标价	500 英镑
长期均衡汇率	（1 000 美元/500 英镑）＝2 美元/英镑

注：根据购买力平价理论，美元与英镑的兑换比率应该趋向这样一点，在该点上一定数量的美元在英国和美国的购买力相等。

在表 10—1 中，特定的一揽子商品在美国价值 1 000 美元，在英国价值 500 英镑，因此长期汇率将朝着 2 美元/1 英镑的方向变动。如果汇率高于 2 美元/1 英镑，则英镑价值被高估、美元价值被低估，那么 500 英镑可兑换的美元数额将超过 1 000 美元，就可以在美国买到比在英国更多的一揽子商品。汇率低于 2 美元/1 英镑则正好相反，意味着英镑被低估而美元被高估。

这里需要强调一点，潜在的汇率变动趋势并不等同于任何时点上的实际汇率。购买力平价影响的是长期汇率走势，但中短期汇率可能会严重偏离长期趋势。如果你去国外旅游，你可能会发现手中的本国货币可以兑换非常多的外币，提高了旅游期间的生活水准：你能够在更高级的宾馆住宿，在更高级的餐厅吃饭，并购买那些在国内买不起的商品。但是，你的感觉也可能正好相反——你的生活水准下降了，因为你用本国货币只能兑换很少的外币，所有东西都变得无比昂贵。

购买力平价对货币价值的影响是间接的。当货币价值被高估或者低估时，商家可以通过跨国商品交易来实现获利。例如，假设美元被高估，汇率不是 2 美元/1 英镑而是 1.75 美元/1 英镑。假定商品价格仍与表 10—1 中给出的相同，那么 1 000 美元可以购买总值 571.43 英镑（1 000/1.75）的商品。如果商家用这 571.43 英镑在英国购物，然后再将买到的商品运到美国卖出，它的销售收入将超过 1 000 美元（由于商品的价格之比为 2∶1，因此收入为 1 142.86 美元）。因此从长期的角度看，如图 10—3 所示，对英镑的需求增加，从而汇率提高。这个过程将一直持续到汇率上升到 2 美元/1 英镑为止，此时没有人能通过在英国买入商品后运到美国卖出来获利。

当大量商品从英国流入美国时，上述变化过程将进一步加剧。英国的商品供给变得紧张，导致商品的英镑价格提高；美国的商品供给增加，在正常竞争情况下，商品的美元价格将会下降。虽然这种变化需要较长时间才能显现出来，但却可以强化购买力平价理论。不同的是，此时是价格朝着令两种货币的购买力均等化的方向变化，而不是像前面那样通过汇率调整实现购买力均等。理论上，哪个变量——价格还是汇率——发生变化并不重要，但鉴于相对于物价变动而言，汇率变化速度更快，因此多数情况下购买力均等化是以汇率变化的方式完成的。

购买力平价理论背后的商品套利——从售价低的地方买入，再到售价高的地方卖出——明显存在一些与现实不符的假设，特别是商品跨境交易无成本以及所有的商品和服务都是可交易的这两个假设。在现实中，商品贸易涉及运输成本，这意味着从英国购买 571.43 英镑的商品，然后在美国以 1 142.86 美元卖出，所获得的 142.86 美元利润的一部分需要耗费在运输、保险和其他交易成本上。此外，还要先向银行或外汇经纪人支付购买英镑的手续费。

这并不是制约商品套利的唯一障碍。另一个难题是，几乎没有哪个国家完全消除了外国商品和服务的进入壁垒。进口商必须面对关税、进口许可证、海关查验，以及其他各种会导致其成本上涨的入境壁垒。问题商品可能会被禁止进口，价格差异太小会使套利行为变得无利可图。此外，还有些商品以及大多数服务属于非贸易品，如餐饮服务、理发服务、园艺服务，还有许多其他服务都只能是在当地消费，几乎不能进行贸易。

只要看一下其背后的假设条件，购买力平价理论只能影响长期汇率这一点就没什么值得奇怪的了。如果现实中存在明显的套利机会，那么企业一定会克服各种壁垒，努力创造出利用不同市场上的价差的条件。它们将寻找降低运输成本的方法，在不违反进口法规的前提下最小化税费，并尽一切可能改变游戏规则。所有这些都需要时间，但是尽管实际操作中存在着种种壁垒，购买力平价仍然是决定长期汇率的重要因素。

□ 10.3.3 中短期汇率

虽然购买力平价对汇率的影响是很缓慢的，其他因素对外汇供给曲线和需求曲线的冲击却会立刻显现出来。我们首先看一下与商业周期——每个国家都经历着的、自然却不规律的经济扩张和衰退过程——有关的因素。考虑到从一次扩张的顶峰到下一个顶峰通常需要几年的时间，与商业周期相关的因素可以看作是汇率的中期影响因素，也就是说，这类因素对汇率的影响可能会持续几年，但几乎总是少于 10 年，通常也少于 5～7 年。

最重要的中期因素当属一国的经济增长能力。经济快速增长意味着人们收入水平和消费能力的提高。当消费者感到工作稳定，同时收入也在迅速提高时，他们将增加消费，其中一部分消费将花在进口商品和国外旅游上。因此，本国的快速经济增长会转化为进口需求的增加和外汇需求曲线的外移，如图 10—3 所示。在短期因素保持不变的条件下，一国经济快速增长的结果是本币贬值。

经济增长的效应是对称的，不管是本国经济增长放缓还是外国经济增长放缓都是如此。经济增长放缓，如产出下降的衰退期（经济负增长），消费者能否保住工作的不确定性增强，很多人的收入水平开始下降。经济作为一个整体，随着消费支出下降，进口支出也相应下降，外汇需求随之减少。需求曲线向左平移，汇率下降即本币升值。换言之，较快的经济增长能引起本币贬值，而较慢的经济增长则会导致本币升值。

外国经济增长并不会对本国的外汇需求带来直接作用（虽然通过刺激本国经济可能产生间接作用），但会直接影响外汇供给曲线。外国经济快速增长将扩大本国的出口，相反，外国经济增长较慢将使得本国的出口较少。更多的出口增加了外汇供给，推动供给曲线右移，如图 10—4 所示；更少的出口则正好相反。读者可试着画一下本国和国外经济增长速度变化对外汇供需曲线的影响。

当我们把视角从中期的商业周期转向一年甚至更短的短期时，会发现还有很多因素都会影响货币的价值。最重要的短期因素就是金融资本流动。金融资本流动带来的影响可能是微弱的，也可能是巨大的，有时候甚至是灾难性的。它既能造成汇率每日小幅波动，也可能导致金融混乱，引发政府倒台。资本流动的波动性可大可小，且高度体现了政府政策和世界经济形势的变化。大规模的短期资本流动对汇率的冲击已经成为国际经济面临的最严重的问题之一。

利率以及预期汇率这两个经济变量是引发短期资本流动的主要动力。这两个因素往往也是相互影响的，并能够创造出无法预测的交互作用，比如利率的变化可以重塑投资者信心或者是刺激货币市场投机行为。

利率在短期汇率决定中的作用是非常关键的。利率平价（interest parity）条件概括了利率和汇率之间的关系，即任意两国之间的利差近似等于它们之间预期汇率的变化。本章最后的附录给出了利率平价条件的代数推导过程，但是我们也可以用直觉得出这个结论。假设投资者需要选择是在本国投资从而获得利率 i，还是在外国投资从而获得 i^*。当外国利率高于本国利率时，在外国投资看上去要优于在本国投资（资本流出本国），但事实并不总是这样。如何做才是最优的还取决于在投资期间，汇率会如何变动。如果投资者想将未来在外国赚取的利润兑换成本币，投资期间的汇率变化就不能忽视。为了防止意外的货币波动造成损失，跨国投资者可以订立一份投资到期日卖出外汇收入的远期合约。这就是我们所熟悉的抛补套利——这是一种利用不同国家之间的利差来套利，同时防范因汇率风险造成的损失的常见做法。

下面举例来说明这一点。假设一个美国投资者可以选择一家美国银行签发的一年期定期存单，也可以选择一家德国银行签发的一年期定期存单。为了简单起见，假定两张存单有相似的风险、交易成本和其他特征。若存入美国银行，利率是 3%（美元）；而存入德国银行的利率是 2%（欧元）。将 1 000 美元存入美国银行，一年后可以得到 (1+0.03)×1 000，即 1 030 美元；而德国银行的投资收益取决于一年后汇率变化的情况。如果现在美元兑欧元的即期汇率是 1.2 美元/欧元，那么投资商可以用 1 000 美元换取 833.33 欧元，在德国银行以 2%的利率投资。一年后，投资商可获取 833.33×(1+0.02)，即 850 欧元。如果一年后的汇率上升到 1.3 美元/欧元，那么在德国投资的 1 000 美元一年后可以换回 850×1.3，即 1 105 美元。也就是说，投资者在这一年中利润所得为 $(1.3/R)\times(1+0.02)$ 美元，其中 R 是今天的即期汇率。

投资者的困扰是他们无法知道一年后的汇率水平是多少。我们所举的例子通过假设每欧元可以兑换 1.3 美元回避了这一问题，但事实上，我们无法预知即期汇率在一年后会变成多少。正是由于这种无法预知性，投资者才要求助于远期市场，签订一份合同，确保一年后存单到期时可以将自己得到的欧元兑换成确定数量的美元。

用 F 代表远期汇率，R 代表即期汇率，两者之间的差额即为预期汇率的贬值或升值幅度。如果 $F>R$，那么美元预期将要贬值，即美元将折价出售。如果 $F<R$，那么预期美元将会升值，即美元将溢价出售。如果知道了与 F 和 R 有关的信息，投资者就知道如何在美元和欧元定期存单之间进行选择了。

在上述例子中，R 等于 1.2，F 等于 1.3，这说明美元在远期市场中是折价的，人们预期美元在下一年将贬值。这就会发生如下的选择：拥有 1 000 美元的投资者在美国投资能够赚得 $(1+0.03)\times 1\,000$，即 1 030 美元；但如果在德国投资可以赚得 $(1.3/1.2)\times(1.02)\times 1\,000$，即 1 105 美元。显然，在德国投资是一个更好的选择，因而更能吸引资本的青睐。资本不断流入德国将导致其利率下降（i^* 下降），同时欧元的即期汇率升高（R 上升）。这两种变化慢慢降低了投资于德国定期存单能够获得的收益，直至达到利率平价的条件：

$$i-i^*\approx(F-R)/R$$

该方程说明两国之间的利差近似地等于汇率的预期变化率。

利率平价条件的用处在于它将国际资本流动、国内利率政策和汇率预期联系在了一起。例如，假设国内利率比国外利率高，也就是说 $i>i^*$。利率平价告诉我们外汇市场预期本币贬值（$F>R$）。如果本国货币预期的贬值幅度不足以抵消国内较高的利率，那么资本将继续流入本国，对本国货币的需求增加，从而推动本国利率水平下降，直至国内外利差近似地等于远期汇率与即期汇率之间的变化幅度。

考虑另一个例子。假设本国利率低于外国利率（$i<i^*$），同时远期汇率低于即期汇率（$F<R$），且利差约等于本币远期汇率升水率以使利率平价条件成立。开始时，如果本国政策制定者由于一些原因决定将利率提高到外国利率的水平，即使 $i=i^*$，由于本国货币具有升值预期（$F<R$）而两国的利率并无差异，本国和外国投资者将倾向于把更多资金投资于本国。图 10—5 描述了这一情况。注意，外国货币的需求曲线和供给曲线都发生了移动——需求曲线左移、供给曲线右移，两种力量混合在一起，给即期汇率带来向下的压力。当 R 下降时，本国货币升值，F 和 R 之间的差额消失。如果 $i=i^*$，那么这一过程会在 $F=R$ 时结束。

除了影响远期汇率与即期汇率的差异之外，预期还以另一种方式在汇率的决定过程中发挥着重要作用。对未来汇率走势的预期突然发生变化，会对一国币值产生巨大的并且往往是可以自我实现的影响。例如，如果投资者突然认为某种货币将比预期出现更大幅度的贬值，那么以该种货币标价的资产的未来价值会降低。这会导致金融资本突然外流，给该国外汇储备供给带来巨大的压力。在很大程度上，资本外逃能够促使关于汇率变化的预期成为现实。如果投资者预期货币贬值，他们将尽量将所持资产转换为另一种货币，这样一来外汇需求增加而供给受到抑制，从而使得本币贬值预期成真。

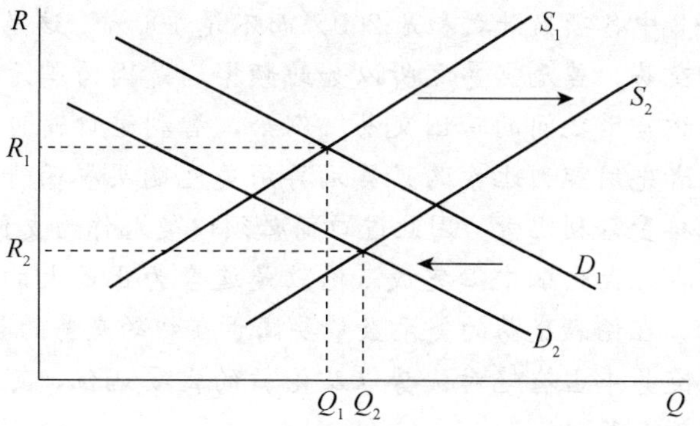

图 10—5　国内利率上升的效应

注：国内利率上升导致对外汇需求的下降和供给的增加，进而导致汇率由 R_1 变化到 R_2。

大量潜在的诱因会导致上述这种资本外逃和汇率波动。虽然有待证实，但通信技术的发展似乎很有可能是提高了市场对预期变化的敏感度。而且，可以确定的是，人们意识到政府实施的经济政策前后不一致且不可持续，是造成预期突然改变的普遍原因。在第 11 章和第 12 章我们将仔细研究这个问题，但是想知道什么叫做政策不一致并不难。例如，在外汇供给非常有限（出口不足、利率非常低）的情况下，政府却设计出刺激经济增长的政策（更高的增长→更多的进口→更多的外汇需求）。

案例 ☞

全球最大的市场

2010 年，世界外汇市场日交易额约为 39 810 亿美元。换句话说，平均来说每 3.6 天的外汇交易额就相当于美国一年的 GDP。这一数据来自于国际清算银行（BIS）每三年对 53 家中央银行进行一次的调查——国际清算银行被称为“中央银行的中央银行”。国际清算银行最近的调查报告名为《2010 年 4 月中央银行外汇和衍生品市场行为调查》（Triennial Central Bank Survey of Foreign Exchange and Derivatives Market Activity in April 2010），可在 BIS 的网站 http://ww. bis. org 上查询。

1992—2010 年间，外汇交易金额从每天 8 800 亿美元增长到了 39 810 亿美元。2010 年，84.9%的外汇交易涉及美元，39.1%涉及欧元（见表 10—2）。所有外汇交易中，美元与欧元之间互相兑换无疑是最普遍的，占所有交易的比重达到 28%，其次是美元与日元的兑换（14%），再次是美元与英镑互相兑换（9%）。

表 10—2　　世界外汇交易构成（2010 年 4 月）

货币	所占比重（%）
美元	84.9
欧元	39.1
日元	19.0
英镑	12.9
澳元	7.6
瑞士法郎	6.4
加元	5.3
其他	25

资料来源：Bank for International Settlements，http://www. bis. org.

注意，表10—2中各项累计之和是200%而不是100%，这是因为每笔外汇交易都是买和卖的双向交易。美元交易之所以如此频繁，是因为美元常被用作国际交易媒介，以及其他两种货币之间的跨国交易。例如，智利进口商可以直接向墨西哥出口商支付美元，或者先用智利比索购买美元再用美元购买墨西哥比索进行支付。墨西哥出口商不可能接受智利比索，因此进口商必须以美元作为支付货币。

外汇交易集中在几大金融中心完成。伦敦是迄今为止最大的外汇交易中心，而且BIS的调查显示，在伦敦交易的美元数量要高于在纽约交易的数量（见表10—3）。考虑到美元在外汇交易中占有绝对优势以及伦敦的重要地位，可以推知在伦敦的大部分外汇交易并不涉及英镑。

表10—3　　外汇交易中心

地点	所占比重（%）
英国	36.7
美国	17.9
日本	6.2
新加坡	5.3
瑞士	5.2
中国香港	4.7
澳大利亚	3.8
法国	3.0
其他	17.2

资料来源：Bank for International Settlements，http://www.bis.org.

不一致的政策是如何导致汇率危机乃至汇率体系崩溃的已经弄清楚了，但是又进一步引发了预期为何突然变化的疑问。近年来汇率剧烈波动大都发生在投资者对一国货币失去信心的时候，那么是什么造成了投资者信心的突然改变？政府的政策往往已经实施了多年，怎么突然就被认为是不可持续的了？通常来说，外部冲击——比如类似石油等关键生产要素价格的突然改变，或者是重要贸易伙伴的政策突然进行了调整——才是压死骆驼的最后一根稻草。

表10—4概括了我们在这里讨论的影响汇率的长期、中期和短期因素，虽然并不全面，但已经囊括了最主要的因素。

表10—4　　货币升值还是贬值的主要决定因素

	*F*下降：本币升值	*F*上升：本币贬值
长期：		
购买力平价	本国商品价格低于外国商品	本国商品价格高于外国商品
中期：		
经济周期	国内经济增速慢于国外	国内经济增速快于国外
短期（1）：		
利率平价	本国利率上升或外国利率下降	本国利率下降或外国利率上升
短期（2）：		
投机	预期未来本币要升值	预期未来本币要贬值

10.4 实际汇率

到目前为止所用的汇率概念以及表 10—2 中显示的汇率，并没有真正告诉我们一种外国货币价值几何。汇率可以告诉我们为了得到一单位外国货币，要放弃多少单位的本国货币，但除非我们了解外国的物价水平，否则我们仍然不知道手里的本国货币兑换成外国货币后，到底有多大的购买力。举例来说，假设美元与马来西亚林吉特的汇率是 0.25 美元/林吉特且未来一年保持不变；同时，假设马来西亚通货膨胀率为 4%而美国只有 1%。一年后，用 1 美元换来的 4 林吉特在马来西亚购买的商品数量要比 1 美元在美国买到的商品少 3%。马来西亚较高的通货膨胀率导致美元兑换成林吉特后，价值下降得比美元本身下降得快。因此，即使汇率仍然为 0.25 美元/林吉特，当兑换成林吉特后，美元的真实购买力仍会下降。

从使用外汇的旅行者和商务人士的角度来看，重点是美元兑换成外币时购买力的大小，而不是外币数量的多寡。假如有一个美国进口商正在马来西亚和中国的纺织品之间进行选择，他并不关心 1 美元兑换 4 林吉特还是兑换 8 元人民币，他所关心的是 4 林吉特和 8 元人民币分别可以在马来西亚和中国买到多少纺织品。

实际汇率（real exchange rate）是市场汇率（或称名义汇率（nominal exchange））扣除通货膨胀率后的汇率。实际汇率和名义汇率是紧密相连的。为了说明它们之间的关系，假设一位葡萄酒进口商正在考虑是从美国还是从法国进货。购买特定数量的法国产葡萄酒需要花费 200 欧元，购买同样数量的美国产葡萄酒只需要花费 180 美元。这位酒商需要知道法国产葡萄酒和美国产葡萄酒之间的实际汇率。假设名义汇率为 1.2 美元/欧元，所以 180 美元可以在外汇市场上兑换 150 欧元。在这个例子中，购买法国产葡萄酒比购买美国产葡萄酒要多花费 1/3，实际汇率为 4/3 单位美国产葡萄酒可以兑换 1 单位法国产葡萄酒，代数推导过程如下：

实际汇率＝(名义汇率×外国价格)/本国价格
＝(1.2 美元/欧元×200 欧元)/180 美元
＝240 美元/180 美元
＝4/3

由于美元在法国的实际购买力远小于在美国的购买力，所以这名葡萄酒商应该如何选择是显而易见的。

从这个例子可以清楚地看出，进出口商最关心的是实际汇率而非名义汇率，也就是说货币在不同国家的购买力。令 R_r 代表实际汇率，R_n 代表名义汇率，因为我们关心的是整个经济而不是某一个市场，比如葡萄酒市场，所以我们用价格指数来分别衡量两个国家的总体物价水平。价格指数等于各个国家一揽子商品和服务的平均价格。令 P 表示本国价格指数，P^* 表示外国价格指数。那么，以葡萄酒计算的实际汇率的数学表达式为：

实际汇率=(名义汇率×外国价格)/国内价格

进一步化简为：

$$R_r = R_n(P^* / P)$$

例如，假定美元与欧元之间的名义汇率为 1.2 美元/欧元，初始价格指数均为 100。两国同一揽子商品和服务的成本实际是相同的，而且：

$$R_r = R_n(P^* / P) = R_n(100/100) = R_n$$

当在两个国家的购买力相等时，名义汇率和实际汇率是一致的，根据购买力平价理论，这种情况就属于长期均衡。但是随着时间的变化，如果本国的通货膨胀率高于外国，P 将比 P^* 上升得快，而 R_r 相应地下降，意味着本币实际升值。

举例来说，假设美国的通货膨胀率为 10%，欧洲的通货膨胀率为零，那么美元与欧元之间的汇率（用单位欧元可换回的美元数量表示）将会是：

$$R_r = 1.2 \times (100/110) = 1.0909 \text{ 美元/欧元}$$

旅行者、投资者和商务人士依然可以按照 1.2 美元/欧元的名义汇率兑换欧元（加上付给卖方的手续费），但是美元在欧洲的实际购买力要比在美国高。1.090 9 美元/欧元的实际汇率告诉我们，由于美国商品价格上涨，现在欧洲商品比美国商品便宜 9%。由此得到的结论是除非名义汇率发生变化，否则美元在欧洲比在美国更值钱。以实物条件衡量，就是欧元贬值而美元升值。

实际汇率的变化在国际宏观经济中起着重要的作用。例如，若一国希望控制名义汇率，就必须保证与贸易伙伴国的相对价格不变。如果本国的通货膨胀率更高，那么该国货币的实际价值就上升了。如果这种状况得不到纠正，那么过一段时间后，该国经常账户就会出现赤字，因为进口增加而出口减少。很多情况下，最后的结果就是货币危机以及名义汇率的崩溃（例如，1994 年 12 月的墨西哥危机和 1997 年 7 月的泰国危机）。

10.5 其他汇率制度

固定汇率制度也称为钉住汇率制度。不同的汇率制度意味着决定一国货币价值的方法也是多种多样的。其中一种极端情况是，一些国家（大多数都是较小的国家）放弃了自己的货币，转而使用其他国家的货币——大多选择的是美元或者欧元。更普遍的情况是，一国将本币的价值维持在等于固定数量的另一种货币的水平上，或者在个别情况下，等于固定数量的一揽子货币。如果一国的汇率是完全不能波动的，那么就称之为硬钉住；允许在固定区间内波动的固定汇率被称为软钉住，并且根据波动程度的不同，软钉住又可以分成不同的形式。从表 10—5 可以看出，2007 年实行硬钉住汇率制度的国家共有 23 个，实行软钉住汇率制度的国家——这些国家的币值是固定的，但是可以在一个有限的范围内上下波动——则是 82 个。该表还告诉我们实行浮动汇率制度的国家一共有 83 个，其中 48 个国家会在本币价值波动幅度过大时对货币市场进行干预，另外 35 个国家则允许本币价值完全自由波动，不进行任何干预。

表 10—5　　汇率制度的类型（2007 年）

汇率制度	国家数
硬钉住	23
软钉住	82
管理浮动	48
自由浮动	35
合计	188

注：采用固定汇率制度的国家多于浮动汇率制度。
资料来源：IMF，Review of Exchange Arrangements，Restrictions，and Controls，November，2007.

在 20 世纪的前 70 年间，固定汇率制度是一种常态，各国通过某种机制将本国货币的价值和一定数量的黄金联系在一起。第二次世界大战结束后，很多国家抛弃了金本位制度，令本国货币的价值与一定数量的美元或者是和自己有着深厚历史渊源的某个其他国家的货币挂钩。例如，法国在撒哈拉以南非洲地区的前殖民地国家就让本国货币钉住法郎。从 70 年代开始，固定汇率制度大范围崩溃，先是发达国家，到了八九十年代很多发展中国家也纷纷放弃了固定汇率制度。到了 20 世纪末，浮动汇率制在全球范围内成为主导。

虽然目前各个经济体的选择似乎表明大家更青睐浮动汇率制度，但是一个广泛的共识是，每个国家都有自己独特的条件，没有哪一种汇率制度可以适用于所有的国家。虽然从 20 世纪 70 年代初开始，采用浮动汇率制度的国家显著增多，但是从 2001 年开始这种趋势逐渐放缓。目前，全球所有国家中有不到一半采用的是浮动汇率。

10.6　固定汇率制

金本位（gold standard）是固定汇率制度的一种，20 世纪 30 年代大萧条之后逐渐被各国放弃。现有研究表明，最先放弃金本位制度的国家也是最先走出萧条的国家。第二次世界大战后，在布雷顿森林体系（1947—1971 年）下，西方经济体采用的是修正的金本位制度，但是 70 年代早期这一制度也被抛弃了。虽然已经成为历史，但是学习金本位制度的相关知识还是很有必要的，因为这是一种硬钉住的纯粹的固定汇率制度。在纯粹的金本位制度下，各国把黄金作为自己的外汇储备。大部分对外支付义务都要用黄金完成，当其他国家希望兑现它们出口商品和服务赚取的收入时，母国必须支付黄金换回本币。从这个角度说，一国的货币背后是由黄金支持的。

一国要想维持金本位制度，必须遵循三个基本条件。第一，每单位本币（美元、英镑、日元等）的价值必须与一定数量的黄金挂钩。这样一来汇率就固定下来了。

例如，在修正后的金本位制度——布雷顿森林体系——下，美元的法定含金量确定为1盎司黄金等于35美元，英镑则确定为1盎司黄金等于12.5英镑。由于美元和英镑均与黄金挂钩，英镑兑美元的汇率也就可以推算出来：35美元＝1盎司黄金＝12.5英镑，或者1英镑等于2.8美元（35/12.5）。

第二个条件是一国政府必须按照本国黄金供给量的一定比例来发行货币。这是为了保证国内货币供给增长不至于超过支持这些货币的黄金的供给能力。第三个条件是各国政府必须做好准备，并且愿意支付黄金收回本国货币。

思考一下，如果一国发行了大量没有黄金储备支持的纸币结果会怎么样。在短期内，对国内商品的购买将增加，引起国内价格上升。随着国内商品价格的上升，外国商品变得更富吸引力了，因为固定汇率制意味着外国商品价格保持不变。随着本国对国外商品进口的增加，外国居民手中积累了大量富余的本国货币。这时，金本位制度就开始瓦解了。如果黄金供给量低于国内货币供给量，随着政府不断付出黄金换回本国货币，该国的黄金储备迟早要被消耗殆尽。危机甚至是金本位的终结就不可避免了。

在固定汇率制度下，一国对外汇的需求和供给可能会发生变化，但名义汇率必须保持不变。维持固定汇率水平不变是货币当局（中央银行或者财政部）的义务。图10—6说明了如果一国政府试图维持其货币价值稳定，应该如何来做。假设美国和英国均实行金本位制度，美国对英镑的需求增加。

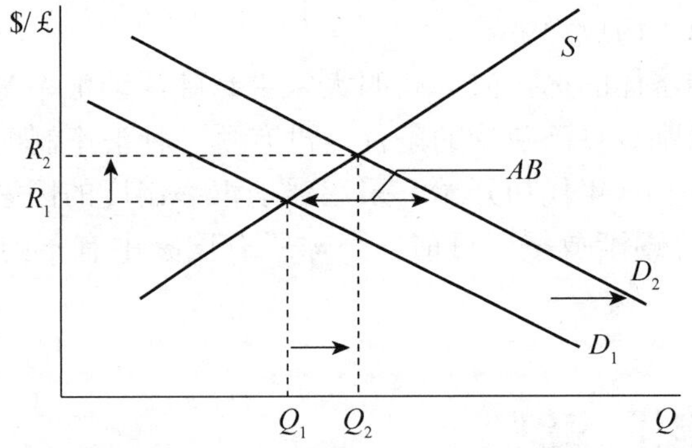

图10—6　固定汇率与外汇需求的变化

注：对英镑的需求增加给汇率带来了压力，将导致美元贬值；汇率将上升到 R_2，除非需求的增加被供给的增加（增加量为 *AB*）抵消。

在中短期内，对英镑的需求从 D_1 增加到 D_2，可能是受表10—4中所列的某一因素影响：美国对英国商品需求增加、美国利率低于英国，或者预期美元价值无法长久持续保持固定。如果美元兑英镑的固定汇率为 R_1，美国必须应对美元贬值的趋势，阻止汇率上升到 R_2。一种应对之策是用本国的黄金储备买入美元，这种做法使得黄金转移到那些想购买英镑的商人、投资者或投机者手中。卖出的黄金必须等于线段 *AB* 代表的英镑价值。在实际操作中，美国正是通过卖出一些黄金储备，来应对本国对英镑需求的增加的。因为黄金和英镑是可以互相兑换的，因此黄金供给的增加等同于英镑供给的增加，如图10—7所示，汇率维持在 R_1。

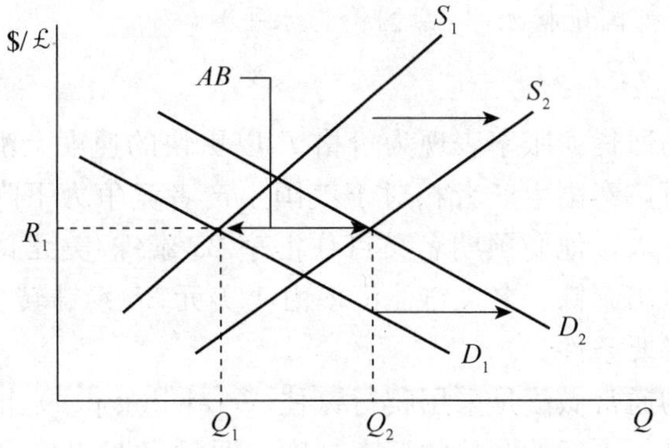

图 10—7　固定汇率与外汇需求的变化

注：通过卖出价值 AB 英镑的黄金，美国阻止了美元与英镑之间汇率的上升。

在纯粹的金本位制度下，一国用黄金代替外汇作为储备货币，并且在必要的时候卖出黄金换回本国货币。这种做法增加了黄金——此时是国际货币——的供给，抵消了本币贬值的压力。以黄金储备兑换本币有两种可能的后果：一是对黄金的需求得到满足从而缓解了本币贬值的压力，二是黄金储备被耗尽。一旦出现第二种结果，本币将被迫以降低法定含金量的方式完成贬值。举例来说，如果现在 1 盎司黄金等于 35 美元，美元贬值将使得 1 盎司黄金的价值超过 35 美元比如说等于 50 美元，美国卖出 1 盎司黄金能换回比以前数量更多的美元。

从 20 世纪 30 年代开始，纯粹的金本位制已经不多见了。更普遍的做法是，各国实行修正后的金本位制，如布雷顿森林体系（1947—1971 年）或者属于固定汇率制的钉住汇率制（pegged exchange rates）。钉住汇率制的作用机制和金本位制类似，只是本国货币价值不再和黄金挂钩，而是选择另外一种货币作为“锚货币”。

钉住汇率制的一个潜在问题是，一国货币的币值与锚货币是同步变化的，因此一旦锚货币与第三国货币之间的汇率发生变化，本国货币与第三国货币之间的汇率也将同比变动。比如，假设泰国决定以 25 泰铢/美元的汇率钉住美元。泰国中央银行的目标是，无论何时被要求赎回泰铢，它都必须提供美元以进行兑换。如果美元对日元升值，泰铢也以同样的幅度对日元升值。升值是否会对泰国生产者产生不利影响，取决于日本在泰国对外贸易中的重要程度。1997 年的经历表明，对日贸易对泰国来说非常重要，泰铢升值所引起的泰国出口竞争力下降是 1997—1998 年亚洲金融危机的重要诱因之一。

避免这类问题最简单的方式是不能仅仅钉住一种货币，而是应钉住一揽子货币。其实，1997 年泰国采用的就是这种政策。虽然钉住一揽子货币计算上要更复杂，但可以削弱单一货币对一国汇率的影响程度。通常来说，一国会选择那些最重要的贸易伙伴国的货币构建货币篮子。

钉住汇率制在很多情况下都可以很好地运行，但是钉住国和被钉住国之间显著的通货膨胀率差异，可能会导致钉住汇率制解体。在前面的内容中我们已经介绍过，在决定贸易模式的过程中，实际汇率比名义汇率的作用更大。我们还是用美国和泰国的例子，从泰国的角度（泰国作为本国）看一下描述实际汇率和名义汇率关系的方程，我们有：

$$R_r = 25\times(\text{美国价格水平}/\text{泰国价格水平})$$
$$= R_n(P^*/P)$$

泰国相对较高的通货膨胀率表现为价格 P 以更快的速度上涨，这导致泰铢实际升值。在这种情况下，泰国生产者相对于美国生产者竞争力下降。如果这种情况持续下去，投机者将介入，他们预期名义钉住汇率 25 泰铢/美元将下降以抵消实际汇率上升，于是开始卖出泰铢。名义钉住汇率由 1 美元 25 泰铢转变成 1 美元 30 或 40 泰铢是恢复平衡的必要条件。

避开这一问题的通常做法是采用爬行钉住（crawling peg）汇率制度。爬行钉住是一种对钉住汇率进行周期性调整的汇率制度，通过定期调整 R_n，消除通货膨胀率的差异（P 的变动）。如果调控得当，实际汇率保持稳定，通货膨胀差异就不再对一国竞争力造成冲击。

固定汇率制度还有其他很多形式。但要记住的一点是：纯粹的浮动汇率或者纯粹的固定汇率都是很少见的。即使货币价值是固定的，也会受到市场供求的压力，这种压力有时候会迫使政府调整本币的币值。同理，在浮动汇率制下，政府通常会对货币市场进行某种程度的干预，影响币值。

案例

布雷顿森林体系的瓦解

布雷顿森林体系诞生于第二次世界大战结束之后，囊括了除苏联及其盟国之外的几乎所有国家。该体系是旨在妥善处理国际经济冲突、支持国际经济合作的一系列制度安排的重要组成部分。除布雷顿森林体系之外，当时还成立了另外几个国际性机构，包括国际货币基金组织、国际复兴开发银行、世界银行，以及关贸总协定（参见第 2 章）。

各个机构或者制度安排各司其职，共同管理全球经济事务。其中布雷顿森林体系的作用是：通过消除货币过度波动提供稳定性；避免各国以贬值为手段为本国商品和服务抢占出口市场；保证各国有足够的国际储备维持清偿力。

在布雷顿森林体系中，各国确认了 35 美元兑换 1 盎司的黄金，其他国家的货币与美元挂钩，相当于间接钉住了黄金。各国可以把美元作为它们的国际储备货币，不需要贮藏黄金或者是由黄金储备量决定本国的货币供给量，这是这一体系与纯粹的金本位制的区别所在。

然而，美元正是布雷顿森林体系的致命弱点。因为美元处于和黄金等价的地位，这样一来美国就拥有了一项特权，即它只要简单地增加货币（美元）供给，就可以提高自己对欧洲、日本和其他国家商品的购买力。其他国家也希望美国多发行一些美元，因为这样才能向世界经济提供足够多的国际储备。

当美国经济的扩张速度与其贸易伙伴不一致的时候，这种汇率安排就会出现问题。20 世纪 60 年代中后期，美国加大在越南战场的投入；同时，在本国“向贫困开战”（War on Poverty），两者都引致巨额财政支出以刺激经济增长。美国的扩张速度远远领先于世界其他国家，欧洲各国发现它们积攒美元的速度实在太快了，远远超出了它们的期望。美元是美国经济扩张的副产品，并且在一定程度上反映了这个过程中价格的上涨。

如果实行的是其他汇率制度，那么美国可以选择让本币贬值。相对于其他国家来说，美国的价格已经涨得比较高，实际汇率升值，贸易逆差开始成为美国经济的常态。

名义汇率贬值是一种可取的政策，但美国却很难这样操作。这是因为其他货币钉住美元，美国没办法对一部分外国货币进行选择性贬值。可行的做法是通过降低美元含金量，从而对所有国家的货币都贬值。到了 20 世纪 60 年代后期，实施这一方案显得越来越有必要。

美国经常账户持续逆差造成他国积累的美元数量远远超过了美国的黄金供应。换言之，美国的黄金储备不足以兑换流通中的全部美元。这一问题导致各国被迫于 1971 年 12 月签署《史密森协定》（Smithsonian Agreement）。根据该协定，主要工业化国家同意美元对黄金贬值 8%，从每盎司 35 美元贬值为每盎司 38.02 美元。同时，日本、德国和其他贸易盈余国的货币升值。

虽然《史密森协定》作为重组国际货币事务的基础性成果，得到了尼克松总统的认可，但这不过是杯水车薪，而且收效甚微。1973 年，美元再度贬值，1 盎司黄金可兑换的美元数量从 38.02 美元变为 42.22 美元。此外，其他欧洲国家的货币也进一步贬值。1973 年 3 月，几种主要货币之间开始实行浮动汇率，布雷顿森林体系已经走到了尽头。而包括英镑在内的其他一些货币，币值在更早些时候就已经开始浮动了。

允许汇率根据货币供给和需求的变动相应进行调整，作为应对投机的有效策略被广为接受。当投机者意识到 1 盎司黄金等于 38 美元或者 42 美元时美元是被高估的，他们就会产生贬值预期从而卖出美元。美元并不是唯一被投机者追逐的对象。其他弱势货币，如英镑和意大利里拉，也曾经有过同样的遭遇。最后，货币疲软国家的中央银行会发现，再维持本国货币虚高的价值已经是不可能完成的任务了。以高估的价格买入超额供给的本国货币，代价实在是太高了。最简单的应对之策就是让汇率自由浮动。

10.7 选择适当的汇率制度

鉴于可供选择的汇率制度很多，经济学研究的一个重点领域就是在不同经济环境和制度安排下，不同汇率制度的表现特征。多年来，经济学家对于固定汇率与浮动汇率的利弊之争从未停止，但是随着多种汇率制度的发展、资本流动性的提高以及国际贸易和投资关系的深化，他们的研究重点已经转向不同程度的浮动或者固定汇率制度如何能够最好地服务于一国的利益。特别是，经济学家们希望能够理解不同汇率制度是如何影响一国宏观经济的核心要素的，如经济增长率、通货膨胀率和货币危机发生的频率。

传统观点认为，固定汇率制有助于控制通货膨胀，但同时也会导致经济增长放缓。因为为了维持固定汇率，政府在发行新货币时会格外谨慎。20世纪后半期，大部分恶性通货膨胀事件均源于货币供给的过度扩张，因此限制货币供给的汇率政策能够避免通货膨胀的逻辑看似合理。然而，一些经济学家认为，限制一国货币供给能力的同时，一国政府也失去了促进经济增长的一个重要手段。因此，低通胀的代价是低增长。

最近的研究，特别是20世纪90年代的数据，没能证明汇率制度类型与通货膨胀或经济增长具有紧密联系。在90年代以前，实行固定汇率制或钉住汇率制的国家通货膨胀率水平大都比较低。但是90年代开始，这一特征不再明显。同样，有证据表明，实行更加灵活的汇率安排的国家往往平均经济增长率更高，但得到这个结果只是因为把增长最快的亚洲经济体考虑了进来。理论上，这些亚洲国家大部分都是实行浮动汇率制，但是它们对汇率的管理非常严格。如果在分析中剔除这些亚洲国家，即实行较为浮动的汇率制度和较为固定的汇率制度的国家，那么是否实行浮动汇率制度并不会给一国经济增长率带来显著差别。最后，能更好地抵御货币危机的汇率制度似乎既不是固定汇率制也不是浮动汇率制。因此，从对宏观经济表现的影响来看，并不存在一种最优的汇率安排。

经济学家已经设计出一系列选择汇率制度的规则，这些规则是一般化的，也是基础性的。如果一国的政策目标是最小化对经济的负面冲击，那么冲击的来源决定了应该采用更加浮动还是更加固定的汇率制度。当冲击源自货币部门，如滥发货币的中央银行时，固定汇率更好，阿根廷就是一例；另一方面，当冲击源自外部环境，如进口石油的价格突然改变，则相对浮动的汇率适应性更强。在这里，一般性的原则是：各个国家自身的特征是至关重要的。然而，经济冲击的来源千变万化，因此，上述基本规则在实际生活中能够起到的指导作用可能无法令人满意。

钉住汇率制仍旧很普遍，特别是对于发展中国家而言。这主要有以下几个原因。首先，几乎所有经济学家都认为，汇率制度最重要的一个特征就是其可信性。也就是说，无论一国采用何种汇率制度，一个有成效的制度都必须赢得足够的信心和公众广泛的信任，认为它是可持续的。缺少公众信任的汇率制度无法平稳可靠地完成本外币兑换任务，因而注定是要失败的。在有些情况下，钉住汇率制可信度更高。一些国家继续采用钉住汇率制度的第二个原因是它们高度依赖某个主要的经济体。考虑墨西哥的例子，墨西哥80%的对外贸易都与美国有关。鉴于对美国的高度依赖，许多年来墨西哥比索一直钉住美元。因为墨西哥的通货膨胀率比美国高，为保持实际汇率相对稳定，爬行钉住汇率制就成了更优的选择。钉住美元的目的在于帮助墨西哥企业和消费者消除进出口商品价格变动带来的麻烦。在这里，选择汇率制度的规则似乎变成了，当一国经济和像美国这样的大国紧密相关时，令本币钉住大国货币可以提供更多的稳定性，帮助企业对未来计划充满信心。

这一观点得到许多人认可，但与此同时人们也质疑对于墨西哥来说，浮动汇率制的效果优于1994年之前使用的钉住汇率制。理论和实际之间的差异让我们必须重视汇率制度选择的复杂性，因为每个国家都有其独一无二的经济特性和产出结构。在墨西哥，由于企业部门、工会和政府之间签署了一系列的协议，导致该国不能对名义汇率进行阶段性调整，而这种调整是实行钉住汇率制度所必需的。事实上，正是因为墨西哥的组织机构没有能力去调整名义汇率，从而破坏了其汇率制度的可信性。在比索被高估或者被低估的时候，汇率制度缺乏可信度就会引起阵发性的比索投机行为。最后，我们从中得到的教训是，货币及金融市场的可信度似乎是汇率制度选择的第一准则。

案例 ☞

货币联盟

一些国家选择放弃本国货币。27 个欧盟成员国中有 17 个国家放弃了本国货币，选择欧元作为统一货币，且计划这样做的国家的数量有望继续上升。20 世纪初，巴拿马确定将美元视为与本国货币科多巴一样的法定货币；萨尔瓦多和厄瓜多尔则在 2000 年直接用美元取代了本国货币。

美元化（dollarization）是指采用他国货币作为本币的做法。它与欧元区这样的货币联盟的区别在于，货币联盟要成立一个共同的中央银行来负责发行货币、实施货币政策。相较之下，萨尔瓦多和厄瓜多尔的中央政府没有权力发行美元，因此没有能力执行独立的货币政策，因为它们无法扩大或减少其货币的供给。虽然国际法没有规定禁止一国使用他国货币作为法币，但使用他国货币意味着一国失去了控制外汇和流通中的货币数量的能力。

目前，世界上存在四个货币联盟，它们分别是欧洲货币联盟（European Monetary Union，EMU）、东加勒比货币联盟（Eastern Caribbean Currency Union，ECCU）、西非经济货币共同体（the West African Economic and Monetary Community，WAEMU），以及中非经济货币共同体（the Central African Economic and Monetary Community，CEMAC）。

我们将在第 14 章讨论欧盟的例子。作为历史最悠久的货币联盟，西非经济货币共同体和中非经济货币共同体这两个非洲联盟的成员国都是西非地区的前法国殖民地，都使用非洲金融共同体法郎（CFA）作为本国货币，也都拥有各自的中央银行来发行货币，并且将本币与欧元的汇率维持在 655 CFA/欧元。法国财政部是两个联盟发行货币的后盾，并且会在两个货币联盟的中央银行中的任何一个出现货币短缺困境时，提供外汇储备。

在大部分观察人士看来，非洲法郎优于独立的货币之处在于，降低了成员国的通货膨胀率，减少了宏观经济的不稳定性。因为中央银行不止对某一个国家负责，从而降低了任何单一国家的政府的政治影响力，货币政策也更加稳健、波动更小。这样做的缺点与固定汇率制度的弊端类似：不能通过改变货币价值来保护本国经济不受外部冲击的影响。例如，2000 年后当欧元对美元升值时（如图 10—1 所示），非洲法郎相对于美元也升值了，成员国生产的商品的美元定价也变得更加昂贵。这一点对西非经济货币共同体的影响更大，该共同体的成员国主要出口棉花等农产品。

所有货币联盟同时也是经济联盟（如欧盟）、共同市场（如加勒比共同市场是东加勒比货币联盟的基础）或是关税同盟（如西非经济货币共同体和中非经济货币共同体）。货币联盟意味着国家间较高水平的一体化和合作，并且只有当成员国的其他因素也同样实行一体化时才有意义。若没有其他方面的一体化，再多的协议也无法体现货币联盟的价值和必要性。

表 10—6　　货币联盟

货币联盟	成员国	汇率制度
欧洲货币联盟	欧元区 27 个成员国中的 17 个	浮动汇率
西非经济货币共同体	西非地区的 8 个国家	钉住欧元
中非经济货币共同体	西中非的 6 个国家	钉住欧元
东加勒比货币联盟	6 个岛国和 2 个英属地区	钉住美元

10.8 单一货币区

1999 年 1 月 1 日，欧盟的 11 个成员国正式采纳欧元作为统一货币。随着 21 世纪第一个十年欧盟成员国的不断增加，使用欧元的国家数量也在不断增多，截止到 2011 年，27 个欧盟成员国中已经有 17 个用欧元取代了本国货币。这是多年来经济、货币以及政治一体化不断发展的结果。考虑到货币是一国国家主权最强有力的象征符号之一，如此多的国家愿意放弃本国货币以及制定货币政策的权力，真的是一个很伟大的成就。

至少有四个原因可以解释为什么一些国家愿意使用共同的货币。第一，单一货币消除了货币兑换的需要，从而在很多方面降低了交易成本。此外，也无须再向兑换货币的银行或者外汇经纪人支付费用，简化了会计核算和账务处理，使消费者和投资者很容易就可以比较国内外商品的价格。所有这些都提高了效率，降低了企业成本。第二，单一货币消除了由于汇率变动引起的价格波动。当投机者跨境运营资本的时候，或者当一国短期利率变动影响到外汇供求的时候，在该国投资对于企业来说可能变得（暂时的）更有利，也可能更不利。因此，此时企业决策更多地体现出的是货币价值的临时性波动，而不是经济效率方面的问题。消除那些源于汇率波动的、带有误导性的价格信号，也可以促使效率提高。

第三，使用单一货币时不存在汇率问题，这有助于那些希望实现一体化的国家增强政治公信力。通过消除汇率错位引发的问题，单一货币减缓了一体化国家之间的摩擦。第四，使用单一货币能够提升一些发展中国家汇率制度的可信度。使用同种货币可以消除汇率波动，并增强外界对一国金融体系的信心，从而可能带来较低的利率和充足的信贷供给。当然，能否实现这些取决于整个金融体系的健全程度。

放弃本国货币并不是没有成本的。除了丧失本币的政治象征意义以外，实行单一货币还意味着丧失了货币供给这一宏观经济调控工具。关于货币政策的内容我们在第 11 章将做更为细致的论述，但是这并不妨碍我们理解它的基本要点。在短期（长期则不行），拥有独立货币的国家能够通过改变货币供给来影响经济增长率。当一国与其他国家采用一种共同货币时，则放弃了货币供给这一调节工具。采用单一货币之后，只有一种货币，因此也只有一个货币供给增长速度。例如，纽约州与加利福尼亚州使用同一种货币，因此，两个州货币供给量的变化也是完全一致的。如果纽约州经济增长快而加州慢，那么对于美联储来说，不可能通过操纵货币供给，实现加州增速加快而纽约州增速放缓。在单一货币条件下，货币政策变成了普遍适用的了。

□ 10.8.1 使用单一货币的条件

最先对单一货币区的利弊进行阐述分析的，是著名经济学家罗伯特·蒙代尔的最优货币区理论。蒙代尔最先提出了一整套准则，用来判断与分别使用各自的货币相比，若干国家使用共同的货币能否使得它们的状况得到改善。蒙代尔及后来的研究人员提出了决定单一货币的收益是否高于成本的四个条件。

第一个条件是各国的经济周期必须是同步的，它们几乎要同时进入扩张期或者衰退期。此时，共同的货币政策适用于货币区内所有成员国，因为所有国家都处在经济周期的同一个节点上，放弃本国的货币政策转而采用针对所有国家的货币政策没有带来成本。然而事实上，几乎没有任何两个国家的经济周期是几乎同步的。即便是美国各州，进入和摆脱衰退的时间也不尽相同，关于美国经济增长的那些数据反映的也是50个州的平均水平。

第二个条件是劳动力和资本在成员国之间具有高度流动性。这意味着劳动力和资本可以离开缺乏工作机会的国家和地区，流入经济形势好的地区。事实上，生产要素的自由流动可以通过资源在国家或地区间的重新配置，起到消除各国或地区经济周期的差异的作用。美国的50个州就是通过这种方式来消除经济周期的差异的。当一个地区经济形势恶化时，工人和投资者将其劳动力和资本转移到对它们有需要的地方。

资本的流动性相对较强，但是劳动力的流动性要弱得多，即使在一国内部也是如此。因此第三个条件是可以通过区域政策解决可能出现的发展不平衡问题。如果居民不能自由迁移或是由于心理因素、成本太高、无法利用其他地区的资源等原因而不愿迁移的话，经济萧条的地区会持续萧条下去。美国政府会通过联邦税和转移支付等手段帮助萧条地区进行调整，减少某些冲击。例如，当某个州陷入经济萧条时，那里的人们依然可以享受到包括医疗保健在内的各种转移支付。通过联邦税和转移支付将调整成本分摊到整个国家，这样的话该州就不会被其他州甩在后面。制定区域经济政策时，可以基于各种不同层次的考虑，从货币区（多国）到单一民族国家，再到下一级行政区域（省或市）。谁来负责这项工作并不重要，重要的是必须有行之有效的政策，来帮助那些与整个货币区的总体发展水平不同步的经济体。

最后，由前三个条件可以推出第四个条件是，成员国必须追求比简单的自由贸易更高程度的一体化。自由贸易要求各国免除关税、配额和其他抑制商品流动的贸易壁垒。为了实现这个目标，完全没有必要使用单一货币。但是如果想更进一步，如各国经济更加协调一致、更为密切的经济政治联系，在其他三个条件成立的前提下，单一货币肯定有助于目标的实现。这个条件的具体含义比较模糊，也是各国的政策制定者经常无法达成一致意见的部分原因。虽说这好像犯了循环推理的错误，但是，建立单一货币区的意愿部分依赖于各个成员国的目标却是不争的事实。

案例 ☞

北美自由贸易区是最优货币区吗

欧盟是实行单一货币的一个范例。欧元区的成员国创造了一种新的货币，用来取代各国自己的货币。然而北美自由贸易区成员国在谈到单一货币时，却偏好另一种不同的模式。到目前为止，讨论的要点是所有三个成员国都采用美元，而不是创造一种新的货币。不过，不管是哪种模式，结果都是一样的，那就是单一货币区的诞生。这种讨论有现实意义吗？或者说，单一货币的提议者们是在做白日梦，还是说真的可以通过这样做获得一些收益呢？

显然，无论实行单一货币在长期有着怎样的利弊，北美自由贸易区国家要想满足实行单一货币必需的四个条件，还有很长的路要走。第一，三个国家的经济周期并不同步，至少在历史上是这样的。虽然美国和加拿大的宏观经济运行步调基本是一致的，但是从历史来看，墨西哥的经济周期模式与前两者截然不同。不过，现在情况已经有所改变，从1994年开始，墨西哥的经济周期与美国的越来越相似。第二，鉴于北美劳动力市场的开放还面临着各种法律限制和政治阻力，在当前情况下，不能寄希望于依靠劳动力流动帮助各国实现经济周期的同步。第三，在北美自由贸易区框架下没有可行的区域政策，无法通过一个国家对另一个国家的转移支付，为经济增长滞后的地区提供帮助。最后，设立北美自由贸易区的最初构想是降低贸易壁垒。虽然该贸易区的终极目标肯定是在不断调整的，但截至目前，其成员国并没有流露出超越自由贸易区的共同愿望。

如上所述，北美自由贸易区显然还不是一个最优货币区。但我们敢肯定地说，美元化进程还将持续下去，特别是在墨西哥。之所以这样认为，部分是因为对于我们上面提到的该贸易区不具备的四个条件中的每一个，都有人持反对意见：单一货币有助于提升三国经济的同步性；可以制定“允许临时工计划”之类的协议，就像美国和墨西哥在20世纪40年代、50年代和60年代所做的那样；区域政策仅仅是政治意愿和融资方式的问题，并不需要巨额支出；北美自由贸易区成员国之间一体化程度的加强是大势所趋。尽管如此，考虑到欧元区在2011年初遭遇的危机，推动北美自由贸易区的单一货币进程似乎几乎是不可能的了。

小　结

1. 人们持有外汇是为了购买商品和服务、套利或者投机。参与汇率市场的主要机构是商业银行和外汇经纪商。

2. 我们可以用供求方法对汇率进行分析，就像它也是一种商品一样。外汇供给增加（减少）引起本币升值（贬值）。外汇需求增加（减少）引起本币贬值（升值）。

3. 汇率是不可预期的，这是因为它同时受到长期、中期和短期因素的影响。在长期，购买力平价是重要的决定因素；在中期，商业周期是重要的决定因素；在短期，利差和投机行为则是重要的决定因素。

4. 利率平价认为远期汇率升/贴水率近似等于两国之间的利差。

5. 企业通过远期汇率市场来防范汇率风险。

6. 实际汇率等于名义汇率减去通货膨胀率。实际汇率是对一国货币购买力更好的描述。

7. 固定汇率制被认为有助于抑制通货膨胀，但过去20年的实际情况并不能证明这一点。固定汇率制消除了政府使用货币政策工具管理宏观经济的能力。

8. 浮动汇率制被认为有助于经济增长，但同样未能被过去20年的实际情况所证明。浮动汇率制将一国的宏观经济政策从维持固定汇率的义务中解放出来。

9. 所有汇率制度都介于完全固定和完全浮动汇率制之间。钉住汇率、爬行钉住和管理浮动均属于中间类型的汇率制度。汇率制度的可信度对于国家来说最为重要。

10. 最优货币区是一个地理区域，对这个区域来说采用同一种货币是最佳选择。建立最优货币区需要满足的条件有：商业周期同步、完全要素流动、针对落后地区的扶持计划和较强的实现经济政治一体化的意愿。

关键术语

升值（appreciation）
布雷顿森林体系（Bretton Woods exchange rate system）
抵补套利（covered interest arbitrage）
爬行钉住（crawling peg）
贬值（depreciation）
美元化（dollarization）
汇率（exchangerate）
汇率风险（exchange rate risk）
固定汇率制度（fixed exchange rate system）
浮动汇率制度（flexible or floating exchange rate system）
远期汇率（forward exchange rate）
远期市场（forward market）
金本位（gold standard）
硬钉住（hard peg）
套期保值（hedging）
利率平价（interest parity）
套利（interest rate arbitrage）
名义汇率（nominal exchange rate）
最优货币区（optimal currency areas）
钉住汇率（pegged exchange rate）
购买力平价（purchasing power parity）
实际汇率（real exchange rate）
《史密森协定》(Smithsonian Agreement)
软钉住（soft peg）
即期市场（spot market）

习　题

1. 画出美国外汇市场上加元的供给和需求曲线。用图形表示下列每一种情形对汇率的影响，说明效果是长期、中期还是短期的，并解释原因。

(1) 加拿大经济增长快于美国；

(2) 美国提高利率；

(3) 加拿大的商品比美国贵；

(4) 美国经济衰退；

(5) 预期加元将贬值。

2. 假设美元与欧元的汇率为1欧元等于1.2美元，美元与墨西哥比索的汇率为1比索等于0.10美元，那么欧元与比索的汇率是多少？

3. 假设美元与日元的汇率为0.01美元/日元。在基年，日本的通货膨胀率为2%而美国为10%。实际汇率是多少？美元兑日元的实际汇率是上升了还是下降了？

4. 持有外汇的动因可分为三种，下列情况分别属于哪一种？

(1) 游客；

(2) 债券交易商；

(3) 投资经理；

(4) 制造商。

5. 如果到墨西哥旅游的美国游客将美元兑换成比索后，在当地买的商品比美国便宜，美元是被低估还是被高估了？为什么？

6. 在固定汇率制下，一国如何应对本币价值提高或者降低对货币市场形成的压力？

7. 在固定汇率与浮动汇率之争中，支持浮动汇率制一方最强的论据是该制度使得宏观经济政策摆脱了维持汇率的责任，从而获得了更大自由度，但这也是最缺乏说服力的论据。为什么这么说？

8. 巴西、阿根廷、巴拉圭和乌拉圭都是MERCOSUR的成员，MERCOSUR是一个正在向共同市场转变的区域性贸易区。在这些国家接受或者拒绝实行共同货币前，应该考虑哪些问题？

9. 假设美国利率比欧盟高4%：

(1) 你预期美元会对欧元升值还是贬值？幅度是多大？

(2) 如果与你的预期相反，远期汇率和即期汇率是相同的，你认为金融资本的流向是怎样的？为什么？

10. 为什么经济学家认为可信度是汇率制度最重要的特征？

附录　利率平价条件

下列变量与本章中的定义一致：

i=本国利率

i^*=外国利率

R=名义汇率（1单位外币的本币价格）

F=远期汇率

远期汇率和利率的期限相同。

投资者可以在 i 和 i^* 之间进行选择。设美元为本币，今天的 1 美元到期日将收回 $1\times(1+i)$ 美元。为了与在外国投资相比较，美元首先要被兑换为外币，到期日再将收回的外币兑换回美元。1 美元等于 $1/R$ 外币。如果 $1/R$ 外币被投资于外国，到期日将收回 $(1/R)(1+i^*)$ 的外币。将外币兑换回美元可以在远期市场上进行，远期汇率为 F。因此，在到期日，1 美元投资可以收回 $(1/R)(1+i^*)F$ 美元。

利率平价条件阐明了投资者在本国和外国投资（风险相同情况下）的收益是无差异的，只要在两国投资的收益不同，投资者就会在两国间进行资本运作，造成汇率和利率变动，直到在两国投资的收益完全相同：

$$1+i=(1/R)(1+i^*)F=(1+i^*)(F/R)$$

两边同除以 $(1+i^*)$：$(1+i)/(1+i^*)=F/R$

两边同减去 1：$[(1+i)/(1+i^*)]-[(1+i^*)/(1+i^*)]=F/R-R/R$

$[(1+i)-(1+i^*)]/[(1+i^*)]=(F-R)/R(i-i^*)/(1+i^*)=(F-R)/R$

当 i^* 较小时（这就是为什么我们说利率平价条件是一个近似表达式的原因），左边的分母近似为 1。右边是远期汇率相对于即期汇率的变化率。如果右边为负，说明市场预期本币升值。上面的方程可以写成：

$$i-i^*=(F-R)/R$$

上式表明本国和外国的利差近似地等于本币的预期贬值率。

第 11 章 开放宏观经济学导论

学习目标

通过本章的学习，学生应该掌握以下内容：

1. 画图说明总供给和总需求的变动，说明它们对价格水平和 GDP 造成的影响。
2. 画图说明扩张性和紧缩性财政政策和货币政策给一国 GDP 和价格水平造成的影响。
3. 分析财政政策和货币政策给经常账户和汇率造成的影响。
4. 解释如何利用支出转移政策和支出削减政策来减少一国的经常账户赤字。
5. 画出 J 曲线，并用该曲线来说明为什么汇率贬值不会马上引起经常账户赤字的下降。

11.1 引言：全球背景下的宏观经济

第 9 章和第 10 章介绍了国际收支和汇率的概念。在本章中，我们将更加深入地研究两者之间的关系以及它们与整个国民经济的关系。在简单回顾几个关键的宏观经济概念后，本章将集中探讨经常账户、汇率和宏观经济的关键影响因素——消费、投资和政府支出——之间的交互作用。政府在本章中非常重要，因为政府在经济中很少扮演被动的角色。实际上，自从 20 世纪 30 年代世界性的大萧条，特别是第二次世界大战结束以来，政府承担起了保持经济增长、降低失业率和稳定物价的大部分责任。特别是在 2007 年的金融危机以及 2008 年随之而来的经济衰退中，我们可以更加清楚地看到政府所发挥的作用。因此，本章着重阐明宏观经济政策对汇率和经常账户的影响。

积极的宏观经济政策所造成的影响是本章关注的焦点之一，但必须认识到，这并不是一国宏观经济和世界其他国家发生联系的唯一渠道。通常政府控制着很大一部分国内商品，因而其日常决策不仅会影响汇率和经常账户，也会对消费者和企业产生影响。而且在大部分经济体中，用于商品和服务的消费支出是宏观经济最大的组成部分，正如我们已经看到的，经济增长会导致消费者增加进口，外汇需求上涨，使经常账户出现逆差。

11.2 总需求和总供给

表 11—1 列出了宏观经济的四个主要部门：家庭、企业、政府和外国。在简化的宏观经济模型中，家庭为企业提供企业生产所需要的全部生产要素（土地、劳动力和资本）。作为回报，企业用销售产品所得的收入支付生产要素的报酬。这样，经济创造的全部收入就都流向家庭，因为它们提供了全部的生产要素。这也是宏观经济中一个基本的恒等式：要素收入等于总产值。

表 11—1　　宏观经济的主要部门

部门	参与的经济活动
家庭	要素供给（土地、劳动力、资本） 购买消费品和服务（C） 储蓄 纳税
企业	利用生产要素进行产品生产 购买投资所需物品（I）
政府	政府购买（G） 征税（T）
外国	购买本国的出口产品（EX） 为本国提供进口产品（IM）

注：这里给出了宏观经济的四个主要部门，其中每个部门都创造出不同的商品和服务需求。

为了继续研究收入和产出，有必要先搞清楚什么叫做中间投入（intermediate inputs）——一家企业从另一家企业那里购买的用于再生产活动的商品。例如，汽车制造商不仅需要投入劳动力、土地和资本（相应支付工资、地租、利息和红利），还需要采购玻璃、轮胎、钢材等产品。购买汽车玻璃的支出并不直接转化成家庭收入，因为这笔费用不是付给家庭而是付给另一家企业的。但如果我们继续追踪下去会发现，最终这笔钱还是会变成家庭收入。例如，玻璃厂从汽车公司收到的货款，一部分用于购买原材料，另一部分则用于支付工资、租金、利息和红利，购买原材料的货款去了哪里呢？我们可以再去看为玻璃厂提供原料的企业，或者更简单一点说，我们会发现支付的每一笔钱最后都要在汽车价值中体现出来。也就是说，汽车的购买价格最终产生了一个等量的收入。所以，产出等于收入，基本恒等式成立。

我们也可以从另外一个角度来看待某一经济中购买最终产品和服务的总支出与

该经济的总产出之间的恒等关系。图 11—1 与某单一产品市场的供求图类似，但这里的需求曲线表示全部最终产品和服务的总需求，而供给曲线则表示总产出。换言之，斜率为负的曲线表示总需求（aggregate demand，AD），而斜率为正的曲线表示总供给（aggregate supply，AS）。在简单的供求图中，横轴表示某种产品的产量，纵轴表示价格。而在图 11—1 所示的 *AD*—*AS* 图中，横轴表示的是全部最终产品（GDP），而纵轴依然代表价格水平（*P*）。不过，这里的价格水平相当于消费者价格指数或者其他诸如此类的综合价格指数。*AD* 曲线上的点从需求角度给出了产出和价格的均衡水平，*AS* 曲线上的点则从供给角度给出了产出和价格的均衡水平。供给曲线和需求曲线相交于一点，这一点就是特定时点的均衡产出（Q_1）和均衡价格（P_1）水平。

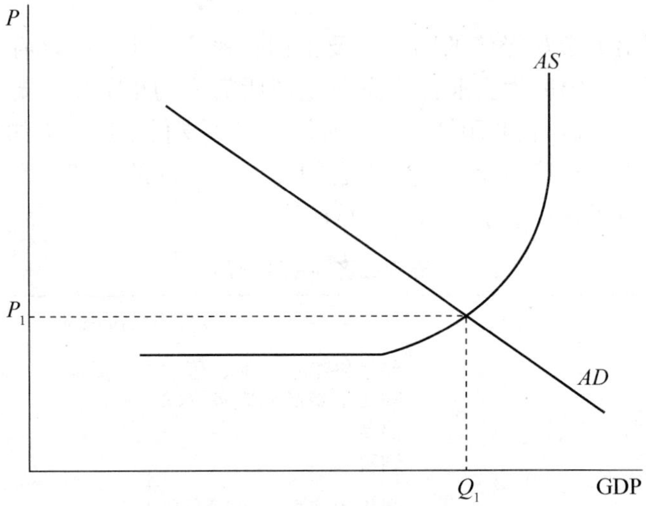

图 11—1　总供给与总需求曲线

注：总需求曲线给出了与特定价格水平相对应的支出决策，而供给曲线则给出了与特定价格水平相联系的生产量。两条曲线的交点表示的是均衡产出和均衡价格。

根据总供给曲线形状的变化，我们可以将 GDP 划分为三个区域。在 *AS* 曲线的水平部分，经济未达到充分就业状态。理论上，失业工人和其他闲置资源的存在可以使得产出增加而价格不变。此时，工人和其他要素所有者无法要求更高的工资或者其他回报作为投入更多的劳动与资本要素的报酬，因为社会上还存在着大量失业工人和闲置资源，愿意接受现行工资或报酬水平并投入生产。因此，这个阶段可以比较容易地实现产出增长，同时也不用担心会因此引起要素投入的短缺或价格上涨。*AS* 曲线中间向右上倾斜的部分表示在这一 GDP 区域内，生产要素变得短缺起来，为了获得更多生产要素以便得到更多的产出，必须提高工资或其他要素的价格。在 *AS* 曲线的垂直部分，经济处于充分就业状态，除非有新工人进入劳动力市场或者新建厂房和采购新设备，否则产出将无法继续增长。图 11—1 中 GDP 的这一区域可以看作是生产的绝对极限。事实上，在短期 GDP 有可能超越生产极限。例如，在战争年代或者其他特殊事件期间，可能要求工人将工作时间或者工作强度加大到超出长期内他们承受范围的程度。因为超越垂直区域的产出水平只能持续很短一段时间，

可以认为 AS 曲线的垂直部分代表充分就业水平的 GDP。

在中短期，我们重点研究由表 11—1 中列示的一个或者多个经济部门引起的总需求变动。在一年或者稍长一些的时期内，支出发生显著变化是很平常的事情。例如，当经济陷入衰退时，消费者和企业在重新评估经济环境后，可能会调整其预期和支出（C 和 I）。同样，衰退、战争、自然灾害以及其他一些因素也会引发政府税收（T）和政府支出（G）政策、其他直接影响消费者和企业支出的政策发生变化。最后，外国经济的繁荣或者萧条通常也会导致本国对外国的出口（EX）突然发生改变。

图 11—2 给出了总需求增加的情形。总需求变动可以是由表 11—1 中任何一个经济部门支出的上升引起的，具体来说可能是由于消费支出（C）增加、企业投资（I）增加、政府对最终产品和服务的购买（G）增加、政府减税刺激消费支出或者出口（EX）增加造成的。任何一种变动引起的净效应在本质上都是相同的。随着要素投入变得稀缺，价格从 P_1 小幅提高至 P_2，GDP 从 Q_1 增长到 Q_2。如果经济最初处于 AS 曲线的水平部分，那么价格就不会提高，但产出仍旧会增加。如果变动发生在 AS 曲线的垂直部分即充分就业状态，那么所有变动只会导致价格水平的提高而产出不会有任何增长。如果总需求下降而不是提高，结果恰好相反。

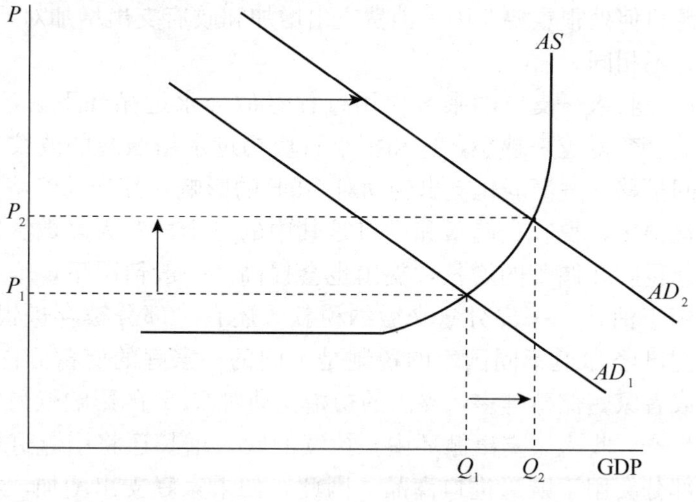

图 11—2　*AD* 曲线的变动

注：总需求增加引起 GDP 增长和价格水平提高。

虽然利用图 11—1 和图 11—2 刻画的 AD、AS、P 和 GDP 之间的简单关系，我们可以把关键宏观经济变量的交互作用概念化，但是，这些图形背后还隐藏着很多复杂的问题。例如，图 11—2 仅仅说明了一个时点上的情况，却没有说明随着时间的推移，经济增长后的情况会怎么样。经济要想增长，必须有更多劳动力、实物资本或者自然资源，以及更多的生产能力。因此，可以用 AS 曲线整体右移来表现经济增长。也就是说，图 11—2 所示的只是在不考虑经济增长因素下的中短期变动。

图 11—2 没能呈现出来的另一股力量是，促使 GDP 从一个水平（Q_1）上升到一个更高水平（Q_2）的实际机制。例如，假设预期经济形势一片大好，许多企业增加投资支出，这将推动 AD 曲线向右移动。企业采购新机器或者上马新项目，导致总

支出上升。但这还不是最重要的，当机器生产商和建筑商为了满足企业的需求而不得不提高产出水平时，它们的工人和股东将获得更高的收入。这些工人和股东至少会把额外收入中的一部分用于消费。长期以来的统计分析已经证实，家庭收入和家庭消费模式之间存在着密切的数量关系，即收入提高，消费支出也会相应提高，提供劳动的工人和为企业提供资本的股东最终提高了其消费支出。他们在房屋、家具、汽车、高等教育、医疗服务和其他一些家庭需求上增加开销，因此创造了另一轮收入和支出的提高。

实际上，初始投资支出的增加会促使产出提高。由于在宏观经济中总产出恒等于总收入，因此随着产出的增加收入也会等量提高。依此循环，收入的提高会继续促使支出增加、产出提高，然后是新一轮收入提高……直到形成一个新的均衡，此时支出的初始变动已经完全发挥效用，GDP 增幅高于支出的初始增加值，这就是总需求增加的乘数效应（multiplier effect）。只要收入提高不是引致支出增加的直接原因，那么支出增加对均衡 GDP 产生的影响就会高于其初始增加值。经济学家在乘数效应到底有多大这个问题上并没有达成一致意见，不过大部分实证分析得到的估计值都介于 1.0～2.0 之间。如果乘数是 1.5，意味着支出突然提高 1 亿美元，则均衡 GDP 将增加 1.5 亿美元。毫无疑问，乘数大小会因国家和时间的不同而不同，了解总需求的变动源自何处很重要，因为消费支出增加和政府支出增加对 GDP 造成的最终影响很可能并不相同。

支出—生产—收入—支出的乘数作用过程看似会永远循环下去，但是事实上，初始变动的影响会变得越来越小，这和把小石块扔进水塘激起的波纹越来越浅是一个道理。随时间推移，逐渐弱化支出变动对 GDP 的影响，并推动经济实现一个新的均衡水平的因素很多，税收、储蓄和进口是其中的三个。对大多数国家而言，收入持续提高将引起税收和储蓄的增长，支出也会提高。一般情况下，增加的收入中有一部分被居民用于消费，一部分拿来缴纳税款，还有一部分被存进银行作为储蓄。在第 9 章中我们已经知道不同国家的税制是不同的，家庭的储蓄倾向也存在差异。政府征税越多或者家庭储蓄越多，支出的初始变动对 GDP 的影响就消失得越快。

在支出—生产—收入—支出循环中，持续的收入增长还将引起进口增加，因为家庭收入的一部分会用于购买进口商品。因此，如果家庭支出增加，它们也会购买更多的进口商品。税收、储蓄和进口这三个因素都会导致用于购买国内商品的第二轮支出小于第一轮；因此就保证了作用于整个经济的收入和支出效应随着轮次增加越变越小。此外，这三个因素也可以告诉我们为什么各国乘数存在差异。进口占支出的比重越高，或者储蓄和税收越多，在下一轮循环中的效应就比上一轮循环下降更多。也就是说，那些进口倾向更高、储蓄率更高和税率更高的国家乘数较小。

11.3 财政政策和货币政策

关于总需求、总供给和乘数的讨论是为了分析财政政策和货币政策是如何影响

GDP 和价格的。财政政策（fiscal policy）包括政府税收和政府支出，货币政策（monetary policy）主要涉及货币供给和利率。各国负责制定财政政策和货币政策的机构不同，但通常由立法和行政部门负责税收政策和支出计划制定，中央银行和财政部则负责制定货币政策，但有时政府行政部门也会直接参与货币政策的制定。近年来，完全由中央银行独立制定货币政策逐渐成为大趋势，就像历史上包括美国在内的一些国家所做的那样。

□ 11.3.1 财政政策

政府财政支出政策和税收政策对任何国家来说都是宏观经济的一个重要决定因素，因为它们是一国总需求的主要决定因素之一。在其他条件相同的情况下，政府增加支出会带来一系列生产—收入—支出的提高，从而使 GDP 达到更高的均衡水平。政府削减支出产生的效应与之类似，只是生产、收入和支出全部会下降。

税收水平的变动带来的影响与之类似。减税将提高家庭收入——居民可以把这些钱用于储蓄或消费——因为需要缴纳的税款少了。税后收入的提高随即可以使得支出、生产和收入依次提高。政府支出增加或者减税的效应可以用图 11—2 来说明。在这两种情况下，都会造成 *AD* 曲线右移，GDP 和价格水平提高。

减税和增加政府支出被视为扩张性财政政策（expansionary fiscal policy）。相反，增税和削减政府支出都会引起 *AD* 曲线左移从而降低 GDP 均衡水平，因而属于紧缩性财政政策（contractionary fiscal policy）。扩张性政策和紧缩性政策的效果是对称的，因此增税和削减政府支出对总产出具有负的乘数效应，而减税和增加政府支出则具有正的乘数效应。需要着重指出的一点是，我们假定除其中一项财政政策外，其他因素保持不变。例如，我们并没有假设政府预算平衡，政府支出的增加并不意味着税收会同时增加。同样，减税也不必然要求政府削减支出，增税也不需要政府增加支出来进行平衡。

对于 20 世纪四五十年代的宏观经济学家来说，发现财政政策的乘数效应就如同发现了宏观经济学的密钥一样。它为各国提供了一种管理经济和避免再次发生像 30 年代那样的灾难性大萧条（这一点最为重要）的方法。不过，不用我们多说，今天大部分经济学家在使用财政政策时变得更加审慎。这背后的原因很简单。第一，扩张性财政政策可能引发通货膨胀，通过用价格上涨代替产出增加，抵消了消费者支出增加带来的一部分效应。第二，在估计乘数大小时可能会出现很大的误差。减税 500 亿美元会使收入提高 500 亿、750 亿还是 1 000 亿美元是不确定的。第三，为扩张性财政政策融资的方式不同，政策的实际效果也会不同，这使得财政政策的实施相当复杂。如果政府通过扩大货币供给来满足扩张性财政政策的需要，乘数就会比较大。总之，通货膨胀、误差和乘数大小取决于为财政政策融资的方式这三个技术问题使得很难准确使用财政政策。

但这还不算完。在政治层面，调整政府支出或者税收是一个长期的、旷日持久的复杂过程。等到立法通过之时，最初想要处理的问题可能已经不存在了。换句话说，作为避免衰退和减轻通货膨胀的经济管理工具，财政政策实施起来非常烦琐。政治难题加上精确量化其效果的技术难题使得财政政策的有效性大为降低。但是，不管这些政策能否用来实现特定的宏观经济目标，我们仍然很有必要学习与财政政策有关的知识，因为政府支出和税收政策对宏观经济和经常账户会产生重要影响。但是，在极端情况下，比如2007—2009年的次贷危机之后，很多经济学家提出财政政策是对抗深度衰退的有效手段。

□ 11.3.2 货币政策

货币政策是一国政府可用来影响宏观经济的另一主要政策工具。正如前面已经讲到的，在美国、欧盟以及越来越多的国家，货币政策都是由独立的中央银行制定的。因此，货币政策反映的是中央银行而不是某一党派或政府行政机构对经济形势的看法及对策。

货币政策通过改变货币供给和利率发挥作用。中央银行改变货币供给，也就改变了金融机构的可贷资金数量。最常用的货币政策工具是公开市场操作（open market operation），即在公开市场上进行简单的债券买进和卖出。当中央银行卖出债券时，商业银行和其他金融机构手中的现金便会减少。相应地，整个金融体系的现金储备也会减少。央行买进债券对金融体系中现金储备的影响则恰好相反，是实施扩张性货币供给的主要手段。

随着金融体系中现金储备的增加，投资就有可能会增加。这是因为包括银行在内的金融机构需要通过发放贷款来实现利润。持有现金并不能为银行创造收入，因此银行现金储备的增加会促使银行扩张信贷。但是，为鼓励企业积极向银行借款，利率必须下降。

图11—3通过简单的供需曲线说明了货币供给增加引起利率下降的过程。其中横轴表示金融系统内的货币量，这里货币被定义为现金、支票账户和其他可变现资产，如货币市场账户（可以签发支票）。资产越容易变现，其流动性就越强。现金是流动性最强的资产，支票账户虽然比现金流动性低一些，但远高于股票或债券。

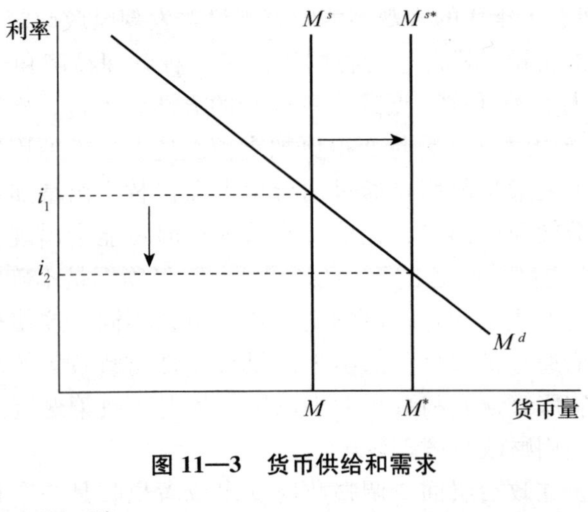

图11—3 货币供给和需求

注：货币供给增加导致利率下降。

和常见的向上倾斜的商品供给曲线不同，货币供给曲线和横轴垂直，这是因为我们假定中央银行将货币供给固定在一个给定的水平上，其数量不随纵轴代表的利率水平的变动而变动。基于以下两个原因，我们可以把利率看做是货币的价格：(1) 它是借入货币所要支付的报酬；(2) 它是以货币形式（而不是其他生息资产形式）持有资产的机会成本。在这里我们做了简化处理，因为借入成本和储蓄收益其实并不完全相等，而且某些类型的货币也能赚取利息（如货币市场账户）。但是这种简化抓住了利率和货币数量之间的本质联系，因此是十分有用的。

图 11—3 中刻画的利率的下降是扩张性货币政策促使投资增加的关键所在。一旦投资提高，支出乘数和生产—收入—支出循环就会开始发生作用。因此，增加货币供给将产生经济扩张效应并使得收入提高。当然，紧缩性货币政策和扩张性货币政策的效应也是对称的，因此减少货币供给将导致生产和收入下降。

增加货币供给和降低利率都属于扩张性货币政策（expansionary monetary policy），对收入具有正效应。紧缩性货币政策（contractionary monetary policy）正好相反，它通过减少货币供给和提高利率使收入降低。和财政政策一样，扩张性货币政策和紧缩性货币政策都通过乘数效应相应地提高或者降低收入——具体取决于货币政策是扩张性的还是紧缩性的。

案例

大萧条时期的财政政策和货币政策

大萧条是美国人对其现代史上经济形势最糟糕的那段时期的一个称呼。但是，大萧条其实是当时世界范围内的一个普遍现象，大多数国家的经济形势都泥潭深陷。各国陷入危机的时间并不相同，美国是从 1929 年 7 月开始的，当时经济活动出现没被意识到的轻度的下滑迹象。尽管产出和收入都在下降，但是股价在 1929 年夏天却一直上涨。但是进入 9 月和 10 月，市场变得很糟糕，10 月 24 日黑色星期四更是带来极大的恐慌，此时股市已经下跌了超过 1/3。大部分人觉得最糟的时期已经过去了，也有很多人则认为股市崩溃抑制了过度投机，因而有利于经济恢复。

1929 年夏天开始的小幅衰退最终导致了美国历史上最悲惨的十年。1933 年，失业率超过了 25%，实际 GDP 下降了近 26%。大萧条的炼狱，促成了一系列法案的出台和机构的建立，如对工作条件和工资进行监管的《社会保障和公平劳动标准法案》，对股票交易进行监管的证券交易委员会，负责保护存款的联邦存款保险公司，还有田纳西流域管理局等。与对美国经济生活的影响相比，这些法案和机构对联邦政府机构的影响更为深远。

绝大多数美国人可能会把 20 世纪 30 年代和大萧条混为一谈，但是实际上 30 年代的衰退可以分为两个阶段。第一个也是最严重的阶段始于 1929 年并持续到 1933 年，第二阶段始于 1937 年并持续到 1938 年。在这两次衰退之间，曾经有过一次强有力的复苏，1936 年实际 GDP 超过 1929 年的水平。图 11—4 给出了 1930—1941 年间美国实际 GDP 的年均增长率。

事后，我们很容易就会发现，政策失误不仅使得衰退持续时间大大延长，而且还加剧了衰退的严重程度。根据我们现在对扩张性财政政策和货币政策的了解，联邦政府当时应该实施下列一个或者多个措施：提高政府购买商品和服务的支出、减税、增加货币供给以降低利率。20 世纪 30 年代时的问题在于，没有任何人意识到了宏观经济变量之间的联系。更直接一点说，只要你学习了本章的第一部分，那么你

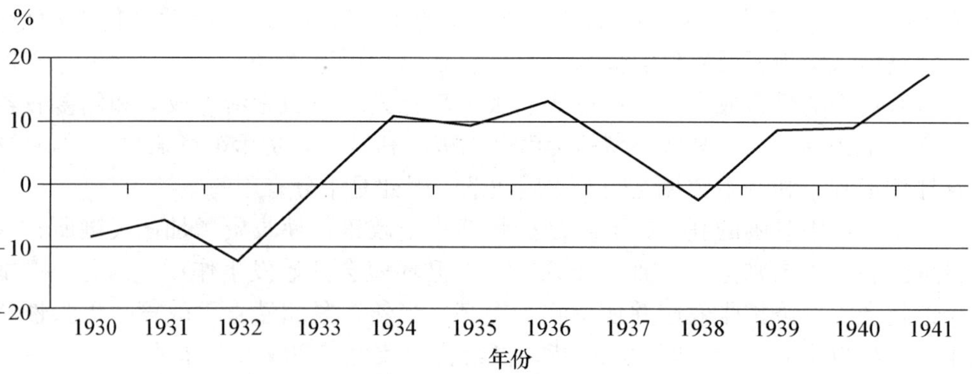

图 11—4　1930—1941 年间美国实际 GDP 增速

资料来源：Bureau of Economic Analysis.

对财政政策的理解肯定会远远超过当时的罗斯福总统、胡佛总统以及他们的智囊团。

胡佛（1929—1933 年）和罗斯福（1933—1945 年）都没有通过增加政府支出和减税等手段来刺激经济，反而是对 20 世纪 30 年代的联邦预算赤字感到忧心忡忡。两位总统都认为预算赤字打击了企业的信心，是造成经济衰退的主要原因。其结果是，预算赤字成为 1932 年总统大选的辩论主题，罗斯福总统凭借平衡联邦预算的想法赢得了最后的胜利。然而事实却是，在他的任期内，联邦预算一直是赤字状态。

罗斯福和胡佛都试图去平衡预算。两位总统都对退伍老兵提前领取退休金的法案持反对意见，都支持通过增税来消除 1929 年之后出现的财政赤字。胡佛在 1932 年大幅增税；罗斯福增税的次数则更多，其中最引人注目的是 1937 年开征的社会保障税。增税会对经济产生紧缩效应，因此 1932 年成为大萧条时期形势最坏的一年也就不足为奇了；同样可以预想到，随着新增的社会保障税的开征，1938 年经济再次陷入衰退。

如果说 20 世纪 30 年代的财政政策对经济没有起到任何帮助的话，那么货币政策则可以称得上是一场灾难。1929—1933 年间，货币供给（现金、支票账户和储蓄存款）减少了将近 31%。整个经济中信贷紧缺，几乎没有投资行为。如果说财政政策在大萧条时期的多数年份里或多或少都偏于中性（既不是扩张性的也不是紧缩性的）的话，那么货币政策绝对是紧缩性的。

回到当时的环境下，我们可以理解政府在财政政策上的失败，因为 20 世纪 30 年代还没有人充分了解宏观经济学，自然也就不知道如何使用财政政策来对抗衰退。但是，在已知货币供给、银行储备和投资之间联系的情况下，很难解释为何政府会用错货币政策。多年以来，很多著名的经济学家，包括诺贝尔经济学奖获得者米尔顿·弗里德曼都认为这是由于美联储的无能造成的。虽然不能排除这个原因，但是最近学术界对此给出了新的解释：美联储并非无能，采取紧缩性货币政策是因为当时政策目标的优先次序与现在不同。更具体点说，如果首要任务是维持金本位制，那么美联储当时的做法显然是得当的。

在金本位制下，当黄金储备减少时，中央银行需要运用利率和货币政策来吸引黄金流入。这通常意味着它们需要提高利率，以便增加对本币的需求、减少对外币的需求。

1928年，美联储担心股票市场投机成风，因此希望提高证券经纪商从银行借贷的成本，美国货币政策转向紧缩。美联储提高了利率，却无意中引起了黄金流入。美国的政策给欧洲各国造成了巨大压力，因为这些国家的黄金储备在逐渐减少甚至消失。于是其他国家也开始提高利率、降低货币供给增长率，试图阻止黄金流出。就这样，始于美国的紧缩政策开始蔓延至整个大西洋地区。极为讽刺的是，按照金本位原则，每个国家的紧缩行为都是合理和负责任的，但这却导致了世界性的经济灾难。

在接下来的几年里，美国和欧洲的政策的紧缩程度在某些时点甚至更严重。1931年，投机者普遍预期英国将完全放弃金本位制，于是疯狂对英镑进行投机。1931年9月，英国正式宣布放弃金本位制，投机者的注意力立刻转向了美元。同样在美元贬值的预期下，他们开始卖出美元和以美元标价的资产，所有这些都导致黄金大量流出。迫不得已之下，美联储在1931年9月和10月两次提高利率，造成美国经济持续地螺旋式下行。

第一批放弃金本位制的国家（1931年9月英国首先这样做了，其他国家紧随其后）也是最先迎来经济复苏的国家，这并不仅仅是时间上的巧合。一旦货币政策不再被禁锢于维持固定汇率，立刻就会由紧缩性的变成扩张性的。罗斯福在1933年3月就职后通过的第一个法案就是关于终结金本位制的。虽然他似乎并不完全明白黄金和大萧条之间的关系，但是这是一个好的开端，美国经济逐渐从20世纪最严重的危机中走了出来。

11.4 再论经常账户平衡

第9章给出了关于私人储蓄、政府预算、投资和经常账户之间关系的如下恒等式：

$$S+(T-G)=I+CA$$

现在我们要对上面的恒等式进行更为深入的研究，把货币政策、财政政策、收入和经常账户之间的联系加进来，分析货币政策或财政政策变化引致的收入变动会对一国的经常账户产生怎样的影响。我们分两步进行分析。第一步，研究货币政策和财政政策变化、利率与汇率之间的关系。货币政策对利率的影响前面已经做了介绍，但财政政策也具有利率效应。第二步，把政策变化、利率、汇率和经常账户放在一起考虑，这样就能更加清楚地看到如果一国希望消除经常账户失衡，应该采取什么样的政策。

需要强调的是，我们研究的是收入和其他宏观经济变量的短期变动，而忽略那些可能要等上几年甚至十几年才能显现出来的长期影响。在后面的内容中，需要区分短期变动和长期、永久性变动的时候，我们会进一步做出解释。

□ 11.4.1 财政政策和货币政策、利率与汇率

通过第 10 章对利率平价的学习，我们知道利率提高会导致本币升值（汇率 R 下降），利率下降会导致本币贬值（汇率 R 上升）。升值或者贬值都是通过外汇供给和需求变动来实现的。当利率提高时，那些不停地寻找最高可能利率的套利者会使得外汇供给增加。同样，利率下降使得外资流入下降，减少了外汇供给。利率的涨跌也会对外汇需求产生影响，因为本国套利者也有同样的动机进行跨国资本运作。

货币政策的汇率效应很容易理解。我们已经知道，扩张性货币政策将增加银行储备并推动利率下降。因此，除收入提高之外，扩张性货币政策还会引起本币贬值。扩张性政策和紧缩性政策是对称的，因而货币紧缩会减少银行储备并推高利率，导致本币升值。

货币迅速贬值是大部分国际金融危机的特征，所以紧缩性货币政策被广泛用来遏制本币贬值。我们会在第 12 章对此做更详细的介绍，但是，需要注意的是这样做会造成收入下降并可能引发经济衰退。这再一次证明了，很多时候一国需要在汇率目标与收入增长和充分就业目标之间做出权衡取舍。美联储在 1931 年为稳定美元币值而提高利率的做法，是满足国内经济需要和维持汇率的需要之间发生冲突的经典案例。

财政政策的利率效应虽然不是很容易观察到，但肯定是存在的。理解财政政策和利率之间关系的关键在于家庭行为，以及收入变化时家庭行为的变化。首先看家庭收入提高的情形，我们已经知道消费支出也会相应提高。此外，也是最关键的一点，收入提高会导致家庭重新进行资产配置——重新分配流动性较强的资产（如现金类资产）和流动性较差的资产（如股票和债券）所占的比重。当收入提高时，平均来说家庭也会持有更多的货币。用经济学术语来说，就是货币需求也随之上升，如图 11—5 所示。

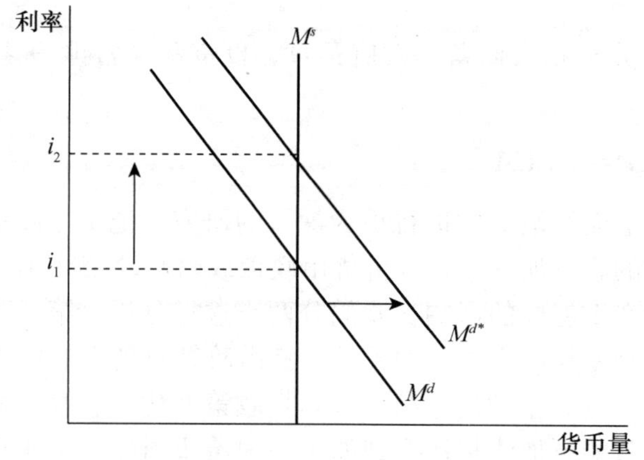

图 11—5 货币需求提高

注：收入提高导致家庭货币持有量增加。其结果是，利率上升。

收入提高时，家庭的货币需求为什么也会增加？答案显而易见。首先，在更高的收入水平上，人们会消费更多的商品和服务，因此人们需要持有更多的货币。第

二，因持有货币而不是其他生息资产所造成的机会成本损失变得无足轻重。换言之，由于家庭收入提高，人们能“承受得起”持有更多货币。

为了更便于理解，不妨设想一下，如果你的收入翻番，你会怎么做。最可能的结果是：你在钱包里放上更多的现金和支票。当然，你也有可能会将增加的收入用于长期储蓄。但关键是，如果你的支出行为是平稳的，那么当收入提高的时候，你肯定会增加消费，而且会出于方便的考虑，带上更多现金和更大额的支票。

现在，我们已经对财政政策的汇率效应有了初步的了解。扩张性财政政策将引起收入和消费的增长，进而导致如图 11—5 所示的货币需求增加和利率提高。给定利率和汇率之间的关系，在其他条件不变的情况下，高利率会导致外资流入和汇率下降（本币升值）。紧缩性财政政策的汇率效应恰好相反，削减政府支出或者增税都会使收入和货币需求减少，继而导致利率下降和汇率提高（本币贬值）。

□ 11.4.2 财政政策、货币政策以及经常账户

一旦清楚了货币政策和财政政策的汇率效应，再来说明它们对经常账户的影响就容易多了。正如我们将要看到的，财政政策对经常账户的影响是确定的，而货币政策的影响却含糊不清。下面我们就来具体分析一下。

首先考虑扩张性货币政策。我们已知货币供给增加将导致利率下降并引起本币贬值。本币贬值意味着外国商品变得相对昂贵，于是一部分消费者放弃外国商品（进口）转而购买本国商品。支出转换（expenditure switching）效应部分或者全部抵消了收入提高引致的进口增长。因此，本国经济将实现更加强劲的扩张，因为增加的需求中仅有一小部分转化为进口。换言之，汇率变动强化了扩张性货币政策的效果。

紧缩性货币政策的效果正好相反。利率提高引起本币升值，使进口商品变得相对便宜。因此，消费者将一部分支出由本国商品转移至外国商品。对国内商品的需求减少加剧了紧缩性货币政策对收入、消费和投资的影响，导致一国经济比封闭状态下的紧缩程度更严重。

综上所述，汇率效应会放大货币政策对收入的影响。但是我们无法确定货币政策究竟会对经常账户产生怎样的影响，因为货币政策的收入效应和汇率效应对经常账户的影响是截然相反的。无论扩张性货币政策还是紧缩性货币政策，都有可能造成经常账户余额上升或者下降。不过，在这里最重要的是理解支出转换的概念，也就是说为了应对汇率的变化，消费支出在本国商品和外国商品之间的转换。支出转换放大了货币政策的影响。但需要注意的是，这一结论是在浮动汇率的前提条件下得出的。在固定汇率制下，货币供给变动不会引起支出转换效应。

财政政策对经常账户的影响比较明确。如前所述，扩张性财政政策会抬高利率，引起本币升值。升值意味着外国商品相对便宜，因此消费由国内转向国外商品，从而进口增加、经常账户余额减少。扩张性财政政策会引起进口增加——既是因为收入增加，也是因为本币升值——这又反过来对本国收入产生影响。支出向外国商品的转移抵消了一部分对国内商品的需求，削弱了扩张性财政政策的效果。同样，紧缩性财政政策的汇率效应使得消费支出从外国商品转向本国商品，削弱了紧缩

效果。

表 11—2 总结了财政政策和货币政策主要的中短期效应。两种政策的差异始于利率效应，继而延伸至汇率和经常账户。在货币政策下，汇率变动和收入变动对经常账户的影响相反从而至少会部分相互抵消；但是在财政政策下，汇率变动和收入变动的一致性加强了对经常账户的影响。因此，货币政策对于经常账户的影响是不确定的，而财政政策对经常账户的影响是确定的。

表 11—2　　财政政策和货币政策的主要效应

	货币政策		财政政策	
	紧缩	扩张	紧缩	扩张
Y 和 C	↓	↑	↓	↑
i	↑	↓	↓	↑
R^*	↓	↑	↑	↓
CA	不确定	不确定	↑	↓

注：货币政策和财政政策对利率、汇率和经常账户有着不同的影响。货币政策对汇率和收入的影响部分抵消了它们对经常账户的影响。

*：R 下降表示本币升值，R 提高表示本币贬值。

□ 11.4.3 长期

政策的效果会持续多久？经济学家或多或少都同意下面这个观点：一个经济体的长期产出水平倾向于围绕充分就业水平上下波动。充分就业不是说没有失业，不论经济表现多强劲，总有一些人处在失业状态——这些人可能刚进入劳动力市场，也可能正准备重新找工作。在找工作期间，这两类人群均被视为失业者。此外，社会上总是有自愿放弃现在的工作以寻找更好工作的人，以及很多因缺乏必要技能而无法找到工作的人。

在经济繁荣期，失业率有可能暂时性地下降到非常低的水平，但最终还是会打破这种局面。开始的时候，雇主可以随意挑选劳动力填补职位空缺，但是随着失业人口减少，雇主不得不提高工资并采用更节省劳动力的生产方式。最后，失业率回归到正常水平。相反，在经济衰退期，大量失业工人的存在压低了工资。随着工资的下降，雇主愿意雇用更多的工人，并最终解决失业问题。最具争议的问题是，一个经济体需要花费多长时间才会发生这样的转变。一些观察人士认为很快就可以完成这个过程，其他人则表示怀疑，特别是怀疑工资下降的速度。从某种角度说，实现充分就业长期均衡所需时间的问题，是一个如何定义长期这一概念的问题。2 年属于长期吗？5 年呢？还是说 10 年以上才算得上长期？

在第 10 章中我们介绍了在长期内，汇率的决定因素是购买力平价。财政政策和货币政策会使得汇率偏离购买力平价决定的水平，但是在长期，汇率和国内价格的变化共同作用，让各国货币的购买力恢复正常水平。

从长期来看，经常账户也必须是平衡的。没有任何国家能永远处于逆差或者顺差状态。逆差相当于向外国借钱，顺差相当于把钱借给外国，这两者都是有限度的。但是，具体的限度到底是多少，很难精确估算出来，比如美国已经在相当长的一段时期内处于经常账户逆差状态，而日本则长期处于顺差。

案例☞

阿根廷与宏观经济政策的局限性

1900年前后，阿根廷是世界上最富有的国家之一。但不幸的是，到了20世纪中期其人均收入水平就被其他国家甩在后面了。虽然阿根廷仍是拉丁美洲人均收入最高的国家，但是与西欧和北美相比，却出现了巨大差距，并且在拉美债务危机与80年代“失去的十年”（详见第15章）之后，仍然看不出差距有缩小的可能。拉美债务危机来势凶猛，且很难摆脱它带来的阴影。1989年也就是危机爆发七年之后，阿根廷仍然没能彻底走出来，GDP下降了7%，通胀率达到了3 080%。政治家们试图运用各种方式来摆脱经济衰退与恶性通胀，但是没有一项措施能够使经济恢复持续增长或者降低通胀率。1991年，阿根廷再次作了一次大胆的尝试：让本国货币按照1∶1的比率钉住美元，从而极大地限制了新货币的创造。对于投入流通的每一单位的阿根廷比索，中央银行必须有对应的一美元来支撑。同时，新成立了货币委员会（currency board）对汇率制度进行监督并且执行相关法规。

20世纪90年代的大部分时间里，货币委员会都运行得相当不错。通胀率降低，阿根廷走上了强劲的经济发展之路，成为公认的值得其他国家学习的榜样。可是到了1998年，东亚危机的余波扩散到了拉美地区，问题再一次出现。1999年初，阿根廷主要贸易伙伴巴西决定令本币贬值，导致巴西的企业相对于阿根廷的企业来说处在优势地位，因为以比索标价的商品现在变得更贵了。阿根廷的经常账户开始出现大规模的赤字——占其GDP的4%～5%，出口受阻导致其经济在1999年陷入衰退。

这时，传统的经济学理论为阿根廷开出了刺激需求的药方。如果部分由于出口受阻，经济体中的总支出下降，那么一国政府应该削减税收，增加政府支出，增加货币供给，或者是组合应用这些对策。但是这样做也存在着许多的障碍。第一，任何可能改变1∶1汇率的政策都会被视为一个潜在的问题。其他条件不变，扩张性的宏观经济政策会导致物价上涨，因此人们担心扩大政府赤字可能会降低政府希望消除通货膨胀这个承诺的可信度。阿根廷的预算赤字已经超出了政府的控制能力，继续增加政府开支和削减税收的做法并不可行。货币扩张也是不可行的，因为这样一来流通中的比索的数量就会超过可用于支持它的美元数量，这会破坏美元与比索之间1∶1的兑换比率。

第二，无论是主动的还是被动的，货币贬值都是一个很令人头疼的问题。在90年代平稳发展期间，阿根廷企业与政府都从国际资本市场上借入了大量美元。这种举动本身并没有什么特殊之处，但是国内政治因素限制了阿根廷政府增加财政收入以偿付债款的能力。借入美元债务是很平常的，但是如果本币贬值，债务国要付出很高的成本，因为虽然债务的美元价值没有改变，但是折算成本币后债务却增加了。假定政府与大多数企业赚取的收益以比索计价，但其国际债务却是以美元来计价的，比索的贬值显然会导致债务人的债务负担加重。

各方围绕怎样的政策才是适当的展开了激烈争论：阿根廷应该使货币贬值，加重债务负担吗？或者维持汇率，继续让经常账户赤字增加，使经济萎缩？要削减政府支出以增加政府财政稳健的信心，还是运用扩张性财政政策抵制衰退的同时削弱政府维持1∶1的汇率这个承诺的可信度呢？实际上，有两个选择。一方面，政府可以运用扩张性的宏观经济政策来对抗经济衰退，但是要以比索的贬值作为代价，因为没有人相信阿根廷政府会继续维持反通胀政策与财政稳健。另一方面，可以继续维持比索与美元1∶1的兑换比率，但是要以经济的衰退为代价。

阿根廷的经济衰退开始于1999年。两年后，也就是2001年，仍处于衰退中，且前景似乎变得更加糟糕。随着人们对于政府维持1∶1汇率的能力失去了信心，他们认为比索即将贬值，于是开始从银行提款。银行部门因此遭受巨大损失，政府不得不在2001年12月上旬关闭了所有银行。2002年1月银行恢复营业时，比索与美元之间的固定兑换比率已经无法维持。比索的币值开始稳定下降，1月7日每单位比索与美元之间的兑换比率从1跌至0.7，1月22日再跌至0.545。最后，在2002年6月左右，比索与美元的比值稳定在了0.27左右。到此为止，比索损失了3/4的价值。

一些观察人士认为，阿根廷应该在更早的时候——比如1997年或1998年——就放弃比索与美元之间1∶1的兑换比率，以此来获得政策上更大的灵活性。另外一些人则认为，阿根廷应该大幅削减预算，因为只有这样才能维持人们对比索的信心。起初，政府采纳的是后一种方案，但是政治与法律上的障碍导致预算削减额度有限，起不到期望中的作用。

阿根廷的遭遇给经济学家留下了思考空间。需求下降导致的经济衰退基本上可以通过增加政府购买、减税或适当的货币政策等有效予以解决。然而，如果一个国家需要向世界证明其财政的稳健，以便阻止针对其货币的投机行为并维持外汇的流入，那么扩张性宏观经济政策可能就是无效的了。这是否意味着发展中国家就不能运用扩张性宏观经济政策了呢？

11.5 解决经常账户失衡的宏观政策

财政政策、货币政策和汇率政策是消除经常账户失衡的主要工具。虽然任何形式的持续失衡都被认为是不利的，但实际上其中最危险的是巨额经常账户逆差。持续巨额顺差可能会招来贸易伙伴的不满，但很少会像逆差一样对本国经济造成威胁。为解决经常账户逆差问题，需要将财政政策、货币政策和汇率政策组合起来使用，通常将这类做法统称为支出转换政策（expenditure switching policy）和支出削减政策（expenditure reducing policy）。这两种政策中的每一个都是至关重要的。

在前面提到财政政策和货币政策的汇率效应时，我们已经了解了一种类型的支出转换政策。通常来说，适当的支出转换政策能够将支出从外国商品转移到本国商品上，从而消除经常账户逆差。正如之前讨论的，本币贬值是实现这一目标的途径之一。本币贬值会抬高国内的外国商品的价格。另一种可供选择的支出转换政策是设置贸易壁垒，如征收临时性关税来限制外国商品的进口。

支出削减政策简单来说就是会降低一国经济的整体需求水平的紧缩性财政政策

或者紧缩性货币政策。在大部分情况下，支出转换政策必须辅以支出削减政策，因为如果整体支出水平没有下降，随着支出从外国商品转移至本国商品，本国将会出现通货膨胀。因此，支出转换政策必须以整体支出水平下降为前提。

只有支出转换没有支出削减会产生通货膨胀，只有支出削减而没有支出转换则会导致衰退。因此支出转换政策也是必不可少的，因为支出转移到国内可以抵消需求下降带来的影响，让经济维持原有的产出水平同时也不会出现经常账户赤字。由于需要同时使用这两种政策，因此支出削减和支出转换不能被看做是互相替代的，而是解决经常账户逆差的两个同等重要的宏观经济政策。

□ 11.5.1　调整过程

调整过程（adjustment process）这个概念被用来描述汇率变动时贸易逆差是如何变化的。我们已经看到，本币贬值使外国商品的实际价格提高，国内替代品变得更具吸引力。虽然对于一般模式来说这样的解释没有问题，但贬值效应通常是有时滞的。例如在美国，汇率变动和出口变动之间的平均时滞长达 9 个半月；汇率变动和进口变动之间的平均时滞要短一些，但仍在 7 个月以上。因此，认为汇率变动马上就会引起贸易量变动的观点是错误的。

除时滞效应外，本币贬值可能首先会招致经常账户赤字的恶化而不是改善，这就是大家熟知的 J 曲线（J-curve）效应，如图 11—6 所示。

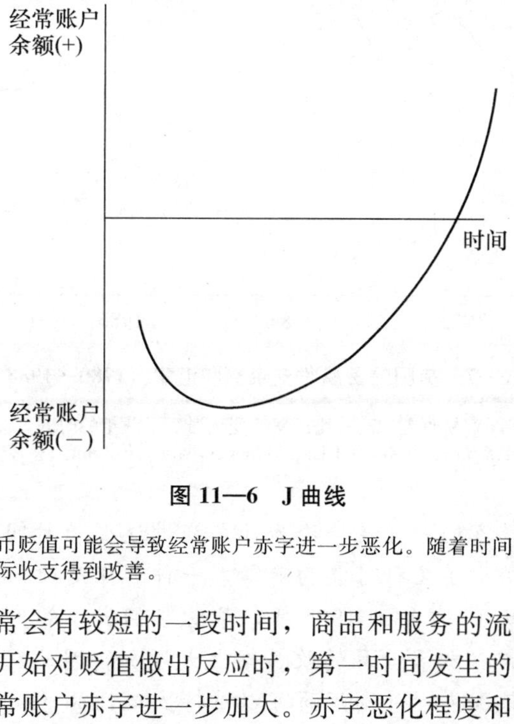

图 11—6　J 曲线

注：刚开始的时候，本币贬值可能会导致经常账户赤字进一步恶化。随着时间推移，消费者用本国商品替代外国商品将使得本国的国际收支得到改善。

本币贬值后，通常会有较短的一段时间，商品和服务的流动不会出现任何明显变动。当进口和出口开始对贬值做出反应时，第一时间发生的变化是进口产品价格的提高，从而导致经常账户赤字进一步加大。赤字恶化程度和持续时间因国家不同而不同。在美国，贸易账户的改善发生在贬值一年甚至更长时间以后。其原因在于贬值使外国商品立刻变得昂贵起来，但是家庭和企业需要花费一些时间去发现替代品。由于缺少相关信息，在国内寻找替代品的供货方、检验其产品质量以及重新商定合同都需要时间。在找到替代品之前，即使外国商品相对较贵，消费者仍会继续购买这些进口产品。

案例 ☞

美国的调整过程

从1980年第三季度至1987年中期，美国贸易逆差占GDP的比重从0.48%增加到3.5%。1985年，G5（法国、德国、日本、美国和英国）达成《广场协议》，共同努力，推动美元贬值。随着新任财政部官员的上任，美元从1985年初开始贬值；1985年1月至1987年1月，美元指数从152.83下跌到101.13，跌幅近34%。

尽管美元在贬值，但美国的贸易逆差却持续扩大。由于原本预期贬值将大幅降低美国的贸易逆差，政客、经济学家等利益相关集团都为此感到不安。于是，一些记者和政客认为，美元价值的变化根本不会改善贸易逆差，外国贸易壁垒的存在使得美国难以扩大出口，而美国国内的市场开放政策则确保进口增长不受美元价值影响。

但是，大约两年后，贸易收支开始对美元贬值做出反应。图11—7显示了美元价值的变化和1980—1988年间贸易收支的变化。可以发现，贸易逆差的改善滞后了两年，这说明调整过程花费了一段较长的时间。汇率和滞后两年的贸易收支余额是匹配的。如果对这两年的滞后期进行调整，就能发现二者的变化有着惊人的相似性。

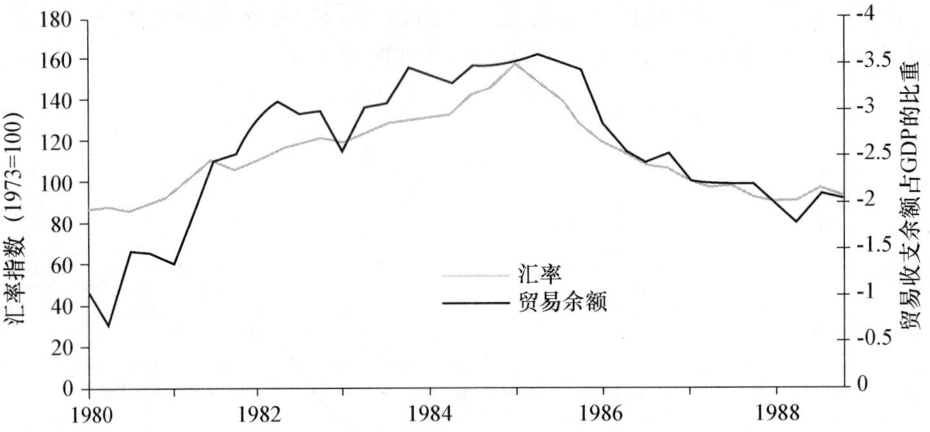

图11—7 美国的贸易收支余额和汇率（1980—1988年）

注：20世纪80年代，美国贸易收支的改善比汇率的变化滞后了两年的时间。

资料来源：Business Cycles Indicators，BCI DataManager，Gary F. Langer；*Economic Report of the President*.

自此之后，经济学家们一直在争论为什么经过这么长时间，贸易收支才对美元贬值有所反应。这里给出了几种可能的解释。一种解释是此前的美元升值提高了外国厂商的利润边际。从1980年到1985年，尽管它们出口的产品的美元价格没有变化，但外国厂商获得的以本币计算的收益却大大增加。因此，美元贬值初期，在可容忍的本币收益下降范围内，外国厂商可以维持出口产品的美元价格不变以便继续占领美国市场。

另一个可能的解释是此前美元升值的影响依然没有完全消退。第三个解释则是出口增长的起点要比进口低得多，为实现贸易逆差的改善，出口增长速度必须快于进口。

11.6 发达国家宏观政策的协调

对发达经济体来说，宏观经济政策协调是一个很普遍的事情。过去的 G8（加拿大、法国、德国、意大利、日本、俄罗斯、英国和美国）和现在的 G20 年度会议常常将议题拓展到各国共同面临的宏观经济问题、国际经济关系和发达国家与发展中国家的关系等。随着全球性经济失衡的加剧，如美国面临巨额经常账户逆差而中国的顺差却日益增长，宏观经济协调也成为讨论的一个主题。现实中，各国之间宏观经济政策协调合作的现象相当少，但并非不可能。例如，著名的《广场协议》就是五个主要工业化国家一致行动促使美元贬值的合作范例。

通过宏观经济政策协调希望达成的目标多种多样，从达到理想的世界经济增长水平到阻止全球性经济危机。各国共同协调可以避免某一世界主要经济体负担过重。让一国承担全球经济调整的绝大部分成本是不公平的。例如，如果世界经济进入了一个相对缓慢增长的时期（不是每个国家都增长缓慢，但有许多国家处于衰退或者增长缓慢状态，所以世界平均增长率低至无法提高生活水平或者使人民摆脱贫困），一些工业化国家决定联合运用财政政策和货币政策来扩张经济，因为进口需求增长刺激了其他国家的生产，那么这些国家的收入增长就会提高世界其他国家的收入。如果所有经济体同时实施扩张性政策，贸易伙伴国之间的需求就会同时增长，那么出口和进口相伴增长，这样就不会出现某一个国家由于逆差突然增加而背上包袱的现象。但是由于各种原因，比如存在巨额预算赤字或者担心扩张性政策导致国内通货膨胀等，一些国家可能不会采取扩张性政策以应对全球经济增长下滑。这时实行扩张性政策的国家作为全球增长发动机的效应就会减弱，而且其经常账户还有可能会严重恶化。这一切都是因为贸易伙伴国没有以同样的速度增长。如果扩张性财政政策还引起了利率的上升，外国资本流入导致的一国货币升值则会使其经常账户进一步恶化。

在实施扩张性政策的过程中，各国相互协调是排除两难困境的方法之一，然而协调既存在经济阻力又存在政治阻力。政治阻力在于没有一个国际组织能够敦促各国达成一个多边协议，也没有一个可行的不牺牲各个国家政策独立性的方法。经济阻力则在于，在任何时期都无法用同样的政策满足所有国家的利益要求，各国进入和脱离衰退的时间并不是一致的，也就不存在一个普适性的政策。政策协调仍然是留待世界主要经济体讨论的议题，因为它们总是不可避免地站在一个或几个国家的角度上考虑问题。

小　结

1. 家庭为企业提供生产所需要的全部要素（土地、劳动力和资本）。继而，企业因使用生产要素而向要素所有者支付租金（土地）、工资和薪酬（劳动力）以及红利、利润和利息（资本）。家庭得到的收入等于企业产出的价值。

2. 企业通过金融机构借入家庭储蓄，并使用储蓄进行投资，生产出一国的产出。政府用家庭缴纳的税款购买商品和服务。外国部门则提供了进口和出口需求。

3. 财政政策包括政府税收和支出政策，货币政策包括利率和货币供给。扩张性政策可以促使GDP和国民收入增长，紧缩性政策则正好相反。

4. 财政政策和货币政策通过改变总需求起作用。财政政策或者改变政府支出，或者改变税率而影响家庭收入，前者直接而后者间接地改变了总需求。货币政策通过改变利率，进而对改变投资产生作用。

5. 乘数解释了支出（需求）的初始变动如何在经济中被放大，导致支出产生成倍的变化。

6. 财政政策被认为比货币政策更难实行，因为财政政策需要国会立法通过并由总统签发。而货币政策由美联储独立负责，操作更为容易。

7. 财政政策和货币政策均会影响汇率和经常账户余额。财政政策或者货币政策通过改变利率而施加影响。两种政策对收入都不具有长期效应。

8. 为减少或者消除经常账户赤字，有关国家必须实施支出转换和支出削减政策。支出转换政策将需求从外国转至本国，而支出削减政策则降低了总需求水平。

9. J曲线描述了为了消除经常账户逆差而采取的政策会在初始阶段使逆差进一步扩大然后再缩小。贬值和经常账户逆差缩小之间的时滞在美国大约为1～2年。

关键术语

调整过程（adjustment process）
总需求（aggregate demand，AD）
总供给（aggregate supply，AS）
紧缩性财政政策（contractionary fiscal policy）
紧缩性货币政策（contractionary monetary policy）
货币委员会（currency board）
扩张性财政政策（expansionary fiscal policy）
扩张性货币政策（expansionary monetary policy）
支出削减政策（expenditure reducing policy）
支出转换（expenditure switching）
支出转换政策（expenditure switching policy）
财政政策（fiscal policy）
中间投入（intermediate inputs）
J曲线（J-curve）
货币政策（monetary policy）
乘数效应（multiplier effect）
公开市场操作（open market operation）

习　题

1. 使用总需求和总供给曲线，画图说明下列情况对价格和GDP的影响。

（1）收入税降低；

（2）军费开支增加；

（3）外国购买者对本国的出口需求下降；

（4）进口增加；

（5）企业投资支出下降。

2. 解释财政政策和货币政策的概念，它们分别由什么机构来执行。描述它们是如何在经济中起作用的。

3. 在使用财政政策和货币政策时会遇到什么问题？为什么经济学家和政治家不能对政策的收入和产出效应做出准确预期？

4. 分别阐述财政政策和货币政策变化引起利率、汇率和经常账户余额变动的机制。

5. 一些国家以固定汇率制代替浮动汇率制。汇率制度是如何限制这些国家使用货币政策的能力的？

6. 美国目前存在巨额经常账户逆差。如果国会和白宫决定实施减少或消除逆差的政策，应该怎么做？列举可选的政策方案。

7. 接着上一个问题，更进一步阐述政策的影响。也就是说，旨在减少或消除经常账户逆差的政策对于收入、消费、就业、利率和实际汇率有什么影响。

8. 20 世纪 80 年代后半期，美国运用美元贬值政策来减少经常账户逆差，但是一年后，逆差反而扩大了。于是，一些专栏作家纷纷撰文声称汇率和经常账户无关。解释为什么他们的观点是错误的。

9. 假设美国、日本和世界许多其他国家都进入衰退期，但是欧洲增长势头仍然强劲。为什么宏观政策协调是有益的？谁应该参与到协调中来？协调中存在的障碍是什么？

第 12 章

国际金融危机

学习目标

通过本章的学习，学生应该掌握以下内容：

1. 定义三种不同类型的危机。
2. 区分经济失衡导致的危机和资本流动剧烈波动导致的危机。
3. 列明并解释一国为了降低自己的金融风险，可以采取的三种措施。
4. 解释对国际金融架构和国际金融机构进行改革的必要性。
5. 描述 2007 年爆发的全球金融危机的主要诱因。

12.1 引言：经济一体化面临的挑战

国际经济一体化程度的日益加深给经济增长和发展创造了机遇，但也使得金融危机从一个国家扩散到另一个国家变得更加容易。2008 年开始的全球经济衰退就是由 2007 年爆发的那次金融危机所引发的，虽然这次危机可能是 20 世纪 30 年代以来最严重的一次危机，但除此之外，大大小小的危机并不少见。在欧元诞生之前的 1992 年，针对英镑和其他一些欧洲货币的投机活动差点就使得整个欧洲货币体系土崩瓦解，欧盟很多国家付出了惨重的代价。1994 年底，针对墨西哥比索的投机导致墨西哥经济崩溃，并通过“龙舌兰效应”（Tequila effect）蔓延到南美。1997 年，几个东亚经济体由于资本突然大规模外逃而陷入严重的经济衰退。1998 年，俄罗斯因为债务违约而爆发金融危机并波及拉丁美洲。

金融危机并不是新生事物，但是危机形成和蔓延的方式确实会随着世界经济金融一体化进程而不断演化。在某些情况下，金融危机是不一致的、不切实际的宏观经济政策的必然结果；但在某些情况下，具有稳健宏观经济政策的国家也毫无征兆地陷入货币危机或金融危机。这就使得很难事先预测金融危机的到来，但同时也就使得一系列早期预警指标具有更高的价值。金融危机的传染效应（contagion effects）并不局限于某一种模式，而且它们进一步证明了不同类型的金融危机有着不同的作用机理和行为方式。

金融危机会导致政府更替，经济崩溃，人们的日常生活受到极大影响。金融危机引起的不可估量的损失使得大量的研究集中于金融危机的起因、预防措施和应对之策。本章对与这些问题有关的基本理论做了回顾。首先描述过去20年间所观察到的三种不同类型的危机，然后讨论几个关键性问题，包括一个国家为避免或者降低金融危机的危害应该采取哪些措施，以及一旦金融危机爆发所面临的政策选择。

在这一领域的许多研究都试图构建国际金融改革的有效准则。最近几年出现的很多改革建议通常被称作国际金融体系（international financial architecture）改革建议。通常这些提议的内容都与国际货币基金组织（IMF）和其他在国际金融关系中扮演一定作用的多边机构的改革有关。本章的最后一部分讨论了两个主要问题：世界经济需要一个最后贷款人（lender of last resort）吗？最后贷款人应该给需要帮助的借款人设定怎样的贷款条件？

12.2 金融危机的定义

金融危机的表现特征各不相同，但通常涉及汇率危机、银行危机、债务危机，或者是两种及两种以上危机的组合。虽然汇率体系、银行系统、债务并不是金融危机的全部，但从历史角度看它们确实是最薄弱的环节——这部分是因为传染效应通过它们将金融危机从一个国家传播到另一个国家，从金融体系扩散到其他部门。

当银行系统不能履行正常的借贷职能，而且部分或所有银行面临资不抵债的威胁时，我们就说爆发了银行危机（banking crisis）。银行就和其他企业一样，当资产少于负债，或净资产为负时，就被看作是资不抵债或破产。2007年12月开始的这次经济衰退也是这一年早些时候爆发的银行危机的余波。许多金融机构，包括银行，都被牵涉在内。

银行最首要的作用是在储蓄者和借款者之间充当媒介（intermediation）。简单地说，就是银行和其他金融机构集中居民存款，然后将其贷给有投资需求的企业。如果从银行借款的企业破产，银行就无法向储蓄者偿付本息，同样银行也会随之倒闭。当银行不能充当储蓄者和借款者之间的媒介时，脱媒（disintermediation）就会发生——脱媒是一个很严重的问题，容易造成恶劣的经济后果。

当银行、保险公司或者证券公司倒闭时，那些购买它们金融产品的投资者们就会损失部分甚至全部的资金。在许多国家，银行的存款人享有存款保险，但是那些通过经纪商购买年金保险或有价证券的投资者就没有这么幸运了。存款的损失迫使家庭削减消费支出，这将引起更大范围的经济衰退，这是银行危机传播到实体经济的方式之一。未受影响的银行遵循谨慎原则，很可能会停止发放新的贷款，放慢乃至停止新的投资。企业开始裁员，经济陷入螺旋式下降及衰退的恶性循环。

汇率危机（exchange rate crisis）是由一国货币突然、意外贬值引起的。不管是在固定汇率制、浮动汇率制还是介于两者之间的汇率制度下，都有可能发生汇率危机。在固定汇率制下，汇率危机会使一国的国际储备蒙受损失，一旦国际储备耗尽，本国货币就会突然贬值。货币贬值通过使汇率朝着更不利于人们将本国货币兑换成美元或者其他国际储备货币的方向变化，可以起到积累货币储备或保护现有国际储备的作用。如果一国实行浮动汇率制，汇率危机会引发急速、不可控的货币贬值。虽然说没有任何一种汇率制度是绝对安全的，但是现有研究认为，实行固定汇率制度的国家更容易出现汇率危机。

与银行危机的影响类似，汇率危机通常也会导致经济急剧衰退。衰退效应有不同的传导途径，但是最常见的一个便是银行体系。比如，在 1997 年和 1998 年的亚洲金融危机之前，银行在国际资本市场上借入美元。当本国的货币贬值时，以美元计算的债务负担急剧增加。后果便是，很多银行倒闭，脱媒现象发生，新增投资停止，经济陷入深深的衰退。

当债务人丧失偿付能力，只能对债务进行重组时，我们就说爆发了债务危机。债务人完全对债务违约的情况很少见，大多数情况下，债务重组会涉及降低贷款利率、延长债务到期时间、部分减免债务，或者是这三个措施的组合。债务人可能是政府机构，也可能是私人部门，或者是二者兼而有之；债权人则可能来自国内，也可能来自国外。外债是指欠外国债权人的钱；国内债务既可能是欠本国居民的钱，也可能是欠外国债权人的钱，但不管是哪种情况都适用本国规则。例如，美国政府的债务大部分都可以归为国内债务，因为这些债务全部适用根据美国法律法规制定的条件。国内债务通常都是用本国货币计价发行的，这也是它相对于外债来说的另一个优势所在，外债通常是用外币标价的。

债务重组会引起债务在整个社会中的重新分配，一些此前有偿付能力的债务人可能会因为他们持有的资产减值而变得没有偿付能力。如果他们的资产价值下降得太多，超过了负债总额，那么这些人就变得没有偿债能力了。债务危机还可以通过其他方式引发经济停滞。例如，20 世纪 90 年代期间，日本的企业和银行都在集中所有能力去偿还因为 80 年代末 90 年代初房地产泡沫破裂而招致的债务。这样一来，它们就不得不缩减正常商业支出，整个经济的总需求水平因此而大幅下降，进而导致了接近十年的经济停滞。2011 年爆发的这次欧债危机引发的后果与日本的情况很类似，很多企业，包括银行，都不愿意借款和消费，而是选择偿还房地产泡沫崩溃以及经济衰退期间积累起来的债务。

12.3 国际金融危机的诱因

可以说，每次国际金融危机的诱因、破坏国内经济的方式都有其独特性。即便是这样，我们依然很有必要区分两种不同类型的金融危机的诱因。第一类危机是由明确的和可识别的宏观经济失衡造成的。这种类型的金融危机发生的时间难以预测，而且除非修正其根本问题，否则金融危机最终必定会发生。第二种类型的危机是由快速流入或流出一国的金融资本的波动造成的。投资者预期的突然改变可能成为资本流动发生波动的导火索，并且银行和金融部门潜在的脆弱性也可能因此暴露出来。另外，这类金融危机往往令人困惑不解，因为在最近几次金融危机中，受影响的国家都有很强的国际影响力，它们的宏观经济政策也还算稳定。

□ 12.3.1 宏观经济失衡引发的金融危机

在过去几十年中，很多次金融危机都是由严重的宏观经济失衡引起的，而且往往伴随着会进一步加剧一国经济的脆弱性的汇率体系的崩溃。宏观经济失衡的表现形式多种多样，包括大规模的预算赤字、大规模的经常账户赤字、被高估的汇率，或者是私人部门——比如住房市场——债务水平不可持续等。2007 年爆发的金融危机可以部分地说明这个问题。汇率体系的脆弱对金融危机并没有起到什么作用，但是大规模的全球经常账户失衡为这次危机埋下了隐患。2007 年爆发的这次金融危机有很多不同寻常的特征，其中最令人吃惊的就是它源于高度发达的经济体——美国。事后，我们完全可以理解它为什么最早会从美国爆发，但是在危机开始之前，没有人预见到这一点，美元在此过程中没有起到很大的作用，部分是因为美元在国际储备货币中的基础地位使得它面临很大的需求，甚至是在金融危机爆发的时期。

从历史上看，政府糟糕的财政和货币管理能力可能是导致经济失衡的一个重要原因，因为这种情况下很容易出现大规模的预算赤字和较高的通货膨胀。在第 10 章中我们曾经讲到，本国通货膨胀率高于国外会导致本币实际贬值，经常账户呈现恶化趋势。如果不采取纠正措施的话，哪怕是温和的通货膨胀，但是只要高于贸易伙伴国的通货膨胀水平，就会对一国的实际汇率产生影响。但是，并不是所有的危机都是由糟糕的财政或货币管理能力引发的，也有很多金融危机源于过度投资于房地产或者是金融工具而出现失衡的私人部门。

在开始于 2007 年的这次危机中，不同国家或者是同一国家在不同时间点都或多或少表现出上面提到的这些诱因。随着包括美国、英国、西班牙在内的很多国家房价的上涨，私人部门——包括银行、保险公司、养老基金以及个人——投资于房地产的动机显著增强，最终导致房价上涨到不可持续的程度。全球失衡——高储蓄、经常账户有大规模盈余的国家借钱给经常账户有大量赤字并且有很高的投资需求的国家——则大大便利了投资行为。一旦房地产泡沫破裂，危机就不可避免了。银行已经不可能再继续放贷，因为它们已经没有或者近乎没有偿付能力了，这导致 2007 年末始于美国的危机进一步加剧，消费和投资支出大幅下跌。

开始的时候，大多数国家的失衡都是私人部门储蓄与投资决策出现问题导致的。但是紧接着，为了充当好经济的自动稳定器，随着税收下降和用于社会项目以及医疗保健的支出的增加，政府部门失衡就开始发挥作用了。在衰退期间，因为经济活动萎缩和私人部门收入的下降，政府部门的收入往往也会减少。与此同时，用于解决失业、医疗保险甚至是养老金等社会项目的支出会大幅增加，因为很多工人在这个期间失业，没有雇主为他们支付医疗保险费，而且（有些人）会提前退休。税收的减少和社会保障支出的增加构成了一个自动稳定器，因为这些变化是同步的，而且一定程度上可以对抗衰退。但是它们也不可避免地会给一国带来预算赤字，在某些情况下，赤字会变得不可持续。

不可持续的赤字并不是必然现象，会受到很多因素影响，比如银行体系的稳健程度、经济的愈合能力等。举例来说，2007—2009 年的危机期间，一些欧盟国家遭遇了政府债务危机。在希腊，政府糟糕的经济管理能力使得这次危机触发了一系列的问题。在其他一些国家，严重的经济衰退也逐渐让它们危机之前积累起来的良好的公共债务管理能力、较低的负债率、预算平衡等优势消失殆尽，导致税收下滑，养老金和各种社会公共支出增加。西班牙等国家的预算赤字显著增加，以至于投资者开始怀疑政府的偿付能力。这导致西班牙政府越来越难借到钱，主权债务违约——债务危机的一种，指政府没有能力偿还贷款的现象——的幽灵一直困扰着各方。

□ 12.3.2 资本流动的波动引发的金融危机

并不是所有的金融危机都是由不可持续的扩张性财政政策和货币政策所引发的。国民经济越来越容易受到那些可以迅速将金融资本从一个市场转移到另一个市场的技术的影响。再加上过去的几十年里高度的金融开放，金融危机的传染效应足以跨越一切地理边界。最好的例子就是 1997—1998 年破坏东亚经济体的那场金融危机。虽然说这些经济体中有一部分的金融部门确实比较脆弱，但也有些经济体如新加坡、中国香港和中国台湾等，金融部门并不是那么脆弱，却也难逃厄运。

发生这类金融危机最根本的原因在于金融资本流动的高度波动性，而且技术进步加剧了这种波动。巨大的新兴市场的出现以及高收入国家金融投资者对投资多元化的渴求，使得数千亿美元的资金投资于世界各地。虽然大部分储蓄都以储蓄的形式留在一国国内，但是越来越多的储蓄开始进入国际资本市场，并且随着利率、汇率预期和经济活动的变化自由地流动。这不仅创造了机遇，也引发了一系列问题。比如，投资经理们会相互观察对方的行动，以此作为判断市场动向的依据。这样一来就很容易引发羊群效应，将小问题扩大化。最初一小部分资金流出某国可能会被解读为潜在经济条件变差的信号，由此导致大量资本外逃。一旦发生这样的情况，最终的结果只能是国际储备消耗殆尽，本币大幅度贬值，金融部门脆弱得不堪一击。

脆弱的金融部门会导致问题进一步恶化。银行从国际上筹借资金，然后在国内发放贷款。如果在国际市场上获得的是短期贷款，然后投资于房地产等长期项目，那么当国际贷款到期时，问题就出现了。如果国际债权人愿意延长借款期限，或者提供新的贷款，一切都不是问题。但是如果债权人认为借款行存在问题，并且拒绝将贷款延期，此时如果银行的资产主要是住房贷款的话，那么该银行就会出现流动性不足的问题。短期内，住房变现能力相对较差，而且不能用来偿还贷款。当很多银行遭遇类似的问题时，它们试图变卖房地产的行为会使得房地产价格进一步下跌，从而破坏银行系统的偿付能力，因为进行房地产投资的每家银行所持有的资产都是在不断贬值的。

这类问题格外棘手，因为事态会朝不同的方向发展。也就是说，如果国际债权人愿意提供额外的贷款，银行就有时间变卖其长期资产，这样问题自然而然就得以解决，不会造成金融危机。相反，如果国际投资者预期会发生金融危机而不愿意给一国银行时间将房地产投资转换成流动资金，那么金融危机的预期就成为可自我实现的了。关于爆发金融危机的预期使得债权人拒绝继续向银行贷款，那些资金流动性差的银行就会因此丧失偿付能力。

我们所描述的场景有时会令经济学家和政策制定者感到很忧虑。首先，这个场景会产生几种可能的结果，或用经济学术语来说叫做多重均衡性（multiple equilibria），而这些结果取决于国际债权人的反应。其次，一种可能的结果是金融危机，但它既不是事先决定的，也不是不可避免的，而是预期心理作祟。最后，金融危机会影响那些基本面完好但债务和资产存在期限错配的银行。换言之，这些银行的资本流动性虽然比较差，但原本不至于丧失偿付能力。

所有这些似乎都暗示着此类金融危机是有可能避免的。一方面，这要求银行必须更加关注到期债务和资产的匹配性。在某些情况下，这要求对部分银行机构实施严格监管。对国际债权人来说，他们必须非常熟悉借款人所参与的业务。这就要求有更多信息来源、使用标准会计准则以及国内外金融体系实现更高的透明度。最后，如果危机真的爆发，国际货币基金组织等负责提供紧急贷款的国际机构必须有能力区分丧失偿债能力和流动性不足——这要比看起来困难得多，但准确区分不同情况是非常重要的，因为如果借款国短期和中期前景不同，那么正确的应对政策也会有所不同。

案例☞

1994—1995 年的墨西哥比索危机

墨西哥比索的大幅贬值，以及随后在 1994 年底发生的金融危机，既有宏观经济失衡的原因，也有短期资本流动出现波动和金融业比较脆弱的原因。一方面，有明确的信号表明宏观经济存在失衡，比如高估的实际汇率和大额经常项目赤字。另一方面，墨西哥政府实行相对紧缩的财政政策，如果不考虑应该向外国债务人支付的利息的话，其政府预算是盈余的而非赤字。同样，在 20 世纪 90 年代初，通货膨胀率不断下降，从 1991 年的 22.7%降为 1994 年的 7%。1990—1993 年间，大约有 910 亿美元的资本流入墨西哥，大约平均每年流入 230 亿美元，是所有发展中国家吸引外资最多的。资本流入的形式包括私人有价证券投资（610 亿美元）、直接投资（166 亿美元）和银行贷款（134 亿美元）。

总统萨利纳斯（1988—1994 年）组建的政府为维持高投资率，积极鼓励国外资本大量流入，因此投资率远远超出国内储蓄所能支撑的水平。回忆一下第 9 章的宏观经济恒等式，即个人储蓄加政府预算余额必须等于国内投资加上经常项目余额，也就是说：

$$S_p+(T-G)=I+CA$$

1994 年，墨西哥的储蓄约占 GDP 的 14%，除非其他国家的储蓄流入墨西哥，否则无法实现超过 GDP 20%的投资。墨西哥经常项目赤字巨大，1991 年占 GDP 的 5%，1992 年和 1993 年均达到 6.5%。大量外国商品和服务流入墨西哥，提供了更多墨西哥仅凭自身能力无法提供的资本品，从而使得更多的投资成为可能；而且外国商品也满足了国内家庭部门的消费需求和厂商的投资需求。这就是墨西哥政府的策略，而且看起来非常有效。加拿大、美国和墨西哥签订的《北美自由贸易协定》从 1994 年 1 月 1 日开始生效，当年，美国和墨西哥之间的贸易额增长了接近 1/4 (23.7%)。《北美自由贸易协定》增强了墨西哥制度的稳定性，且墨西哥生产的任何商品都可以自由进入庞大的美国市场。

1994 年，国际资本市场开始趋于保守和规避风险。1994 年 2 月，美国利率的变动和全球范围内汇率的波动给很多银行和投资者带来了巨大损失。投资经理开始重新评估投资行为，并寻找方法降低自己所面临的风险。同时，墨西哥一系列的政治事件也促使投资者重新评估他们在墨西哥的金融头寸。最开始，在 1994 年 1 月 1 日，也就是《北美自由贸易协定》生效之日，墨西哥最贫穷的州——恰帕斯州——的农民为维持生计开始反抗联邦政府。紧接着，同年 3 月，处于领先地位的总统候选人在竞选过程中被暗杀。先前《北美自由贸易协定》的签署和实施向人们传递的信号是墨西哥是一个安全、稳定、现代化的国家，而这些事件则动摇了投资者的信心。出于谨慎考虑，流入墨西哥的资金开始萎缩，而且国内外的投资者纷纷开始抛售以比索标价的资产。

自 1994 年 12 月初上任还不到三周，埃内斯托·塞迪略总统就最终承认比索被高估了，并宣布比索贬值 15%。通常这种做法会被看做是处理货币高估这个问题的一种谨慎和可靠的对策。但不幸的是，外汇经纪人和经济学家此前预期比索会贬值 20%～30%，而塞迪略总统的做法似乎表明政府并没有意识到金融危机的严重性。其结果就是，经济状况并没有像政府所期望的那样稳定下来，相反，比索贬值 15% 反而令货币和金融市场陷入更加混乱的状态，资本加速外逃，美元储备减少，墨西哥汇率政策的可信度受到严重质疑。

在宣布比索贬值两天之后，墨西哥政府又宣布实行浮动汇率制度。虽然这是个正确的决策，但是破坏已经无法挽回，国内外资本继续流出墨西哥。到 1995 年 3 月，比索币值跌至 7 比索兑换 1 美元，与 1994 年 12 月相比，其价值已经损失一半以上（见图 12—1）。

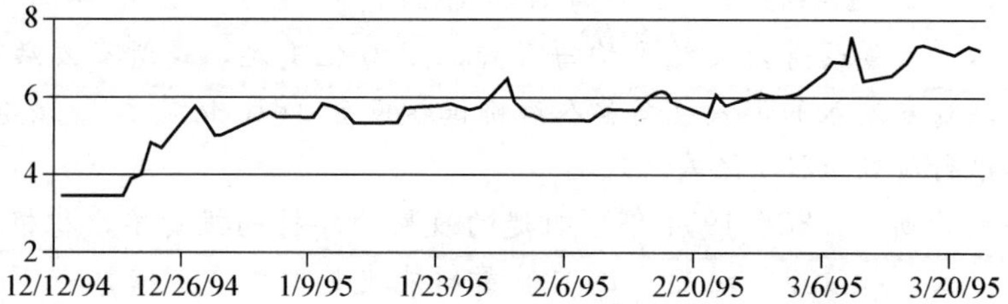

图 12—1　单位美元可兑换的比索：1994 年 12 月 12 日—1995 年 3 月 22 日

注：1994 年 12 月 20 日到 1995 年 3 月 9 日，比索贬值接近 50%。
资料来源：Federal Reserve Board，http://www. Federalreserve. gov/releases/H10/hist/.

塞迪略政府试图向《北美自由贸易协定》的伙伴国和国际货币基金组织寻求资金支持，来解决短期金融危机问题。到 1995 年 1 月底，包括一系列信贷和借款的救助措施终于来了。几周后，货币市场渐趋稳定，而且随着以比索标价的资产的持有者相信政府有能力将任何数量的比索兑换成美元，资本外逃速度也有所放缓。比索的价值也开始回升，到1995年年底，每6比索可兑换1美元。

这次危机的中长期问题需要通过削减政府开支、增加税收和减少消费在内的一揽子紧缩措施来解决。1994年底经常项目的高额赤字不仅使得墨西哥金融体系面对资本外逃时显得更加脆弱，而且也要为美元储备减少负上一定的责任。因而，支出削减政策成为解决金融危机的必要手段，因为增税和缩减政府支出有助于减少经常项目赤字。政府提高了电和煤气的价格（两者都由国有企业提供），同时通过大幅提高利率、制定关于银行信贷的新规来限制信贷规模。这些措施不仅减少了消费，提高了储蓄，为投资活动提供了大量的资金，而且降低了墨西哥对外来资本的依赖。但是，消费和政府支出的下降带来了经济衰退，墨西哥GDP在1995年下降了6.2%，50多万人失去工作。

分析人士仍然在探讨比索贬值带给我们的经验教训，但是有些事情是不言自明的。对于墨西哥来说，凭借大量金融账户顺差（经常项目逆差）形成的依赖世界储蓄流入的政策被证明是不稳定的。大量外国资本投资于高流动性的金融证券，而不是长期的直接投资。虽然这种资产配置方式并不必然带来高风险，但是一旦比索被高估，国内外投资者就会担心货币意外贬值进而侵蚀他们的资产价值，于是就会选择将比索大规模兑换成美元。另外，比索危机表明了在爬行钉住汇率制度下维持本币有序贬值是多么困难。墨西哥比索贬值15%原本是一个谨慎的也是正确的选择，但这不但没有消除市场的恐慌情绪，反而降低了该国汇率政策的可信度。从此之后，很多经济学家都主张要么在相机抉择的货币政策的前提下采用完全的固定汇率制，要么像墨西哥在危机之后所做的那样采取浮动汇率制。

12.4 规避金融危机的内部难题

并非所有的金融危机都可以避免。但是，一国可以采取一些措施来最小化金融危机发生的概率及其发生时造成的损失。另外，政府需要维持可信的、可持续的财政政策和货币政策，对金融体系进行积极的监管，并且及时提供与主要经济指标有关的信息，如中央银行持有的外汇储备量等。

在这些方面，有效政策的制定是相对简单的；但在其他一些问题上，专家们的意见各种各样，很难达成一致。如果银行倒闭，政府应该帮助它们摆脱困境吗？如果救助的话，应该提出怎样的条件？应该限制国外资本的流入和流出吗？什么样的汇率制度是最可靠的？在某些情况下，可能并没有一个单一的最优政策来规避危机的爆发，政府面临一系列等同的选择。在这种情况下，有没有可能因为各个国家的内部经济状况的不同，有些政策适用于某个国家，但是却并不适合其他国家？

□ 12.4.1 道德风险与金融部门管制

当一国的金融部门职能缺失时，问题就会蔓延到其他部门：信贷枯竭，投资活动停止，居民担心存款灭失，随即消费下降，经济陷入衰退。因此，人们有很强的动机保持金融部门正常运转，即使这意味着政府为了保持金融部门有序运转需要付出很高的代价。

这使得政策制定者感到左右为难，因为如果你知道当你陷入困境时有人会向你提供救助，会导致人们包括银行家们更加愿意冒险。如果失败所造成的损失不必由它们自己承担，金融机构内部就没有激励采取应有的防范措施，也没有激励负责任地进行决策。用经济学术语来说，这就是道德风险（moral hazard）。当存在隐瞒关键信息或者牺牲公共利益去谋求个人利益的动机时，道德风险就产生了。比如，二手车卖家为了卖出高价会有很强的动机去隐瞒与汽车有关的负面信息，购买人寿保险的人有很强的动机去隐瞒自己健康状况方面的负面信息。同样，在金融部门里，如果知道会有人为它们的损失埋单，银行和其他机构也就有理由进行能给它们带来更高收益但是风险也更高的投资。

只要政府有保护金融系统不致崩溃的一般性政策，道德风险问题就不可避免。一个普遍的共识是，提高对银行的资本要求是消除金融机构道德风险问题的关键，因为这样一来在危机时期银行可使用的资本金就增加了。这里的资本包括股东权益、留存收益、银行准备金以及其他一些金融工具。简单来说，它们都是所有者对银行的投资。各国签署了一些对银行的资本充足率提出要求的国际协定，它们被统称为《巴塞尔协议》（Basel Accord），其中包括 2010 年签署的《巴塞尔协议Ⅲ》。除了解决道德风险问题外，《巴塞尔协议》还试图通过制定银行监管、信息批露、压力测试等方面的一系列新规则，使银行系统变得更加稳健。所谓压力测试就是通过让银行承受各种假想的负的外部冲击，事先告诉银行它的哪些方面比较脆弱需要改进。因为最新版的《巴塞尔协议Ⅲ》是 2010 年才签订的，还没有经历过新一轮危机的考验，因此关于它能否有效帮助各国避免再次发生大的金融危机，各方还没有达成一致意见。

□ 12.4.2 汇率政策

20 世纪七八十年代，很多国家采用了爬行钉住汇率制度作为反通胀策略的一部分。在第 10 章中我们曾讲过，爬行钉住汇率的钉住是指本国货币钉住一种主要世界货币，如美元、欧元或者是由本国主要贸易伙伴的货币组合而成的一揽子货币。“爬行”是指定期（通常是每天）让本币有一个固定幅度的贬值。“钉住”是为了在本国通货膨胀率高于贸易伙伴国时稳定实际汇率。如果本国通货膨胀率高于国外水平，本币贬值可以保证实际汇率不变。给定实际汇率的定义：

$$R_r = R_n(P^*/P)$$

如果 P（国内价格）的变动高于 P^*（国外价格），名义汇率 R_n 必须上升（本币贬值）以维持实际汇率不变。维持钉住汇率制度要求金融监管当局遵守货币发行原则，从某种意义上说就是反通货膨胀。另外，很多国家为了强化爬行钉住制度反通货膨胀的效果，会有意让本币以低于国内外通胀差异的速度贬值。这样所形成的汇率实际上升可以对国内通货膨胀起到抑制作用，因为外国商品的实际价格在稳步下降，限制了国内生产商的提价能力。这样做能否帮助控制通货膨胀并不确定；但是在很多情况下，它却会导致实际汇率被大大高估，加剧一国面对金融危机时的脆弱性。国内外机构都已经习惯了现有的汇率制度，本币突然大幅贬值不仅会带来巨大的经济损失，而且会伤害到人们对该国政策制定者的信心。

爬行钉住汇率制度加剧一国在金融危机面前的脆弱性的另一个原因是，如果本币被高估成为既定事实，那么强大的政治阻力将使得一国很难放弃这种制度。如果政府宣布改变现有汇率制度，其政策就失去了可信度。因此，通常情况下，很多国家迟迟不愿纠正汇率被高估的问题，当它们开始着手这样做的时候，问题往往已经变得很严重了。1994 年墨西哥爬行钉住汇率制度的崩溃就是一个很好的例子。

□ 12.4.3 资本管制

很多经济学家认为资本自由流动是一个理想的目标，因为这样一来投资者就可以把金融资本投入到能够带来最高回报的地方，通过最大限度地利用资本的价值来提高世界整体福利。与此同时，当一国没有足够的储蓄去投资有价值的项目时，资本流动使得该国的投资不必受限于本国的储蓄规模，这也会提高世界的整体福利。然而，也有人认为资本自由流动所带来的收益仅限于理论范畴，却从来没有在实践中得到充分的证明。另外，允许资本自由流动可能要付出很高的代价，如经济危机，它会抵消所有的经济收益。

虽然经济学家都认同商品和服务贸易可以提高一国的福利，但是关于资本自由流动的收益问题他们还没有达成一致意见。除了资本流入的潜在收益与资本突然留出的潜在成本之间的不确定关系，在实际资本管制（capital controls）能力方面也存在争议。一旦金融危机爆发，管制资本流动的措施是否可以阻止危机？限制资本流入、限制资本流出和同时限制资本流入流出，哪个才是更好的？

在 20 世纪的大部分时间里，各国都是通过限制资本流动来避免因此而导致的问题的。这似乎暗示了一国能阻止资本的跨境流动，但 20 世纪 70 年代正确的事情，到了今天却不一定就是对的了。新兴股票市场的发展和便于资金大规模转移的技术应用为投资者将资本输出到国外创造了有利的条件和手段。

通常情况下，对资本流动的限制是通过限制作为国际收支中金融账户的一个组成部分的交易来实现的（参见第 9 章国际收支平衡表的构成）。用于与经常账户相关的交易的资本流动通常是被允许的，因为这些交易对于贸易来说是必要的。因此，企业规避资本账户管制的一个主要方法就是高开进口发票，通过这种途径向国外转移资金。相反，也可以低开出口发票，这样向监管部门报告的所收款项就低于实际收到的款项，两者之间的差额就可以逃过当局的监管用于海外投资。尽管很常见也可能是违法的，但是通过行贿等腐败行为也可以将资金转移到国外。

虽然关于这些手段是否会使得资本管制政策完全无效还存在争议，但它们确实可以降低资本管制效率。正是因为这个原因，一般来说，限制资本流入要比限制资本流出更为容易。限制资本流入的手段很多，但目标只有一个，即减少波动性较强的短期资本流入。这些短期资本可能会增大准备逃离一国的流动资产的存量。

然而，一旦经济危机真的爆发了，限制资本流出并不能阻止危机蔓延。因此，金融危机发生时限制资本外流的做法的有效性也备受争议。因为在很多金融危机中都存在对本国货币的投机性攻击，于是有人认为对资本流出实行临时性管制，可以通过人为减少对外汇的需求来终止危机。但理论上，这种做法确实可以提高本国货币的价值，消除关于本币大幅度贬值的预期。

亚洲金融危机发生时，尽管很多人警告说，限制资本外流会破坏投资者对马来西亚政策稳定性的信心，导致国际资本减少在马来西亚的投资，从而在长期给经济造成损害，但是马来西亚政府还是实施了这一政策。这些可怕的预测没有一条变成现实，马来西亚和韩国一样，很快就从经济危机中恢复过来，只是韩国采取的是完全相反的措施——取消了某些限制资本流动的政策。两种不同的政策导致了几乎相同的结果，这一事实表明，我们对金融危机的了解还远远不够。

案例 ☞

1997—1998 年的亚洲金融危机

亚洲金融危机于 1997 年 7 月在泰国爆发，并蔓延到很多国家，包括马来西亚、菲律宾、印度尼西亚和韩国。各国金融危机的外在表现非常类似：货币投机和本币大幅贬值、资本外逃以及金融和工业部门破产。我们试图将这些征兆看作是这一地区脆弱性的标志，但颇为讽刺的是，危机至少部分是由这一地区经济强大引起的。

1. 经常项目赤字和金融账户盈余

受金融危机影响最严重的国家都存在大额贸易赤字。表 12—1 显示了在金融危机的前一年（也就是 1996 年）一些国家和地区的经常项目赤字情况。在表上半部分的 5 个国家，1996 年经常项目赤字占 GDP 比例平均为 5.2%。在危机发源地——泰国，其经常项目赤字高达 GDP 的 8%。表下半部分的三个地区要么经常账户有小额赤字（中国香港）要么有大量盈余（新加坡和中国台湾），但仍然受到危机的冲击。

表 12—1　　经常账户余额与货币贬值（%）

	经常账户余额占 GDP 的比重（1996 年）	本币对美元的贬值幅度（1997.7.1—12.31）
经常账户有大量赤字的国家/地区		
印度尼西亚	—3.4	44.4
马来西亚	—4.9	35.0
菲律宾	—4.7	33.9
韩国	—4.9	47.7
泰国	—7.9	48.7
经常账户有小额赤字或盈余的国家/地区		
中国香港	—1.3	0.0
新加坡	15.7	15.0
中国台湾	4.0	14.8

注：经常账户大量赤字导致本国（地区）货币大幅贬值。但是，有些国家和地区虽然有大量盈余却也没有摆脱本币贬值的厄运。

资料来源：Data from Goldstein，Morris，*The Asian Financial Crisis*：*Causes*，*Cures*，*and Systemic Implications*，Washington，DC：Institute for International Economics，June 1998.

大量的经常项目赤字必然意味着大量的金融账户盈余，表 12—1 上半部分所列国家都曾经有过资本大规模流入的阶段。国外投资者更愿意将资本投向东亚，因为在过去30年里，这些地区平均来说每年实际GDP增长率都保持在5%左右，而且没有理由认为这一点在短期内会发生改变。此外，20世纪90年代日本和欧洲经济增长缓慢使得国际投资者想方设法在全球寻找高回报投资渠道，稳定而强劲的东南亚经济体便脱颖而出了。低通胀和小额预算赤字、持续的政府盈余和经济的高速增长，使东南亚成为最理想的投资和放贷场所。

2. 汇率政策

东亚地区经济体通常都是实行钉住美元的汇率政策，因此在20世纪90年代中期，美元升值引起了很多货币连带升值，导致很多主要货币濒临崩溃。钉住汇率变得越来越难以维持，部分是因为实行钉住汇率制度的国家在出口方面变得更加困难。一些观察人士表示，在美元升值的过程中，1994年人民币与美元之间固定兑换比率下调和日元大幅贬值使这一问题变得更加严重。人民币和日元的变动使得泰国和其他经济体的出口缺乏竞争力。

3. 金融部门问题

出口收入下滑使得这几个国家和地区在监管体制、企业结构和金融体系方面存在的缺陷暴露无疑。东亚很多国家的企业都高度依赖于家庭和私人关系网，这为中小企业发展提供了极为有利的条件。但是，随着企业规模不断壮大，由于缺乏透明度，外部贷款者很难评估其借款的宏观经济风险。另外，由于缺乏可靠的数据和信息，很难实行各经济体为维持稳定所必需的监管措施，金融部门尤其是这样。例如，很多银行的资产和负债到期日不匹配，在上一章我们曾提到过这是引发经济波动一个很重要的根源。这些公司在国际资本市场上获得短期贷款，却将这些资金用于高风险的、投资期也较长的房地产开发项目。

4. 金融危机及其蔓延

真正触发金融危机的往往相对来说都不是特别重要的事件。例如，很多分析人士将泰国出口收入的下降归咎于计算机芯片价格的下跌。无论如何，严重的贸易失衡和令人沮丧的出口收入下降打击了投资者对泰国维持泰铢与美元之间的汇率的能力的信心。人们开始预期泰铢贬值，而且一旦真的贬值，他们便会卖出泰铢。此外，泰国金融部门的很多借款都是从国际资本市场上获得的短期借款，到期需要用美元进行偿还。这无疑提高了本币贬值的成本，因为泰国金融部门获得的收入是以泰铢计算的，但其债务却以美元计算。投资者信心的任何变化都足以毁掉整个经济。

泰国金融危机是如何在全球范围内蔓延的，这是一个很难回答的问题。其中一个推测是泰国为投资者敲响了警钟，提醒他们密切关注投资于其他国家和地区的资产的价值。另一个推测是泰铢贬值使一些周边国家的出口竞争力下降，并迫使它们加入到竞争性的货币贬值中来。无论如何，泰国金融危机具有传染性，而且很快就蔓延到巴西和俄罗斯那么远的地方。

表12—2总结了亚洲金融危机造成的一些后果，该表列出了1998年和1999年一部分东亚经济体的实际GDP增长率。除新加坡和中国台湾外，受危机影响的每个国家和地区的经济在1998年都出现了衰退。新加坡和中国台湾因为拥有较高的贸易盈余和充足的外汇储备，能够专注于经济发展，而不必竭尽全力来维护其货币的价

值，从而避免了经济衰退。截至1999年第二季度，各国（地区）经济才恢复到正增长状态。

表12—2呈现出的经济的快速恢复令很多分析人士都感到惊讶，但是东亚经济体宏观经济政策的灵活性和合理性确实为经济快速复苏提供了有利条件。尽管如此，表12—2给出的并不是事情的全部，它无法告诉我们这些地区的贫困率显著提高。另外，很多新兴市场在见证这次危机之后认为，防止本国发生类似悲剧的最好途径就是积累大量的外汇储备。从2001年开始，包括中国在内的一些国家确实也是这样做的，将出口和出口促进政策作为获得外汇储备的手段。从很多角度看，这或许才是1997—1998年东亚金融危机持续最久也是最重要的后遗症。

表12—2　　实际GDP增长率

经常账户大量赤字的经济体的实际GDP增长率	1998年	1999年
印度尼西亚	−13.2	0.2
马来西亚	−7.5	5.4
菲律宾	−0.6	3.3
韩国	−6.7	10.7
泰国	−10.2	4.2
经常账户小额赤字或者盈余的经济体的实际GDP增长率		
中国香港	−5.1	3.0
新加坡	0.4	5.4
中国台湾	4.6	5.7

注：很多国家/地区在1998年都出现了严重衰退，但是到1999年第二季度，几乎所有爆发危机的国家/地区都恢复到正增长。

资料来源：Asian Development Bank，Economic and Statistics，Regional Data，available at http://www.adb.org/statistics/regdata.asp[Feburary 24,2001].

5. 危机管理

危机虽然已经过去，但关于危机管理的三个问题仍然没有得到解决。第一，国际货币基金组织建议借款国提高利率以保护本国货币，这个决定是错误的吗？第二，道德风险的存在是因为1995年对墨西哥的紧急救援吗？第三，资本管制作为阻止金融危机的临时措施，是有效的吗？

第一个问题是此前提到的两难困境的一个特例。政府是应该保护本国经济还是必须保护本国货币？对于那些拥有大量贸易盈余和充足国际储备的国家（地区）来说，通过降低利率保护本国经济似乎是可行的。真正的难题来自那些存在大规模经常项目赤字的经济体。有人指责说国际货币基金组织对此负有责任，该组织建议这些经济体提高利率，结果将金融恐慌转变成全面爆发的经济衰退。这些人还指责国际货币基金组织处理这次危机的方法与处理20世纪80年代拉美债务危机的方法类似，当时拉美政府面对的是大规模预算赤字和高通胀率。在东亚，政府预算有盈余或者赤字很小，因此没有必要通过临时提高利率来紧缩经济。为国际货币基金组织辩护的一方则认为，提高利率是阻止本币贬值的必要手段。

第二个问题涉及银行或者企业得到紧急援助时面临的道德风险。一些批评人士认为，国际货币基金组织对墨西哥的救助开创了先例，这次救助无异于告诉借款人，他们的错误将由国际货币基金组织的贷款来买单，因此亚洲金融危机爆发的可能性加大了。而紧急援助的提倡者则反驳说，从全球意义上来讲，国际货币基金组织的“救助”并不是真正意义上的“救助”，因为这并没有保护投资者免遭损失。大部分东亚投资者的证券资产价格都出现了大幅度缩水，因此他们有足够的理由在借款时保持谨慎。

正如在前面的讨论中提到的，马来西亚采取了限制资本流出的措施而韩国没有这样做，但是它们都很快就从危机中走了出来。不管从哪个角度看，最优政策都取决于一国特有的条件和环境。未来有必要进一步研究在各种条件下，怎样的政策才是最有效的。

12.5 危机管理的国内政策

给因为宏观经济政策不一致而引发的金融危机开药方，相对来说要容易一点。例如，如果危机是由本币大幅贬值引起的，而后者是下列事件的结果：在固定汇率或者爬行钉住汇率制度下，依靠扩张性货币政策来解决巨额政府预算赤字，那么，解决措施用经济术语描述会相对简单：减少赤字、提高利率来保护本币，或者让汇率浮动。换句话说，由宏观经济失衡造成的金融危机的解决措施就是矫正这种失衡。

但问题是，像削减预算和提高利率这样的经济紧缩政策可能在政治上是行不通的。另外，通常还会存在一些经济上的困难。很多国家的税收体系执行力不够，这意味着税率提高并不能带来更多的收入。浮动汇率体系可能会破坏政府抑制通货膨胀的承诺的可信度，金融部门经常担心政府会解除对货币发行的最后一点限制，并导致恶性通货膨胀。政府部门也很有可能无法轻易减少开支，因为政府职员的劳务合同可能要存续较长时间、政府要提供必要的国内服务，政府预算中有一部分可能是用来支持强大的国内利益集团的等等。

在相对稳定和可信的宏观经济政策下，由突然的资本外逃导致的金融危机相对来说更难解决。考虑到此类金融危机的最终走向会依投资者预期的不同而不同，有人竭力主张应该通过调高利率、动用国际储备或者其他可以让投资者坚信本国货币坚挺的措施，来解决货币贬值问题。另一方面，高利率和其他保护本国货币的措施有可能会加剧银行倒闭，强化金融危机期间实施的其他紧缩政策。因此，保护本国货币的措施可能会将经济由轻度衰退推向大萧条。

无论金融危机的根源在于宏观经济失衡还是资本外逃，政府都有强烈的愿望避免经济衰退。但如果面对的是前一种危机，财政政策和货币政策通常都是扩张性的，金融危机部分是不可持续的和过度扩张的政策的结果。实际上，这排除了把财政政策和货币政策用作避免危机衰退的工具的可能，而且解决问题的唯一方法通常就是承受某种程度的经济衰退。

在第二种情形下，财政和货币失衡可能不是初始问题的一部分，因此并不能完全排除财政政策和货币政策的应用。然而，政府在这个问题上进退两难，扩张性政策包括下调利率，但是这会引起本国货币的进一步贬值。如果国内企业拥有用美元或其他国外货币计价的债务，本国货币贬值意味着其债务规模的突然增加，并且会进一步扩散导致其他企业的倒闭。

实际上，这表明如果金融危机中掺杂了国际因素，财政政策和货币政策的作用就是有限的。这也为金融危机的处理方法提供了一系列选择。政府可以利用高利率保护本国货币，但会扩大金融危机的衰退效应；或者政府保护本国经济免遭衰退的影响，但会加大本国货币崩溃的危险。围绕国际货币基金组织在 1997 年和 1998 年亚洲金融危机期间给出的政策建议（提高利率以便稳定将要崩溃的本国货币）展开的激烈争论充分证明了这一点。显然，如果存在一种简单的既可以阻止金融危机同时又不会引起经济衰退的方法，一定会受到政府决策者的热烈欢迎。

12.6　国际金融体系改革

国际金融危机的频频发生加之带来的沉重代价，使得很多人都希望能够找到避免金融危机发生或者是在危机爆发后应对危机的正确方法。从整体上看，在谈到新的危机规避和管理政策时，总会涉及国际金融体系的改革。尤其要说明的一点是，很多人将注意力集中在国际货币基金组织的作用及其提供贷款的条件上。

近几年已经推出一些关于国际金融体系改革的构想。包括对外关系委员会、海外发展委员会和伦敦经济政策研究中心等在内的私人智库和多边机构——比如联合国贸发会议，以及政府下设的机构，如美国议会的国际金融机构咨询委员会等提出了一系列的主张。2007—2009 年的危机之后，改革也成了各国财政部长和国家领导人在国际会议上讨论的主要议题之一。

针对国际金融体系改革的提议包括很多相互冲突的观点，但是各方一致认为讨论的重点无外乎两个。第一个问题是国际最后贷款人的作用和管理借贷行为的规则；第二个问题是贷款人强加给借款人的借款条件。实际上，这两个问题都与国际货币基金组织的作用和其现行准则有关。

□ 12.6.1　最后贷款人

在第 2 章中我们讲到，当所有的商业借贷来源都枯竭以后，可提供借贷资金的一方就被称为最后贷款人。在一国内部，这个角色通常由中央银行来充当。在国际经济中，则是由国际货币基金组织在高收入发达国家如加拿大、法国、德国、日本等的支持下来扮演这个角色。作为最后贷款人，当一国金融体系濒临崩溃且没有能力偿还国际借款时，或者当一国由于外汇储备不足，不能将本国货币兑换成美元或其他外国货币时，通常就要求国际货币基金组织的介入。

并不是每个人都认为应该存在一个最后贷款人，一些观察人士担心由此而导致的道德风险问题。在经济危机开始发展，很多企业处于倒闭的边缘时，道德风险问题尤其严重。濒临倒闭的企业的管理者有强烈的动机冒险做出高风险投资，毕竟一旦成功，投机收益将弥补其所有的损失，此时道德风险问题会进一步加剧。作为回应，维护国际货币基金组织国际最后贷款人角色的一方则强调对金融部门加强监管——包括《巴塞尔协议》给出的各项规定——的重要性。当危机发生时，如果金融企业的所有者会面临巨额亏损，那么他们就不太可能承担过大的风险。

关于国际货币基金组织贷款规则的最后一个问题是贷款规模。一国加入国际货币基金组织时要支付一笔会费，通常称为份额。份额的多少主要取决于该国的经济规模和经济实力。份额决定了该国在"普通"金融危机中的借款额度，以及在制定国际货币基金组织政策时，其投票数的多少。一般情况下，一国的借款额度是其交纳的份额的三倍。但是在特殊情况下，如墨西哥比索危机、亚洲金融危机或其他可能扩散的金融危机期间，借款的限额取决于当时的需要以及国际货币基金组织从其他国家那里获取的可用资金数量。

虽然一些国家的借款额远远超出其交纳的份额的 3 倍，但是借款额度的调整还是赶不上国民经济的增长速度。一些人主张大大提高借款限额，而另一些人则提出要区分金融危机是可能扩散到其他国家，还是仅限于单个国家内部。在很多情况下，做出上述判断几乎是不可能的，但是处理系统性的金融危机肯定要付出更高的成本。因此，如果巨额资金可以更快地遏制经济危机，那么提供足够的资金将是理智的做法。这也是许多国家所认同的一个看法。在 2009 年召开的 G20 会议上，各国就国际货币基金组织的可用资本从 2 500 亿美元增加到 7 500 亿美元这个问题达成了共识。但是，尽管如此，国际货币基金组织提供的资金量对于大型经济体比如意大利或者西班牙来说，也不过是杯水车薪，而且这种局面肯定会继续下去。在 2011 年欧债危机期间，国际货币基金组织和欧洲央行合作，由欧盟成立了一个特殊基金为某些重债国家提供援助。

□ 12.6.2 贷款条件

与国际货币基金组织这样的最后贷款人有关的第二个问题是贷款条件。国际货币基金组织的贷款条件（conditionality）是指为了获得该组织提供的贷款，借款国必须相应地对本国经济政策做出调整。通常来说，贷款条件涉及货币政策和财政政策、汇率政策和结构性政策等，这些政策会影响到一国的金融机构、国际贸易和公共企业。国际货币基金组织将所有贷款分成几个层级（tranches）或分期提供，能否获得下期贷款取决于一系列改革目标的完成情况。例如，借款人在获取第一笔贷款时，必须承诺制定私有化计划；在获取第二笔贷款时要有可行的计划；在获取第三笔贷款时要开始贯彻实施该计划，依此类推。

通常这类改革会带来很大的负作用，因为它们会侵犯一国调控经济的自主性，而且往往要求辅以紧缩性的宏观经济政策。一些经济学家认为，贷款条件加重了危机，尽管这些国家在国际货币基金组织的帮助下能否比没有帮助的时候恢复得更快仍然是一个存在争议的话题。在 20 世纪 90 年代初以前，国际货币基金组织对受援国经济政策改革的要求非常严格，甚至会忽略这些改革带来的社会后果。公众强烈抗议贷款条件对弱势群体的影响的做法迫使国际货币基金组织开始关注这些要求的社会影响力，并尝试做出调整。即便如此，依然有很多人抱怨国际货币基金组织的贷款条件太苛刻，一些危机中的国家甚至因此拒绝接受国际货币基金组织的帮助。

在 20 世纪 70 年代之前，国际货币基金组织的贷款条件主要集中于修正引发金融危机的那些问题，避免涉及根本的经济问题，如贸易政策和私有化。这种做法被一些人批评太肤浅，而且该组织不应插手一国的短期经济政策。随后又提出了新贷款条件，以便为那些在经济重组过程中有需要的国家提供资金和技术支持。这样一来，国际货币基金组织的工作职责就不仅仅是解决金融危机，还要帮助有关国家进行私有化改革、制定经济政策和进行贸易政策改革，而且在农业政策、环境政策和很多领域都发挥了积极的作用。

到20世纪90年代末，人们越来越多地认识到“使命偏离”（mission creep）已经成为一个问题，由国际货币基金组织承担的责任应该留给世界银行、地区发展银行以及旨在解决经济发展的长期问题的其他一些机构。关于对国际金融体系进行改革的一些提议预示了国际货币基金组织在这个领域角色的淡化。

作为国际金融体系改革的一部分，还有两个问题也值得一提。第一个问题是与金融部门透明度和信息披露有关的一系列标准。提高透明度是为了把一国的金融状况更加清楚地展现在潜在投资者的面前。透明度和信息披露问题随着《巴塞尔协议》和国际货币基金组织制定的信息披露标准（data dissemination standards）的出现而不断完善。

第二个问题是，在金融危机发生时，想方设法与私人部门进行协调的必要性。在这个问题上所取得的进步要小于第一个问题，但是会继续受到高度关注。当一个国家遭遇金融危机时，众多私人贷款人坚决要求优先偿付权，这使解决金融危机显得更加困难。因此，有人就提出暂缓还款协议（standstills），即国际货币基金组织在官方层面上承认危机中的国家有必要暂时停止偿还债务本息。这个提议同样会给该国的债权人带来负担，并且会减少贷款业务中的道德风险问题。

私人债权人在谁应该享有优先偿付权这个问题上存在的冲突往往也会成为解决金融危机的障碍。于是，很多分析人士提出有必要对所有国际贷款适用集体行动条款（collective action clause）。集体行动条款要求当金融危机真的爆发时，每个债权人都同意所有债权人及债务人进行集体协商。当大多数债权人在解决方案上达成一致时，集体行动条款就避免了不合作债权人的阻碍。如果经济危机是由借款国的破产引起的，这个条款也有助于更快地提出危机解决方案。

□ 12.6.3 改革的迫切性

亚洲金融危机后，学术界、政府和多边机构提出了大量的改革建议。金融危机让大家了解到过去的几十年里国际资本流动急剧增加，很多发展中国家已经成为全球金融活动的积极参与者，传播效应可以导致金融危机从一个国家或地区迅速传播到另一个国家或地区。因此，改革——从重新审视国际货币基金组织的作用开始——被提上首要议事日程。

亚洲金融危机过去10年之后，整个世界被笼罩在一个波及面更广、程度可能也更严重的危机之中。随着亚洲金融危机渐渐从记忆中褪去，改革似乎也没有那么迫切了，而且一直到2007年美国爆发房地产危机为止似乎也没有什么实质性的进展。改革是困难的，在没有危机倒逼的情况下甚至根本是不可能的。1998年以来一个相对稳定的世界经济环境和一些热点话题，如恐怖主义、能源价格、气候变化和安全保护等，使得人们把国际金融改革这个问题抛到了脑后。当2007年再次爆发国际金融危机并且有可能转变为一场波及面更广、危害更大的经济衰退时，改革才再次成为时髦的话题不断出现在新闻媒体的报道中。

案例☞

2007年全球金融危机

最近的一次金融危机是2007年秋天发生在美国的这次危机。其第一个明显的阶段被称作次贷危机，所谓次贷是指美国金融机构向那些信贷评级不高的客户提供的住房贷款。很多这类借款者实际上根本没有能力偿还所借的贷款，而且这些贷款都含有一些条款，使得借款购房者如果在一到两年时间内不继续融资的话，那么他们根本就不可能有钱还贷。当房价开始回落，由于其房屋价值低于其贷款额，那些拥有房产的人想再次获得贷款变得非常困难，甚至根本不可能得到贷款。

房地产部门的问题迅速扩散到银行和其他金融服务机构，如保险公司和有抵押资产的投资银行。这无论如何都会给美国带来严重的问题是毫无疑问的，但这次问题扩大到了全世界。以下三个关键因素或者说前提使得原本是美国自身的一个问题转变成了全球性的问题。首先，随着新的和创新性金融产品的开发，世界金融市场在过去的几十年中一直在不断变化。2007年的金融服务业与20世纪60年代或70年代的金融服务业看上去已经完全不同。其次，金融市场变得更加一体化。开放的资本市场和浮动汇率促成了新的全球金融资本流动，这在前几十年是不可能出现的。大规模和更加一体化的资本流动因为新兴市场——如中国，它在20世纪80年代或90年代并没有在全球金融活动中起到实质性的作用——的高比例储蓄而进一步强化。再次，放松管制的思潮影响了许多经济学家、政治家和管理者的思路。这种思潮使得一些风险很高的金融活动得以发展起来，这些活动没有受到严格的管理，没有考虑到一些新的金融形式的提出不仅仅对个人金融机构的运作存在威胁，同样也关系到整个经济体系。

2008年初，次贷危机已经开始从美国向外蔓延。危机迅速扩散的原因之一是在先前几十年中出现了大量金融创新。在20世纪70年代和80年代，银行吸收存款，再把它们借给想买房的一方。从20世纪80年代开始经过90年代的飞速发展到21世纪初，银行和其他非银行金融机构，如融资公司、消费者信贷公司、保险公司等都开始进入这个市场。它们的战略并不是从那些房贷中获取利润，而是集中很大一批贷款，然后打包并分成小份额卖掉。这就是所谓的资产证券化（securitization）。这种做法不仅仅适用于房贷，同样也可以用在车贷、消费贷和许多其他形式的债务上。只要是购买了资产包的一定份额，就可以从最后借款者（如购房者、购车者、持有信用卡的人）付给贷方的利息里分一杯羹。将贷款打包后进行证券化的公司也可以把股份卖给另一家银行、国外的保险公司、国外的政府或者任何愿意并能买得起的人。毋庸置疑，如果购房者没有能力偿还他们的贷款，持有证券化资产的一方将遭受损失。

全球金融一体化程度的不断加深意味着这些产品可以更方便地被出售到任何地方，跨境融资变得更加容易。威斯康星州的养老基金购买源于冰岛的产品，德国的地方政府购买基于南加利福尼亚不动产的有价证券，而匈牙利的房主可以在瑞士的银行获得瑞士法郎贷款。很多发达国家的房地产市场都呈现出一片繁荣的景象——很容易就可以借到钱，房产价格不断上涨，对新房屋的需求（无论是用于自住还是用于投资）都在持续增加。在美国，2000—2006 年间，房价上涨了近 90%。而与此同时，英国、西班牙以及许多其他市场的上涨幅度也差不多，甚至更大。房价上涨反过来又吸引了更多的资本流向房地产市场。不断加深的国际金融服务一体化意味着房贷可以从一个国家转移到另一个国家。因此，美国、西班牙、爱尔兰和其他房价迅速上涨的地区可以用借款来购买更多的房产。

新的金融产品创新和不断发展的资本市场一体化对监管者提出了更高的要求。随着计算机模型的发展和艰深的数学知识的应用，许多新的金融产品都很复杂，几乎超出了很多人，包括监管者、企业领导者和创造这些产品的公司的风险经理们的理解能力。然而，美国或其他地方的监管者也很少关注这些问题，甚至根本就毫不关注。正如美国联邦储蓄银行前主席艾伦·格林斯潘所解释的那样，大多数监管者相信金融机构是会自律的，因为将资金贷给可能违约的人不符合金融机构的利益需要。他的观点反映了一个很普遍的看法，即对金融市场的密切监管不符合国家利益，因为监管者施加的限制有可能会降低效率，这迎合了监管者的目标，但却违背了市场参与者的利益。除了极少数的分析人士外，全球金融体系存在风险的想法对大多数人来说是不可思议的。几乎没有人相信世界上最发达的国家会卷入一场近乎使其经济体系崩溃的危机。

金融创新、全球金融一体化以及金融自由化可以解释已经发生的许多问题。然而，它们并没有告诉我们为什么是在 2007 年，而不是在此之前也不是在此之后爆发危机。就像其他许多危机一样，我们很难找到这次危机的直接导火索。但是，我们发现了一个非常重要的原因，没有它就不会有房价的飙升或危机。这个原因就是在 21 世纪的前十年，在国际金融体系中形成的巨大的全球储蓄不平衡。为了解释这一现象，我们需要对 1997—1998 年间的亚洲金融危机做一个简单的回顾。

亚洲金融危机在亚洲和其他地方的许多发展中国家中引起了强烈反响。东亚各国都因为缺少足够的美元、欧元和日元等国际储备来保护本国货币而遭受了巨大的损失。作为解决办法，这些国家纷纷增加储蓄并通过经常账户的大规模顺差来获得美元、美国国债和其他安全的流动性资产，从而积累了大量的国际储备。像有些重要的大国，如中国，主要通过短期政府和私人债券的形式增持美元。凭借积累起来的这些规模庞大的储备资产，它们在国际金融活动中开始扮演起重要的角色。由政府持有的储蓄被称为主权财富基金（sovereign wealth funds)，同时私人部门的储蓄也一直在增加。

从全球范围来看，经常账户之和必须为零。如果中国和其他国家通过经常账户大规模顺差来积累外汇储备，它们的贸易伙伴的经常账户必然是巨额赤字。近几年以及前几十年中，美国是经常账户赤字最大的国家。表 12—3 显示了在 2000—2007 年间，五个盈余最大和五个赤字最严重的国家。第一栏的数字是 2007 年的赤字或盈余额，第二栏是 2000—2007 年间累积的盈余或赤字额。通过该表我们可以看出两类主要但非唯一的盈余国：亚洲的出口导向型经济体和石油生产国。德国并不在其中，但它也是全球最大的出口国之一。虽然无法对这五个国家的特征作一个简单的归纳，但是如果我们将全球各国视作一个整体，这五个国家的模式还是有其特殊性的。

表 12—3　　经常账户赤字，2000—2007 年（10 亿美元）

国家	2007 年	经常账户累计余额（2000—2007 年）
盈余国家		
中国	371.8	973.8
德国	252.9	768.9
日本	244.0	1175.0
沙特阿拉伯	95.1	399.7
俄罗斯	76.2	460.0
赤字国家		
美国	−731.2	−4 660.1
西班牙	−145.4	−494.1
英国	−78.8	−393.8
澳大利亚	−57.7	−245.7
意大利	−51.0	−180.4

资料来源：World Bank，*World Development Indicators*，2009.

大规模失衡的重要性在于，那些家庭和企业都希望借钱来维持当前较高的消费和投资水平的国家，比如美国可以在全球范围内借钱。对于美国、英国、西班牙和其他很多国家来说，如果没有来自中国、日本、德国和其他一些国家的储蓄，借款成本将会高得多，这样一来房地产市场几乎不可能形成泡沫。这样一来，我们也许就不会看到房价飙升、利率下调以及高赤字国家轻而易举就得到贷款。全球失衡和前面提到的三个因素一样，都是使危机成为可能的重要因素。这其中，金融创新、全球金融一体化和放松监管可以被视为微观经济因素，全球储蓄和投资失衡则应该视作宏观经济因素。

围绕与危机相关的政策，往往会进行很多年的分析和争论。在这次危机中，我们这里提到的任何一个因素都会引起一系列问题，并且有很多且不一致的解决方案。例如，金融创新给经济带来许多收益，它为投资和消费提供了更多的资金来源，也为避免危机提供了新的途径。但是如果一些新的金融工具未被小心加以利用的话，也有可能增加系统性风险。金融创新是不是一件好事？金融市场管制在理论上能提供监督，但应该采取何种监管？被谁监管？全球金融一体化提高了效率，但所有形式的一体化都是值得的吗？对于这些以及其他一些问题，我们还没有找到一个明确的答案。

小　结

1. 国际金融危机往往具有以下特征：危机发生国的金融脱媒现象、货币贬值以及经济急剧衰退。

2. 一种金融危机是由严重的宏观经济失衡引起的，如高额预算赤字、恶性通货膨胀、实际汇率高估和巨额经常项目赤字。

3. 另一种金融危机是货币投机的结果，这引起了国际资本外逃，一国国际储备被耗尽。这种类型的金融危机是由预期引发的。当人们预期某种货币将要贬值时就会抛售这种货币，因此预期就变成现实，相当于货币贬值。

4. 1994—1995 年墨西哥比索危机兼具两种类型金融危机的特点，1997—1998 年的亚洲金融危机也是如此。然而，虽然东亚有几个国家（地区）的宏观经济基本面还算稳固，但其货币还是遭到了投机性破坏。

5. 金融危机因为道德风险问题变得复杂化。如果政府或者国际货币基金组织帮助那些遭受危机破坏的银行和企业摆脱困境，就会鼓励它们将来做出更冒险的决策。当政府出于政治或者发展本国经济方面的考虑，直接贷款给特定的企业时，道德风险问题尤其严重，因为这种直接贷款都明确或者潜在表明了政府的担保角色。

6.《巴塞尔协议》和《巴塞尔协议Ⅲ》是针对跨国运营的银行和金融企业的一系列建议，包括对它们的监督和管理、最低资本金要求和信息披露准则等。

7. 很多经济学家认为，爬行钉住汇率制度导致本币很容易被高估，而且在面临金融危机时，很难用平稳的方法予以解决。因此，采用爬行钉住汇率制度的国家更容易发生金融危机。

8. 虽然在金融危机发生时，对资本管制的短期效用存在争议；但从长期来看，对资本外逃的控制通常是无效的。更多人支持对短期金融资本的流入进行控制，但是关于这样做在避免金融危机方面的效果并没有达成共识。一些研究表明，资本管制可以避免较轻的金融危机，但是在规避严重金融危机方面并不是很有效。

9. 金融危机的最优解决方法取决于危机发生的原因。如果金融危机是由宏观经济失衡引起的，改变宏观经济政策是必要的。如果危机是由突然的、无法解释的资本外逃引起的，还没有更好的解决方法。一些经济学家（尤其是来自国际货币基金组织的经济学家）认为虽然高利率短期内加剧了金融危机，但它可以稳定本国货币，并使本国经济较快得到恢复。另一些经济学家则主张实施扩张性的财政政策和货币政策，以减小经济衰退的短期影响。

10. 国际金融体系改革包括国际货币基金组织和其他金融机构角色的重新定义。少数人支持禁止国际货币基金组织作为最后贷款人的观点，然而大部分人希望保留国际货币基金组织的这一功能，只是要求重新审议其中的一些条款。值得注意的是，问题主要集中在贷款利息、贷款期限和贷款规模的限制上。

11. 国际货币基金组织的贷款政策最具有争议的部分是贷款条件。各界普遍认为，国际货币基金组织应设法支持众多不同类型的改革，并应着重培育一国的核心竞争力，这涉及金融体系改革、国际收支援助和汇率政策。在一国符合贷款程序前，是否需要获得预先资格认证还存在一些争议。

12. 与国际金融体系改革有关的其他一些问题包括信息披露标准，以及制定政策为私人贷款者创造更多参与机会以便更好地应对金融危机等。

13. 2007 年爆发的金融危机源于三方面的微观经济因素和一个宏观经济因素。金融创新、全球金融一体化以及“不干涉”或是“放任自由”的监管理念都起到了很大的作用。而首要的宏观原因是高储蓄国家和高消费国家出现的巨大失衡。

关键术语

紧缩政策（austerity）
银行危机（banking crisis）
《巴塞尔协议》（Basel Accord）
资本管制（capital controls）
资本金要求（capital requirements）
集体行动条款（collective action clause）
贷款条件（conditionality）
传染效应（contagion effects）
信息披露标准（data dissemination standards）
脱媒（disintermediation）
汇率危机（exchange rate crisis）
金融危机（financial crisis）
债务危机（debt crisis）
媒介（intermediation）
国际金融体系（international financial architecture）
最后贷款人（lender of last resort）
道德风险（moral hazard）
资产证券化（securitization）
主权财富基金（sovereign wealth funds）
暂缓还款协议（standstills）
主权违约（sovereign default）
层级（tranches）

习　题

1. 什么是国际金融危机？金融危机的两个主要诱因是什么？

2. 书中提到，如果资本流动突然剧烈波动，人们会预期可能会发生危机，而且有时这是一个自我实现的过程。金融危机是怎样通过预期的自我实现而爆发的？

3. 为了降低严重国际金融危机对一国造成破坏的可能性，可以采取哪三种政策？

4. 为什么金融危机常会伴随严重的经济衰退，尤其是对受金融危机影响的国家来说？什么造成了经济衰退？

5. 哪种汇率制度下爆发金融危机的可能性更高？为什么？

6. 在并不是由宏观经济失衡引起的金融危机中，经济学家不能确定一个国家是应该设法预防经济衰退还是应该设法保护本国货币。为什么这两个目标是相互排斥的？每一种做法的利弊分别是什么？

7. 如何处理金融危机中固有的道德风险问题？

8. 一些人认为是 1995 年美国为墨西哥提供的贷款导致了亚洲金融危机。说明这种论点背后的逻辑。

9. 一些国家利用资本管制来预防金融危机。评估这一政策的优缺点。

10. 在关于国际金融体系改革的讨论中，国际货币基金组织的作用是怎样定义的？

关键术语

习题

第四部分

世界经济中的区域问题

第 13 章

北美经济一体化

学习目标

通过本章的学习，学生应该掌握以下内容：

1. 了解美国经济关系的主要变化，即朝着更加重视双边和复边协定的方向发展。

2. 从已经取得的成就和作为后续协定的范本两个角度，评估《北美自由贸易协定》的重要意义。

3. 阐释什么情况下按照购买力平价计算的人均收入会高于按照汇率计算的人均收入，什么时候恰好相反。

4. 指出自由贸易协定和特惠贸易协定之间的区别，并各给出一个例子。

5. 解释为什么很难准确估计由贸易引起的就业增加和就业减少，并给出具体的例子来说明为什么进口可能带来就业岗位的增加，而出口可能带来就业岗位的减少。

13.1 引言：一个全新的世界经济

美国的规模、财富总量以及超级军事大国的地位无不影响着它与世界经济之间的关系。美国各种资源都很丰富，有广袤肥沃的农田，有接受过相对较高水平教育的人口，世界顶级研究型大学的数量更是多得不成比例，诸多的诺贝尔奖得主，大量的风险资本等等。美国还是继中国和印度之后第三大人口大国，它的 GDP 总量是全球第二大经济体——中国——的两倍多。

第二次世界大战以来的大部分时间里，美国利用其规模、财富和军事实力发展起一个鼓励多边贸易与融资的国际经济关系，以及愿意为发展中国家提供帮助、技术支持甚至是进行直接的军事干预以便限制共产主义的普及和推广的多边经济制度。随着 1989 年柏林墙的倒塌以及 1991 年苏联的解体，两个超级大国和两大经济制度构成的那个两极世界突然就消失不见了。与此同时，全球经济版图也发生了深远的变化，中等收入新兴市场开始崛起，全球范围内出现了一股贸易更加自由的潮流。前社会主义阵营国家向资本主义转型，世界各国都更加偏爱开放的经贸关系，从非洲的博茨瓦纳到拉丁美洲的智利再到亚洲的中国取得的巨大经济成就，所有这些都在重塑世界经济以及美国在其中扮演的角色。

13.2 背景知识介绍

作为全球最大的经济体，美国的一举一动都会对其他国家产生影响。表 13—1 列出了美国的国土面积、人口总量、收入水平以及在全球的排名。在未来的十年里，中国的 GDP 水平有可能会超过美国，印度的人口将超过中国，但是美国在未来仍然有很大的可能在国际经济关系中发挥核心作用。

表 13—1　　美国一些指标的数据与排名

	美国	排名	排名前五的国家
国土面积	9 631 418 平方公里	3	俄罗斯、加拿大、美国、中国、巴西
人口	311 050 977 人	3	中国、印度、美国、印度尼西亚、巴西
GDP	150 940 亿美元	1	美国、中国、日本、德国、法国
人均 GDP	48 387 美元	10	卢森堡、挪威、卡塔尔、瑞士、阿联酋

注：不管用哪些指标来衡量，美国都是全球最大、最富有的国家之一。
资料来源：IMF，*World Economic Outlook*；U. S. Census Bureau，*International Statistics*.

因为它庞大的经济总量和人口，美国与世界其他国家和地区的贸易额占其 GDP 的比重与其他发达国家相比，要更低一些。但是，在过去的半个世纪里，这一数字却几乎增大为原来的三倍。从图 13—1 中可以看出贸易额占 GDP 的比例长期以来的变化趋势，从 20 世纪 60 年代的不到 10%增长到 2010 年的接近 30%。虽然说整体趋势是增加的，但是在这个过程中也出现过几次反复，其中每一次反复都伴随着不同程度的衰退，或者是紧随衰退而来（1974—1975 年，1980—1982 年，2001 年，2007—2009 年）。一国经济衰退会导致其进口减少，因为人们的收入水平下降了，同时如果其他国家也陷入衰退的话，该国的出口也会下降，就像 2007—2009 年发生的那样。

在过去的几十年里，除中国外，美国的主要贸易伙伴并没有发生太大的变化（见表 13—2）。1990 年时，中国还是美国第 8 大进口商品来源地，在美国出口市场中排名第 18 位。但是到了 2010 年，中国已经成为美国第一大进口国和第三大出口国。如果把欧盟作为一个整体来看待的话，那么它将是美国第二大进口国和出口国，出口方面次于加拿大，进口方面则次于中国。从表 13—2 还可以看出，加拿大和墨西哥表现也很突出，这说明了《北美自由贸易协定》伙伴国的重要性，因为它们不止现在而且最近几十年来都是美国排名前五的贸易伙伴。

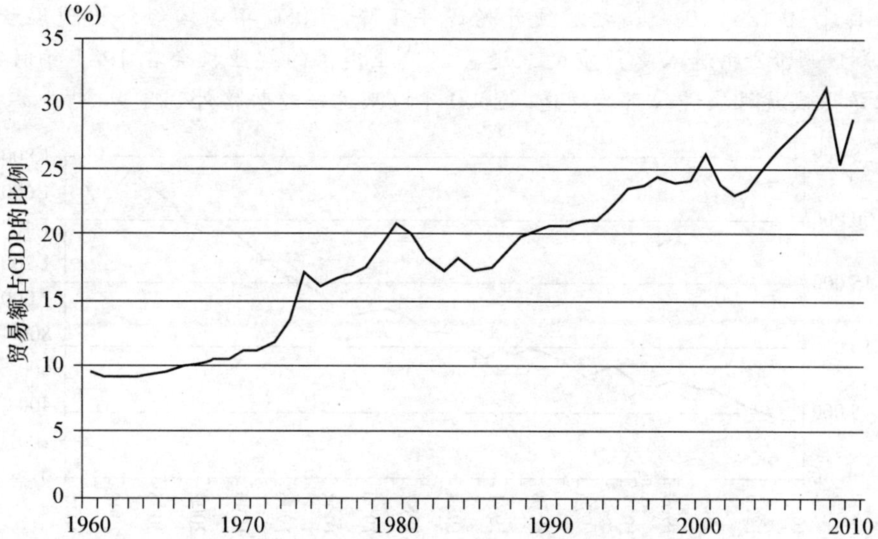

图 13—1　1960—2010 年美国贸易额占 GDP 的比重

注：过去的半个世纪，商品与服务贸易占 GDP 的比重几乎增加了两倍。
资料来源：World Bank，*World Development Indicators*.

表 13—2　　美国主要贸易伙伴（1990 年和 2010 年）

出口	
1990 年	加拿大、日本、墨西哥、英国、德国
2010 年	加拿大、墨西哥、中国、日本、英国
进口	
1990 年	加拿大、日本、墨西哥、德国、中国台湾
2010 年	中国、加拿大、墨西哥、日本、德国

美国进出口的主要商品和服务的构成同样也没有太大的变化，虽然服务进出口正变得越来越重要。1980 年服务出口约占美国出口总额的 20%，现在这一数字大约为 30%并且有进一步扩大的趋势，成为美国唯一有贸易盈余的部分。服务出口的 40%左右是旅游和交通运输服务，其余 60%则与知识产权、教育、金融与保险服务、商业与专业化服务等有关。在商品出口大类（制成品、原油和矿物资源、农产品）方面，美国是全球第二大出口市场（仅次于中国），其出口商品中四分之三以上是制成品，其余四分之一则是农产品和矿产品，其中包括原油和天然气。

案例 ☞

美国的制造业

美国工业制成品的产量哪一年是最高的呢？当你问人们这个问题的时候，他们给出的答案往往处在 20 世纪 60 年代到 90 年代之间。但是正确的答案通常是“去年”。图 13—2 可以说明这一点，该图给出了 1960—2011 年间美国制造业创造的实际附加值。如图所示，制造业创造的附加值长期以来的大趋势是不断增加，中间偶尔会受到经济衰退的影响出现小幅回调，最近一次回调发生在 2007—2009 年。

图 13—2 左边的坐标轴代表制造业提供的就业岗位数。这一数字在 1979 年达到

巅峰，共计 19 426 000 个，之后便开始逐年下降。1980 年美国经济出现温和衰退，并在 1981—1982 年进入更严重的衰退。制造业提供的就业机会在 1984 年时有所增加，但是很快就再次进入下行通道，2000 年以来这一趋势格外明显。

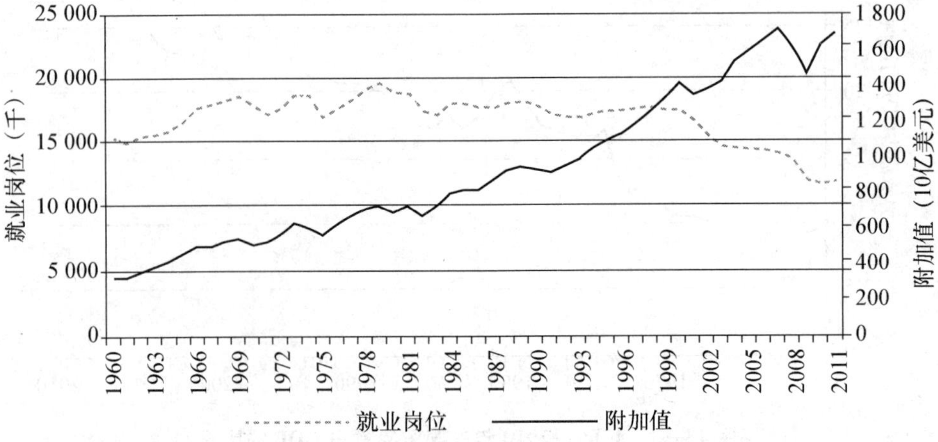

图 13—2　1960—2011 年制造业创造的实际附加值和就业岗位

注：从 70 年代末开始，制造业提供的就业岗位不断减少，但是除个别衰退年份外产出却在稳步增加。
资料来源：U. S. Bureau of Economic Analysis；U. S. Bureau of Labor Statistics.

除了产出的不断增加和就业机会的不断减少之外，还有两个情况没能在图 13—2 中体现出来。第一个便是制造业企业在美国国内的重新布局。传统制造业企业所在的美国中北部各州，比如俄亥俄州、密歇根州等发现很多就业机会流向了其他各州。也有些就业机会转移到了海外，但是有相当一部分就业机会转移到了南部各州，比如南加利福尼亚、田纳西以及得克萨斯等。再加上总的就业机会不断缩减，作为老制造业基地的各州的处境就更加艰难了。这也导致一些人形成了美国在制造业方面不再享有强势地位的错觉，但是图 13—2 告诉我们，美国依然在生产大量且不断增加的工业制成品。

第二个情况是制造业部门生产率的快速提高。更少的工人带来更多的产出意味着每个工人的产量都提高了，制造业每个小时生产的产量也在快速增加。这部分得益于新的技术和生产工艺的采用，通常来说制造业在这些方面的进步总是要快于农业和服务业。因此，虽然美国生产的工业制成品数量越来越多，参与生产的工人却越来越少了。

□ 13.2.1　美国经贸关系焦点的转变

二战以来的大部分时间里，美国都是多边贸易关系——即在关贸总协定以及后来的世界贸易组织的框架下进行谈判——的坚定支持者。在 80 年代以前，资本市场开放这个议题没有占据显著地位，但是自此之后这开始成为美国的又一个目标。“冷战”使得这种形势进一步强化，因为美国希望发展中国家能够加入资本主义、民主国家的阵营，或者说至少不要和苏联建立亲密的联盟。

导致这一立场发生变化的因素很多。首先，随着加入关贸总协定和世界贸易组织的国家和地区越来越多，多边贸易谈判变得非常复杂。1947 年关贸总协定成立之初仅有23个成员国，但是到了乌拉圭回合（1986—1994年）谈判时，签署该协定的国家已经达到128个。到目前为止，世界贸易组织的成员国多达155个。成员国数量的增加使得谈判难度大大增加。

其次，各国将很多配额措施转换为了关税，后者整体水平显著下降（见图6—4）。因此，在多哈回合，新的多边贸易谈判将焦点放在了困难得多的议题上，比如农业支持政策、知识产权、服务贸易、政府采购以及对发展中国家的援助等。这些议题格外具有挑战性，部分是因为无法轻松证明这些做法是互惠性的。如果所有国家都将关税税率下调5%或者10%，很容易就可以看到它们都受益了；但是如果所有国家都同意加强对知识产权的保护，那些拥有知识产权的数量很少的国家却很难立刻看到收益。此外，这些新的谈判议题中有很多都与一国的政治问题交织在一起。例如，在政府采购过程中提供一个公平的竞争平台，这样一来外国企业就可以参与国家或者各级地方政府的采购项目的竞标，但是如果本国企业输给了外国企业的话很容易激起民众的不满。

最后，“冷战”的结束使得美国没有了在贸易中向他国做出妥协和让步的压力。在“冷战”期间，美国把允许他国进入本国市场作为阻止后者与苏联建立密切关系的手段。如果一国的地理位置具有战略意义的话，那么美国就会妥协，向该国开放本国市场但是同时并不要求对方做出同样程度的开放承诺。美国还通过配额制度来奖励那些和它进行合作的国家，允许后者在美国销售更多的产品，其中主要是纺织品和服装，但是也有农产品。“冷战”的结束消除了美国做出妥协或者是不对等地开放本国市场的必要。

以上三个因素导致美国转向更多地利用双边贸易协定或者是复边贸易协定。它依然是世界贸易组织的支持者，而且官方表态是希望开始于2001年的多哈回合谈判能有一个完美的结果，但是多边贸易协定已经不再是美国唯一的选择了，甚至已经不是主要的选择了。1993年《北美自由贸易协定》（NAFTA）的签署及其在1994年1月1日的生效意味着美国急切地转向了双边关系。除了其本身具有的重要意义外，各方还希望通过《北美自由贸易协定》，将双边协定纳入贸易政策的范畴，来推动乌拉圭回合谈判尽快结束。这就使得美国在多边谈判中有了更多的筹码，因为除了关贸总协定/世界贸易组织的框架之外，它还有其他的选择。此外，从美国以及其他签署的贸易协定越来越多的国家的角度看，在双边或者复边框架下谈判要比在多边框架下更容易，而且尝试一种新型贸易协定能够带来额外的收益。

从2000年开始，美国谈判、签署并且生效了12个新的贸易协定，涉及17个伙伴国，而且双边和复边协定占多数。表13—3列出了在执行中的协定、生效日期以及2010年美国商品与服务的贸易额。正如从该表可以看出来的，除《北美自由贸易协定》之外，大多数协定涉及的贸易额都很小，尽管与澳大利亚、以色列、韩国、新加坡之间的贸易协定以及《多米尼加—中美洲自由贸易协定》项下的进口或出口额都超过了200亿美元。

美国并不是唯一一个更加重视双边贸易协定的国家。这个趋势是全球性的，而且从90年代开始，世界贸易组织收到了来自全球各国的213个新的协定签署通知。围绕双边协定的争论还在继续，因为有些经济学家认为双边协定使得政客们的注意力从全球转向了双边关系或者区域关系，摧毁了多边协定的根基。从理论上说，自由贸易协定可能成为阻碍达成多边贸易协定的“绊脚石”，也可能成为创造比它们转移的更多的贸易、让各国有机会尝试新类型的贸易协定的“奠基石”。世界贸易组织认为，在实际生活中，大部分这类协定都是对多边贸易体系的一种补充，而不是替代。

表 13—3　　自由贸易协定、出口与进口额（十亿美元，2010 年）

自由贸易协定	出口	进口
澳大利亚（2005）	21.8	8.6
巴林（2006）	1.2	0.4
加拿大（1989）*	249.1	277.6
智利（2004）	10.9	7.0
哥伦比亚（2012）	12.1	15.7
以色列（1985）	11.3	21.0
约旦（2010）	1.2	1.0
韩国（2012）	38.8	48.9
摩洛哥（2006）	1.9	0.7
阿曼（2009）	1.1	0.8
巴拿马（2011）	6.1	0.4
秘鲁（2009）	6.8	5.1
新加坡（2004）	29.0	17.4
多米尼加—中美洲自由贸易协定（2006）	24.2	23.7
多米尼加共和国、危地马拉、洪都拉斯		
萨尔瓦多、尼加拉瓜、哥斯达黎加		
北美自由贸易协定（1994）		
加拿大、墨西哥	412.6	507.6

注：从 2000 年开始，美国就一系列贸易协定展开了谈判，但是到目前为止《北美自由贸易协定》依然是最重要的一个。

*：加拿大在 1989 年和美国签署了一个自由贸易协定，同时它也是北美自由贸易区的成员国之一。

资料来源：Office of the United States Trade Representative；U. S. Department of Commerce.

13.3 NAFTA 模式

表 13—3 清晰地说明，《北美自由贸易协定》涉及的贸易额远远大于其他贸易协定。墨西哥和加拿大在美国前三大贸易伙伴中占据两席，美国 32%的出口以及 26%的进口都与这两个国家有关。考虑到北美自由贸易区的重要性——不管是从贸易规模角度还是从为后续的贸易协定提供范本角度说都是如此——我们有必要详细了解一下它的情况。首先我们介绍一下墨西哥和加拿大的背景资料。

□ 13.3.1 北美地区的人口和经济特征

通过表 13—4 我们可以对北美地区的情况有一个大概的了解。表中给出了用以下两种方法测算的人均收入：按照市场汇率将加元和墨西哥比索进行转换后的美元收入，以及按照购买力平价转换后的美元收入。按照购买力平价折算出的人均收入可以告诉我们收入的内部购买力，也就是说在美国购买一揽子商品所需的收入在另外一个国家所能够购买的商品的数量。按照市场汇率计算的人均收入则是平均每单位收入的外部购买力。通过下面的例子我们很容易就可以看出内部购买力和外部购买力之间的区别。墨西哥人均收入在本国能够买到的商品和服务的数量，如果到了美国价值为 14 609 美元，这就是墨西哥人均收入的内部购买力。外部购买力是 10 153 美元，这是将以比索计算的人均收入转换为美元并且在美国消费时的价值。

表 13—4　　2011 年北美自由贸易区的人口与 GDP

国家	人口（百万人）	GDP（十亿美元）	人均 GDP（美元）	人均 GDP（PPP）
加拿大	34.4	1 737	50 435	40 541
墨西哥	113.7	1 155	10 153	14 609
美国	311.9	15 094	48 387	48 387
合计	460.1	17 986	39 089	39 450

注：北美自由贸易区有 4.6 亿人口，GDP 累计达到将近 18 万亿美元。
资料来源：International Monetary Fund，*World Economic Outlook*.

虽然说按照市场汇率计算出的收入可以帮助我们了解各国人民购买商品和服务的能力，但是为了对比不同国家的生活水平，按照购买力进行调整还是很有必要的。这两个数字不相等既是因为汇率很少会趋于长期均衡，也是因为各国非贸易品的价格差别很大。劳动密集型产品和服务在墨西哥先天就比较便宜，因为那里有相对比较充裕的非熟练和半熟练劳动力。

正如表 13—4 所示，北美自由贸易区有 4.6 亿人口（2011 年），GDP 总量累计接近 18 万亿美元。与有 27 个成员国的欧盟 5.02 亿的人口比起来，北美自由贸易区略小一点，但是又略高于欧盟 16.6 万亿美元的 GDP。北美自由贸易区的人均 GDP（以市场汇率计算）超过了 39 000 美元，这使得它不管从哪个角度衡量都是全球最富裕的地区。

□ 13.3.2　加拿大与美国的经贸关系

美国和加拿大间的双边贸易额超过了世界上其他任何两个国家，其中 2011 年两国的商品双边贸易总额达 5 970 亿美元。如此庞大的数字得益于两国地理位置上一衣带水，有相似的历史背景、相似的文化，但是同样也是过去 45 年来经济一体化程度不断深化的结果。从 1965 年的《汽车协定》开始，紧接着是 1989 年的《美加自由贸易协定》，再到 1994 年的《北美自由贸易协定》，加拿大和美国充分利用两国的共性，集中力量在自然资源以及产业内贸易特别是汽车领域建立了紧密的互利互惠的贸易关系。

1965 年的《汽车协定》消除了此前美国汽车制造企业面临的不能在加拿大设立独立的加工厂——因此这些企业无法实现对汽车业来说非常重要的规模经济收益——这一壁垒。通过整合在美国和加拿大的工厂的生产活动，通用汽车、克莱斯勒和福特就可以为一个一体化的市场进行生产。协定签署之前，加拿大的企业只为本国市场生产汽车，协定签署之后，它们的生产率突然就提高了，因为它们可以专业化生产几种车型，同时因为既可以在美国也可以在加拿大销售，产量也就提高了。

进出口贸易都有了显著增加，加拿大工厂的生产力水平此前原本比美国同行低30%，之后也大大提高。

到了80年代，两国的汽车产业已经实现了一体化，但是又出现了新的问题。不管是美国还是加拿大都开始感受到亚洲新兴市场的兴起，日本企业开始涉足美国的汽车、钢铁、消费电子产品等领域也格外令人胆寒，因为这似乎损害了美加两国企业的竞争力。此外，美国开始比以往更加频繁地使用反倾销税或反补贴税等手段，同时在自愿出口限制的名义下新设定了很多配额。后者实际上并不是自愿性行为，但是在将国外进口产品限定在预定数量之内方面发挥的作用和配额是一样的。受这些做法影响最大的就是日本的汽车市场。

从加拿大领导人的角度说，美国保护主义色彩日渐严重以及亚洲制造业竞争力的增强都很让他们头疼，因为加拿大非常依赖美国这个出口市场和进口来源地。化解这个压力的途径之一就是和美国签订一个自由贸易协定。这种做法既能通过国际协定要求美国开放市场，与此同时，也给加拿大制造企业施加了压力，让它们努力变得更加有竞争力。

《美加自由贸易协定》在1988年签署并且从1989年开始生效。该协定所带来的影响多多少少在预料之中。1989—1994年，加拿大对美国的出口增加了55%（绝对额增加470亿美元），美国对加拿大的出口也增加了46.6%（365亿美元）。从比例上看，这些数字没有《汽车协定》签署前后的增长比例高，但是考虑到1987年时贸易规模已经达到相当高的水平，50%的增长意味着绝对贸易额的大幅提高。

美国国内对《美加自由贸易协定》的反应还算冷静，但是当各方知道美国和加拿大正在就贸易协定进行谈判时，加拿大国内爆发了异常激烈的争论。反对的一方担心：(1) 加拿大企业可能无法和美国企业竞争，后者享有规模经济的优势；(2) 贸易的扩张可能会迫使加拿大放弃很多社会项目；(3) 加拿大文化市场可能被美国新闻、信息、艺术以及娱乐产业占据。

加拿大的竞争力这个问题很大程度上就是企业如何通过内部的组织和技术变革来实现规模经济效益以及更高的劳动生产率。对于像加拿大这样的高收入工业化国家来说，真正的问题在于实现这样的变革究竟需要多长时间，而不是企业是否有能力参与竞争。

加拿大反对《美加自由贸易协定》的一方还认为，该协定会侵蚀加拿大的社会项目。对于许多居民来说，加拿大较为广泛的社会项目，如全民医疗保险和收入保障计划等，是其国家特征的组成部分，也是使加拿大有别于美国的重要方面。《美加自由贸易协定》的反对者认为，与美国之间的竞争的加剧会损害这些社会项目。他们推论说，为了使加拿大企业更具竞争力，政府可能会降低针对企业的各种税率，这反过来会减少对社会项目的投入。由于税收仅仅只是企业的一部分商业成本，而且在一些情况下降低了的成本会从其他地方得到弥补，所以自由贸易对加拿大社会项目的最终影响是不确定的。比如，就医疗保险而言，美国的体制和加拿大相比处于竞争劣势，由于雇主必须为雇员提供医疗保险等福利，所以企业的雇佣成本必然随之提高。与之相反的是，在加拿大医疗保险覆盖全民，且由政府税收收入和个人税收买单。

从加拿大的角度来看，最后一个也是最具争议性的问题是美国文化主导加拿大的可能性。不论是自由贸易的支持者还是反对者都一致认为，如果任由文化产业完全实行自由贸易，加拿大人口少以及与美国接壤这两个因素加在一起，将摧毁加拿大民族文化的特性。这些行业包括音乐及其相关产业、广播、电视、报纸以及图书出版、杂志、戏剧、电影和绘画等。根据《美加自由贸易协定》的规定，加拿大可以通过对“文化产品”进口施加数量限制来保护其民族文化特性。在大多数情况下，按照这个规则，加拿大可以要求广播电视节目以及戏剧中必须包含一定的本国元素。这一内容要求使得加拿大的电台或电视台不得一天 24 小时都转播美国节目。加拿大规定，有线电视公司应给予加拿大电视网络以优先权，同时对加拿大戏剧公司、艺术家和作者予以特殊照顾。

□ 13.3.3 墨西哥的经济改革

从 20 世纪 50 年代开始一直到 1982 年危机爆发，墨西哥平均每年的实际人均收入都增加 3.3 个百分点，这是一个相当显赫的成绩，意味着每隔一代人墨西哥人的生活水平就可以提高一倍。墨西哥这段持续了相当长时间的繁荣得益于一系列被称为进口替代产业化（import substitute industrialization，ISI）的贸易政策，该政策希望通过扶持那些生产进口产品的替代产品的产业的发展，实现墨西哥制造业的强盛。作为二战结束到 80 年代中期在全球大部分地区都居于主导地位的一种经济发展战略，ISI 为产品生产活动开出了具体的政策药方，首先生产简单的消费品，比如食物和饮料、纺织品和服装、家具以及鞋子，然后升级到更加复杂的消费品，比如家用电器，接下来则开始生产工业品，比如发动机、水泵、运输机等。之后，随着一国竞争优势的提升、经验的积累以及劳动力和资本等要素禀赋充裕程度的转变等，该国开始生产更加复杂的工业品。ISI 政策使用的工具和手段包括减税、低息贷款、补贴、酌情国有化以及较高的保护壁垒等。

ISI 政策的最大的缺点在于歧视出口行为。具体说来就是，那些为本国市场服务的企业享有更多的保护，同时因为竞争程度较低甚至没有竞争所以它们可以收取更高的价格，从而提高了这些企业的利润率。从长期来看，这给墨西哥以及其他实施进口替代战略的国家造成了伤害，因为更低的竞争压力降低了企业创新或者是改进产品质量的动力。同时随着进口替代部门利润率的提高，劳动力和资本从出口部门流出，流向为本国市场提供产品的那些部门。因此，经过 70 年代近十年糟糕的宏观经济表现，到了 80 年代，墨西哥发现自己陷入了深深的债务危机，同时出口能力极为有限。

1982 年 8 月墨西哥发生的债务危机是一系列因素共同作用的结果。债务危机迅速蔓延到其他拉丁美洲国家，后者也因为实行与墨西哥类似的政策而导致了糟糕的宏观经济表现，并且积累了大量的债务。这段时期被称为“失去的十年”，并且在第 16 章讲到拉丁美洲时我们还会详细加以介绍。在墨西哥，和其他大部分国家一样，债务危机深层的诱因是从国外银行大量借款、税收系统比较软弱，以及利率不断上涨导致借贷成本高企。70 年代墨西哥境内发现了新的油田，在原油价格会一直涨下去因此该国完全有能力偿还不断增加的债务这个信念的支持下，借贷成了一种被鼓励的行为。80 年代初，原油价格开始下跌，墨西哥政府的石油收入也开始下降，但是所借资金需要支付的利息却在不断增加。而多年的进口替代战略严重伤害了墨西哥出口部门（受到特殊对待的石油出口是个例外）这个事实则强化了上述因素对墨西哥经济的影响。疲软的出口削弱了墨西哥赚取美元的能力，而美元是可以用来偿还外债的。到了 1982 年 8 月，墨西哥用光了所有的外汇储备，但是依然不能偿付所有债务。这成了 1982—1989 年金融危机的导火索。

为了解决债务危机，需要墨西哥的政策做出一系列的调整。80 年代，墨西哥将大量需要政府预算支持的企业私有化（1982—1989 年共有 938 家企业私有化），控制了政府预算规模，减少了针对外来投资的限制，并且开放市场增强竞争。1986 年墨西哥加入关贸总协定，1989 年总统卡洛斯·赛利那斯提议和美国签署自由贸易协定。赛利那斯有两个想法：首先，他希望通过这个协定来巩固他改革的成果。在 90 年代的政治改革之前，墨西哥总统享有极大的自治权和自主权。一个理念更保守的总统完全有可能颠覆赛利那斯和他的前任（马德里）已经取得的改革成就。但是如果把这些成就嵌入与美国的贸易协定中，就不那么容易被推翻了。其次，赛利那斯希望借吸引更多的外来资本来弥补墨西哥国内的低储蓄。更多的外来投资将促进墨西哥经济的发展，而可以进入美国这个更大的市场对于在墨西哥投资设厂的投资者们来说，无疑是一个激励。

□ 13.3.4 《北美自由贸易协定》

《北美自由贸易协定》签署于 1993 年并且从 1994 年 1 月 1 日开始正式生效。成员国之间的贸易规模因此而显著扩大，但是在该协定签署之前，部分因为对各方达成协定的预期，贸易规模已经开始增加了。

《北美自由贸易协定》的第一个重要特征就是多数贸易壁垒都有所下降。由于美国和加拿大是相对较为开放的经济体，贸易壁垒本身就比较少，因此大部分的变化来自于墨西哥方面。比如，从 1993 年到 1996 年，美国针对来自墨西哥的产品的平均关税从 2.07%下降到 0.65%。相比之下，墨西哥针对来自美国的产品的平均关税从 10%下降到 2.9%。《北美自由贸易协定》下的关税下降是 20 世纪 80 年代中期以来关税下降趋势的延续。从 1982 年到 1992 年，墨西哥进口产品需要取得政府进口许可证的比例从 100%下降到 11%，关税平均水平从 27%下降到 13.1%。到 1994 年，墨西哥经济实际上已经对世界各国打开了国门。

针对跨境投资活动的一些关税和投资限制很快也都消除了，但是在大多数情况下，都为清除贸易和投资限制留出了一定的过渡期。剩下的关税和投资限制在多长时间内取消因行业不同而有所不同。那些可能出现新的重大竞争的行业通常被给予更长的过渡期，以使其做好更充分的准备。尽管每个国家都希望获得贸易收益，但同时也不希望看到其经济突然崩溃。

《北美自由贸易协定》的第二个特征是对自由贸易范围内的产品提出了北美成分的要求。也就是说，为了能够符合自由贸易或者关税减让的条件，协议规定了产品价值中必须有一定比例（通常来说是 50%）是由北美生产的。当地成分要求的目的是防止非《北美自由贸易协定》成员国的那些国家通过利用某一成员国的低关税，获取对所有三个国家的完全市场准入。许多贸易经济学家并不认同这种规定，因为他们认为这样做加大了贸易转移的可能性。如果企业为了满足当地成分要求而将组装工厂迁到协定的成员国，那么在低成本、非成员国的投入品的生产活动就可能会减少。例如，服装行业就出现了贸易转移现象。企业从加勒比地区迁往墨西哥，虽然该国不是生产成本最低的国家。墨西哥出口到美国的产品关税为零，所以在墨西哥生产的产品在美国市场上的销售价格更低，因为在其他低成本国家生产的产品进入美国市场时要缴纳高额关税。然而，为了使该协定在美国和加拿大得以通过，成分要求是政治上必需的。

《北美自由贸易协定》的第三个特征是根据争端来源的不同，设立了三种争端解决机制。协定分章节论述了与倾销和反倾销税有关的争端、与利用本国政策不公平对待外国投资者有关的争端或者说“投资者—东道国”争端，以及与一般争议有关的争端的不同解决机制。所有这些都是和用来解决劳工与环境标准争端的协商机制（consultation mechanism）区分开来的。协商机制也是该协定的第四个显著特征。协定本身并没有对劳工与环境标准做出任何规定，但是在签署《北美自由贸易协定》的同时，另外两个附加协定也得到通过并开始实施。这两个协定分别是《北美劳动事务合作协定》（North American Agreement on Labor Cooperation，NAALC）和《北美环境合作协定》（North American Agreement on Environmental Cooperation，NAAEC）。劳工和环境领域的这两个附加协定，再加上投资者—东道国争端解决机制，一起成为后来美国针对自由贸易协定与他国谈判时遵循的共同框架。这三个方面都有支持者也都有反对者，在下面谈到美国签署的新的贸易协定时还会更加详细地加以论述。

□ 13.3.5 NAFTA 特有的两个问题

正如在前面一节中讲到的，在围绕《北美自由贸易协定》展开争论的过程中出现了很多极具争议性的问题。这些问题中有些是 NAFTA 特有的，有些则是几乎所有贸易协定的共性。劳工与环境标准、外国投资者与东道国政府之间的关系、知识产权保护都是一般性的争议问题，同时也是以 NAFTA 为范本与他国洽谈贸易协定时会遇到的问题（见表 13—3）。这些问题在本章后面的内容中还会再提到。对北美自由贸易区的进一步深化构成真正威胁的两个特殊问题是移民以及墨西哥持续的毒品暴力（drug violence）问题。

北美自由贸易区没有针对移民政策给出具体的指导原则。因为 NAFTA 管辖的范围是一个自由贸易区而不是共同市场，所以既没有具体涉及劳动力——个别商务人士是个例外——的流动问题，也没有就这个问题展开讨论。大部分情况下，不涉及移民的自由贸易区是个常态，但是在美国和墨西哥之间，移民却是一个不容忽视的问题。过去的 40 年里，来自墨西哥的移民构成了美国历史上最大的一波移民潮。2011 年，大约有 1 200 万美国人是在墨西哥出生的（美国移民总数大约为 4 000 万），其中有 610 万是非法移民，在美国没有合法的身份。移民们来到美国主要是为了以下原因：就业、更高收入、与家人团聚。墨西哥人移民到美国也有特殊原因：互相接壤、无法彻底杜绝偷渡行为的 2 000 英里长的边境线、母国缺少就业岗位和发展机会。

但是，因为以下三个主要原因，这股前所未有的移民潮有可能就此终止。首先，从美国和墨西哥之间的边境偷渡越来越难，越来越危险。边境地区大部分是条件极其艰苦的荒芜沙漠，加之犯罪团伙和贩毒集团的毒品暴力和针对移民的一些行动，导致偷渡的危险性越来越大。其次，美国的政治和经济环境也更加艰难了。因为2007—2009年的衰退，找工作越来越困难，在整个边境一带，反移民团体和政客们营造了一个坚决不欢迎移民的氛围。最后，也是从长期看最重要的一点是，墨西哥的人口统计学特征正朝着潜在移民人数减少的方向变化。1960年，每个墨西哥女人一生平均要生7.3个孩子；到2009年这个数字下降到了2.4人，仅略高于人口替代率。人口出生率的下降在经过一段时间后，会引起青年人口增长率以及潜在移民数量的下降。从总量看，2005—2010年，在墨西哥出生但是在美国生活的人口数量没有任何增长，因为新进入美国的人口数量下降到正好等于离开美国的人口数量。

北美自由贸易区面临的第二个问题是墨西哥日益严重的毒品暴力。这是一个很有争议也很悲剧性的问题，目前还没有明确的解决方案，但是墨西哥因为运毒贩毒而死亡的人不断增加。这个问题不仅仅是一个贸易问题，因为它还涉及法律的执行、医药、公共健康、经济福利、民事自由等诸多领域。目前以及在过去的很多年里，不管是在美国还是在墨西哥，在这个问题上一直都是政治占主导。1969年尼克松总统宣布"全民打击毒品"；40多年后，又实行了类似的政策，尽管很难说这场战斗取得了什么成绩。在墨西哥，据估计到2012年年底，从2006年算起超过6.4万人死于毒品暴力。

对于墨西哥的毒品暴力行为，不管是美国还是墨西哥都负有一定的责任。墨西哥主要是充当为毒品的最终消费市场——美国，也是全球最大的毒品消费市场——提供产品转运站的作用。虽然毒品是向北进入美国，但是枪支和金钱则是向南进入墨西哥，这说明一体化不仅促进了正常商品的贸易，而且促进了非法商品的贸易。对于应该如何解决这种两难困境，目前没有一致意见。主张自由贸易的一方认为，宣布毒品交易非法只能是让这类活动转向地下，不但不会消失，这些贩毒集团可能还会支持通过有组织的犯罪和暴力行动来解决冲突。他们还强调腐败、健康与安全、官方执法过程扩大化对民事自由权利构成的挑战等。反对者则认为如果人们很容易就能得到毒品的话，吸毒人数可能会增加；而且通过让毒品交易合法化来宽恕吸毒行为是不道德的。虽然几乎没有达成什么协定，但是墨西哥以及拉丁美洲其他国家的政客们已经开始挑战美国在反毒品战中的领导地位，并且提议采取新的战略——希望通过减少对毒品的需求以及关注毒品给公众健康带来的影响替代仅关注减少毒品供给的策略。

案例 ☞

墨西哥的合作农场、农业和NAFTA

墨西哥大部分农民的生产模式是一种被称为"合作农场"(ejidos)的集体农场。农场成员可以像独立的农民那样耕种自己的土地，可以选择自己想种植的庄稼，并且他们的后代可以继承土地。但是他们不得变卖、出租自己的土地给他人。理论上说，他们只能耕种这些土地，不然就会失去它。最早的合作农场是在墨西哥革命(1910—1917年)十年后产生的，并且在1992年宪法改革前一直被沿用。墨西哥宪法对个人可拥有的土地数量进行了限制并且没有土地的农业劳动者有权向政府申请索要多余的土地。1992 年的改革终止了新的村社的产生，并创立了一种解散现有村社的程序，即将现有合作农场的土地转变为私人所有。这次改革并不要求改变现状，大多数的合作农场仍然像改革之前一样运作，尽管其中一些已经私有化并且土地已经被变卖。同时，政府开辟了一条买卖合作农场土地的途径，这削减了一些原先给小农场主的补贴。从长远来看，对小农场主补贴水平的变化比新的合作农场土地市场更重要——并非总是为了最好的。

根据墨西哥农业人口普查，2007 年有 31 518 个合作农场和 4 210 899 个合作农场成员（包括居住在土著社区公共土地上的人口）。这大约占墨西哥农业劳动力的 72% 到 73%。平均来看，合作农场农民更倾向于拥有价值较低的土地，有一块较小的个人土地而不是更商业化的农场，并生产着在全国农业产值中极不成比例的少量产品。这并不是说所有合作农场的农民都是穷人，但他们大多数都缺少机会去接触那些能使他们过上体面生活的要素，如市场、资本和科技知识。

1992 年，墨西哥宪法再次修订，合作农场也再次被允许建立。赛利那斯政府强调，合作农场的建立对农业投资造成的消极影响会导致劳动生产率的低下，以及农村地区的贫困。一些经济学家与其看法一致，而另一些人则不这么认为。改革派的论点是完整土地所有权的缺失和合作农场的小块土地抑制了机械化的进程和其他旨在提高劳动生产率的投资。无论对合作农场低生产率的原因分析正确与否，墨西哥绝大部分的穷人都住在农村地区从事农业生产，并且通常是合作农场成员。1992 年，大约 25%的劳动力从事农业生产，但只创造了 9%的 GDP。改革对小农场主的补贴和合作农场成员的土地所有权有一个明确的目标，即通过鼓励合并土地的持有和应用现代生产技术来减少农业劳动力的规模。1992 年，墨西哥农业部副部长称，他们的目标是将农业劳动力比例从原来的 25%降低到 15%。

18 年后，即 2010 年，墨西哥农业劳动力比重为 13.1%（美国和加拿大都不到 2%）并且这个比重仍在下降。但墨西哥最贫穷的地区仍集中在农村地区，并且农业部门一致被认为处于危机之中。《北美自由贸易协定》的反对派不断地将罪责归咎于贸易协定，但事实上，墨西哥的农业政策应负上更多责任。玉米产业是一个很好的例子：玉米是许多墨西哥人的主食并且是许多小型农场的主要作物。根据《北美自由贸易协定》，墨西哥对玉米的进口关税将根据计划在 15 年内逐步取消，但墨西哥单方面提前削减了关税并且增加了从美国的进口，这部分是为了降低动物饲料的成本，增加全国牲畜的数量，扩大墨西哥人均膳食中动物蛋白的摄取量。墨西哥较大的、商业化程度较高的农场随着进口量的增长而扩大其玉米生产，使得全国的玉米总产量增加。但是，小规模的、偏远地区的和贫穷的农民遭受了沉重的打击，因为这一政策使玉米价格下降，同时政府削减了对小农场主的补贴。

《北美自由贸易协定》允许各国自己选择或多或少地对农场进行补贴。2009 年墨西哥大约投入了 58 亿美元在农场补贴上，但这笔补贴大部分给了相对富裕的农民。这一水平的补贴相当于农民总收入的 12.5%。根据经合组织（Organization for Economic Cooperation and Development，OECD）《农业展望》的报告，美国农业补贴相当于农民收入的 9.7%（见表 7—3）。墨西哥的农业支持政策并不是为了将贫穷的农民留在他们的土地上；恰恰相反，政府政策的初衷是为他们提供很少乃至是不提供农业援助，从而鼓励他们完全脱离农业生产。从这个意义上来讲，政策奏效了。缩减农业比重的决定和与美国、加拿大签署贸易协议的决定是完全无关的，但这个决定显然没有考虑到农民除了在一小块地上种植玉米外没有其他选择的困境。

13.4 新协定和老协定

表 13—3 列出了美国最近以及过去签署并且实际执行的一些协定。表中这些协定大部分是 2000 年之后签订的，是生效的自由贸易协定的一部分。此外，美国还有两个比较重要的协定正处在谈判进程中；美国还签订了一系列的单边贸易协定，即向他国开放市场却不要求对方给予回报，也称为特惠贸易协定。签署这类协定是为了支持一些国家的发展，或者是出于政治上的考虑。表 13—5 列出了美国仍在谈判进程中的两个自由贸易协定，以及已经生效的几个特惠贸易协定。

表 13—5 中给出的两个自由贸易协定，特别是亚太经合组织（APEC）经济论坛，涉及大量的国家。亚太经合组织囊括了整个太平洋地区，从南到北，从东到西，包括全球最大的一些经济体，比如中国、日本、韩国、墨西哥、加拿大、澳大利亚等。它与其他自由贸易协定的区别在于，它并不是要在成员国之间达成自由贸易协定，而是要在整个亚太地区的所有国家之间——不管是成员国还是非成员国——推进自由贸易。APEC 最开始设定的目标是，到 2010 年发达成员国之间完全实现自由贸易，到 2020 年发展中经济体也要做到这一点。但现实是，第一个阶段的目标并没有实现，而且随着 APEC 逐渐转变成一个讨论大家关心的贸易问题的论坛，这个目标已经被淡化了。一定程度上，正是因为 APEC 没有取得大的进展才导致美国和 APEC 的一部分成员国决定建立跨太平洋伙伴关系（TPP）。

表 13—5　　美国主要的贸易提议

自由贸易协定	成员数量	目标
跨太平洋伙伴关系	9	自由贸易
亚太经合组织	41	理论上是自由贸易，实际上是解决各方关注的问题的论坛
特惠贸易协定	受惠经济体数量	目标
普惠制（GSP，1976）	141	对来自 141 个发展中国家的大部分商品进口实行零关税
《加勒比海湾计划》（CBI，1983）	18	对来自 18 个加勒比国家的大部分商品进口实行零关税
《安第斯贸易优惠法》（ATPA，1991）	4	允许这些国家的企业进入美国市场以消除制毒行为
《非洲增长与机会法案》（AGOA，2000）	40	对来自 40 个次撒哈拉非洲国家的商品进口实行零关税

注：有两个重要的自由贸易协定仍在谈判进程中，此外美国还签署了一系列的特惠贸易协定。
资料来源：Office of the United States Trade Representative，http://www.ustr.gov.

不管是在谈判中的两个贸易协定，还是已经生效的那些贸易协定（见表 13—3）——包括《北美自由贸易协定》，都面临一些共同的问题，具体来说包括劳工与环境标准、投资以及就业机会减少等。

□ 13.4.1 劳工与环境标准

对于 1994 年《北美自由贸易协定》生效之后签署的几乎所有贸易协定来说，劳工与环境方面的两个附加协定（即前面提到的《北美劳动事务合作协定》和《北美环境合作协定》）为劳工与环境相关条款提供了一个基本的框架。所有这些协定都遵循一个共同的原则，那就是各国都应该严格执法，不应将劳工与环境标准用作吸引贸易和投资的工具。执法问题很大程度上取决于提出执法不严抗诉的一方的意见，以及东道国的调查。协定的措词非常具体，而且明确说明任何一个国家都不能在另一个国家的领土上展开调查或者是采取执法行为。相反，这些协定希望培养公众的以下意识：如果没有设定明确的标准，那么就不能提起抗诉；抗诉也不能侵犯另一个国家的自治权。

具体到劳工标准，关于劳工权利有一个被普遍认可的定义，也就是《国际劳工组织关于工作的基本原则和权利的宣言》及后续条约中规定的一系列权利。这些基本权利已经成为国际劳工组织鼓励成员国遵守的基本传统，具体包括以下四点：（1）自由结社和组织集体谈判；（2）消除强迫劳动；（3）消除童工；（4）消除就业和职业歧视。

总的来说，工会是贸易协定最坚定的反对者，这很大程度上是因为它们担心这些协定会拉低母国的劳工标准，或者是担心生产活动转移到海外会迫使母国工人接受薪酬福利下降、更加不利于工人健康的工作条件。它们的理由同我们在第 7 章和第 8 章讨论贸易、就业和劳工标准时给出的逻辑类似。要想评判它们的理由是否成立，必须把美国工人和外国工人之间劳动生产率的差异考虑进来。墨西哥以及其他国家工人工资比较低主要是因为以下三点：（1）墨西哥工人的平均受教育水平和技术水平低于美国；（2）墨西哥工人的平均资本占有量较少；（3）公路、港口、供水、通信、电力以及废物处理系统等公共基础设施与美国相比，都缺乏保障且亟须发展。以上三个人力资本和物质资本上的根本差异所导致的最终结果就是，墨西哥的劳动生产率较低，其工人的工资水平也较低。

根据第 4 章讲到的斯托尔珀-萨缪尔森定理，如果一个美国工人具备某种技能，但是在贸易伙伴国有大量具备相同技能的劳动力，那么贸易开放给这样的美国工人造成的冲击是最大的。由于低收入国家通常拥有相对丰裕的非熟练劳动力，而美国拥有相对丰裕的熟练劳动力，因此美国和这些低收入国家比如哥伦比亚或者危地马拉之间的贸易就有可能拉低美国的非熟练劳动力的工资水平。服装厂的工人、低技能或者半熟练的汽车工人、低技能的装配线工人可能会发现他们的工资水平下降了，甚至是就业岗位被转移到了海外。然而，同其他问题一样，关键在于是否有证据表明贸易开放确实存在这样的影响，如果有的话，影响有多大。到目前为止，因为以下两个原因，经验研究还没有证明贸易开放对工资有显著影响：第一，劳动力成本只是生产成本的一部分，交通成本、能源成本、在海外做生意的交易成本等不容忽视；第二，危地马拉等国家的劳动生产率很低。最后，我们有必要牢记的一点是，本国的生产率才是决定人们生活水平的关键，本国的宏观经济形势才是决定能够提供多少就业岗位的关键。贸易只是第二位的，其影响甚至是微不足道的。

《北美环境合作协定》为把与环境保护有关的条款纳入后来的自由贸易协定打下了基础。从很多角度看，这个条款与劳工权利条款都是类似的，而且也是出于类似的担忧——即有些国家可能利用较低的环境标准来实现比较优势——才制定的。正如我们在第8章提到的，期待在不同收入水平的国家有相同的环境标准、清洁参数选择、在环保方面投入相同的资源是不现实的。有些国家可能会把减少温室气体排放作为首要任务，但是有些国家则可能还在想方设法提供清洁的饮用水。先于其他问题来解决某个问题带来的收益的大小取决于一国的收入水平以及该国具体的环境状况。因此，环境标准条款的目的应该是敦促各国都制定出自己的法律法规，不会将低环境标准作为增强自己相对于贸易伙伴的竞争优势的一种工具。

对劳工与环境条款的批评主要来自两个方面。一些经济学家认为，贸易协定不应该和劳工与环境问题扯上关系，因此这方面的条款根本不应该出现在贸易协定中。他们认为，一旦在贸易协定中加入这类条款，那些无论如何都会反对贸易增长的人们就多了一个借口，他们可能会以贸易伙伴国执法不力——这可能是事实，也可能根本不是事实——为理由反对和对方的贸易行为。另外一些经济学家则认为，这类条款根本毫无意义，因为根本没有切实的执行机制。各国可以自主判定相关法律是否得到了有效执行，即便没有的话也不会造成什么明确的后果。

我们可以肯定的一点是，如果没有把与劳工和环境有关的内容包括进来，美国国会根本就不会同意批准《北美自由贸易协定》。国会议员们很担心美国的就业机会出现流失，他们也担心墨西哥不严格执行与劳工和环境有关的标准从而获得竞争优势。从那时起，在贸易协定中加入与劳工和环境标准有关的条款的做法有助于赢得国会的支持，也成了确保国会批准新协定的一个标准策略。虽然这类条款能否保证一国严格执行相关法律法规是不确定的，但是确实赋予了那些希望各方能够关注当前问题的劳工与环境保护组织一定合法性。例如，在墨西哥，据说劳工协定有时候确实能迫使政府关注工人的不满，在这些协定签署之前，政府可能会完全忽视工人的利益。这类协定还激励了劳工与环境保护团体的跨境合作。通过这两种方式，贸易协定中的劳工与环境条款增强了公众对某些问题的意识。

□ 13.4.2 投资者与东道国的关系

生效的自由贸易协定大多都包含与投资有关的内容。除此之外，美国还与一些国家签署了40个双边投资协定（bilateral investment treaties，BIT）。与自由贸易协定中的投资条款一样，这些双边协定设定了与跨境投资有关的规则，其中包括当投资者认为自己受到了不公平对待时可选择的争端解决机制。这些规则建立在这样一个框架的基础上，即强调一国面对外来投资者时，应该有意识地消除任何在本国投资者和外来投资者之间构成了歧视的做法。这些规则还消除了对外来投资者行为的一些常见要求（比如出口要求以及当地成分要求等），确保为外国企业和本国企业提供一套统一的监管标准。这类协定的目标是，为投资者财产权提供更大的安全保障，如果他们选择去与美国签署了这类协定的国家和地区投资的话。财产安全保障可以起到鼓励投资行为的作用，从而带来更快的经济增长，特别是对发展中国家来说。

同样，《北美自由贸易协定》在这方面也奠定了一个基础，只是这一次存在比较多的严重问题。该协定的第 11 章是关于投资者与东道国关系的，同时可能也是整个协定中最具有争议的部分。第 1110 条规定，除非是为了公共利益，本着非歧视原则且做出了补偿，否则：

> 任何一方不得直接或间接国有化或征用另一方投资者在其境内进行的投资，或者采取无异于国有化或征用这类投资的措施……

问题就出在了"无异于国有化"这个表述上。这一说法招致了大量的法律诉讼，外国投资者起诉东道国，声称环境或者其他方面监管措施的变化侵蚀了它们的利润，因此"无异于征用"了自己投资的一部分企业或者是整个企业，只要监管迫使企业倒闭或者是利润出现损失。从此之后，自由贸易协定以及双边投资协定中都加入了与"间接国有化"有关的表述，并且增加了协定中任何表述都不能解读为环境与其他标准不能升级或实施的条款，只要升级或实施这些标准有利于保护公众利益。

这些协定的批评者认为，协定对美国与其他发展中国家提出对等的要求就必然会导致不公平竞争，如果发展中国家的政府希望提高监管标准，那么资源充足的美国企业完全可以利用法律诉讼的威胁来恐吓它们。这方面的经验研究并没有证明东道国的发展水平与投资者争端的最后结果之间有着任何联系，但是这些工作还仅仅是一个开始。

□ 13.4.3 贸易引起的工作岗位减少

关于《北美自由贸易协定》以及其他协定导致的就业机会增加或者减少的估算非常多。NAFTA 实施之后的五年里，人们对就业岗位变化的估计结果从每年减少了 9.8 万个到增加了 4.2 万个。为了生产指定数量的出口产品需要多少数量的工人是可以估计出来的，如果进口商品转由本国生产的话能够创造多少就业机会也是可以估计出来的，但是这些数据并不等于因为贸易协定而增加或者减少的就业机会。举例来说，进口商品可能是提供给拥有资本或者其他中间产品的企业的，从而使得后者变得更有竞争力从而能够存活下来，甚至是变成出口企业；而出口产品可能是提供给那些此前产品完全是在本国生产，但是现在将一部分生产环节转移到了国外因此需要从国内进口零部件的企业的。因此，有些进口创造了就业机会，而有些出口之所以能存在仅仅是因为国内的就业机会减少了的缘故。考虑到这些困难，对实际增加或者减少的就业机会的数量估计几乎就完全是猜测了。此外，支持自由贸易的智库与学者们往往会证明就业机会增加了，而反对者则往往会证明就业机会减少了。但是，不管是在什么情况下，这两方都无法证明美国的就业出现了大的增加或减少。考虑到美国平均每年新增 200 万个就业机会（在没有衰退的前提下），据估计因为贸易协定而增加或减少的就业机会的数量占就业机会变化总量的比例不到 5%。

图 13—3 使用美国 2001—2010 年就业机会增加或减少的数量说明了这一点，其中纵轴的单位是千个，所以刻度 8 000 就等价于 800 万个。我们使用的是季度数据。

就业机会的增加包括新建企业或现有企业新招聘员工，就业机会的减少则包括裁员和企业倒闭。图中的实线表示就业机会的增加，虚线表示就业机会的减少，所以当虚线高于实线时就表示就业机会净减少。因为图中包括两个明显的衰退期（2001 年和 2007—2009 年），所以有两个时期就业机会的减少明显超过了就业机会的增加，其中 2007—2009 年期间二者之间的差距格外明显。图 13—3 最重要的一点是它告诉我们，美国经济比大部分人意识到的规模要大，而且非常有活力。

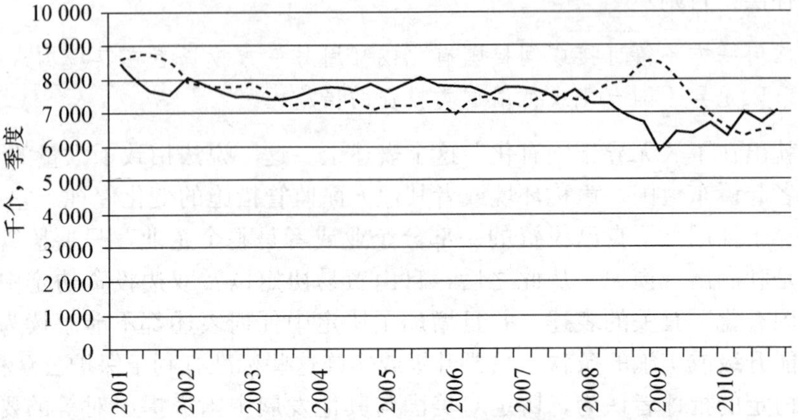

图 13—3　2001—2010 年每个季度增加和减少的就业机会

注：美国经济每个季度会创造 600 万到 800 万个新的就业机会，同时也会减少差不多同样数量的就业机会。
资料来源：Bureau of Labor Statistics，*Bussiness Employment Dynamic*.

政治因素使得关于贸易对就业机会的影响的讨论成为一个有意义的话题，尽管一个经济体创造就业机会的能力很大程度上是由与贸易无关的因素决定的。比 NAFTA 或其他协定更加重要的是商业周期、人口统计学特征以及劳动力市场政策。此外，衡量一个贸易协定成功与否要看它能否更加有效地配置资源；从这个角度看，NAFTA 以及其他贸易协定带来的贸易量的增加，已经很好地证明了更高的一体化程度、规模经济以及效率之间的关系。

在关于就业的争论中经常被忽略的另外一点是，与美国相比，它那些自由贸易协定的伙伴国通常都是小国。即便是（2010 年以美元计算的）GDP 全球排名第 14 位的墨西哥，经济总量也只有美国的 7%；《多米尼加—中美洲自由贸易协定》涉及的六个国家加在一起，经济总量也不过比美国的 1%略高一点。因此，不太可能对美国的就业数量的增加或者减少造成太大的影响。

最后，贸易协定是关于贸易、资源配置以及创新的，而不是关于就业机会的。关于如何应对因为贸易协定而失业的工人的问题，在第 4 章已经讨论过了，我们从来都不应该根据贸易协定对一国就业的影响——不管是正面的还是负面的——来对它进行评价。

案例 ☞

非洲增长与机会法案

特惠贸易协定包括允许零关税或者低关税进口商品的一系列安排。大多数发达国家以及一些发展中国家都会利用这些安排，通过取消正常的关税壁垒来为中低收入国家提供帮助。最普遍的做法被称为普惠制。美国从1976年开始实施普惠制，目前允许来自141个发展中国家的几乎所有商品零关税进入美国市场。

除了普惠制之外，美国还签署了三个特惠贸易协定，即表13—5中提到的《加勒比海湾计划》(CBI)、《安第斯贸易优惠法》(ATPA)以及《非洲增长与机会法案》(AGOA)。这些协定包括了普惠制没有能够覆盖到的商品，尽管它们中没有一个涵盖了受惠国的所有商品。这三个协定都有政治或者经济方面的目标。《加勒比海湾计划》希望在经历了政治动荡、游击战以及社会主义思潮的兴起后，多样化加勒比地区的出口，促进这一地区的经济增长。《安第斯贸易优惠法》则旨在鼓励安第斯地区的农民们放弃种植古柯，改为种植其他作物。而《非洲增长与机会法案》虽然确实帮助美国找到了新的石油来源地，但是主要是希望实现次撒哈拉以南非洲地区出口的多样化以及经济发展。

《非洲增长与机会法案》是这三个协定中签订最晚的一个。从2000年写入美国法律开始，目前该法案已经囊括了次撒哈拉以南非洲的40个国家，也是美国政府针对非洲的主要贸易促进法案。它为98%的进口商品提供关税减免，使得非洲对美国的出口显著增长。从2001年第一次实施开始，美国从该法案受惠国的进口数量从204亿美元增长到了2011年的717亿美元。尽管这只占美国进口总量的一小部分，但是对于受惠国来说已经是对美出口的巨大增长了。

如果按照市场汇率测算，《非洲增长与机会法案》的40个受惠国2010年的GDP之和略高于1万亿美元。用购买力平价计算的非加权平均人均收入为3 750美元，但是各国之间的差距非常大，从刚果民主共和国的328美元（参见第9章关于恶债的那个案例），到塞舌尔群岛——印度洋上的一个群岛，共有9万人口——的23 300美元不等。战火频仍的索马里可能比刚果民主共和国还要贫困，但是我们没有关于它收入或其他方面的数据。

零关税进入美国市场对于次撒哈拉以南非洲国家来说是一个巨大的优惠，但是受到两个因素的制约。第一，一些对美国来说很敏感的商品被排除在关税减免之外。其中主要是农产品，并且涉及一些重要部门。例如，棉花对很多国家来说都是一种重要农作物（参见第3章丧失比较优势的案例），同样被排除在外的还有坚果和食糖。第二，距离太重要了，因为这会导致更高的运输成本从而降低价格优势。考虑到海洋运输成本比较低，所以西非与美国之间的距离还不算太远，但是东非就不是这样了。此外，距离上的劣势对于14个没有直接入海口的内陆国家来说就更麻烦了。（非洲的内陆国家数量比其他洲都多。）

正如上面提到的，自《非洲增长与机会法案》实施以来，已经大大促进了非洲对美国的出口。最理想的情况是，出口的增长呈现多样化的特征，从各种工业制成品到农产品，从而表明这些国家的经济增长比较稳健，未来充满很多机会。但现实是，出口的增长主要是因为石油。加大开发力度以及新发现的油田使得安哥拉、乍得、刚果、赤道几内亚、加蓬以及尼日利亚对美国的石油出口显著增加。2011年，美国从《非洲增长与机会法案》受惠国的进口中77%是石油。

小　结

1. “冷战”的结束和新兴市场的崛起导致美国更加重视双边和复边贸易协定。

2. 因为语言、文化遗产、地理上接壤等原因，加拿大是美国关系最紧密的盟友和最重要的贸易伙伴。因为一轮又一轮贸易协定的影响，从 1965 年的《汽车协定》到 1989 年的《美加自由贸易协定》再到 1994 年的《北美自由贸易协定》，美国与加拿大的经贸关系不断发展。

3. 墨西哥是美国第三大贸易伙伴，仅次于中国和加拿大。墨西哥总统赛利那斯提议与美国签署自由贸易协定，以此作为巩固其经济改革的成果、吸引外来投资的一种途径。

4.《北美自由贸易协定》对于三个成员国来说都是最重要的一个贸易协定，比加拿大、墨西哥、美国与其他国家签署的任何双边或者复边协定的贸易促进作用都大。

5. 在签署《美加自由贸易协定》时，加拿大希望能够保护本国的文化产业，其国内围绕这个协定可能给他们的社会政策带来的影响存在很大争论。相反，在美国，这个协定并没有引起争议。

6. 在美国，与《北美自由贸易协定》有关的最大的争议是劳工政策、环境政策的制定与实施以及移民问题。

7. 到目前为止，《北美自由贸易协定》带来的最主要的影响是成员国之间的贸易量不断增加。我们无法准确地估计该协定对就业以及工资水平的影响，但是大多数经济学家认为它对就业起到了微小的正面作用。

8.《北美自由贸易协定》为其他贸易协定起到了示范作用，特别是在它包含与劳工和环境标准有关的条款这方面。

9. 美国与全球 21 个国家签署了自由贸易协定（自 2000 年以来签署了 17 个），而且还有 40 个与外来投资规则有关的双边投资协定在谈判进程之中。这些投资协定的目的是保护投资者的财产权，鼓励外来直接投资。此外，美国还签署了四个特惠贸易协定，并且在和相关国家谈判希望在太平洋地区建立两个自由贸易区。

关键术语

《非洲增长与机会法案》(African Growth and Opportunity Act，AGOA)

《安第斯贸易优惠法》(Andean Trade Preference Act，ATPA)

《汽车协定》(Auto Pact)

双边投资协定（bilateral investment treaties，BIT）

《美加自由贸易协定》(Canadian- U. S. Trade Agreement，CUSTA)

《加勒比海湾计划》(Caribbean Basin Initiative，CBI)

债务危机（debt crisis）

合作农场（ejido）

普惠制（Generalized System of Preferences，GSP）

进口替代工业化（import substitution industrialization，ISI）

投资者—东道国争端（investor-state dispute）

失去的十年（Lost Decade）

《北美环境合作协定》（North American Agreement on Environmental Cooperation，NAAEC）

《北美劳动事务合作协定》（North American Agreement on Labor Cooperation，NAALC）

特惠协定（preferential agreement）

购买力平价（purchasing power parity）

习　题

1. 什么原因导致美国从看重多边贸易协定转变为更看重双边和复边贸易协定？

2. 在过去的几十年里，美国贸易量占 GDP 的比重发生了怎样的变化？

3. 为什么加拿大贸易量占 GDP 的比重高于美国？

4. 为什么说美国与加拿大之间产业内贸易的发展改变了加拿大受影响产业的生产率水平？

5. 加拿大提议签署《美加自由贸易协定》的原因是什么？

6. 20 世纪 80 年代中期导致墨西哥进行市场化改革并且开放市场的原因是什么？

7. 墨西哥提议并签署《北美自由贸易协定》的原因是什么？

8.《北美自由贸易协定》附加协定是关于什么方面的？论述支持和反对这些协定的理由。

9. 为什么从墨西哥来到美国的移民在不断减少？

10. 什么是特惠协定？美国为什么要签署特惠协定？

11. 解释为什么说关于《北美自由贸易协定》导致工作机会增加或者减少的讨论很可能是误导性的，也是不准确的。

12. 解释为什么说《北美自由贸易协定》是后续贸易协定的范例。

第 14 章 欧盟：一体化市场

学习目标

通过本章的学习，学生应该掌握以下内容：

1. 列出欧洲区域贸易协定大事年表，从自由贸易区到经济同盟。
2. 掌握欧盟主要的机构以及协定。
3. 能够区分欧盟的广化与深化。
4. 讨论即使是各方都希望达成协定的情况下，区域一体化协定仍会存在的问题。
5. 给出至少两种能够解释为什么单一货币会发展如此迅速的原因。
6. 在最优货币区理论的框架下，分析欧盟的共同货币计划。

14.1 引言：欧盟

欧盟（European Union，EU）是一个由 27 个国家组成、人口超过 5 亿、产值超过 17.577 万亿美元的经济联盟，也是规模最大、历史最久和一体化程度最高的区域协定。它终结了欧洲大陆近一个世纪断断续续的战争，在扩张过程中将几个中欧国家吸收进来也使得这些过去在历史和文化方面一直与西欧割裂开来的国家重新步入与西欧一体化的轨道。我们可以从欧盟不断扩张和加强成员国之间的经济联系的过程中学到很多。

从 2004 年开始，又有 12 个新成员国加入欧盟，包括 3 个原属于苏联的国家和中欧的 7 个前社会主义国家。这些新成员的迅速加入在欧盟的扩张史上并不是第一次。从 1957 年创始开始，欧盟经历了几次成员国数量迅速增加、责任不断加重的过程。1979 年，欧共体（European Community，EC）的 9 个成员国将其汇率由旨在消除彼此货币之间的兑换比率过度波动的特定制度加以固定。1986 年，欧共体成员国增加到 12 个，这些国家在 1987 年签署了《单一欧洲法案》(Single European Act，SEA)，希望建立一个单一的欧洲身份和欧洲市场。《单一欧洲法案》为单一欧洲市场计划（Single European Market，SMP）奠定了基础，将欧共体变成了一个除已经实现的商品与服务自由流动外，还允许劳动力和资本自由流动的共同市场。1992 年，这些成员国签署了《欧盟条约》（Treaty on European Union），该条约直接推动了 1999 年共同货币欧元的诞生。

这些成绩并不是轻而易举就能实现的，单一货币存在的问题会影响到各国从欧盟中获得的很多经济与政治利益。在实施各种一体化建议的过程中，迫于国内外各种事件对变革的需求，各成员国在行事时不得不采取务实的态度。20 世纪七八十年代从固定汇率制度到浮动汇率制度的转变、1989 年柏林墙的倒塌、社会主义阵营瓦解、全球资本市场的一体化以及国际资本流动的增加、环境意识的增强，以及其他许多因素共同塑造着欧盟的发展。尽管经济和政治方面的变化不断赋予欧盟新秩序和新责任，但是其根本宗旨即建立一个和平统一的欧洲却从未改变。就这点而言，欧盟的组建的确是一个伟大的成就，尤其是考虑到 20 世纪欧洲血淋淋的历史和 1957 年签署最初的协议后大多数观察人士普遍不那么乐观的预期。

欧盟是目前为止全球最为雄心勃勃的一体化协议。它有自己的收入和预算，有一系列机构来制定法律，对共同利益问题进行监管，有共同货币，以及允许人口、货币、商品和服务自由流动。尽管一体化程度不断加深，但同时欧盟也在努力保护其成员国的主权，并且竭力避免文化和语言的趋同。事实上，国家之间的更大范围的一体化使得一些地区的历史地位得以重新崛起，同时在政治体制中有更大的自主权。这样的例子包括西班牙的加泰罗尼亚以及英国的威尔士和苏格兰。

然而，在我们进一步探讨这一问题之前，有必要明确欧盟在各个时段的不同名称。1958 年组建之初，欧盟只是一个自由贸易区，被称为欧洲经济共同体（European Economic Community，EEC)。随着它承担了更多的社会和政治责任，经济共同体的一体化程度也不断加深，名称就变成了欧洲共同体。1993 年，随着旨在建立经济联盟的条约的实施，欧共体转变为欧盟。

14.2 欧洲市场的规模

在讨论西欧经济一体化的历史并对其进行经济学分析之前，让我们首先来定义国家和集团的概念，这对了解市场的规模非常重要。如果用包括的人口总量来衡量的话，欧盟是迄今为止世界上最大的一体化市场。这也就意味着，欧盟很可能在决定未来国际政治安排、贸易模式和规则以及总的国际经济关系方面，扮演着重要的角色。如果被禁止在欧盟市场上销售产品，几乎没有哪个国家可以实现增长和繁荣，这就为各国接受欧盟在国际事务中的领导地位提供了动力和激励。

表 14—1 列出了欧盟成员国及其 2011 年的人口数和收入。如该表所示，收入是

以按照市场汇率计算的绝对值以及按照购买力平价测算的人均值两种方法来表示的。相对于使用购买力平价测算的收入来说，用市场汇率测算的收入无法准确反映人们的生活水平，但是它却能更准确地反映出每个市场以进口商品和服务的能力表示的规模大小。表 14—1 有几点需要特别强调。首先，并不是所有的西欧国家都是欧盟成员国。1970 年和 1995 年，挪威两次公投拒绝加入欧盟，瑞士也是一样。此外，一些小国，包括冰岛、列支敦士登、圣马力诺和摩纳哥也不是欧盟的成员国，虽然冰岛已经提出入盟申请。其次，欧盟大部分成员国相对来说都比较小。20 世纪 90 年代初期，德国的统一诞生了欧盟最大的国家，但是在 27 个欧盟成员国中，仅有 6 个国家（法国、德国、意大利、西班牙、波兰和英国）可以被认为是大国，但即便如此也没有一个国家的人口数量能超过美国或者墨西哥。最后，就人口和 GDP 而言，欧盟的市场规模与 NAFTA 的市场规模相当。2011 年，欧盟人口为 5 亿，而 NAFTA 的人口为 4.6 亿；欧盟的 GDP 为 17.577 万亿美元，而 NAFTA 的 GDP 为 17.986 万亿美元。

表 14—1　　2011 年欧盟的人口与收入

国家	人口（百万）	GDP（十亿美元）	人均 GDP（购买力平价，美元）
最初的成员国			
比利时	10.9	513	37 737
法国	63.1	2 776	35 156
德国	81.8	3 577	37 896
意大利	60.6	2 199	30 464
卢森堡	0.5	58	80 119
荷兰	16.7	840	42 183
1973—1995 年加入的成员国			
奥地利	8.4	419	41 822
丹麦	5.6	333	37 151
芬兰	5.4	267	36 236
希腊	11.2	303	26 294
爱尔兰	4.6	218	39 639
葡萄牙	10.7	239	23 361
西班牙	46.1	1 493	30 626
瑞典	9.4	538	40 394
英国	62.6	2 418	36 090
2004—2007 年加入的成员国			
保加利亚	7.4	54	13 594
塞浦路斯	0.8	25	29 074
捷克共和国	10.5	215	27 062
爱沙尼亚	1.3	22	20 379
匈牙利	10.1	140	19 591
拉脱维亚	2.2	28	15 662
立陶宛	3.3	43	18 856
马耳他	0.4	9	25 428
波兰	37.9	514	20 334
罗马尼亚	21.4	190	12 476

续前表

国家	人口（百万）	GDP（十亿美元）	人均 GDP（购买力平价，美元）
斯洛伐克	5.4	96	23 304
斯洛文尼亚	2.0	50	28 642
27 个成员国合计	500.6	17 577	31 607

注：欧盟 27 个成员国的人口和收入与 NAFTA 相当。
资料来源：World Bank，*World Development Indictors*.

14.3 欧盟及其前身

1957 年 3 月 25 日，6 个创始国签订了《罗马条约》（Treaty of Rome），欧洲经济共同体诞生了。该条约于签署之后 9 个月左右，也就是 1958 年 1 月 1 日正式生效。该条约作为基本的协议被保留了下来，最近的一些协议，如《单一欧洲法案》和《马斯特里赫特条约》都是这个原始基本协议的修正版。6 个创始国包括比利时、荷兰、卢森堡、法国、德意志联邦共和国和意大利。

□ 14.3.1 《罗马条约》

欧洲经济共同体脱胎于第二次世界大战结束后的欧洲重建过程。其创始国的目标是，希望在重建被摧毁的经济的同时阻止破坏再次发生。创始国的原始意图是希望通过经济一体化来实现政治联盟。1950 年，法国外长罗伯特·舒曼首先提议实现欧洲煤钢产业的一体化。之所以选择煤炭和钢铁是因为它们是支撑军事力量的主要工业部门。舒曼的计划是希望把西欧两大死对头——德国和法国的工业联合起来，但是后来卢森堡、比利时、荷兰和意大利也加入了这一协议。《欧洲煤钢共同体条约》（European Coal and Steel Community Treaty）于 1951 年签署，并且在条约签署后的 5 年内，6 个成员国之间的煤钢贸易增长了 129%。

欧洲煤钢共同体（ECSC）的成功导致了早期在政治和军事领域的一体化（欧洲防务共同体和欧洲政治共同体），但是这些努力最后因为各种原因都失败了。从那时起，欧洲领导人决定把他们的努力集中在欧洲经济一体化上。1955 年，欧洲煤钢共同体的六国外长举行会谈，讨论欧洲经济共同体和欧洲原子能共同体（European Atomic Energy Community，EAEC，或者 Euratom）的建立问题。前者的目标是为商品、服务、劳动力和资本建立一个单一的一体化市场，后者则希望为了和平目的共同开发核能。1957 年各方在罗马签署了两个独立的条约，标志着欧洲经济共同体和欧洲原子能共同体的建立。

□ 14.3.2 制度结构

欧洲经济共同体的创办国就达成政治联盟的条件进行了探讨。不管是过去还是现在，最关键的问题都是给予欧洲机构多少权力，而本国又保留多少权力。从官方角度来看，欧盟并不是像美国、加拿大那样由州或者省组成的联邦组织，而是一个个独立国家组成的单一的联盟，它们在跨国事务上进行合作，但是维持各国的独立主权。

用欧盟的行话来说，成员国与欧盟的权力范围以及成员国与欧盟的机构之间的关系是辅助性（subsidiarity）的，也就是遵循这样一个原则，即欧盟只有在联合行动比单个国家行动更为有效的情况下才有权力着手处理问题。在某些情况下，这样的问题是很好定义的，但在有些情况下却不然。目前，欧盟负责贸易政策、竞争政策、环境政策、区域发展、技术研发，以及经济和货币联盟。欧盟较少涉足同时也更加有争议的方面包括社会政策——比如社会保障与医疗保健项目，以及劳动力市场政策——比如关于工作时长、安全性、假期以及工资水平等的一些规定。

欧盟由三个主要机构和一些次要的机构构成。三个最主要的机构分别是欧盟委员会（European Commission）、欧盟理事会（Council of the European Union）和欧洲议会（European Parliament）。这三个机构代表的是欧盟的所有市民，形成了欧盟治理的中坚力量。表 14—2 给出了每个机构的投票权数量，以及根据成员国的大小分配的投票权数量的范围。

表 14—2　　欧盟主要机构的投票权

	总投票权数量	每个国家的投票权数量	
		最少	最多
欧盟委员会	27	1	1
欧盟理事会	345	3	29
欧洲议会	785	5	99

欧盟委员会是欧盟的执行机构。每个国家在该委员会中都拥有一个投票权。欧盟委员会从委员中选举出一个担任主席。欧盟委员会最主要的职责是监督协议，以确保它们得到切实和合法的实施。这包括制定有助于保证执行协定的各个条款以及欧盟经费预算的规则。作为执行机构，欧盟委员会独享发起欧盟法律提案的权力，并与成员国政府拥有相同的提出议案的权力。

欧盟理事会是欧盟的主要立法机构，与欧洲议会共同负责立法工作。各个成员国所拥有的票数在 3 票（马耳他）到 29 票（法国、德国、意大利和英国）不等。理事会是制定欧盟委员会所提交的法律提案的主要立法机构，同时对于预算也比委员会或者议会拥有更大的权力。理事会的成员是每个国家的部长，根据讨论的问题不同，部长的参与情况也有所变化。比如，讨论劳工方面的问题就会召集各国的劳工部长，而环境部长则会参与环境立法方面的讨论。大多数立法决策都要求所有国家一致通过或者符合特定多数（qualified majority）原则，也就是说在全部的 345 票中要得到 255 票（73.9%）才能通过。

欧洲议会有 785 位议员，议员的席位根据各成员国的人口数量进行分配，以 5 年为任期通过各国直接选举产生。各议员之间是以政党关系而非国籍联系在一起。议会主要有以下三项职能：立法；监督欧盟内部的其他机构；决定欧盟的最终预算。尽管欧盟理事会可以单独制定某些方面的法律，但欧盟的法律通常是欧盟理事会和欧洲议会共同完成的。同时，议会也会监督其他机构如欧盟委员会的工作。此外，欧盟年度预算的通过也必须得到议会的最终同意。随着时间的推移，与其他机构相比，欧洲议会的角色可能变化更大。在早期，议会主要是一个建议机构，没有实际的权力，但是随着欧盟的发展壮大，欧洲议会开始拥有更多的权力。

2012年欧盟的总预算为1 472亿欧元（1 840亿美元），稍高于所有成员国国民总收入之和的1%——与各国政府的收入相比显得微不足道，通常各国政府的收入占国民总收入的30%～50%或者更高。欧盟的预算资金主要有三个来源：进口商品关税，成员国增值税中上交欧盟的部分，基于经济规模的各成员国的分摊款。到目前为止，最后一项是最大的预算资金来源，欧盟总收入的67%都来源于各成员国的分摊款。

欧盟经费最大的两项开支是农业补贴（以补贴形式出现的直接拨付和以支持农村地区发展形式出现的间接拨付）和协调基金（cohesion funds）。农业支持计划及其他农村地区发展计划或共同支出几乎占总预算的40%，协调基金则占总预算的35%，而且主要用来支持欧盟内部欠发达地区的发展，尤其是新加入的、收入水平低于欧盟平均水平的部分中欧国家。具体来说，协调基金主要通过基础设施发展计划，尤其是与环境有关的项目，如水处理和交通项目，来支持这些地区的发展。

14.4 20世纪七八十年代欧共体的深化与广化

当欧洲人谈到成员国之间合作程度的增强时，他们会使用深化（deepening）这个词。深化指代使得各国经济一体化程度增加的各种经济或非经济行为。例如，从自由市场到关税同盟的转变、产业技术标准的统一以及共同货币的出现都是旨在促进各成员国之间合作的深化行为。另一方面，当欧洲人谈到因新成员国的加入而使得欧盟边界扩大时，他们使用广化（widening）一词。从1957年签约成立欧洲经济共同体到1995年9个新成员国的加入，成员国总数由原来的6个增加到15个。2004年又有10个成员国加入，2007年保加利亚和罗马尼亚也加入进来。在下一节我们将探讨深化的不同阶段。

□ 14.4.1 欧元诞生之前

1979年，欧洲经济共同体的成员国开始将各成员国货币联系起来以对抗币值间的剧烈波动。欧共体希望能阻止货币的竞争性贬值（competitive devaluation），即为了获得另一个国家的出口市场，一国政府令本国货币贬值的行为。竞争性贬值不可避免地会引起国家间的冲突，并且导致合作的瓦解，因为贬值国被认为是以损害其他国家的利益为代价，给本国带来扩大出口与就业的好处。有时，一国会发现抗拒贬值是非常困难的，尤其是在经济衰退时期。这种策略通常被认为是不公平的，而且就中长期而言，这种做法也是无效的，非贬值国很快会效仿，通过让本国货币贬值来进行报复。

除了寻求某种机制来抑制竞争性贬值，欧共体还希望能够消除跨国贸易和投资的不确定性以及风险。尽管人们可以借助期货市场来规避汇率风险，但这类市场最多只能在未来6个月发挥作用。

为了建立一个由比较优势和有效资源配置决定而不是由汇率变动来决定的贸易

与投资环境，欧共体建立了欧洲货币体系（European Monetary System，EMS）和汇率机制（exchange rate mechanism，ERM）。1979年欧洲货币体系的形成是欧盟的一次重要深化，并且为最终单一货币的出台做好了准备。它通过将各国货币的币值与其他成员国市值的加权平均水平——欧洲货币单位（European Currency Unit，ECU）——联系起来，达到防止货币汇率大幅度波动的目的。欧洲货币单位只被用作计算单位，并不作为支付工具。

汇率机制是软钉住某一汇率区间的一个例子。每种货币在该区间与欧洲货币单位固定在一起，并允许上下波动几个百分点。如果一国货币波动超出了固定汇率的区间范围，该国央行就有责任进行干预，或者通过买入本币来为其提供支撑，或者通过售出本币来使其贬值。比如，1992年9月，由于市场投机者预期英镑很快将会贬值，英国政府在几天内动用了大约300亿美元，试图保护英镑不受投机者控制。最后，投机者赢了，英格兰银行因为逆市场操作蒙受了巨大损失。

由于政府干预在强大、坚定的市场面前的无效性，大多数分析师预测旨在维护欧洲货币价值稳定的汇率机制最终会失败。然而，出乎他们意料的是，汇率机制有效地将欧盟的汇率固定了20年。汇率机制历经几次调整，但是直到1992年没有一次事件真正地威胁到该体系的功能。

问题开始于1990年。1989年11月柏林墙倒塌后联邦德国希望加快与民主德国的统一进程。民主德国的经济情况比预想的要糟糕很多，事实很快就表明在该国建立一个有生产能力的经济体系需要付出巨大的成本和代价。基础设施（道路、桥梁、港口、公共设施、学校以及医院）比大多数人想象的还要糟糕，同时环境污染问题也相当严重。为了在东部地区建立一个繁荣的经济，德国必须提高当地人民的劳动生产率水平，这就要求对基础设施和环境进行大量投资。为了提高民主德国的劳动生产率，超预期的庞大财政支出对德国经济是一个巨大的财政刺激。这种大规模的政府和私人部门的支出同时也被认为会导致通货膨胀，于是与此同时德意志联邦银行（德国中央银行）为了对抗未来可能出现的通货膨胀而提高了利率，而利率的提高可以通过提高借贷资本的成本来为经济降温。因此，德国的扩张性财政政策的效果部分地被紧缩性货币政策所抵消。

高利率使德国的金融工具更具有吸引力，故而吸引了大量的资本从其他欧盟国家流入德国。这导致了英国英镑、法国法郎以及其他货币被大量抛售以购买德国马克（以及德国债券），进而导致了英镑、法郎等其他货币的贬值。一开始，波动范围还在2.25%的汇率区间内，大多数欧盟国家都希望能在不对汇率机制或者欧洲货币体系做出大的调整的情况下解决问题。

一种解决办法就是那些货币贬值的国家提高利率以应对德国利率的上升，这将阻止希望到德国寻求更高回报的资本的流出。但是一些国家，如英国，在1990—1991年进入衰退，英国并不希望在衰退发生时提高利率，因为这样做可能会加剧和加深衰退，没有一位政客希望因此背上骂名。其他一些国家，如法国，经济周期虽然没有进入衰退阶段，但是其失业率很高，显然也不希望采取紧缩性的货币政策。

欧共体国家面临的两难困境是这种汇率体系在历史上不断重复经历的情形。通过将汇率相互联系起来，欧共体各国在很大程度上放弃了它们货币政策的独立性。

因为德国是欧盟最大的国家，并且其中央银行的影响力很大，所以德国的货币政策为其他各国奠定了基调，其他成员国一度希望采取扩张性货币政策，却被迫采取紧缩性政策。1992 年的经历证明了当各国将其汇率相互联系在一起时，适宜的外部政策（汇率管理）和适宜的内部政策（完全就业、合理增长以及低通货膨胀率）之间的矛盾关系。由于解决外部问题的"正确"政策往往与满足内部需要的政策相左，欧共体成员国面临着一个艰难的抉择。它们或者遵守汇率机制的承诺，使本国失业率和经济形势恶化；或者选择满足本国国内需要的政策，但眼睁睁地看着汇率机制分崩离析。以法国为例，提高利率使其经济陷入了衰退，但是法国遵从了汇率机制。意大利和英国放弃了汇率机制，其货币被允许相对于其他欧共体货币自由浮动。西班牙则做出了第三种选择，即对平价或者说是区间的中间价进行了调整。为了避免未来再次发生此类问题，汇率浮动区间从 1993 年的上下波动 2.25%变动到上下 15%。

14.5 第二次深化浪潮：《单一欧洲法案》

除了 1979 年创立欧洲货币体系之外，欧共体在 20 世纪 70 年代和 80 年代上半期的变化是很小的。低增长率和高失业率使得欧洲经济出现停滞，无法恢复活力。很多美国学者开始把欧洲的这种状况称为"欧洲僵化"（Eurosclerosis），意指欧洲商业和工业主动脉的持久僵化。到 80 年代晚期，欧洲僵化一词被"欧洲欣慰"（Europhoria）取代。尽管这两个词都有一些夸张，但是在这期间确实发生了一些重大事件导致欧共体被重塑。80 年代早期还被指责为官僚低效、毫无希望可言的代表，现在却被认为是有活力的、有前瞻性的区域一体化经济体。欧洲似乎"在不断前进"。

案例☞

《申根协议》

《申根协议》（Schengen Agreement）是五个国家（比利时、法国、德国、卢森堡和荷兰）于 1985 年在卢森堡的申根镇签订的。该协议的目的是在五国国界内消除护照和海关控制。鉴于这些国家已经实现了自由贸易和人员流动，检查护照和海关文件变得既低效也没有价值。在随后的几年中，更多的欧盟成员国加入了这个协议。当《单一欧洲法案》开始全面实施时，在共同市场上允许人口自由流动这种想法得到了进一步的支持。到 1995 年，该协议扩展到了更多的国家和更多的领域，包括警察部门、缉毒机构以及犯罪信息共享方面的合作。最初，《申根协议》及其补充是在欧盟法律框架以外的，但是在 1999 年，它并入了欧盟法律。最终，一些非欧盟国家，包括冰岛和挪威也被允许加入。

解除边境站，包括取消护照和海关检查，无疑提高了效率，因为这减少了货物和人员流动所需的时间。这也证明了成员国之间对彼此非常信任，从而为建立更好的国际关系奠定了基础。实际上，不过是把护照和海关控制转移到了欧盟的边界，即非欧盟公民和货物首次进入欧盟地区的地方。尽管这种转移是有好处的，但是也带来了两个比较大的问题。

首先，爱尔兰和英国不接受解除边境地区的护照管制这个提议，因为它们害怕自由流动会给恐怖分子以可乘之机。然而，作为欧盟成员国，尽管它们保留了在边境检查护照，但必须允许其他欧盟成员国公民到本国境内自由旅行和定居。其次，《申根协议》的做法最终能否把2004年之后加入欧盟的12个新成员国纳入进来，取决于这些国家在控制其东方边境方面的能力，以及欧盟关于个人、丢失或被盗物品的信息共享系统的发展。《申根协议》何时才能扩展到现有成员国之外，还不能确定。

□ 14.5.1 《德洛尔报告》

前法国财长德洛尔当选任期5年的欧盟委员会主席意味着欧盟重构工作的开始。德洛尔一直是一个比较中庸的候选人，因此没有人曾预期欧共体在他的领导下会发生不同寻常的变化。但德洛尔认为欧共体应该是一个完全一体化的联盟，作为欧共体行政管理机构的主席，他拥有一个发起变革的平台。之所以有这样的远见是由于他坚信欧共体可以帮助各个国家实现经济繁荣，同时也是由于他渴望完成这个构建经济和政治联盟的任务。

德洛尔改革的第一步，同时也可能是最重要的一步，就是发布了一个被称为《整合内部市场》(Completing the Internal Market) 的报告，该报告详细列出了欧共体从一个准关税同盟转变为一个经济联盟所需要实施的300项具体的改革。这个报告同时也列出了完成这些改革的时间表，而且提出这些改革无须再取得部长会议的一致投票通过。德洛尔提议大多数的改革方案只要赢得"特定多数"的投票即可通过，只有那些重要的事项，如税收才需要一致通过。尽管特定多数仍然使得一小部分国家能够阻止某项改革，但是任何单一国家都无法做到这一点。

《德洛尔报告》(Delors Report) 在1987年略做修改后就作为《单一欧洲法案》(Single European Act, SEA) 被全盘接受，该法案还有一个不太正式的说法，叫做"单一市场计划"(Single Market Program, SMP)。该报告提出的300项改革或者说"指示"，有279项被纳入《单一欧洲法案》，没有被纳入进来的21项被认为对于现阶段的欧共体来说太困难，没有办法完成，但是将这些改革作为了第二轮深化的目标。例如，旨在统一货币的货币联盟就被推迟到下一轮的深化中去完成。

《单一欧洲法案》于1993年1月1日开始生效。各方此前希望到1992年年底，可以完成《单一欧洲法案》所明确规定的"四种自由"(商品、服务、资本和劳动力的自由流动)，这样一来欧共体将进入更高形式的一体化——共同市场。到了1992年年底，几乎所有改革都已经完成，而且还达成了两项附加提议。其中一个是完善欧共体的竞争政策，从而企业并购不会导致单个公司的市场力量增强。第二个提议与1986年葡萄牙和西班牙的加入有关，即希望加强区域政策来降低富裕国家与新加入成员之间收入水平的差异。

为了执行《单一欧洲法案》而采取的步骤大致分为以下三类：(1) 消除有形的壁垒，如成员国边境对于签证和关税的管制；(2) 消除技术壁垒，如产品和安全标准方面的差异；(3) 消除财政壁垒，如税收、补贴和政府采购方面的差异。每一个方面在带来收益的同时也带来了挑战，我们在后面还会进行详细讨论。下面，我们先来探讨一下欧共体从消除这些壁垒中能够获得的收益。

□ 14.5.2 对《单一欧洲法案》带来的收益的预测

更大的规模经济和竞争力的加强是各方预期该法案能够带来经济收益的两大主要途径。各种壁垒的减少通过降低交通成本，包括将商品运出国境需要等待的时间以及其他一些障碍，预计可以带来成员国之间贸易量的扩张。从理论上说，那些被分割成不同国别市场的市场将变得更加一体化，而这会引起更大的竞争。此外，标准和监管措施的统一会降低国际化运营的成本。在不完全竞争市场条件下，也就是说商品售价高于边际成本的情况下，随着竞争压力的加大企业收取的价差会下降。规模经济也会带来同样的效应，因为企业会发现利用内部规模经济带来的优势，跨国经营、扩大生产、降低成本都变得更加容易了。

关于单一市场计划可能带来的影响的预测是可以检验的。经济学家以及欧共体委员会曾预言贸易量会更大、价格加成会更低、企业为了利用规模经济效应会变得更加集中、价格也会更加趋同。几乎不管在什么情况下，这些预言都成为了现实。例如，1985—1995 年，欧共体成员国之间的贸易量占这些成员国贸易总量的比例从 61.2%增加到了 67.9%。同时大部分产业部门中最大的四家企业生产的产品占该行业总产量的比重也出现了提高。发生在欧洲的全球并购占的份额在 1985—1987 年和 1991—1993 年间也显著扩大。最后，据估计新增就业岗位的数量在 30 万～90 万个，1994 年的 GDP 水平比不执行《单一欧洲法案》或单一市场计划制定的措施的情况下应有的水平高出了 1%～1.5%。

竞争的加剧和规模经济效应确实会带来 GDP 的增长和更多的就业机会，但是这些变革产生的最积极的效应可能当属不同成员国收入水平的趋同。图 14—1 给出了希腊、爱尔兰、葡萄牙、西班牙四国的人均 GDP（用购买力平价测算）。这四个国家在单一市场计划开始谈判和签约之前就已经是欧共体的成员国了，且它们的收入水平都低于 12 个成员国的平均水平。单以希腊为例，人均收入朝着平均水平的方向变化，而爱尔兰的收入则在 1997 年时超过了平均水平。我们无法证明这种趋同是单一市场计划带来的直接结果，但是有很强的证据表明单一市场计划确实起到了重要作用。

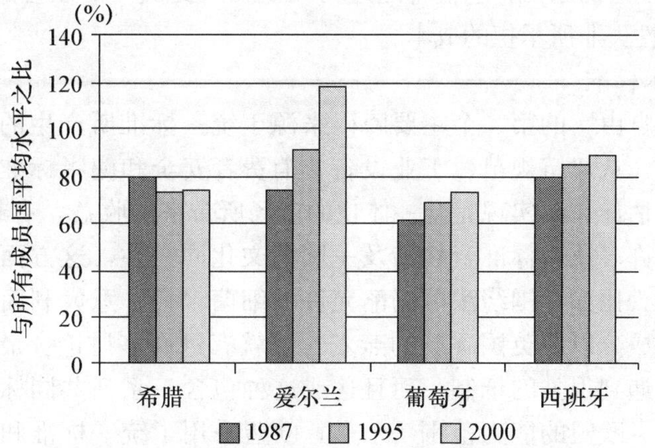

图 14—1 人均 GDP 与 EC-12 平均水平之比

注：单一市场计划实施之后，除希腊外，最贫困国家的收入水平出现了朝欧共体 12 个成员国的平均水平趋同的势头。

资料来源：IMF，*World Economic Outlook Database*.

□ 14.5.3 执行《单一欧洲法案》带来的问题

我们从《单一欧洲法案》中学到的最有意思的一个教训是：尽管参与国的公民、企业和政府都有共同的减少贸易和投资壁垒的愿望，但仍然很难把它变成现实。所有的民意调查都显示，《单一欧洲法案》在欧盟内部得到了广泛的支持。但即便如此，从 1985 年该法案提出到 1993 年最终实施，其成员国之间进行了非常艰难的磋商。

1．市场重组效应

正如我们在第 3 章所学到的，当一国经济从相对封闭转向相对开放时，经济结构调整就不可避免了。效率较低的企业被挤出市场，而效率较高的企业则不断发展壮大；整体的经济福利水平提高了，因为各国都集中力量做它们最擅长的事情，后者必然意味着放弃某些产业而加快其他产业的发展。具体到欧共体来说，按照当时的估计，几乎所有制造业企业的数量都会减少。最极端的例子就是制鞋业，据估计，739 家企业中有 207 家将会倒闭。

汽车行业是经济利益集团试图阻止《单一欧洲法案》目标全面实现的一个最好例子。由于缺乏统一的国家技术标准、证书以及税率，欧共体不同成员国的汽车价格差异很大。一般情况下，如此大的价格差异给消费者和销售商提供了一个将汽车从价格较低的国家转移到价格较高的国家的机会，最终造成价格差异的减小。然而，汽车行业适用的是一套独立的税法，该法要求汽车购买者在汽车注册地缴税，而不是在购买地缴税。这就打消了消费者跨国寻找最低价格的积极性，从而维持了现有的汽车生产格局。

在消除贸易壁垒方面没有更多例外的一个重要原因是，欧盟有一系列的计划来解决结构调整问题。这些计划中有一部分由欧盟预算以外的资金支持，另外一些则由各国出资。欧盟地区发展基金——用来解决结构性失业问题——以及各成员国的收入维持、教育和培训基金都属于这些计划的一部分。后者具体来说在各成员国的情况有所不同，然而总的来说，它们都通过为失业工人提供一个社会保障网降低了个人和社区由于结构性失业所承担的成本。

2．统一技术标准

实现“四种自由”的第二个主要障碍来源于统一标准所产生的问题。这些标准涉及的范围很广，从建筑规范、工业设备、消费者安全和健康标准到大学学历和从业资格。据欧盟估计，要实现完全一体化的市场所带来的收益，有超过 10 万项技术标准需要统一。许多技术标准直接涉及一国的文化同一性，这方面最恰当的例子就是食品加工标准。比如，围绕法国奶酪允许的细菌含量、意大利面所使用的小麦种类、德国啤酒的成分以及英国香肠的燕麦含量就有过许多讨论。最后，欧盟意识到完全统一标准会遇到很强的抵制，而且达成这种包含一系列共同标准的协议所需要付出的努力超出了欧盟的能力范围。于是，欧盟采用了统一标准和相互认可两种方法。尤其在一些敏感情况下，相互认可是根本原则，单个国家被允许保留自己的生产标准。比如，只有根据德国标准制造出来的啤酒才能被认证为德国啤酒，但是德国必须允许所有品牌的啤酒在德国境内销售。

正如我们在第 8 章讨论的，建立一个统一的市场不一定要求标准都相同，但是，从相同标准中能够得到的经济效益是巨大的。统一标准允许生产商按照一个而不是多个标准来进行生产，从而在这一过程中实现规模经济。规模经济甚至会扩散到欧盟以外的地区，因为美国或者日本的生产厂商也会从一系列统一标准中受益。

3. 增值税

阻碍全面实现“四种自由”的第三大困难是增值税问题。增值税实质上发挥着销售税的作用，欧盟各成员国都征收增值税，但是各国在税率和征税范围上大不相同。1987 年，当《单一欧洲法案》首次提出时，欧盟各国对增值税的依赖程度有很大的差异，从占财政收入的 19%到 35%不等。欧盟委员会研究了美国的情况以确定相邻两州不同销售税率的影响，他们发现，只要两州的税率差异超过 5%，财政收入、销售收入以及工作岗位就会从高税率的州向低税率的州转移。换句话说就是，5%的差异足以使消费者进行跨州消费。

增值税税率被证明不可能完全统一，因为它直接涉及国家政治理念问题，高税率的国家希望政府能在国家的经济活动中扮演更为重要的角色，而低税率的国家在政治经济图谱中更接近于放任自由。增值税税率的水平以及一国对其的依赖度在很大程度上取决于其政治理念。反过来说，理念和态度又是由经济、历史、文化和社会因素综合决定的。

统一增值税并不能把增值税率固定在某个税率水平。但是，现在已经成功制定了最低和最高的税率标准（15%～25%之间）。由于税率差异仍然超过 5%（5%是引发高税率国家财政收入和产品销量降低的临界值），一些国家采取了诸多措施以防止财政收入流失，尽管这些措施阻碍了“四种自由”的完全实现。

4. 政府采购

政府采购就是政府或国有企业（如国营电视机企业、公用事业以及医院等）对商品和服务的购买。世界上大部分国家都倾向于利用政府采购给予本国生产厂商以优待，虽然如果这些国家是 WTO 的成员国的话，这类歧视性行为会受到一些限制。

从 20 世纪 70 年代开始，欧盟就试图取消政府采购方面的歧视，但这被证明是相当困难的，尤其是在通信、医药、铁路设备以及电力设备方面。由于政府或者国有企业被认为对国家的繁荣起着重要的作用，因此这些企业的经济活动经常会得到包括政府采购在内的政府措施的鼎力支持。

案例

伊拉斯莫项目与高等教育

人们很容易忘记 20 世纪中期以前，欧洲大陆曾陷入人类历史上最为残暴野蛮的阶段之一。在第二次世界大战结束之前，战争、经济衰退、种族大屠杀对当时的每个国家来说都是司空见惯的。这些欧盟成员国又是如何深化彼此的联系，形成经济同盟的呢？可以从多个角度对这个问题给出答案，然而有一点我们是知道的，那就是欧盟在国与国之间建立了政治、社会、专业知识与技能和商业的网络。这项工作还在进行中，学生的流动是一个基本组成部分。

最著名的尝试就是伊拉斯莫项目（Erasmus program）。该项目开始于 1987 年，从此欧盟内部有超过 250 万的学生走出国门，超过 90%的欧盟国家的大学加入了这一交流项目。伊拉斯莫项目为学生提供的交流款项并没有包含所有费用，但是确实包括了在他国学习的生活费与当地生活费的差价。学生不用交学费给交流时就读的学校，而且本国的学校认可并接受交流学校的学分和学时。授课一般都使用交流学校当地的语言，虽然也不全是这样。伊拉斯莫项目也会对出国教书的教师提供支持。

作为高等教育创新与改革的基地，伊拉斯莫项目每年的预算为 4.6 亿欧元 (5.75 亿美元)。这对博洛尼亚进程（Bologna Process）的推进来说至关重要——博洛尼亚进程是由 27 个欧盟成员国和 19 个非欧盟成员国（共有 46 个国家，还有更多国家是观察员身份）共同签署的一个协议，目标是形成一个高等教育区。博洛尼亚进程把高等教育统一分为三种学位：本科学位、硕士学位和博士学位。同时也为这些学位设立了统一的要求，统一了学分的认定。博洛尼亚进程的初衷是通过设立统一的要求来确保教育质量，降低高等教育学位之间的差异性。伊拉斯莫项目还创立了伊拉斯莫世界之窗奖学金项目（Erasmus Mundus），它是一个全球性的硕士学位交流项目，学生和老师都可以申请。

所有这些项目的目标都是加强学生的流动性，提升他们的语言能力，扩大毕业生的见识和国际视野。从长远来看，目标则是为商务人士、知识分子、公务员以及其他受过良好教育的劳动者建立一个国际化关系网。

14.6 第三次深化浪潮：《马斯特里赫特条约》

一直到 1989 年，单一市场项目计划仍在按部就班地进行。欧洲见证了一段为期几年的经济扩张时期，而且单一市场项目带给人们的兴奋似乎预示着是时候考虑那些在《德洛尔报告》中提出的，但因被认为过于复杂无法在 1993 年前实现的提议了。1990 年，欧盟委员会举办关于经济和货币联盟的政府间会议，大会的主题是将 12 国领导人召集在一起讨论建立统一货币体系下的货币联盟的必要步骤。这个问题引起了欧盟内外最广泛的关注，虽然也有其他一些事宜被提上了议事日程。

1991 年全年似乎都在召开政府间会议。最终，各方在荷兰的马斯特里赫特镇达成协议，因此，该协议也被称为《马斯特里赫特条约》(Maastricht Treaty)。该条约的许多条款是技术性的，并且将健康、教育、文化和消费者安全等问题更多地交到欧盟委员会的手中。最重要的是，该条约明确了 1999 年之前在欧洲央行（European Central Bank，ECB）控制下实现单一货币所需的步骤。

实现货币统一要求每个国家放弃制定本国货币政策的自主权，同时接受欧洲央行所选择的紧缩性或者扩张性的货币政策。这也是《马斯特里赫特条约》引发最大争论——不管是欧盟内部还是欧盟外部——的一个问题。争议源于这样一个现实情况：自愿放弃本国货币政策的自主权会带来经济方面的风险，因为货币政策是政府可阻止经济衰退的为数不多的几个工具之一。例如，当德国经济一片繁荣时，西班牙可能正处于经济衰退中。这样就没有一个可以两全的统一的货币政策。因为德国需要紧缩性货币政策给经济降温以避免可能的通货膨胀，而西班牙却需要扩张性货币政策来促进就业和经济增长。这些争议使公众对《马斯特里赫特条约》的接受程度大不相同。家庭、企业和政府都坚定地支持《单一欧洲法案》，但是对《马斯特里赫特条约》的支持则略显勉强。

□ 14.6.1 货币联盟和欧元

建立单一货币体系下的货币联盟，从时间上说可以分为三个不同的阶段：第一阶段从1990年开始，主要任务是消除对欧盟内部金融资本流动的控制；第二阶段始于1994年，在德国的法兰克福建立欧洲货币委员会，该委员会负责协调货币联盟的运转并逐渐担当起超越国家的中央银行的职责；第三阶段从1999年开始，逐步启用欧元（euro）和欧洲中央银行。

在第一和第二阶段，各国应该统一其货币政策和财政政策，这样一来，欧元引入时各个国家的财政政策和货币政策就不会存在巨大的差异。为了判断各国政策是否已经达成一致，欧盟提出了聚合标准（convergence criteria）。表14—3给出了为了采用单一货币，需要满足的具体条件。

表14—3　　货币联盟的聚合标准

目标变量	目标范围
稳定汇率	令币值维持在利率机制区间
控制通胀	通胀率不超过最低三国平均水平的1.5个百分点
协调长期利率	利率上下不超过最低三国平均水平的2个百分点
政府赤字	降低到低于本国GDP 3%的水平
政府负债	降低到低于本国GDP 60%的水平

注：设定这五个目标变量是希望为最终的货币统一协调各国的财政政策和货币政策。

最初，各成员国应该满足货币联盟的所有五项目标。然而，20世纪90年代初的经验表明，除卢森堡外几乎没有国家能够一直都处于每个目标范围内，甚至一些国家从来就没有实现过这些目标。比如，意大利和比利时中央政府的债务额都超过了它们的GDP，而且这种局面在几年内是无法扭转的。一些经济学家于是提出质疑，如果一国可以将本国的利率、债务、赤字、通货膨胀等维持在目标区间内，那么它们就已经做到了欧盟通过货币联盟希望实现的目标了，为何还要选择这些特定的标准呢？换句话说，达到聚合标准实际上意味着一国可以在不放弃其本国货币的前提下，做到货币联盟可以做到的事情。那么为什么一国还要放弃本国货币政策，尤其是在这样做存在隐性成本的情况下？

□ 14.6.2 货币联盟的成本和收益

像欧盟这样大的市场如果采用单一货币，无疑是有好处的。比如，对于出国旅游的人来说，货币兑换的平均成本是兑换金额的2.5%。从葡萄牙到瑞典，一路上只要停几次很快就会损失相当大一部分度假预算。企业可能相对来说会好一点，如果购买外币的金额超过500万美元，那么成本仅为0.05%，也就是说兑换1 000万美元大约需花费5 000美元。据估计，旅游者和企业因为货币兑换发生的总成本占欧盟GDP的比例大约为0.4%，这是个不小的数字，当然也算不上庞大。然而，考虑到维持各自的会计体系以及针对不同货币的货币管理程序的成本，实际总成本可能要比0.4%高得多。

希望建立货币联盟的第二个原因是降低汇率不稳定给贸易和投资带来的影响。由于下订单之后很长时间才能交货，贸易双方的收入（出口方）和支出（进口方）就会面临很大的不确定性。单一货币可以消除这种不确定性，比如加利福尼亚的生产者将货物运到纽约后，能得到多少收入总是非常确定的。如第10章所述，进出口商和投资者可以利用期货市场让自己免受汇率波动的影响。因此，没有明确证据表明通过货币联盟消除货币波动可以带来更多的跨境投资和贸易也就没有什么好奇怪的了。另一方面，印证这种观点也是非常困难的，因为货币联盟的例子很少。

考虑到这些，单一货币能够带来的收益似乎是不确定的，但潜在成本却未必是这样。单一货币不允许单个国家拥有独立的货币政策，就像纽约州不能有不同于加利福尼亚州或者其他州的货币政策一样。在单一货币区内，只有一个"普适"的货币政策，只要该区域内各国拥有同步的商业周期和可自由流动的劳动力，最优的选择就是利用统一货币制度来消除货币兑换成本和其他交易成本。商业周期的同步意味着单一的货币政策无论是扩张性的、中性的还是紧缩性的，对于每个国家来说都是适用的。当某些国家的商业周期不同步时，劳动力的流动可以确保劳动力从处于衰退期的国家流向处于扩张期的国家，以使各国的商业周期协调一致。但是如果商业周期不一致且劳动力也是不可流动的，单一货币政策就只适用于某些国家，而对其他国家并不适用。欧盟成员国的商业周期从来都没有真正同步过，尽管制定聚合标准部分也是为了实现这个目标。另外，《单一欧洲法案》虽然要求劳动力自由流动，但是似乎也没能真正让各方做到劳动力在整个欧洲大陆的明显自由流动，欧洲人的流动性与美国人相比要低很多。

加入货币联盟的另一项主要成本是，成员国失去了利用汇率作为对抗外部冲击的缓冲器的能力。对于身处2007—2009年金融危机之中的某些国家来说，这个成本格外显著和严重。因为货币无法升值或贬值，那些经常账户有大量赤字以及或者陷入严重衰退的国家无法通过让货币贬值来扩大本国出口。通常来说，对抗因需求不足导致的衰退的对策便是想方设法扩大家庭、企业、政府的支出或者是三管齐下。此外，一国还可以通过本币贬值让本国生产的产品变得更便宜，从而扩大本国出口。在希腊、意大利、西班牙、葡萄牙以及爱尔兰等国，金融危机之后经济出现严重衰退意味着它们的家庭以及企业支出不足。政府因为在危机期间积累了大量的预算赤字，自然也没有支出能力，因此要想增加需求唯一的选择就是出口了。但是这些国家生产的产品价格比较高因此在国际市场上没有什么竞争力，因此它们只能是想办法降低本国生产的产品的价格。这被称为内部贬值，而且很不幸的是，只有通过将来进一步缩减需求才能做到这一点，而缩减需求虽然确实可以降低价格但是却会进一步加剧衰退。最后的结果便是欧元危机，这是在后面的内容中我们要讨论的。

考虑到货币联盟可能带来巨大的潜在成本，以及欧盟并不符合最优货币区的条件这两点，欧盟27个成员国中竟然还有17个国家的政府同意加入欧元计划就显得有点奇怪了。对此的任何解释都必须同时把政治因素和经济因素考虑进来。

□ 14.6.3 单一货币的政治经济学

既然单一市场计划并没有完成而欧盟也不符合最优货币区应该具备的条件，为什么货币联盟依然能够向前推进呢？毫无疑问，这个问题有很多答案，而且某些解释比其他解释更有说服力。最简单的回答就是欧盟领导人认为，随着各国一体化程度的加深，潜在收益是巨大的，而潜在成本可以降低。另外一个解释是，欧盟领导人沉迷于单一市场计划给他们带来的刺激，希望进一步推进一体化进程。第三种解释是，德国的统一引起了一些欧洲国家的担忧，组建货币联盟是为了把德国和一个泛欧洲项目更深地捆绑在一起。

所有这些解释都有一定的道理，但是最有力的解释可能是：在单一市场计划要求各国解除资本管制后，货币联盟变得非常有必要。1990 年以前，许多国家都对进入本国的外汇进行控制。对持有的外汇或者外汇形式的资产征税、对外汇的使用进行广泛地限制等形式的监管措施非常普遍。这些管制的解除使得在外汇市场上进行投机变得非常容易。解除资本管制的后果之一就是 1992 年货币贬值引发的混乱，当时投机者笃定加入欧洲汇率机制（ERM）后一些货币最终将会贬值，于是他们大量抛售这些货币。在这个过程中，葡萄牙、爱尔兰以及西班牙都选择了让本币贬值；意大利暂缓加入 ERM；英国则选择永久退出。最终，英镑与其在遭受攻击前最高峰时相比贬值了 25%。在其宣布退出汇率机制后不久，就有许多公司宣布关闭其在欧盟其他国家的工厂，转而在英国投资设厂。例如，荷兰巨头飞利浦电子就决定关闭在荷兰的工厂；约翰逊父子公司（SC Johnson）以及胡佛公司（Hoover）为了在英国建厂而关闭了其在法国的工厂，因为用等值的法国和荷兰的货币在英国可以买到更多的土地、劳动力、工厂和机器设备。

当一国的货币贬值导致另一国的就业机会减少时，政治冲突就会增加，相互合作的机会就会减少。而希望减少这种冲突正是 1979 年创立欧洲货币体系及其汇率机制的原因，同时这也是为什么不选择浮动汇率制的原因。虽然浮动汇率具有为一国的货币政策提供最大的灵活性的优势，但是欧盟的经济一体化计划仍然选择不采用浮动汇率制度。

既然浮动汇率制被排除了，那么接下来的问题似乎就是欧盟为什么不选择固定汇率制度。实际上，欧洲汇率机制在某种程度上说与固定汇率制颇为相似，因为它将每个国家的货币与其他国家货币的加权平均水平相固定。然而，汇率并不是完全固定的，汇率可以在一定的范围内波动。在实行固定汇率制度方面，欧盟的问题在于缺乏将货币汇率维持在一定范围内的能力，更不用说完全将汇率固定在某个水平上了。国际货币市场上的各个国家在设法保护本国货币的过程中，明显缺乏决心与对策。欧盟通过将汇率波动范围从±2.25%改变为±15%，部分地解决了这一问题，但是这对 1992 年英国和意大利所经历的那种严重危机来说，几乎毫无效果可言。换句话说，如果成本太高以至于一国并不愿意保护其固定汇率制度，那么固定汇率其实也就不是真正“固定”的了。

案例 ☞

2007—2009 年的金融危机与欧元

在他们关于金融危机颇有影响力的著作《这次不一样》（*This Time Is Differ-*

ent）中，莱因哈特和罗格夫定义了四种类型的金融危机：银行危机、债务危机、货币危机以及通货膨胀危机。2007—2009 年的这次危机不管是对美国还是欧洲来说无疑都是一次银行危机，但是对于欧盟来说，还是一次债务危机。这并不罕见，因为银行危机与衰退往往是一起发生的，衰退会导致税收收入的下降，同时导致政府用于社会支持项目比如医疗保险和养老金的支出增加。莱因哈特和罗格夫发现，在严重的银行危机之后，平均来说失业率会上升 7 个百分点，GDP 与巅峰时比在危机期间最多可以下降 9.3 个百分点。当收入如此大幅度地下降时，政府预算就会出现赤字，因为税收更少了而政府为了解决失业和提前退休问题所需的支出却增加了。

欧元区和其他遭遇危机的地区并没有什么不同，除了其成员国没有自己的货币，也没有建立财政联盟之外。爆发欧债危机的五个国家希腊、爱尔兰、葡萄牙、西班牙和意大利在危机期间的预算赤字都大大增加。图 14—2 给出了 2000—2006 年和 2007—2011 年平均预算赤字或盈余占 GDP 的比例。第一个时间段表示危机之前，第二个时间段则代表危机之后的情况。我们把法国和德国也加入进来，因为它们是大国，而且都被认为是没有爆发危机的风险的。特别是德国，它是衡量其他国家表现的基石。

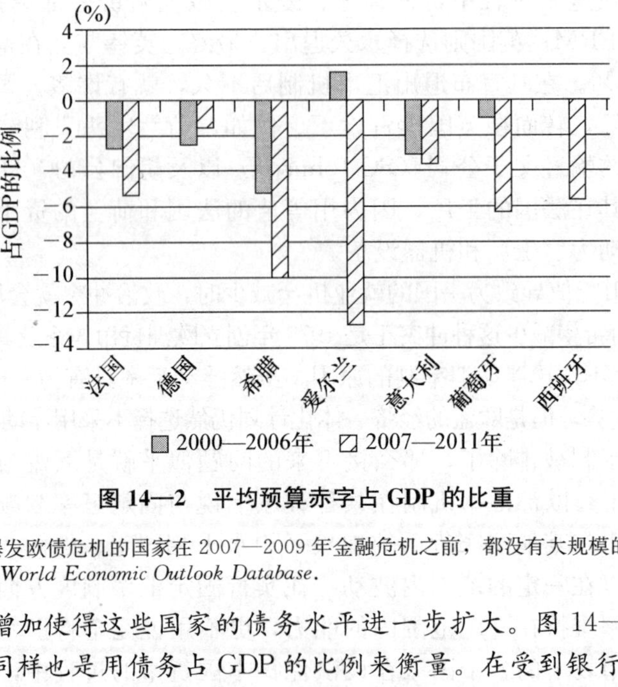

图 14—2　平均预算赤字占 GDP 的比重

注：除希腊外，爆发欧债危机的国家在 2007—2009 年金融危机之前，都没有大规模的预算赤字。
资料来源：IMF，*World Economic Outlook Database*.

预算赤字的增加使得这些国家的债务水平进一步扩大。图 14—3 给出了债务水平的变化情况，同样也是用债务占 GDP 的比例来衡量。在受到银行危机影响以及政府决定为私人银行持有的坏账买单而大规模增长之前，用占 GDP 的比例衡量，爱尔兰的债务水平本来不到德国债务水平的一半。西班牙的债务水平也大大低于德国，而且在危机之前一直呈下降趋势。葡萄牙的债务水平在 2007 年危机爆发之前也是低于德国的。希腊和意大利的债务水平要高得多，但是在 2008 年之前并没有出现负债水平会显著提高的征兆。到了 2009 年，也就是银行危机引发的衰退最严重的时候，这些国家的债务水平都已经膨胀到不可持续的程度。莱因哈特和罗格夫证明了，在银行危机及其引发的衰退过后，平均来说债务水平在 3 年内上升了 86%。如果用这个做标准，那么欧债危机国家的情况要好很多，债务水平平均来说只提高了 75%，而且这主要是因为爱尔兰的负债增加了212%。

欧债危机国家的问题显而易见。首先是房地产泡沫的破裂导致银行危机，接下来后者又引发了衰退。衰退不仅导致税收收入下降，而且导致政府支出增加，从而使得政府预算赤字增加。此时，应该采取扩张性的财政政策和货币政策，来刺激需求稳定经济增长。但是因为实行单一货币的政治和经济方面的原因，各国根本无法实行扩张性的政策。第一，政府赤字水平超过了不高于GDP的3%这个承诺水平。第二，这些国家的经济衰退是如此严重，以至于在债券市场上根本借不到钱，除非它们提供更高的利率，但是这反过来又加重了它们的债务负担。实际上，这两点导致各国无法实施财政政策，而且存在主权债务违约，即政府对债务违约的可能性。主权债务违约的可能性又导致债权人更加不愿意购买希腊和意大利政府发行的债券。第三，负责管理欧元的欧元区中央银行——欧洲央行不愿意也没有能力直接向主权国家提供足够的贷款帮助后者扼制危机的蔓延。此外，欧洲央行也不愿意将货币供给量扩大到限定水平以上，因此货币政策实际上也是无用的。

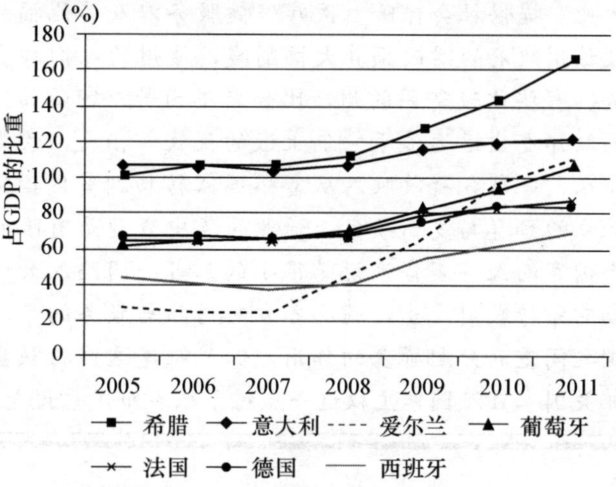

图14—3 总债务占GDP的比重

注：除希腊和意大利之外，其他欧债危机国家的债务水平都与德国差不多或者是低于德国。
资料来源：IMF，*World Economic Outlook Database*.

对其他经历类似状况的国家来说，还有一个可供选择的解决方案是令本币贬值。20世纪80年代时拉丁美洲各国遭遇了持续达十来年的债务危机，当时政府没有借款能力，而且因为过于宽松，货币政策也已经变成无效的了。但是，这些国家仍然可以选择令本国货币贬值，这是帮助它们恢复竞争力的手段之一。这个做法对欧元区国家来说是不可能的，但是它们可以让货币对内升值，也就是说让国内价格水平下降。

回忆一下第10章讲到的实际汇率公式：$R_r = R_n{}^*(P^*/P)$，其中 R_r 为实际汇率，R_n 代表名义汇率，P^* 代表外国的整体价格水平，P 代表本国的价格水平。因为对于希腊或者其他陷入债务危机的国家来说，R_n 是不能变化的，因此提高本国出口竞争力的唯一方法就是 P 下降或者 P^* 提高。P^* 提高意味着经济强劲的国家比如德国有较高的通货膨胀率，但是德国政府显然会想方设法杜绝这样的局面。这样一来，要想提升竞争力、恢复需求、重回增长轨道，唯一可行的做法便是降低本国价格水平。但问题是，本国价格水平下降要求深度衰退。衰退导致的产出下降、高失业率以及艰苦的生活对一国来说是个沉重的负担，最重要的是这个策略还未必就能够奏效。在连续几年削减预算之后，经济并没有恢复增长，危机反而更加深化，投机分子开始认为欧元会崩溃。

对内升值政策是所谓的"紧缩经济学"的一部分，这个说法通常是和"增长经济学"相对的。关于何时实施这些政策措施，存在很大的争论。每个人都认为危机国家需要通过解决财政赤字来恢复财政平衡，所有人也都认为这些国家需要实现经济增长。但是，它们是应该把增长放在首位——哪怕这样做会进一步扩大财政赤字——吗？如果是的话，它们实施扩张性财政政策的资金又从哪里来呢？还是说它们应该先实现预算平衡，然后再来解决增长的问题，因为预算平衡可以提振人们的信心从而带来解决债务危机所急需的投资和其他资源？

从长期来看，讨论主要集中在是否需要通过建立财政联盟来实现更大程度的一体化。美国是一个货币联盟，同时也是一个财政联盟。每个人都要向联邦政府交税，后者则负责解决失业、提供社会保险、医疗保健服务以及其他福利项目。当某个州陷入衰退时，即便该州政府的财政预算大幅削减，该州的人们却依然能够享受到应有的社会保障服务。有些比较贫困的州，比如新墨西哥、密西西比、阿拉斯加、路易斯安那等获得的联邦支出远远多于它们上缴的税收。相反，欧盟却没有这样一个机制，可以自动将很大一部分税收收入从富裕国家转移到贫困国家。实际上，欧盟成员国都有自己独立的预算与支出项目，资源的集中程度是有限的，因为欧盟的预算比例相对于各个国家的经济规模来说是很小的。当一国陷入衰退时，没有外部资金的支持可以帮助它维持政府支出，满足各方对商品与服务的需求。财政联盟可以起到在穷国和富国之间重新分配资金的作用，但是组建这样的联盟所需要的条件是有争议的，要求相关国家让渡国家主权这一点对于很多市民来说是个严重的阻碍。

14.7 欧盟的广化

在货币联盟组建完成后，对于欧盟来说一个最紧要的问题就是新成员加入欧盟的时间表和条件。

□ 14.7.1 新成员

2004年和2007年，先后有10个国家和2个国家成为了欧盟的新成员。按照计划，克罗地亚也将在2013年7月1日成为欧盟成员国，包括土耳其在内的另外五个国家则是候选国，正在讨论是否给予它们成员国资格。要想成为欧盟成员国，必须有一个稳定民主的政府、实行市场经济，以及正式启用欧盟一整套的法律和监管措施，即大家熟知的欧盟既成法规（acquis communautaire）。

对于有望加入欧盟的国家来说，得自贸易的很多收益其实已经实现了，因为这些国家大部分已经和欧盟签订了自由贸易协定，有些国家比如冰岛早就加入了允许商品和服务自由流动的《申根协议》。但是，成为正式成员国还有一些额外的收益，比如对欧盟治理有一定话语权，对知识产权的保护力度更大，以及因为采用欧盟法律而可能带来的更多的投资和贸易等。不过和任何其他新的一体化协定一样，仍有很多困难得多的问题有待解决。

首先，欧盟的预算包括一系列虽然在逐渐缩小但是涉及范围仍然很广泛的农业支持项目。2011 年，对农民的直接转移支付大约占到了欧盟预算总额的 30%，另外还有 11%的预算用于农村地区的发展。这些支出中大部分都由《共同农业政策》（Common Agricultural Program，CAP）管理，根据该政策向农民提供的补贴约占他们总收入的 23.5%（参见第 7 章关于农业补贴的案例中的表 7—3）。允许农业部门较大的国家比如土耳其加入欧盟是一个很困难的决定，因为欧盟没有能力为这些新成员国提供与老成员国同等的支持，但是区别对待新旧成员又是有违欧盟精神的。

其次，欧盟的治理结构是针对 27 个成员国来设计的，增加新成员只会给目前的投票机制带来调整压力。投票、民主与治理又都与第三个问题联系在一起，即最富裕国家和最贫困国家之间的差距问题。欧共体六个创始国的经济发展水平、制度完备程度、对知识产权的保护程度以及法律完备程度都相差不多。但是，随着欧盟的扩张，不可必免地要将经济和政治发展水平不同的国家纳入进来。前社会主义阵营国家，比如保加利亚和罗马尼亚在弥补自身和欧盟在法律制度的差异方面有很多工作要做，最贫穷的国家与最富裕的国家之间的收入差距加大了成员国之间社会与经济方面的差异，毁掉了欧盟一直希望营造的团结一致的氛围。同样，美国和加拿大之间在各个方面的差距要小得多，而美国与墨西哥之间的差距则要大得多，以至于打消了两国民众对彼此的信任。

具体到欧盟来说，保加利亚的人均收入只有不到德国或者法国的 16%，土耳其则大约为德国或法国的 25%。这种差距并不是无法克服的，但是这不仅给移民以及转移支付等带来了很大的经济压力，同时也给试图实现不同经济发展水平的国家之间的一体化这种做法带来了很大的社会压力。在扩张早期，欧盟意识到了这个问题，于是设立了区域基金和协调基金（cohesion fund），希望借此弥合比较发达的国家比如瑞典、法国以及德国与不太发达的国家比如爱尔兰、葡萄牙之间的差距。这些做法都取得了一定的成效，但是随着欧盟考虑吸纳更多的成员，欧盟预算面临的压力也在不断增加。

案例 ☞

西班牙：从移民流出国到移民流入国

西班牙移民流出的最高峰发生在 1881—1930 年，当时大约有 430 万人离开。考虑到 1910 年时西班牙人口不足 2 000 万，因而 430 万是一个相当大的数字。移民流出最多的十年是 1910—1920 年，当时有 130 万人或者说超过总人口的 5%离开了西班牙。

随着 20 世纪 30 年代的经济大萧条和第二次世界大战的爆发，西班牙向外移民的速度放缓了，但是 1950 年后又开始升温。与之前流向美洲不同，这一次大多数移民流向了中欧和西欧，尤其是法国、德国和瑞士都是西班牙移民的主要定居国。

1986 年西班牙加入欧盟，其经济形势发生了变化，使得向外移民的供给推动力减少。1950 年，西班牙 50%的劳动力在农业部门，然而到 1970 年，这个比例下降到了25%以下。随着更多行业的生产率的提高，西班牙与法国、德国甚至瑞士的工资差距大幅度降低。到20世纪90年代初期，西班牙经济的成功使其成为移民的净流入国而不再是净流出国。90年代后半期，流入西班牙的移民大幅增加，尤其是来自北非、南美以及西欧地区的移民。富裕的欧洲人发现了西班牙的地中海海岸，而来自哥伦比亚、厄瓜多尔、摩洛哥和毛里塔尼亚的移民则是为了找工作和比家乡更高的工资。2004年，居住在西班牙的42%的外国人口来自美洲，主要是为了躲避家乡暴乱的哥伦比亚人和寻找工作以及更高工资的厄瓜多尔人。另外33%来自于欧洲，主要是西欧的富裕地区；还有19%来自于非洲，主要是摩洛哥。

移民多的国家大都会引发一定的社会反应，其中美国—墨西哥的情况最为典型，当然还有很多其他的例子。墨西哥本身拒绝来自其南部边境危地马拉的移民，哥斯达黎加一方面感谢来自尼加拉瓜移民收割咖啡豆的辛苦工作，另一方面又对他们的言行举止和享受本国的社会服务心有不满。德国对土耳其移民有着既爱又恨的复杂情感，法国对阿尔及利亚移民也一样，其他地方也大抵如此。西班牙对于移民的政策相对来说是宽松的，包括从1990年以来对非法移民的6次特赦。最后一次特赦发生在2005年，为70万外国移民提供了合法身份。同时，西班牙加强了边境检查，主要是为了阻止来自非洲的移民。西班牙也在休达和梅利利亚（两块位于摩洛哥的西班牙领土）修筑了高墙，同时加强边境巡逻。

移民政策充满了不确定的副作用，但是边境检查的最终结果常常就是导致移民转从其他地点进入。以西班牙为例，休达和梅利利亚周围的边境墙以及海岸警备的加强致使移民将出发点从摩洛哥转移到西撒哈拉，即摩洛哥南部边境的争议地区。从那里，非法移民可以抵达西班牙的加纳利群岛。在西班牙加强了西撒哈拉海岸的巡逻之后，非法移民又把出发点向南移动到毛里塔尼亚。而当西班牙加强在毛里塔尼亚的巡逻时，他们又把出发点转移到更南的塞内加尔。

很难说出一个在其发展过程中没有经历过大规模向外移民阶段的国家。欧洲人移民到美洲，美国公民向西移民到现在的墨西哥边境地区，全世界到处都是韩国人，日本人向北美和南美移民。西班牙向外移民的历史结束了，现在它是移民选择定居的理想之地。

14.8 未来的人口挑战

欧盟在未来面临着很多的挑战。从中短期来看，它需要缩小最贫困的成员国和最富裕的成员国之间的收入和生活水平差距。从中期来看，欧盟仍需要做好扩张的准备，尤其是土耳其这个人均收入仅为欧盟平均水平1/5的大国加入的可能性。最后，从长期来看，欧盟必须为其老龄化日趋严重的人口结构制定相应的经济和社会支持体系。

对任何国家来说，社会支出的一个最主要的决定因素就是人口的年龄结构。随着人口的老龄化，人们需要更多的医疗保健服务、更多的养老金以及更多的长期关怀。每一项都意味着公共开支的增加，而且由于年长的公民往往更乐意参与投票，因此民主政府通常会照顾到他们的需求。老年服务支出的增长中有一小部分会被用于教育和失业救济的支出的减少所抵消，因为需要接受教育和可能经历非自愿性失业的人口所占的比例会降低。然而，在这些方面节省的支出并不足以弥补人口老龄化所引起的社会支出的增加。根据欧盟委员会所做的一项估计，如果现有政策不变，欧盟政府为了将现存项目维持在现有水平，公共支出就必须再增加10%。

表14—4给出的是欧盟27国人口到2040年的预测值。到2040年，65岁及以上的人口占总人口的比例将从2010年预测值的18%上升到28%。预计从2011年开始适龄工作人口将开始下降，同时2018年以后总的劳动力人口也会开始下降，这就限制了政府管理更多退休人口的能力。如表14—4所示，与65岁以上人口增加相对应的是适龄工作人口相应程度的减少。劳动力减少意味着经济增长将会放缓，于是用于赡养老年人的新的资源将更加难以获得。同时，可以从事老龄化人口必需的社会服务工作的工人的绝对数量和相对数量都将下降。

表14—4　　2010—2040年人口预测：27个欧盟成员国

	2010年人口（百万）	占比	2040年人口（百万）	占比
合计	489.0	100	468.6	100
按年龄段分类				
0～15岁	74.6	15.3	63.2	13.5
15～64岁	328.7	67.2	274.5	58.6
65岁以上	85.7	17.5	130.9	27.9

注：2010年开始，欧盟人口将会停止增长并加速老龄化。
资料来源：U. S. Census Bureau.

移民在一定程度上可以缓解这个问题，但是仅凭移民本身还不足以带来根本性改变。预计从2010年到2040年，需要靠移民来弥补的适龄工作人口缺口将超过540万，这一数字占2040年预计总人口的11%。但是，这仍然不能补偿65岁及以上人口绝对数量的增加。然而，鉴于欧盟继续扩张的可能，以及来自北非和其他地区的移民压力，任何关于欧盟吸收移民的能力的假设可能都是不正确的。

欧盟委员会已经开始分析人口的发展趋势并提出了针对养老金和保健医疗体制的改革建议。有几个国家已经开始进行尝试，如将养老金和预期寿命的变化联系在一起，同时鼓励人们推迟退休。人口统计学特征的变化是显而易见的，同时也是很容易理解的，欧盟以及各国政府如何行动将取决于选民的灵活性和适应性。

小　结

1. 有27个成员国的欧盟的形成可以分为几个阶段。早期阶段涉及开放钢铁和煤炭贸易的协议（ECSC），然后是和平发展核能的合作协议，以及自由贸易协议。

2. 欧盟的主要机构是欧盟委员会、欧盟理事会和欧洲议会。这些机构的角色也在不断变化。

3. 《罗马条约》于1957年签订，1958年开始实施，在接下来的10年里逐渐演变成包含 6 个国家的自由贸易区。

4. 第二次深化浪潮是 1979 年锁定各国汇率的欧洲货币体系的建立。

5. 继欧洲货币体系后，《单一欧洲法案》被通过，到 1993 年建立了欧洲共同市场。在准备执行《单一欧洲法案》的同时，《马斯特里赫特条约》或者说《欧盟条约》于 1991 年签署，并于 1993 年末得到各国政府批准。

6. 《马斯特里赫特条约》建立了统一货币。作为前提条件，欧盟在利率、通胀率、政府支出和政府债务等方面提出了聚合标准。

7. 欧盟在加深一体化的同时，也在进一步吸纳新成员，几乎包括了所有的西欧国家。1958—1995 年间，欧盟从原来的 6 个成员国增加到 15 个。2004 年，又有 10 个国家加入；之后，2007 年又加入了 2 个国家。

8. 欧盟的东扩也在农业政策、监管、收入差距和移民等方面带来了一些问题。

关键术语

欧盟既成法规（acquis communautaire）
协调基金（cohesion funds）
共同农业政策（Common Agricultural Policy，CAP）
竞争性贬值（competitive devaluation）
聚合标准（convergence criteria）
欧盟理事会（Council of the European Union）
《德洛尔报告》（Delors Report）
伊拉斯莫项目（Erasmus Program）
欧元（euro）
欧洲原子能共同体（European Atomic Energy Community，EAEC or Euratom）
欧洲中央银行（European Central Bank）
欧洲煤钢共同体（European Coal and Steel Community，ECSC）
欧盟委员会（European Commission）
欧共体（European Community，EC）
欧洲货币单位（European Currency Unit，ECU）
欧洲经济共同体（European Economic Community，EEC）
欧洲货币体系（European Monetary System，EMS）
欧洲议会（European Parliament）
欧盟（European Union，EU）
汇率机制（exchange rate mechanism，ERM）
四个自由（four freedoms）
《马斯特里赫特条约》（Maastricht Treaty）
特定多数（qualified majority）
《单一欧洲法案》（Single European Act，SEA）
单一市场计划（Single Market Program，SMP）
主权违约（sovereign default）

辅助性（subsidiarity）　　　　　　　　　《罗马条约》（Treaty of Rome）
《欧盟条约》（Treaty on European Union）

习　题

1.《罗马条约》签署后，欧共体深化的三个主要阶段是什么？

2. 欧盟的3个主要机构分别是什么？其主要职责有哪些？

3.《单一欧洲法案》是尽管绝大多数国家都持支持态度，但仍然很难达成统一的一个例子。如果每个国家都希望达成协议，为什么谈判还会进行得如此艰难呢？

4. 欧盟如何因为执行《单一欧洲法案》而获得贸易方面的收益？

5. 1992年对德国马克需求的激增几乎毁掉了欧洲汇率机制。请解释为什么对一国货币需求的增加会使汇率区间或目标区域陷于崩溃境地。

6. 论述单一货币的优缺点。

7. 2004—2007年间，12个新成员的加入给欧盟带来了哪些问题？

8. 欧盟与北美自由贸易区在规模、制度结构和一体化程度等方面有何异同？

第 15 章

拉丁美洲的贸易和政策改革

学习目标

通过本章的学习，学生应该掌握以下内容：

1. 论述进口替代工业化战略的优点、缺点以及采取这一战略的原因。
2. 解释经济民粹主义的战略与表现。
3. 给出 20 世纪 80 年代爆发债务危机的主要原因，并且分析它和进口替代工业化战略的关系。
4. 讨论自 80 年代以来的经济政策改革的目标。
5. 解释为什么拉丁美洲国家的领导人渐渐对经济政策改革失去了信心。

15.1 引言：定义“拉美”经济

从美国和墨西哥边境的蒂华纳一直到南美洲南端的合恩角的整个地区被称为拉丁美洲。在这个广袤的区域内，存在着如此众多的语言和文化，以至于对拉丁美洲的任何一种定义都存在着局限和矛盾。比如，《韦氏大辞典》把该地区定义为西属美洲和巴西，这个规范的定义必然将一些中南美洲的小国（伯利兹、苏里南、圭亚那、法属圭亚那）和西班牙以及葡萄牙殖民地以外的加勒比岛国遗漏掉。韦氏给出的拉美的第二个定义即“美国以南的美洲”要宽泛很多，但这一定义是纯粹从地理学角度出发的。跟给出一个精确的定义相比，认识到任何定义都必须体现这个地区在自然地理、文化及收入水平等方面的多样性可能更重要。事实上，该区域内极强的多样性使我们不禁要问，能否将这些国家归入一个区域中去。换句话说，什么是“拉美”经验？如何把阿根廷和危地马拉这样迥然不同的国家归入同一组别？前者有欧洲文化特色，经济相对繁荣；后者则根植于本地文化，极为落后贫穷。

鉴于拉美地区的多样性，我们必须小心避免给出的定义过于笼统。然而，这个区域仍然有一些特点是几乎所有或者说所有的国家都共有的。首先，它们有共同的历史轨迹，大多数国家原来都是西班牙和葡萄牙的殖民地，有共同的语言基础。不过，在有些国家土著语也同样十分重要。它们具有共同历史的第二个表现是：通过19世纪初期到19世纪中叶的民族主义革命，大部分拉美国家摆脱了葡萄牙和西班牙的殖民统治，实现了独立。这使它们有别于亚非国家的殖民经历，同时也意味着拉美国家的民族特征可能要比其他发展中国家更浓厚。

整个20世纪，拉美国家的共同点也很多。例如，30年代的大萧条导致大部分国家从外向型出口导向经济政策转为内向型工业化战略。后来针对新战略又形成了自己的理论，也就是我们所熟知的“进口替代工业化”。从70年代开始，大部分拉美国家变成了债务国，到80年代已经负债累累。从20世纪80年代初一直到21世纪，拉美地区开始了广泛的经济政策改革，程度与中东欧国家在社会主义阵营解体后的转型差不多。最后，在过去的12年里，一些拉美国家逐渐对90年代以来的经济改革失去耐心，对经济社会的干预逐渐增加，越来越依赖政府对经济的指导和支持。

在这一章中，我们将探讨80年代经济危机的根源及其危害，并且分析这些国家采取的应对之策。在探讨80年代的危机以及八九十年代的经济改革之前，我们必须首先回顾拉美国家经济的长期表现。一旦回顾历史，我们就会明白为什么80年代低迷的经济增长会导致剧烈的政策调整。

15.2 人口、收入与经济增长

表15—1给出了拉美地区当前的人口和收入水平。拉美国家人口总数超过5.7亿，2010年的总产值超过4.9万亿美元。表15—1还可以告诉我们四个最大国家的人口和产出在拉美地区所占的比重。按照人口多少排列，这四个国家依次是：巴西、墨西哥、哥伦比亚和阿根廷，它们合计占据了拉丁美洲大约68%的人口和78%以上的GDP。

表15—1　　2010年拉丁美洲以及加勒比地区的人口和GDP

	人口（百万）	GDP（十亿美元）	人均GDP（购买力平价，美元）
安第斯共同体			
玻利维亚	10.4	19.8	4 549
哥伦比亚	45.5	287.2	9 585
厄瓜多尔	14.8	58	7 828
秘鲁	29.6	153.8	9 358
中美洲共同市场			
哥斯达黎加	4.6	36.2	113 399
萨尔瓦多	5.9	21.2	7 340
危地马拉	14.4	41.2	4 902
洪都拉斯	8	15.3	4 192
尼加拉瓜	5.8	6.6	3 037

续前表

	人口（百万）	GDP（十亿美元）	人均 GDP（购买力平价，美元）
南方共同市场			
阿根廷	40.5	370	15 901
巴西	193.2	2143	11 314
巴拉圭	6.4	19	5 207
乌拉圭	3.4	39.4	14 048
其他国家			
智利	17.2	216.1	16 112
多米尼加共和国	9.9	51.6	8 860
海地	9.8	6.6	1 163
墨西哥	112.3	1 035.4	13 932
巴拿马	29.2	294.7	12 048
委内瑞拉	571.3	4 900.3	11 253

注：委内瑞拉已经被证实获批在2012年加入南方共同市场。
资料来源：IMF，*World Economic Outlook Database*.

在20世纪相当长的一段时间里，拉丁美洲都是世界上增长最快的地区之一。特别是在1900—1960年，该地区人均GDP的增长速度和欧洲、美国和亚洲差不多甚至还要更快。虽然各国增长速度不同，但大多数国家都取得了足够快甚至超级快的增长，人民的生活水平也大大提高。第二次世界大战后，像世界上大部分地区一样，拉美大多数国家都实现了快速增长。其中最大的两个国家——巴西和墨西哥——的人均收入水平也取得了显著提高。但是1973年之后，随着世界经济增速放缓，拉美国家的表现也开始分化。20世纪70年代，有些国家增长得更快，有些国家经济增长却在减缓，但是几乎所有的拉美国家都过于依赖政府支出来刺激经济增长。这段时间的不景气导致了1982年拉美债务危机的爆发，对此我们后面还会加以讨论。此次债务危机使得80年代变成了“失去的十年”，其间，经济负增长，通货膨胀率直线上升，大部分地区的贫困加剧。这次债务危机还使得拉美国家终结了其持续了将近五十年的经济政策，纷纷大胆尝试新的改革来恢复经济增长。

15.3 进口替代工业化

拉美的经济改革打破了此前的经济发展战略，即所谓的进口替代工业化（import substitution industrialization，ISI）战略。所有拉美国家——包括该地区以外的许多发展中国家——至少从20世纪50年代起就开始实施这一战略了，当时ISI已经成为经济发展的共识性理论。在拉丁美洲，由于该战略无法解决80年代的债务危机问题，同时越来越多的人认为该战略长期内会导致经济低效率，于是它最终被废止了。但这些政策对于通过内向型政策来促进经济发展的尝试来说是非常重要的。

□ 15.3.1 进口替代工业化政策的起源与目标

从19世纪下半叶到20世纪中，大多数拉美国家通过出口农产品（热带水果、咖啡、棉花和谷物）和矿产品（石油、铜、锡）来换回外汇收入。这些出口部门要么由外国资本控制，要么依赖外资发展起来，与国内经济的关联度很低，更像是外国在本国的代理。即便是本国所有的出口部门，通常也只有少数人能从中获益，权力和财富的不平衡也因此而加大。

第一次世界大战和20世纪30年代的经济大萧条导致了拉美出口贸易的中断，出口收入也大幅降低。第二次世界大战的爆发在一定程度上使这一趋势得到了逆转，因为许多国家陷入战争无法从事生产，转而从拉美国家进口矿产品和食物，但随着战争的结束，对拉美商品的需求再次开始下滑。40年代末，年轻的阿根廷经济学家劳尔·普雷维什和德国经济学家汉斯·辛格对这一地区外汇收入的减少做出了理论解释。他们认为，对拉美国家产品需求的减少并不仅仅是因为战争的结束，长期以来初级产品价格的下降趋势也是一方面因素。辛格和普雷维什认为，与制成品的价格相比，咖啡、锡、铜、香蕉以及其他初级产品的出口价格势必会下降。

在贸易分析中，平均出口价格和平均进口价格之比被称为贸易条件（terms of trade，TOT）：

TOT＝出口价格指数/进口价格指数

拉美国家出口原材料，进口制成品，所以普雷维什和辛格预言该地区的贸易条件将恶化，这一论点被贴上了出口悲观主义（export pessimism）的标签。

出口悲观主义背后既有统计研究也有经济理论方面的逻辑。统计分析表明数十年内原材料价格一直下跌。最近的分析则显示，尽管原材料价格下跌可能会持续一段时期，但是从长期看并不存在上涨或下跌的趋势。经济学理论认为，随着收入水平的提高，人们在食品以及其他以原材料为基础的产品，比如纺织品、服装等初级产品上的支出在总收入中所占的比重会降低，而用于制成品消费的支出比重会上升。因此，相对于制成品而言，对原材料的需求将下降。但需要注意的是，需求相对下降并不一定导致原材料生产商面临的贸易条件恶化。特别是，如果制成品劳动生产率的提高幅度超过了对其需求的增长幅度的话，制成品的实际价格将被压低。

出口悲观主义是从50年代到70年代的正统经济政策的理论基础。作为联合国拉美经济委员会（Economic Commission on Latin American，英语简称ECLA，西班牙语简称CEPAL）的领导人，普雷维什领导了整个拉美地区的经济政策改革，并强化了从30年代贸易收缩开始以来拉美国家的转变。大萧条期间市场萎缩迫使拉美国家暂时放弃对出口原材料的依赖，通过在国内生产进口制成品的替代产品来实现工业化发展，也就是后来所谓的进口替代工业化。具有讽刺意味的是，国内生产进口替代品时，需要进口大量的资本品（机器及其零部件），为了获得进口这些资本品所需的外汇，大部分国家在第二次世界大战后的几十年内不得不继续依赖原材料出口。直到今天，初级产品在拉美地区出口产品中仍占有很大的比重。

进口替代工业化是着重发展生产进口替代品的行业的一种工业化政策。普雷维什和辛格认为，初级产品贸易条件不可避免的恶化意味着实现工业化面临的最大约束就是外汇短缺。拉美国家需要用外汇来购买机器和其他自身无法生产的资本品，但是出口价格一路走低使得它们发现赚取所需外汇的难度不断加大。因此，进口替代工业化战略最重要的作用在于通过在国内生产替代品，降低对用来购买进口品的外汇的需求。

进口替代工业化理论认为，一国应该从便宜的、相对简单的消费品开始生产，如玩具、衣服、食品（如饮料和罐装食品）和家具。慢慢地，工业生产的重点应转移到复杂一些的消费品（如器械和汽车）和中级工业制成品（如水泵、发电机和基础金属制品等）。第三阶段则应该生产复杂的工业制成品（如化工产品、电子设备和机床等）。

□ 15.3.2 对进口替代工业化政策的批评

实施进口替代工业化战略所用的经济工具与第5章谈到工业化政策时所讨论过的工具完全相同。这包括各种类型的政府支持，从各类补贴到贸易保护和国内市场垄断。回过头来看，进口替代工业化带来了低效率和资源浪费等未曾预料到的结果。对进口替代工业化战略的批评主要有以下几点：（1）当政府过多地介入生产决策时，对资源进行了不合理的配置；（2）汇率经常被高估；（3）政策优惠过度偏向城市地区；（4）收入不平等加剧；（5）进口替代工业化引致了普遍的寻租行为。

在进口替代工业化战略所带来的一系列问题中，最首要的便是认为政府能有效地引导资源进入能发挥最大作用的领域。在20世纪50年代和60年代，人们假设相对于发达国家而言，市场失灵（market failure）在发展中国家要常见得多，而政府的一个重要目标就是通过有选择的、谨慎的政策干预来纠正市场失灵。从这个意义上讲，进口替代工业化可以被解释为政府运用其经济和政治力量来改善市场的一套政策。

很多经济学家认为进口替代工业化战略高估了政府官员识别市场失灵并进行应对的能力（参见第5章的讨论）。该战略还假定政府官员都是无私的，忽视政治因素，只关注经济效率和对整个国家最有利的事情。在这种战略碰到政治现实时，直接导致人们低估了执行这些经济政策带来的问题，如腐败和经济精英的游说能力。另外，这种战略也忽视了因受政治影响而随着时间逐渐建立并积累起来的特别条款、优惠以及经济无效率。拉美地区财富和收入分配的不均进一步加剧了这些问题，强有力的利益集团有能力让进口替代工业化政策服务于自己的利益，而不是国家利益。

进口替代工业化带来的第二个问题是汇率高估趋势的发展和持续存在。一些国家的本币被高估是政策有意为之，但也有些国家因为在通货膨胀率高于贸易伙伴的条件下长期维持固定汇率而导致了本币被高估。作为一项审慎的政策，本币的高估实现了若干目标。特别是，本币高估使目标工业部门更容易获得所需的进口资本品。本币高估还有助于维持执政党和城市劳工阶层之间的政治联盟——通过提供相对便宜的外国商品，将生活维持在相对较高的水平，从而实现政治当权者的目标。20世纪80年代和90年代当政府被迫调低本币币值时，往往失去了城市阶层的政治支持。

尽管本币汇率带来了一些好处，但是也要付出很多成本。其中最主要的就是，高估的本币抬高了本国商品的国外售价，使出口变得更困难。出口收入的减少反过来又伤害了农业和传统出口部门，导致资本流出农业部门，农村地区的产出和收入很低且停滞不前。本币高估还会伤害到非进口替代品生产部门，因为这些部门通过出口获得的利润更低了。此外，本币的高估使得外国的机器设备相对便宜，这又导致工业投资的资本密集度过高而劳动密集度不足。结果，工业创造的新就业机会不足，从而不能吸收新增和从农业转移出来的劳动力。而且，由于大多数工业都位于城市地区，用于改进基础设施（如交通、通信和供水）的政府投资绝大部分被投向城市及其周边地区。结果，农民及其家庭既没有从国家经济发展中获益，也没有对国家发展做出贡献，拉丁美洲仍然是全世界最不平等的地区。

除持续的本币高估外，进口替代工业化的贸易与竞争政策都属于严重的贸易保护主义行为，往往会导致国内的垄断。缺少国内外竞争意味着制造业依然是低效率、无竞争力和内向型的。利润来自于对国内市场的保护这一点致使许多生产者发现根本没必要投资于新设备，这就进一步加剧了产品缺乏竞争力的局面。一个颇具讽刺意味的结果便是，很多国家在面对来自拉丁美洲以外的经济冲击时变得更加脆弱，而这恰好与最初实施进口替代工业化战略所希望实现的目标相反。

进口替代工业化战略带来的最后一个问题是寻租活动不断出现。当政府介入工业发展的规划与引导过程时，政府官员和官僚机构拥有大量可配置的宝贵资源，包括作为进口替代工业化战略一个组成部分的大量补贴和许可证。比如，为了保护国内市场并确保所需进口品的进口，政府会要求进口商取得许可证，同时又按照补贴价格向进口商提供外汇。当政府政策创造出某些有价值的东西，如进口许可证或购买外汇的补贴等时，私人部门就会耗费资源来争夺它们。当缺乏有力的制度来保证官僚机构的独立性时贿赂和腐败将左右决策的制定——大多数情况下，即便有这样的制度，结果也不会有太大差别。最终，政策的制定往往是出于错误的考虑，其结果只能是经济资源被浪费。

案例

墨西哥的进口替代工业化战略

1917 年的墨西哥宪法赋予联邦政府一定的权力和责任来干预经济，使之成为经济增长的主要代理人和社会冲突的仲裁人。直到 20 世纪 30 年代卡迪纳斯总统任期内，墨西哥革命得到巩固后，墨西哥政府才对其权力和责任进行制度化。卡迪纳斯总统的儿子是八九十年代改革时期废除进口替代工业化政策的主要反对者。

为了领导并指引经济增长，政府可以通过立法来确保强制力，否则强大的社会阶层可能会抵制政府的指令和倡议，特别是那些带有财富再分配目标或结果的政策措施。因此，经济政策不仅要实现国家的经济增长和更公平的分配，而且还要增加政府的政治权力。墨西哥政府在 1938 年对国内石油工业实行了国有化，整个 20 世纪，大量部门被国有化并变成国营垄断部门（电话、航空、银行、铁路和矿藏采掘）。政府预算的这种使用方式确保了投资资本，而市场垄断保证了受益公司至少在国内会获得成功。

政府还对目标工业企业提供贷款和贷款担保，帮助企业以低于正常利率的水平获得资本。同时，政府还人为地控制汇率，将外汇低价售给有进口需求的目标企业。墨西哥出口商必须将所得外汇以高估的比索汇率结转为比索，即每单位美元换来少得多的比索，这使得出口收益相对减少；政府转而将廉价得到的外汇出售给目标工业部门，实质是出口部门补贴了目标工业部门的发展。

与大多数进口替代工业化国家不同的是墨西哥限制外国投资；相同的是，国外投资（如汽车工业）要想获得批准，外国公司须符合一些必要条件。一个常见的条件是外国企业必须平衡自身的外汇需求，以使每一比索的进口与每一比索的出口收入相匹配。更深层的干预发生在商业政策领域，进口许可证限制了许多产品的进口。回忆之前讲过的内容可知，进口许可证本质上就是配额。到20世纪70年代，大约60%的进口品都需要进口许可证。

1950—1973年，墨西哥的实际人均GDP以每年3.1%的速度增长。相较之下，美国每年的经济增长率为2.2%，14个最大的OECD国家每年的增长率为3.5%，6个最大的拉丁美洲经济体则每年增长2.5%。墨西哥经济经历相对快速的增长的同时，工业化也正改变着其经济结构。墨西哥的制造业部门占GDP的比重从21.5%扩张至29.4%，20世纪70年代，与世界其他许多地区一样，墨西哥的增长开始放缓。

一个被普遍认同的观点是，墨西哥增长开始放缓是因为其工业发展的简单目标已经基本实现。轻工业和简单消费品生产部门相对容易建立起来，国民经济部分地从维持生计的农业转型为简单的轻工业就使得增长率看起来不错。下一阶段需要建立更高端的制造业，而这部分的起步相对较难。依据上述观点，容易起步的简单工业已经相对饱和，生产高端商品尚不具备比较优势，墨西哥不可避免地进入了困难时期。

尽管20世纪五六十年代经济实现了快速增长，贫穷和收入不均却始终存在。大量的墨西哥人（多数是土生土长的农民）并未参与到经济增长中来。如下事实便是证据：在20世纪80年代，大量的农产品仍然停留在自给自足的水平，用全国26%的劳动力仅生产了9%的GDP。偏向城市的发展战略使墨西哥城成为全世界最大的城市之一，到20世80年代末，墨西哥城的都市区内有超过1 500万人口。爆炸性增长、拥挤的人口以及工业企业使墨西哥城陷入严重的污染之中。

对进口替代工业化在20世纪80年代的墨西哥债务危机中的作用，经济学界没有形成共识。无疑，20世纪70年代进口替代工业化政策拓展了联邦政府在经济活动中扮演的角色，增加了政府支出和国债水平。但是直到20世纪70年代中期，整个经济一直保持相当强劲的增长。一个普遍的观点是，通过进口替代工业化容易获得的收益到20世纪70年代就已经耗尽了，为了保持经济按部就班地增长，墨西哥总统运用公共财政权力大规模增加支出。起初政府官员声称，政府能够偿还得起从外国资本市场借入的负债，因为墨西哥在1978年已经成为一个主要的石油输出国。最终，政府的财政政策造成了公共部门的大量赤字。由于担心墨西哥比索贬值，资本开始外逃。油价下跌一年后，即1982年，墨西哥用光了国际储备，无法继续偿还其国际债务。如果政府当初不采用那些不可持续的宏观经济政策，是否就不会陷入债务危机？是否就不会有80年代中期对进口替代工业化政策的抵制呢？

15.4 宏观经济不稳定和经济民粹主义

很多经济学家都相信，尽管进口替代工业化战略是次优的，但是和误导性的宏观经济政策比起来，它对20世纪80年代的债务危机的直接影响要小得多。理由很简单。贸易壁垒和政府对所选产业的支持是进口替代工业化战略的一部分。总的来说，这些政策可能会使一国的收入降低几个百分点，但是却不太可能导致经济危机全面爆发。另一方面，错误的宏观经济政策则往往会导致恶性通货膨胀、经济萧条和国际收支危机。此外，从50年代到80年代，尽管大部分拉美国家采用的是进口替代工业化战略，但是大多数国家的经济都保持了相当高水平的增长，直到20世纪80年代初几乎所有国家才变成了负增长。虽然80年代的债务危机完全可能是数十年进口替代工业化政策积累的后果，但可以确定的是危机与70年代末80年代初错误的宏观经济政策有直接的联系。

□ 15.4.1 拉丁美洲的经济民粹主义

很多拉美专家将该地区宏观经济政策失误的责任归咎于民粹主义者或者经济民粹主义政治运动，即利用经济手段来获取劳工和国内导向的商业部门的支持、孤立乡村精英和外国利益集团等。民粹主义领袖很多，包括阿根廷的胡安·庇隆（1946—1955年以及1973—1976年）和劳尔·阿方辛（20世纪80年代早期），巴西的热图利奥·瓦加斯（1951—1954年）、若昂·古拉特（1961—1964年）和若泽·萨尔内（1985—1990年），智利的卡洛斯·伊瓦涅斯（1952—1958年）和萨尔瓦多·阿连德（1970—1973年），秘鲁的费尔南多·贝朗德·特里（1963—1968年）、胡安·贝拉斯科·阿尔瓦拉多（1968—1975年）和阿兰·加西亚（1985—1990年），墨西哥的刘易斯·埃切维里亚（1970—1976年）和何塞·洛佩斯·波蒂略（1976—1982年），委内瑞拉的胡戈·查韦斯（1998年至今）。拉丁美洲的民粹主义运动具有民族主义的思想意识，主要关注经济增长和收入再分配。这些运动带来的主要经济问题是，完全不考虑通货膨胀风险、预算赤字和外汇约束，一味使用扩张性财政政策和货币政策。

经济民粹主义（economic populism）的基本导火索主要有以下几点：第一，经济增长缓慢或衰退导致人们对现状极端不满。第二，决策者拒绝实施对宏观政策的传统限制。高失业率和工厂的闲置为无通胀条件下的扩张提供了空间，于是通过发行货币为预算赤字进行融资变得合情合理。第三，决策者承诺在冻结物价水平的同时提高工资，还承诺通过提高进口替代品的生产率来重建经济，以此降低对外汇的需求。用某个分析人士的话来说就是，政策号召“重新激活、重新分配、重新构建”经济。

在民粹主义者统治的早期，政策被证实是有效的。政府支出增加和新创造的货币对经济的刺激导致经济增长率上升，工人年工资提高。然而，经济增长很快就遇到了瓶颈。举例来说，建筑公司用光了某种特定投入品比如水泥或者是特种钢材，制造业企业找不到维修机器所需的零部件。于是价格开始上升，预算赤字增加。接下来，通货膨胀开始加剧，整个经济出现普遍的短缺。预算陷入严重的赤字，政策变得无法维持，工资水平的提高赶不上通货膨胀率的上涨。最后，因为担心本币贬值，资本大量外逃。资本外逃进一步压缩了投资，压低了实际工资。

结果，实际工资往往比开始时还低，拉美国家在国际货币基金组织的帮助下，希望通过国际干预来制止高通货膨胀，结束国际收支危机。通常来说，国际货币基金组织会监督稳定政策和结构改革政策的实施，要求被救助国削减预算、减缓货币供应量的增长、消除贸易壁垒；总的来说就是减少政府干预，更多地依赖市场机制。尽管我们前面对经济民粹主义施政过程的刻画是比较理想化的，但是确实抓住了很多拉丁美洲国家的经济民粹主义的本质。

案例 ☞

秘鲁的经济民粹主义：1985—1990 年

阿兰·加西亚 1985 年 7 月首次当选秘鲁总统。1990 年不太光彩地下台之后，他花费了多年的时间来重塑自己的形象，并且在 2006 年再次当选，并一直留任到 2011 年。他在第一个任期内的表现可谓关于经济民粹主义的教科书式的范例，而他的第二个任期则被一致认为是比较成功的。在他 1985 年首次当选之前，因为债务危机的影响，秘鲁在 1983 年陷入了严重的衰退中。到了 1985 年，一切已经在休整过程中了，加西亚展开了一项通过提高工资来刺激需求、实现收入再分配的计划（“重新激活、重新分配、重新构建”）。秘鲁经济对刺激性高消费的反应是在 1986 年和 1987 年出现了强劲增长，但是却没有发生通货膨胀，因为当时有大量的工厂被闲置，大量工人失业。但是，到了 1987 年年中，一些关键的进口投入品变得紧缺，成为制约产出进一步增长的瓶颈。结果，通胀再次抬头。秘鲁实行的是爬行钉住汇率制度，可以阶段性上升，但是因为价格的上涨超过了汇率下跌的幅度，实际汇率不可避免地下降了（即本币升值），经常账户赤字显著增加。表 15—2 给出了加西亚任期内各主要宏观经济变量和实际工资水平的情况。

不断上涨的预算赤字、贸易赤字以及通货膨胀水平本应引起一个审慎的政府的警惕，调整支出；但是加西亚对此的反应却是将金融服务机构（银行和保险公司）的资产国有化，同时扩大对农业和工业部门一些特殊利益集团的信贷补贴。1998 年，加西亚政府试图通过本币贬值和价格冻结手段来解决通货膨胀问题，但是为了保护收入并且达成一致的相对价格，它还同时允许某些产品的价格上涨，补偿工资也提高了。

1990 年，秘鲁经济达到衰退的谷底。7 月，新政府上台后按照传统办法，采取紧缩的财政和货币政策来治理通货膨胀，控制预算赤字。但是，从那时起，工人的实际工资水平大大低于前任政府在 1985 年掌权时的工资水平。

表 15—2　加西亚政府执政期间的经济指标

	1984 年	1985 年	1986 年	1987 年	1988 年	1989 年	1990 年
GDP 增长率（%）	4.8	2.3	9.2	8.5	−8.3	−11.7	−5.1
实际工资（变化%）	−8.0	−8.4	26.6	6.1	−23.1	−46.7	−14.4
赤字/GDP（%）	6.7	3.4	5.7	7.9	8.1	8.5	5.9
通胀率（%）	110	163	78	86	667	3 339	7 482
经常账户余额（百万美元）	−221	−137	−1077	−1 481	−1 091	396	−766

资料来源：Inter-American Development Bank, *Economic and Social Progress in Latin America*, various years.

15.5 20世纪80年代的债务危机

1982年8月，墨西哥宣布因为国际储备短缺，无法偿付到期的外债本金和利息。墨西哥并非第一个宣布无力还债的国家，但是却是当时最大的国家。这份公告很快就让人们意识到，包括大多数拉丁美洲国家在内的其他一些国家都处于相似的境地。失去的十年就这样开始了。

□ 15.5.1 债务危机可能的原因

对墨西哥而言，1981年石油价格的暴跌严重削弱了它获取偿债所需外汇收入的能力。墨西哥所借外债绝大部分是浮动利率的美元债务，而为了应对美国和其他地区的通货膨胀，世界利率已经上升到相当高的水平。结果，墨西哥需要偿付的债务利息不断增加的同时，其赚取美元的能力却在下降。

拉美经济面临的外部冲击并不仅仅是1981年的石油价格暴跌和世界利率水平上升。1981—1982年，全球主要工业化国家经济陷入严重衰退，这不仅降低了对拉美及其他地区原材料的需求，也降低了这些产品的价格。虽然对墨西哥来说，石油是最主要的出口商品，但是其他一些初级出口商品的国际市场价格也出现了类似的下跌。

拉美国家出口产品价格下降和利率上升是导致债务危机的诸多因素中最主要的两个方面。然而，如果没有其他因素的作用，这些外部经济冲击可能还不至于引起债务危机的全面爆发。从历史上看，债务危机都是由一系列的外部冲击所引起的，而且危机爆发之前国际借贷规模往往都在持续扩大。具体到拉丁美洲来说，国际借贷主要发生在1974—1982年。另外，70年代末到80年代初，国家宏观经济政策的失误等复杂问题也是债务危机的导火索之一。

70年代时，伦敦、纽约等地的金融机构拥有大量的资金，急切地寻找放贷对象。1973年、1974年和1979年石油价格的上涨导致石油输出国的银行存款急剧增加。从1974年开始，银行迫切地想把这些存款贷出去。拉丁美洲和加勒比地区的政府担保长期债务在1973年到1983年间增长了将近7倍。商业银行贷款的突然增加和债务量的上升使经济体在突然遭受意料之外的冲击时显得格外脆弱。

表15—3给出了债务危机第一年后负债最重的几个国家的债务规模。第三列代表债务净额（债务总额减去外国欠本国的债务）占GDP的比重，第四列是所欠利息净额占商品和服务出口总值的比重——这个指标很有用，因为国际债务的利息最终必须通过出口所挣得的收入来偿还。我们看到，出口收入的10%～63%都用于偿还利息，也就是说这部分收入无法用于购买进口品或对国内进行投资。

表15—3　　1983年债务危机期间的主要债务指标

国　家	外债总额（百万美元）	净外债占GDP的比重（%）	净利息占出口总值的比重（%）
阿根廷	43 634	75.3	62.8
玻利维亚	3 328	141.9	38.5

续前表

国　家	外债总额（百万美元）	净外债占 GDP 的比重（%）	净利息占出口总值的比重（%）
巴西	92 961	48.3	38.7
智利	17 315	87.6	32.9
哥伦比亚	10 306	25.1	18.8
哥斯达黎加	3 646	137.8	45.4
墨西哥	86 081	63.8	32.1
秘鲁	10 712	52.4	20.1
委内瑞拉	32 158	38.8	9.6

注：债务国出口收入中有很大一部分都用来偿付债务利息了。
资料来源：Cline，William，*International Debt Reexamined*，1995；World Bank，*World Debt Tables*，1987.

□ 15.5.2　对债务危机的反应

最开始，美国和包括国际货币基金组织在内的国际金融机构的专家们认为，债务危机只不过是暂时的流动性短缺问题。如果是这样，合理的应对方案就是增加对拉美和其他负债地区的资本注入，使之具有偿还债务以及刺激经济更快增长从而摆脱债务所需的资金。

从美国的立场看，带动经济增长的关键是增加投资，这只有通过恢复该地区的资本流入才可能实现。根据这一思路，美国财政部秘书长詹姆斯·贝克在 1985 年提出首个政策建议。贝克计划（Baker Plan）试图组织商业银行建立一个新的贷款计划。但问题是大多数对拉美国家提供了贷款的银行都希望减少所持有的该地区的头寸，而不是增加。因此，这个计划能够聚拢的资源很少。

没有发达国家银行的资本流入，一切都是空谈。彻底违约、拒付债务将斩断一国与他国贸易和投资的大部分联系。投资和增长的后果充满风险甚至可能成为一场灾难，具体会怎样取决于美国和其他国家政府的反应。另一方面，如果继续承诺支付利息，并可能支付本金的话，为了支持本国进口和这些债务利息显然需要巨额的贸易顺差。

正如第 9 章所讨论的那样，偿付的外债利息作为“付给国外的收入”记入经常账户。因此，偿付利息使许多国家的经常账户赤字大幅增加。开放经济条件下的基本账户恒等式可以表示为：

$$S_p+T-G=I+CA$$

其中 S_p 代表私人储蓄，$T-G$ 代表政府或公共储蓄，I 代表投资，CA 代表经常账户余额。如果没有资本流入来为经常账户赤字融资的话，一国就只能通过增加出口与减少进口相结合的方式来消除赤字，这需要支出转移政策和支出削减政策的配合。回忆一下第 11 章，支出转移政策比如本币贬值可以把对外国商品的需求转移到国内商品上来，从而直接增加经常账户 CA 余额；支出削减政策比如增加税收和削减政府开支可以增加政府储蓄 $T-G$，并间接减少消费、投资和进口。支出削减政策的净效应常常是导致衰退，进而由于国内收入的下降，对国内和进口商品的需求都会减少。

换句话说，为了积累资本以偿还利息，该地区的政府被迫实施紧缩政策，结果引发整个地区的深度衰退。从 1982 年到 1986 年，拉美和加勒比地区的人均实际 GDP 年均增长率为－1.8%。

到 1987 年，全球所有专家都明白了仅仅依靠注入资本是不够的。有必要对拉美经济进行更深入的改革。第一，该地区错误的宏观经济政策始终使有关国家的总支出超过总收入，只要收入与支出之间的差额存在，恢复经济增长的可能性就很小。第二，为了维持高于合理水平的政府支出，许多国家采取了增发货币的做法，这又导致了原本就很高的通货膨胀率持续上升。第三，不管是拉丁美洲国家的人们还是其他国家的人们都越来越明显地感受到了债务危机的压力。出口收入在支付债务本息之后，余额不足以支持国内投资和消费，于是经济停滞。1988—1989 年，债权人和多边借贷机构比如国际货币基金组织一致认为债务减免对各方都有好处。

债务减免的共识导致了 1989 年布雷迪计划（Brandy Plan）的出台，该计划是以当时布什政府的财政部秘书长尼古拉斯·布雷迪的名字命名的。本质上，布雷迪计划可以给所有相关各方都带来收益。债权人有望将部分旧债重组为利率较低的长期债务，并提供一些额外的新贷款。IMF 等多边借贷机构则以低于市场利率的优惠方式提供额外的贷款，条件是借款人在获得新贷款之前提供其愿意进行重大经济改革的证明。布雷迪计划虽然没有结束债务危机，但确实使得该地区迈出了走向稳定的重要一步。就布雷迪一揽子计划重启谈判的国家被国际社会认为更可信，经济也更稳健。结果，1989 年以后，资本开始回流到拉丁美洲，但是这次不是以银行贷款的方式，而是美国、欧洲和亚洲的储蓄和投资者开始增加在拉美的直接投资、增持各种金融资产，如当地的私人公司所发行的股票和债券等。虽然大量的资本流入如果突然逆转为快速资本流出，也会出现问题，但是流入的资本正是该地区恢复到历史增长水平所需的额外储蓄和投资。

从 21 世纪来看，债务危机最持久的影响——除了 20 世纪 80 年代经济衰退导致产出减少之外——就是各国相继进行的深入的经济改革。这些改革是资本重新流入拉丁美洲的关键原因。虽然各国改革的方式和程度不尽相同，但却标志着这些国家从保护主义、伴随进口替代工业化战略的干预主义以及经济民粹主义的政策，转向更加开放的市场导向型政策。

15.6 新自由主义改革和华盛顿共识

到 20 世纪 80 年代末期，大多数拉美国家已经开始了一系列的经济政策改革，这些改革改变了企业和政府之间、拉美国家经济和世界经济之间的基本关系。1989 年以后，改革进一步深化并变得更加普遍。大多数国家的改革都有三个独立但相互关联的特征：第一，虽然效果各不相同，但各国政府都采用了稳定计划来终止通货膨胀并控制预算赤字；第二，多数国家开始对经济中的国有部分进行私有化，如制造企业、金融和其他服务业、采矿业、旅游业以及公用事业公司；第三，贸易政策变得更加开放，对出口的歧视减少。

在整个拉丁美洲蔓延的这种一揽子的经济改革被称为新自由模式（neoliberal model）或新自由主义（neoliberalism），因为这些改革措施是对 19 世纪欧洲古典主义——相信市场的力量，最小化政府对经济的干预——的部分回归。除了被贴上新自由主义标签外，这些改革还有一个大家都很熟悉的称呼——华盛顿共识。不管是新自由主义还是华盛顿共识，都被看作是为改革政府财政和经济管理手段开出的药方。但是，它们都不是经济发展手册，尽管各国确实是这么期望的。到了 90 年代初，拉丁美洲大部分国家都恢复了经济增长，但是相对来说增长水平还比较低，对于这些政策的失望情绪在 90 年代之后开始蔓延。在探讨各国如何对改革的失望情绪做出反应之前，我们有必要先来探讨一下改革的细节。

□ 15.6.1 控制通货膨胀的稳定政策

许多国家力图通过增加政府支出的方法避免债务危机所带来的衰退。然而，因为税收不足且债务危机导致政府借贷能力有限，所以为政府支出融资的唯一办法就是发行更多的货币。不顾后果地增发货币以便为政府支出提供融资，将一些国家推向了恶性通货膨胀的境地，具体可以见下面的表 15—4。

表 15—4　　1982—1992 年的通货膨胀率（%）

国　家	1982—1987 年平均通胀率	1987—1992 年平均通胀率	1982—1992 年最高通胀率
阿根廷	316	447	4 924（1989 年）
玻利维亚	776	16	8 170（1985 年）
巴西	158	851	1 862（1989 年）
智利	21	19	27（1990 年）
哥伦比亚	21	27	32（1990 年）
墨西哥	73	48	159（1987 年）
秘鲁	103	733	7 650（1990 年）
委内瑞拉	10	40	81（1989 年）

注：20 世纪 80 年代，高通货膨胀率成了一个普遍性的问题。
资料来源：Sebastian Edwards，*Crisis and Reform in Latin America*，1995.

解决阿根廷、玻利维亚、巴西和秘鲁等国家出现的恶性通货膨胀的方法，说起来很简单：削减政府支出，停止增发货币。但是，真正做起来却很困难。短期内，如果物价上涨速度超过工资增速——这在反通货膨胀期间很常见，那么降低通货膨胀率的压力将主要由工薪阶层承担，他们的实际工资将会下降。结果，反通货膨胀政策反而造成了经济困境，丧失了大量工薪阶层的政治支持，使得政府在一大部分人中不受欢迎。

让形势变得更加复杂的另一个因素是对通货膨胀的成因缺乏统一的认识。有些人认为通货膨胀是由惯性引起的，因为所有人都预期未来的通货膨胀率将会更高，这就使得生产者在预期未来的投入成本将会更高的情况下提高产品的价格。通货膨胀可以自我实现以及对其自我实现程度缺乏经验性认识这两点导致针对应该如何调控通货膨胀，出现两种不同的政策建议：正统模式（orthodox model）和非正统模式（heterodox model）。

正统模式主张将政府对经济的干预降至最低。于是，该模式下的反通货膨胀药方很直接：削减政府支出、改革税收体系以增加收入，并限制新的货币创造。非正统模式提倡采取相同的措施，但还要加上冻结工资与物价。在非正统模式看来，通货膨胀预期深深地植根于经济决策的制定过程，以至于即便削减政府支出，停止发行新的货币，价格水平仍然会持续上升。在实践中，非正统模式常常忽略了预算赤字也是问题的一部分这一点。

1986—1992 年，为了结束本国的通货膨胀，巴西执行了 5 个独立的非正统稳定计划，但没有一个真正起到作用。与之类似，阿根廷和秘鲁在 1985 年实施的非正统计划在生效一年左右以后也以失败告终，而且通货膨胀出现报复性的反弹。不过，最终巴西和墨西哥还是依靠非正统方法控制住了通货膨胀。

仍在困扰许多国家的一个问题是，通货膨胀稳定政策和汇率政策之间的不协调。墨西哥的经历就是该问题的一个典型例证，该国的问题正源于汇率是对抗通货膨胀的有力武器这一事实。20 世纪 80 年代中期，作为反通货膨胀政策的一部分，墨西哥将比索与美元之间的汇率固定了下来。阿根廷和巴西在 1991 年和 1994 年的稳定计划中也都采取了类似的做法。与美国商品竞争的国内生产商必须避免抬高价格，以便维持自己的竞争力。此外，从美国进口的资本品价格没有上升——这一点对墨西哥企业非常重要——使得墨西哥最终制成品的价格得以保持在低位。但是即便如此，因为墨西哥的通货膨胀率仍然略高于美国，一段时间后，比索被高估，最终导致了严重的贸易不平衡和 1994 年 12 月比索的暴跌。紧接着，在 1995 年，墨西哥陷入严重衰退。从 1994 年起，墨西哥让比索与美元之间的兑换比率实现浮动，并不再把汇率当做对抗通货膨胀的固定锚。关于阿根廷是如何控制通货膨胀的以及汇率政策在该国的应用，可以参见我们在第 11 章的案例中的介绍。

□ 15.6.2 结构改革和开放贸易

用来控制通货膨胀和削减预算赤字的稳定政策往往是包括结构改革政策（structural reform policies）在内的一揽子经济政策的一部分。区分这两种政策的一个方法是，稳定政策通常聚焦于宏观经济政策，如通货膨胀和政府预算，而结构改革则侧重更加微观的经济领域，解决资源配置问题。结构改革政策包括国有企业私有化、解除管制或重新设定如金融服务部门等过度管制行业的管制环境，以及贸易政策方面的改革。

虽然私有化和改变拉美经济管制环境的很多做法引起了广泛关注，但是本章只探讨到目前为止结构改革中令人印象最深刻的部分：拉美地区与世界的经济融合。债务危机爆发之前，在所有非共产主义国家中，拉美国家对贸易体系的管制是最多的。债务危机使许多国家更加坚信，与世界经济隔绝是保护一国免遭外部冲击的唯一的方法。

20 世纪 70 年代，智利打破了这个传统，并开始转变本国的贸易政策。墨西哥和玻利维亚在 1985 年和 1986 年也开始跟进。到 1987—1988 年，整个拉丁美洲都清楚地认识到，如果希望恢复经济增长，贸易就必须更开放。到了 20 世纪 80 年代末和 90 年代初，几乎所有的拉美国家都开始降低关税和非关税壁垒（NTBs）以及不同行业与商品的关税税率的差异。表 15—5 给出了从 80 年代中期到 90 年代初关税税率的变动情况。与关税减免一样，随着很多国家都消除了所有或者几乎所有进口配额和进口许可证等非关税壁垒，效果也更加明显。到了 90 年代初，大部分用来消除关税或非关税壁垒的措施都已经实施，很多国家都开始转向其他市场开放形式。

表 15—5　　部分国家的关税税率（%）

	1985 年	1992 年	2010 年
阿根廷	28	14	11
巴西	80	23	13
智利	36	11	5
哥伦比亚	83	12	11
墨西哥	34	14	7
秘鲁	64	18	5
委内瑞拉	30	17	13

注：拉丁美洲国家显著降低了它们的贸易壁垒，包括关税税率。大部分国家都是在 1985—1995 年间开放了贸易。

资料来源：Sebastian Edwards，*Crisis and Reform in Latin America*；World Bank，*World Development Indicators*.

贸易改革的三个目标是减少贸易政策中支持为国内市场而不是为国外市场生产从而对出口构成歧视的部分，提高劳动生产率的增速，通过降低贸易产品的实际成本来改善消费者的福利。改变贸易政策带来的结果是，大多数国家的出口增速都得以提高，非传统出口明显增加。另外，有统计资料的大多数国家的劳动生产率都得到了提升。劳动生产率提高至少部分是贸易开放条件下技术转移、投资环境改善，以及本地企业感觉到了保持自身竞争力的压力的结果。

案例

拉丁美洲的区域贸易集团

拉丁美洲国家签署了很多区域贸易协定，其中一些甚至是出现最早的一批区域贸易协定。第一次区域贸易协定签订浪潮出现在 20 世纪 60 年代，当时普雷维什等人开始认识到进口替代工业化战略消除了规模经济和劳动生产率增长的可能性。如果只能为国内市场生产，那么许多部门的企业的规模就不足以大到投资于研发活动或者是参与国际竞争。解决办法便是鼓励各国签订区域贸易协定，如中美洲共同市场（1961 年）、加勒比自由贸易联盟（1966 年，现在被称为加勒比共同体和共同市场）、《安第斯公约》（1969 年，现在被称为安第斯共同体）。表 15—6 列出了这些协定希望实现的目标。尽管这些协定给成员国企业带来了商业利益，但它们既没有带来贸易模式的显著改变，也没有扩大区域内的贸易规模。一些国家顶住了关税下降的压力，因此区域贸易集团内推动贸易向更自由的方向发展的动力很快就消失了。到 20 世纪 80 年代，协定仅仅停留在纸面上，对成员国没有任何实际影响。

表 15—6　　区域贸易集团

区域贸易集团	年份	成员国	目标
安第斯共同体	1969	玻利维亚、哥伦比亚、厄瓜多尔、秘鲁	关税同盟
加勒比共同体	1973	安提瓜和巴布达、巴哈马、巴巴多斯、伯利兹、多米尼加、格林纳达、圭亚那、海地、牙买加、蒙特塞、圣其茨-尼维斯、圣卢西亚、圣文森特和格林纳达、苏里南、特立尼达和多巴哥	关税同盟

续前表

区域贸易集团	年份	成员国	目标
中美洲共同市场	1961	哥斯达黎加、萨尔瓦多、危地马拉、洪都拉斯、尼加拉瓜	关税同盟
多米尼加—中美洲自由贸易协定	2005	哥斯达黎加、多米尼加、萨尔瓦多、危地马拉、洪都拉斯、尼加拉瓜、美国	自由贸易区
南方共同体	1991	阿根廷、巴西、巴拉圭、乌拉圭、委内瑞拉	关税同盟
北美自由贸易区	1994	加拿大、墨西哥、美国	自由贸易区

随着20世纪80年代中后期贸易改革的进行，区域贸易协定效应再次流行起来。墨西哥率先在1989年宣布将与美国签署自由贸易协定。除了实现规模经济效应以外，贸易协定似乎还有望吸引外国投资，增加市场准入，使贸易伙伴多元化。《北美自由贸易协定》谈判开始两年之后，巴西、阿根廷、巴拉圭和乌拉圭四国签订了《亚松森协定》，建立了南方共同市场（简称MERCOSUR）。在MERCOSUR还处于萌芽期时，墨西哥、加拿大和美国便签订了《北美自由贸易协定》(1994年)，《安第斯公约》也变成了安第斯共同体（1996年）。

加拿大、墨西哥和美国三国之间的《北美自由贸易协定》于1994年1月1日开始生效。同年12月，来自西半球34个国家的领导人共同承诺最晚到2005年，建立美洲自由贸易区（Free Trade Agreement of the Americas，FTAA)。到了2002年，这一想法几乎已经夭折，但拉丁美洲国家仍在继续签订一些双边和多边协议。除了表15—6列举的四个关税同盟以外，据美洲组织（OAS）报道，拉丁美洲国家已经和全球各国签订了42个自由贸易协定和34个部分贸易协定。详细清单可以登录美洲组织的对外贸易信息系统，即http://www.sice.org进行查询。

□ 15.6.4 下一代改革

华盛顿共识与稳定政策和结构改革有重叠之处，它们通常被统一贴上新自由主义的标签。新自由主义和华盛顿共识对大部分拉丁美洲国家来说包含着负面含义，主要是因为过去20年的改革带来了很大的不确定性和变化，却并没有实现增长和繁荣的预期。也就是说，狭义的华盛顿共识可能确实帮助一些国家终结了恶性通货膨胀和失控的财政赤字，但是并未解决该地区最紧迫和最根本的长期问题。经济增长动力不足、不平等加剧、宏观经济的脆弱性和波动性继续困扰着该地区的大部分国家。经过20世纪80年代和90年代的改革，经济增长率虽然有所提高，但仍然不足以提供足够的激励，贫穷和不平等状况几乎没有什么改变。虽然从90年代中期起专家们开始讨论“对改革进行改革”和“第二代改革”，但是许多国家都缺乏实际进步所带来的挫败感使人们对改革不再抱有期望。一些国家（如巴西、委内瑞拉、玻利维亚、厄瓜多尔、尼加拉瓜）选举出那些承诺要废除改革或者至少要调整改革的人做本国的领导人，尽管新领导人推行的政策各异，但都普遍带有更强的民族主义色彩和更少的市场化成分。一些领导人，如委内瑞拉的胡戈·查韦斯就呼吁在拉丁美洲建立社会主义集团，完全抛弃过去20年来的改革。

一些温和的改革派已经开始制定第二代改革的方案，新方案注重区域机构所发挥的作用，同时更加强调政治和经济发展不平衡的问题。改革者的目标是，通过为被遗忘的群体（excluded group）创造机会来建立一个更富有包容性的经济体系，降低一国对宏观经济危机的敏感性，并通过调整一些死板的法律和制度来增加弹性。例如，很多小公司、私营企业和家庭对自己的房产都没有正式的所有权凭证。这使他们无法用房产做担保来获得贷款，或者参与到正式的金融体系中去。实际上，大量小企业家因受到各种限制而无法充分参与经济活动抑制了经济的增长潜力。为解决这个问题，必须重新设计、简化那些繁复的官僚程序，改造法律和司法结构以满足小企业和个人的需要，而不是满足大公司和强有力的政治利益集团的需要。同时，鼓励人们勇于承担风险的破产法、可以打破垄断的竞争政策、限制无谓风险的金融监管等都是需要努力加以完善的领域。

解决拉丁美洲收入分配高度不平等的机制问题也被提上了议事日程。在许多国家，包括土著居民、非裔美洲人和被隔离的自耕农等在内的一些群体长期被排除在从经济发展中获益之外。尽管各种条件发生了很大的变化，但是大部分拉丁美洲国家的收入分配状况在世界所有地区中仍然是最不平等的。解决这个问题的关键是更加重视针对青少年的初级教育和医疗保健，同时实施其他一系列可被称为有条件现金支付计划（conditional cash payment，CCT）的社会政策。CCT计划是巴西和墨西哥率先发起的，现在已经有超过17个国家采用类似做法。不同国家的CCT计划的规模和管理方式各有不同，但无一例外地都根据各个家庭的孩子的入学情况按月向它们发放一笔小额拨款，而且这类计划往往还要求提供体检和疫苗接种等服务。这些计划背后的逻辑是，如果有物质激励的话，家庭就更有可能送孩子去上学，因为物质激励可以补偿孩子们去上学而不是去工作给家庭造成的收入损失。关于这些计划有效性的早期研究表明，小学的入学率有所提高，经济不平等程度出现小幅下降。

在过去的20年里，包括墨西哥和智利在内的一些拉美国家已经成为全球最开放的外向型国家。只用了一个相对较短的时间，拉丁美洲就完成了从封闭的内向型地区向全世界最开放的外向型地区的历史性转变。这个转变需要经济政策及政治家和国民的观念做出根本性转变。很多时候，该地区没有更多选择，因为之前的进口替代工业化战略并没能解决80年代的债务危机。虽然到目前为止，这些改革的结果还很令人失望，但是它们表明了在一个一体化的世界中寻找经济发展的源泉的过程中，改革者需要考虑的不仅仅是经济效果。

案例 ☞

智利模式

20世纪七八十年代，智利经历了残酷的独裁统治。1973年奥古斯托·皮诺切特（Augusto Pinochet）通过军事政变推翻了民选总统萨尔瓦多·阿连德（Salvador Allende），成为智利总统。皮诺切特是个极端的民族主义者，不懂经济，偏爱跟前政府没有联系的经济顾问。他的第一个经济顾问失败后，他转向了一群野心勃勃的智利学者，这些人不参与国家政治，并且在芝加哥大学接受过培训。芝加哥大学因其自由市场理论而著名，皮诺切特的经济顾问们也被称为“芝加哥男孩”。

“芝加哥男孩”很快就取消了智利的进口替代工业化政策。他们迅速将银行、制铜公司等国有企业私有化。他们大幅度削减关税、废除了大部分进口许可要求并向全世界开放经济。农业补贴被削减，政府支持被废除。这样，皮诺切特上台两年后也就是1975年的衰退过后，经济开始增长。但是，这不过是幻觉，20世纪80年代初全球经济开始衰退时，智利经济彻底崩溃。银行重新收归国有，许多贸易改革又被打回原形。

经过两年多的危机，智利经济于1984年开始恢复。这次，“芝加哥男孩”践行了更务实的决策方式，所以20世纪80年代的后几年里智利经济一直保持强劲势头。到1990年，皮诺切特下台，民主重新回归。中左翼联盟（执政联盟）开始执政，直到现在。总统职位由中间派的基督教民主党和左翼社会党轮流担当，但是经济政策相对稳定。2000年到2006年执政的社会党执政联盟总统里卡多·拉戈斯（Ricardo Lagos）解释说：“我相信，拥有明智的经济政策并不是左翼或者右翼政党的事情。它只是明智的经济政策，是需要学习的。”

无论是“芝加哥男孩”和残酷的独裁统治者皮诺切特执政时，还是社会党和中右翼（基督教民主党）成员构成的执政联盟执政期间，智利都进行了大范围的市场改革。这几届政府通过发放入学代金券来资助学生，而不是补贴学校。它们建立了个人退休账户体系，管理起来就像管理互助基金账户一样。它们重视基础设施建设，如修建公路。但是如果政府预算不够的话，它们就将其变为收费公路，交由私人部门来建设。它们对所有商品实施统一关税，这样就不会导致不同行业间投资分布不均，同时它们逐渐降低关税。

皮诺切特之后的几届政府保留了许多市场导向型政策，甚至是社会党执政时也不例外。但是它们也增加了一系列新措施，以期实现社会公平。卫生保健以及那些没钱设立个人账户的人的退休基金的覆盖范围大大拓宽。加大基础设施建设，在全国形成一个网络，增强商品、服务和人口流动性。贫困率下降，收入增长，智利成了许多国家的楷模。拉戈斯这样描述政府的远景：

> 说“看，我们有市场经济”是一回事，说“我不想拥有市场经济”则是另一回事。我认为这是当前世界的一个大问题。的确，我们生活在一个全球化的世界里，市场在分配资源，但是如何分配公共资源和服务仍然由市民决定。

小　结

1. 整个20世纪的大部分时间里，拉丁美洲都是世界上经济增长最快的地区之一。然而，20世纪80年代增长突然停止了，而且直到80年代末90年代初才再次恢复。

2. 在最近的改革之前，拉丁美洲的经济一直偏向于内向型而不是外向型模式。自给自足式的农业生产率落后于整体增长率，导致了农村地区的贫困率远高于城市。

3. 拉丁美洲主要的发展战略都是在30年代到50年代实施的，该战略后来被称为进口替代工业化，主要注重生产进口替代品的内向型工业的发展。偏好这种发展模式的原因如下：拉丁美洲经历了初级出口品贸易条件的持续恶化，而进口替代工业化战略可以减少进口和外汇需求，由此使该地区不易遭受来自外部的经济冲击。

4. 虽然在进口替代工业化战略下，经济实现了较快增长，但是该战略最终导致了制造业部门的低效率、过度寻租、持续的汇率高估，以及资源过度集中于城市。

5. 在许多国家选择或支持经济民粹主义者这一背景下，进口替代工业化战略的弊端往往会进一步强化。民粹主义者偏好经济增长和再分配，然而他们完全忽视了经济约束，如政府预算和外汇短缺。

6. 民粹主义政策引发了宏观经济不稳定，这进一步导致了恶性通货膨胀和实际工资的下降。

7. 1982年开始的债务危机影响了该地区每一个国家，即便是那些债务水平不高或没有债务问题的国家。危机造成的一个结果就是国际借贷变得极其困难。

8. 债务危机的主要原因是20世纪70年代国际借贷的增加、利息率大幅提高的外部冲击，以及初级商品的价格下降，特别是石油价格的下降。70年代末到80年代初拉丁美洲国家政府错误的宏观经济政策使其更易遭受冲击。

9. 债务危机导致整个地区的经济在1982—1987年间的大部分时间都呈现负增长。1987—1988年，几乎所有政府都清楚地意识到必须对经济政策进行重大改革。

10. 从20世纪80年代中期到现在，拉丁美洲各国政府进行了一系列的经济政策改革。改革一开始试图通过控制通货膨胀和削减预算赤字来实现宏观经济的稳定。继稳定政策之后，则是以开放贸易、私有化、减少及重新设计管制环境为内容的结构性改革。

11. 尽管大多数拉丁美洲国家都恢复了经济增长，但是对经济改革的不满是一个普遍现象。新增就业量低于期望水平，不平等持续存在，经济增长率低于能有效降低贫困所需要的水平。

关键术语

贝克计划（Baker Plan）　　布雷迪计划（Brandy Plan）
有条件现金支付计划（conditional cash payment，CCT）
拉美经济委员会（Economic Commission on Latin American，ECLA）
经济民粹主义（economic populism）
美洲自由贸易区（Free Trade Area of the Americas，FTAA）
正统模式（orthodox model）　　非正统模式（heterodox model）
进口替代工业化（import substitution industrialization，ISI）
失去的十年（Lost Decade）　　市场失灵（market failure）
新自由经济模式或新自由主义（neoliberal model or neoliberalism）
结构改革政策（structural reform policies）

贸易条件（terms of trade，TOT）

华盛顿共识（Washington Consensus）

出口悲观主义（export pessimism）

习 题

1. 从第二次世界大战结束到 20 世纪 80 年代的债务危机期间，拉丁美洲经济增长的主要特征是什么？

2. 什么是进口替代工业化？解释其目标和方法。

3. 对进口替代工业化战略的主要批评是什么？该战略是否失败了？

4. 描述经济民粹主义的典型周期。它为什么往往会导致实施这一主张的国家的状况比周期开始前还差？

5. 解释经济民粹主义政策是如何导致汇率高估和巨额贸易赤字的。

6. 引起债务危机的直接原因是什么？美国和其他工业化国家是如何应对的？

7. 为什么 20 世纪 80 年代的债务危机导致了拉丁美洲所有国家的衰退？

8. 稳定政策和结构调整政策之间的区别是什么？分别举例说明。

9. 什么是新自由主义？为什么有人认为它代表着负面含义？

10. 20 世纪 80 年代末到 90 年代，拉丁美洲贸易改革的主要内容是什么？这些改革是否达到了预期目标？

第16章 东亚的出口导向型增长

学习目标

通过本章的学习，学生应该掌握以下内容：

1. 给出表现优异的亚洲经济体（HPAE）的四个一般性特征。
2. 描述制度环境为经济增长提供了哪些支持。
3. 分析表现优异的亚洲经济体的开放程度。
4. 解释支持和反对产业政策对亚洲至关重要这种说法的各种理由。
5. 评估出口促进政策带来的影响，以及围绕这些政策给世界其他地区带来的影响的各种争论。
6. 定义全要素生产率，说明为什么经济学家利用它来阐释表现优异的亚洲经济体的经济增长与其他国家和地区的增长是类似的。

16.1 引言：表现优异的亚洲经济体

几个亚洲经济体的腾飞是过去半个世纪以来最引人瞩目的经济奇迹之一。在第17章中，我们将更深入地研究中国和印度，在这里我们主要探讨几个被世界银行命名为表现优异的亚洲经济体（high-performance Asian economies，HPAE）的国家和地区，它们是中国香港、印度尼西亚、日本、马来西亚、新加坡、韩国、中国台湾和泰国。尽管生活水平各不相同，但这些国家和地区拥有共同的外向型经济政策，而且许多观察人士认为这是它们实现经济高增长和贫困日益减少的基础。它们的经验和相对成功影响了全球各国的经济政策。

我们首先解释一下用来描述这个地区的一些专用术语。日本经济在50年代实现腾飞后不久，亚洲其他一些国家和地区也开始了快速的经济增长过程，对这些国家和地区的一个常用称呼是亚洲四小龙（Four Dragons，Little Dragons），具体包括中国香港、新加坡、韩国和中国台湾，它们都被世界银行归入高收入国家和地区行列。还有一些国家和地区——它们的分布范围更广且不只局限于东亚——被称为新兴工业化经济体（newly industrializing economics，NIEs）。这些经济体部分在拉丁美洲（阿根廷、巴西、智利和墨西哥），部分在东亚。表现优异的亚洲经济体中新兴工业化经济体包括印度尼西亚、马来西亚和泰国。中国虽然也可以被视为新兴工业化经济体，但由于其庞大的规模和社会主义体制，往往单成一类。在亚洲四小龙实现经济腾飞后，所有新兴工业化经济体的经济也都进入了高速增长的轨道。

关于表现优异的亚洲经济体的一些事实以及它们的成功，经济学家都表示认可。第一，它们小心维护宏观经济的稳定。第二，它们坚定并且值得信任地承诺要分享经济增长的收益，这部分是通过加大对医疗保健、教育和住房的投入来实现的。这些政策使它们培养出了受过良好教育的熟练劳动力，这对跨国公司而言是非常有吸引力的。第三，表现优异的亚洲经济体在刺激出口的同时，保持了比大多数发展中国家更为开放的进口。出口可以创汇，迫使企业生产有竞争力的产品，进口则带来了新技术和新产品。

关于表现优异的亚洲经济体，还有一些问题没有彻底搞清楚。例如，产业政策或产业发展目标的重要程度并不清楚。这些政策是无关紧要的，还是推动了增长？另一系列问题则与政府干预政策的使用和如何避免寻租有关。具体来说，在政府对经济的大量干预下，表现优异的亚洲经济体是否避免了寻租问题？一些经济学家认为这些国家和地区并没有避免寻租，且寻租正是1997年夏秋之际一些国家金融部门崩溃的原因之一。“东亚奇迹”是否代表了一种新的经济增长模式，还是说表现优异的亚洲经济体的行为本质上与美国等其他工业化国家在追求高收入过程中的做法没有区别？最后，它们的出口促进模式能否适用于其他地区，该模式是否不可避免地导致了全球失衡——全球失衡要对始于2008年的全球经济衰退负上一定的责任。

本章将在探讨东亚高增长经济体成功的同时，研究上述及其他一些问题。我们特别强调了东亚与拉美的对比，以及东亚的贸易与国际经济关系。

16.2 人口、收入与经济增长

表16—1列出了表现优异的亚洲经济体和其他几个大的亚洲经济体的规模和收入水平。新加坡、日本、中国香港、中国台湾和韩国的人均GDP都很高。另外三个国家即泰国、马来西亚和印度尼西亚稍晚一些才启动经济快速增长进程，被认为要远远落后于其他五个经济体。

表16—2表明，表现优异的亚洲经济体以及其他一些亚洲经济体是20世纪八九十年代全球经济增长最快的国家和地区。在这之后虽然它们的增长依然很强劲，但是其他经济体也开始快速增长。高增长率是这个地区的一个重要特征，也是东亚引

起人们关注的一个重要原因。中国大陆的表现使得它完全有资格成为"表现优异"俱乐部的一个成员，但是政策和制度方面的差别使得它不同于表 16—1 和表 16—2 中的任何一个亚洲经济体。

表 16—1　　表现优异的亚洲经济体 2011 年的人口和 GDP

	人口（百万）	GDP（十亿美元）	人均 GDP（购买力平价，美元）
HPAE			
中国香港	7.1	243.3	49 173
日本	127.8	5 869.4	34 740
印度尼西亚	241	845.7	4 666
韩国	9	1 116.2	31 714
马来西亚	28.7	278.7	15 568
新加坡	5.2	259.4	59 711
中国台湾	23.2	466.8	
泰国	64.1	345.6	9 936
其他			
中国大陆	1 348.1	7 298.1	8 382
菲律宾	95.9	213.1	4 073
越南	89.3	122.7	3 359

注：除印度尼西亚外，其他 HPAE 国家的经济都取得了很大的成功，有些还加入了高收入经济体之列。
资料来源：IMF，*World Economic Outlook Database*.

案例

关于香港的一点说明

1997 年 7 月 1 日，在经过 150 多年的统治后，英国正式将对香港的治理权交还给中国政府。在对待香港方面，中国决定遵从"一国两制"的方针。具体来说，这意味着中央政府允许香港有自己的货币，限制香港和内地之间的移民，而且会尽量维持香港当前的制度。香港和内地的统计数据也是分开的。

表 16—2　　1980—2010 年平均人均实际 GDP 增长率（%）

	1980—1995 年	1995—2010 年
HPAE		
中国香港	4.8	2.6
日本	2.6	0.7
印度尼西亚	4.9	2.4
韩国	7.2	3.7
马来西亚	4.3	2.5
新加坡	5.3	3.2
中国台湾	6.2	3.8
泰国	6.5	2.0
其他		
中国大陆	8.8	9.1
菲律宾	−0.7	2.3

续前表

	人口（百万）	GDP（十亿美元）	人均 GDP（购买力平价，美元）
越南	4.6	5.8	
低收入国家		−0.5	3.4
中等收入国家		1.2	4.2
高收入国家		2.0	1.6

注：HPAE 的实际人均 GDP 增长速度一直都更快，直到 90 年代末，东亚危机使得这些国家和地区陷入衰退（参见第 12 章案例）。

资料来源：World Bank，*World Development Indicators*；IMF，*World Economic Outlook Database*.

根据“72 法则”，如果某变量（如收入）以年率 X 的速度增长，那么它将在大约 $72/X$ 年后翻一番。换句话说，韩国在 1980—1995 年间年均 7.2％的增长率意味着人均实际 GDP 将在 10 年（72/7.2）后翻一番。表 16—2 还给出了高收入国家的人均 GDP 增长率。如该表所示，除日本外——90 年代对于日本来说是没有增长的十年，所有表现优异的亚洲经济体的增长率都超过了高收入国家的平均增长率。

16.3 HPAE 增长的普遍特征

在第 15 章中我们曾提到，从第二次世界大战结束到 20 世纪 80 年代中后期，拉丁美洲经济增长的特征是高度的不平等、宏观经济不稳定，以及内向型经济。这与表现优异的亚洲经济体形成了鲜明的对比，因为后者的增长是建立在不平等程度下降、宏观经济基础大体稳定以及出口增长之上的。我们有必要逐一对这些特征进行深入的研究。

□ 16.3.1 分享增长成果

表现优异的亚洲经济体的增长过程表现出的最显著特点之一，是经济增长伴随着经济平等程度的提高。特别是如果考虑到这一地区的收入和财富不平等程度在高速增长的起始阶段就已经相对较低，那么这个特征将更加引人瞩目。自西蒙·库兹涅茨 20 世纪 50 年代的研究以来，人们认为发展中国家的经济增长首先会导致经济平等程度恶化，之后才是平等程度的改善。库兹涅茨的研究建立在对大量国家进行测度的基础上，东亚的发展经历却使认为发展中国家的经济增长遵循平等程度先降后升的“库兹涅茨曲线”的观点遭到质疑。

使得收入不平等程度下降的条件植根于各国独特的历史经历。每一个表现优异的亚洲经济体都有一套相似的清晰可见的财富分享机制。具体来说，这些机制包括土地改革、免费的公共教育、免费的基本医疗保健服务，以及对农村基础设施的大量投资，如清洁水系统、交通和通信系统。这些政策本身并不能使收入均等化，但是它们为人们提供了提高个人收入的途径，增强了人们对未来的希望，从而带来一系列积极的影响。例如，当一个社会的购买力整体比较高比较分散时，就为那些针对当地市场的中小企业创造了更多的机会。在满足本地需求的过程中积累的经验有助于小企业发展为大企业，并且让它们有可能涉足更多领域。此外，社会群体收入的普遍提升总体上增强了人们对未来生活会更美好的信心，鼓励不同社会阶层积极合作商讨通过法律更好地管理国家事务。这两个方面都有助于政治稳定，同时也有助于增强商务精英进行长期投资的意愿。

□ 16.3.2 物质资本和人力资本的快速积累

平等程度的改善与物质资本和人力资本的迅速积累紧紧联系在一起。物质资本的迅速积累等同于高水平的投资。而投资反过来又依赖于高储蓄率。表现优异的亚洲经济体的储蓄率远远高于世界其他国家和地区。对于它们的储蓄率比较高这一点有各种各样的解释。一定程度上，高储蓄率是第二次世界大战后这些国家经历的快速人口转型（demographic transition）的结果。人口转型是指伴随着现代化所发生的由高出生率和高死亡率向低出生率和低死亡率的转变。在那些完成人口转型的国家，工作年龄以下的人口比较少，从事经济生产活动的人口比重较大，因此，这些国家的储蓄率也就更高。

以低通胀为特征的稳定的宏观经济环境也会带来储蓄率的提高。但造成表现优异的亚洲经济体储蓄率较高的根本原因很可能是收入的快速增长。也就是说，储蓄和收入的增长是相辅相成的，表现优异的亚洲经济体似乎创造了一种"良性循环"，即快速的收入增长带来高储蓄，高储蓄引来高投资，而高投资又引起新一轮的收入增长与高储蓄。

对人的投资与物质资本的积累同样重要。表现优异的亚洲经济体的教育政策有一个重要特点，即用于教育的公共投资集中在初、中级教育领域。在这个层次上，教育经费所带来的社会影响远大于将其花在大学教育上所能产生的影响。这些投资极大地提高了国民的文化水平，并为积累能够处理日益复杂的生产模式的高技能劳动力奠定了基础。实际上，不断增加的人力资本意味着这些表现优异的亚洲经济体的比较优势发生了变化，以至于新投资能够不断投入到新产品中。

□ 16.3.3 制成品出口的迅速增长

这八个表现优异的亚洲经济体都积极且成功地促进了出口的发展，虽然它们的发展进程都是从进口替代工业化战略开始的，但是很快它们的策略就变成更重视出口促进措施了。不同国家和地区从进口替代工业化转变为刺激出口的时间各不相同。日本在20世纪50年代末到60年代初开始刺激出口，亚洲四小龙（中国香港、韩国、新加坡、中国台湾）开始于20世纪60年代，新型工业化国家（印度尼西亚、马来西亚和泰国）则开始于20世纪80年代初期。

表16—3列出了出口促进政策的结果。从1965年到2000年，在世界商品出口总额和制成品出口中，表现优异的亚洲经济体所占的比重不止翻了一番。出口促进政策的成功，部分归功于向初、中等教育倾斜的政策。这些政策广泛提高了人们的文化水平，并提供了适应性强且易于培训的劳动力。此外，每个表现优异的亚洲经济体都采取了不同的出口刺激政策。例如，日本和亚洲四小龙大大降低了企业获得出口融资的难度，对希望获得信贷和税收优惠的企业提出一定的出口业绩要求，对生产出口产品所需的资本设备的进口实行关税减免。新兴工业化国家的政策少了一

些政府干预的成分，而更多地依靠吸引出口领域的外国直接投资。

表 16—3　HPAE 在世界出口贸易中占的比重（1965—2010 年）

	1965 年	1980 年	2000 年	2010 年
在商品出口总额中占的比重（%）	7.9	13.1	19.9	18.5
在制成品出口总额中占的比重（%）	9.4	17.3	21.3	21.3

注：到 2000 年，HPAE 在世界出口贸易中已经占有很大的比重。
资料来源：World Bank，*World Development Indicators*；World Bank，*The East Asian Miracle*.

经济学界对出口刺激政策和高增长率之间的关系有很多争议。本章后面将详细探究几种可能的联系。第二个争议是其他国家运用类似的出口刺激战略的可能性。在很多情况下，这些贸易政策引起了贸易争端，并可能与 WTO 成员国之间达成的公平贸易规则相冲突。

□ 16.3.4　稳定的宏观经济环境

表现优异的亚洲经济体的第四个也是最后一个特征是维持了一个稳定的宏观经济环境。我们在第 15 章中曾经提到，拉丁美洲持续存在的一个问题就是宏观经济危机频频发生。在 1997 年危机之前，表现优异的亚洲经济体也并非没有出现过宏观经济危机，只是当危机发生时，应对政策通常都比较及时而且有效。应对 1997 年金融危机的政策也不例外。宏观经济的稳定包括几个要素，经常被提及的是确保通货膨胀的可控性，管好政府的内债和外债，一旦爆发后快速解决危机。总的来说，宏观经济政策的特征就是"务实、灵活"。

平均来看，表现优异的亚洲经济体的预算赤字和对外债务并不比世界其他国家和地区低多少，尽管国与国之间还是存在明显的差距。然而，与拉美国家不同的是，除了最近的危机，表现优异的亚洲经济体的赤字和债务始终保持在可控水平。高增长率有助于缓解债务带来的约束，这部分是因为高出口可以换回偿付债务所需的外汇收入。

承诺保持较低的通货膨胀率有助于保持实际利率稳定，使企业能够从长期来看待自己的投资决策。此外，低通胀有助于避免实际汇率大幅升值。低通胀还意味着实际汇率、实际利率以及通货膨胀率的波动相对较小。反过来，这些特征有助于增强投资者的安全感。

16.4　制度环境

经济的成功源于调动和配置资源的能力。表现优异的亚洲经济体内部形成的大量储蓄被引入金融领域，进而借给企业用于生产活动。同时，政府重视教育和文化水平的整体提升。最后，能否有效地调动和配置资源还取决于拥有资源的企业和个人所做的决策。为确保个人和企业以最优的方式利用这些资源，政府就必须建立一系列可以得到有效率的结果的规章制度。从这个角度看，表现优异的亚洲经济体的制度环境是其成功的基础。

制度环境的一些组成要素十分关键，因为它们有助于提高政府政策的可信度。其中，财产权受到保护且不受国有化的威胁格外重要。政府官员必须尽职尽责，个人和企业可以自由签订合约而且合约的执行是有保证的，获得信息的途径广泛，各项规章制度清晰明了地公之于众。当然，在不同国家和地区以及不同的时期，上述几个方面均有例外，但是总体来说，这些特征基本可以代表表现优异的亚洲经济体的制度环境。

这些特征不能与开放、民主社会的特点混淆。一些表现优异的亚洲经济体并不支持政治和公民自由是一个不争的事实，这也激发了人们对独裁统治与经济增长之间关系的质疑。这个问题的答案很复杂，且超出了本书的研究范围。但是，应当注意的是，许多独裁政府都没能成功地调动和配置资源。不管怎么说，表现优异的亚洲经济体的确实现了经济增长，而且并不是以牺牲大多数人的利益为代价来换取少数精英的富足。

传统意义的民主权利的普遍缺失引发的第二个问题是，表现优异的亚洲经济体的经验与世界其他地区如拉丁美洲之间的关联性。一些专家认为独裁统治环境使得这些经济体的经验与拉丁美洲没有什么相似性，因为后者的政策改革是在一个能够包容众多异议的制度框架下进行的。一般来说，政府的类型（民主还是专制）与制定恰当政策的能力之间似乎没有什么关系。

案例 ☞

在表现优异的亚洲经济体做生意

1989年秘鲁经济学家赫尔南多·德·索托（Hernando de Soto）出版了《另一条道路》（*The Other Path*）一书，书中论述了发展中国家令人讨厌的、复杂的也是没有必要的商业管制。索托利用一个简单但是有力的实验做例子：他在秘鲁的利马聘请了几个专家组成团队，专门为一家小型纺织品生产企业办理商业执照。这些专家平均每个人都花了整整289天——接近一年——的时间，支付了相当于当地月最低平均工资三分之二的费用，才拿到了正式注册公司所需的签章和许可证。接下来他们在其他一些发展中国家也作了类似的实验，以证明秘鲁并不是特例。最后，因为限制了小企业的发展，这些国家也限制了本国经济的增长。

索托的工作后来找到了一个更大的舞台，世界银行把他的想法发展成了一个持续的研究项目，并且建成了一个可以比较在183个国家/地区做生意的难易程度的在线数据库。"做生意"网站每年发布一个年度报告，里面涉及一国/地区的监管程度、监管结果、对投资者的法律保护以及就业灵活性等内容。报告从十个维度出发，每个维度有四个指标变量以及五个或者六个测度指标变量的指数。然后根据这十个维度对所有国家/地区进行排名：

1. 设立企业的难易程度；
2. 如何处理建筑许可；
3. 电力供给；
4. 注册资产；
5. 获得信贷；
6. 投资者保护；

7. 交税；

8. 跨境贸易；

9. 合同的执行；

10. 解决资不抵债问题。

最后的排名会综合考虑一国/地区在这十个维度的得分。表 16—4 给出了表现优异的亚洲经济体的对比情况，这些经济体在全球排名前 25 位的经济体中占据了 7 个席位，包括前两名。只有印度尼西亚的表现略逊一筹。作为参照，排名第三和第四的分别是新西兰和美国，丹麦则是欧洲国家中得分最高的经济体，排名第五。

表 16—4　　2011 年做生意容易程度排名

国家/地区	全球排名
新加坡	1
中国香港	2
韩国	8
泰国	17
马来西亚	18
日本	20
中国台湾	25
印度尼西亚	129

资料来源：表现优异的亚洲经济体成功的关键之一是在这些地方做生意很容易。
资料来源：International Finance Corporation and the World Bank，*Doing Business*，http:// doingbusiness. org.

在这些国家和地区做生意比较容易是它们经济表现抢眼的原因之一，但是显然不是唯一的原因。例如，2011 年中国大陆在 183 个国家/地区中排名第 92 位，但是它的经济表现超乎人们的预期，外国资本蜂拥而至。中国大陆最有吸引力的是它庞大的市场规模，所以投资者们才会克服各种困难来到这里。表 16—4 列出的经济体中，除了日本之外，可能没有任何一个国家或地区具有这方面的优势。

□ 16.4.1 财政纪律与政企关系

要想实现经济增长，一个政府无论是否民主，都必须建立一个稳定的宏观经济环境。宏观经济稳定的特征前面已经讨论过了，但由于其特殊的重要性，我们有必要再重复一遍。维持宏观经济稳定需要财政纪律和可用来限制政府行为的资源约束。预算赤字和外债必须保持在可控范围内，实际汇率必须相对稳定。接受这些约束的好处是有助于提高政府政策的可信度，提升私人部门的信心。最终的结果是更多的投资进入和更少的资本外逃。

稳定的宏观经济政策是实现增长的必要条件，但并不是充分条件。例如，宏观经济稳定并不能解决所有发展中国家都面临的一个非常重要的问题——互相依存的投资项目间的协调。协调问题来自于许多私人部门投资的相互依赖性。也就是说，它们的收益依赖于同期或先期创造的互补性投资。发展中国家私人或公共部门的投资很多都是这样的。比如，对港口仓储设施的投资要想盈利，就要求先期进行足够的港口基础设施投资，以保证仓库能提供充足的商品流。但是，除非有同步的仓储投资或承诺未来将投资于仓库，否则，投资于港口及相关运输系统丝毫没有价值。在纯粹的自由市场框架下，相互关联的投资活动之间的协调是一件很困难的工作。困难的根源在于信息流动不够充分导致无法让所有投资者都了解彼此的意图。八个表现优异的亚洲经济体中有六个通过创立评议会来解决这个问题——评议会是一系列将私人和公共部门的代表们召集在一起的准法律实体。事实上，评议会有效地协调了企业和决策者之间的信息流动。

为了处理某一行业的问题或者某一特定系列的政策问题如政府预算等，通常会建立个别评议会（individual councils）。通过把政府官员和相关企业集团集中在一起，评议会降低了获取新的政策信息的成本，提供了商讨政策的平台，增强了投资者信心，并提高了政府政策的可信度。但是，最重要的是，评议会是商务精英在政府决策中享有较强话语权的工具，由此确保他们在整个经济战略中保持合作。

案例 ☞

日本经济贸易产业省的评议会

日本对评议会（deliberation councils）的使用远比世界其他国家多。在日本，评议会隶属于经济贸易产业省（METI）。METI 是日本最大的政府机构之一，而且它对经济政策的控制权比其他政府机构——除财政部之外——更大，所以它下设了很多评议会。经济贸易省的评议会可以分成两大类。一类是针对特定产业的，如汽车、纺织与服装；另一类则是跨行业的、专题性质的，如经济与产业政策委员会。专题评议会处理的问题范围比较广，因此包括的委员会比较多。例如，经济与产业政策委员会有 8 个分委会，涉猎范围从宏观经济事务到产业金融不等。

使用评议会涉及一个反馈流程，其中第一步便是经济贸易产业省的官员召开听证会，听取相关利益集团的意见。接下来根据搜集到的信息，经济贸易产业省的官员发布一份草案并提交评议会讨论。评议会成员包括相关产业代表、学者、记者、消费者、工人代表、前任官员、财政代表和政客。不管怎样，代表名额不是按比例分配的，也不是被选举出来的。经济产业省官员根据评议会的反馈，修改草案，并发布一份最终文件详细说明将要采取的步骤，如政策变化或新政策提议等。经济产业省采取的最终行动实质上是一次向广大公众兜售自己计划的公关活动。

资料来源：Campos and Root，*The Key to the East Asian Miracle*；Ministry of Economy，Trade and Industry，http：//www. meti. go. jp/English/index. html.

□ 16.4.2 避免寻租

表现优异的亚洲经济体的经济政策具有较浓郁的干预主义色彩。也就是说，它们并未遵循由市场决定结果的自由主义理念。中国香港在一定程度上是个例外，不过即便是这样，特区政府也指导并积极参与制定了很多公共住房政策。下一节，我们将探讨政府干预经济的效果和程度等相关问题。但是不管政府干预广泛与否，围绕表现优异的亚洲经济体的经济政策产生的最大谜团之一是，大多数国家和地区能够在多大程度上避免私人部门寻租所导致的成本和效率损失。

当政府干预经济以帮助特定行业发展或引导资源的流向时，就会创造对某些人有价值的利益。一般来说，如果私人部门察觉到有可能从政府那里获得有价值的东西（如信贷补贴、进口保护以及商业许可证）的话，它们就会投入本就稀缺的资源来追逐这些利益。其结果就是前面几章曾谈到的浪费性的寻租。

表现优异的亚洲经济体的政策为某些产业创造了大量利益，然而尽管如此，这些利益集团的寻租活动却相对很少。当然，寻租现象确实存在，而且不同经济体的寻租程度存在着显著的差别。不过，与其他许多国家相比，这一地区的经济体总体寻租程度还是比较低的。

寻租活动较少的原因不可能是单一、简单的，但是评议会很可能发挥了关键的作用。通过提供政策论坛，让各种利益集团都能公开表达他们的观点，并有机会提出有利的政策建议，他们对说客的需求就降低了。另外，因为产业和商业利益集团以团体形式而不是单独与政府官员会面，所以透明度更高，对竞争对手可能通过幕后交易搞小动作的担心大大降低了。

除了评议会的作用以外，一些分析人士指出，当政府提供一些有价值的东西时，它们通常附有业绩要求。例如，获得信贷补贴或进口保护的企业通常被要求实现特定的目标——一般是一定的出口任务——否则补贴就会被取消。特别重要但是还没有被完全理解的一点是，表现优异的亚洲经济体是如何保证其所规定的业绩要求得以实现的。东亚以外的许多国家，包括拉美国家，也曾用业绩要求作为激励机制，但最后大多被证明是不可执行的。也就是说，当企业未完成产量或出口任务时，表现优异的亚洲经济体以外的政府往往无法收回提供给这些企业的特定优惠。

对于保证执行力非常关键的两个因素是受过良好教育的政府官员，以及政府机构与政治过程相隔离。在多数表现优异的亚洲经济体中，公务员受到高度尊敬且收入很高，因此官员多由受过良好教育且有能力的人担任。除了能力以外，由于被隔离于政治过程之外，这些官员就有了基于业绩而非特殊利益进行决策的空间。

对寻租活动相对较少的最后一个解释是本章开始部分讨论过的政府做出的分享经济增长的收益的承诺。商界精英确信他们将分享经济增长的收益，由此减轻了通过操纵政治过程来谋求额外利益的压力。事实上，表现优异的亚洲经济体社会不平等程度的下降让越来越多的个人和团体不会感觉到被排除在增长之外，从而成为了消除大量寻租活动的根本原因。

案例 ☞

东亚经济体开放吗？

表现优异的亚洲经济体对出口部门的依赖程度很高。它们以各种方式在不同程度上积极地刺激出口，经济学家一致认为，制成品出口对这些经济体的发展做出了很大的贡献。然而，刺激出口并不等于是开放经济，对这些国家的贸易政策及开放程度一直都存在争议。

解决这个争议似乎很简单，只要看一下这些国家和地区的关税税率和配额即可。遗憾的是，这两个指标在测度贸易政策方面是有问题的，特别是在一国用大量的非关税壁垒来阻碍进口的情况下。例如，美国汽车产业多年来一直认为，不必要的安全检查使其汽车在日本市场缺乏竞争力。事实可能是这样，但是也可能不是这样；

美国汽车并不是为日本设计的，日本的营销和分销系统也与美国有着本质区别。对于美国汽车出口遇阻究竟是因为竞争平台更青睐日本品牌，还是说竞争本身是公平的而美国汽车制造商的产品竞争力较差并没有统一意见。

表现优异的亚洲经济体是完全有可能采取刺激出口的政策，并严格限制进口以保护国内市场的。在这种情况下，它们的政策就不是以市场为导向的，而是体现了高度的市场干预，目的是实现计划者和官员所选定的结果。按照这一观点，某些东亚经济体实行的是重商主义政策，将出口视为创造财富的手段，并认为进口对其财富和繁荣有害（见第 3 章）。然而，亚洲经济体并未对其进口设置严格的约束，而是采取了有助于经济快速增长的相对开放的出口促进政策，这多少与以市场为基础的刺激政策保持了一致。

这个争论很重要。表现优异的亚洲经济体是第二次世界大战以来最先实现从落后到发达、从中低收入到高收入的国家和地区。如果重商主义政策是其成功的关键，那么这就成了反驳比较优势理论及其带来的贸易利得的重要经验证据。

表 16—5 对比了高增长的东亚经济体和主要拉美经济体的商品和服务的进出口，并以进出口额占各国 GDP 的比重来测度。表中给出了两年的数据。1980 年，大多数东亚经济体实施的是出口促进政策，而拉美国家出口部门实力较弱，经济相对封闭。到 2007 年，拉美的经济政策已经变得开放多了。

1980—2007 年间，表 16—5 中每个国家或地区的进口占 GDP 的比重都增加了，而且除印度尼西亚外，各国或地区出口占 GDP 的比重也提高了。到 2007 年，拉美经济体比实施进口替代工业化战略时的 1980 年更加开放，进口和出口占 GDP 的比重都有所提高了。但是，贸易在拉美经济中的重要性仍低于东亚。日本是一个特例，作为一个大国，其外贸依存度比表 16—5 中列出的其他任何经济体都低。

表 16—5　　进出口占 GDP 的比重（%）

	进口		出口	
	1980 年	2007 年	1980 年	2007 年
HPAE				
中国香港	89.4	199	88.9	209.5
印度尼西亚	20.2	25.4	34.2	28.5
日本	14.5	17.6	13.6	19.2
韩国	40.0	45.3	32.1	44.6
马来西亚	54.3	96.7	56.7	113.1
中国台湾	52.6	65.9	24.1	72.2
泰国	30.4	72.5	51.4	74.1
拉丁美洲				
阿根廷	6.5	21.1	5.1	25.1
巴西	11.3	12.3	9.0	13.9
哥伦比亚	15.6	22.7	16.2	19.5
墨西哥	13.0	35.6	10.7	32.4
秘鲁	19.4	22.6	22.4	28.5
委内瑞拉	21.8	24.7	28.8	31.0

注：东亚经济体采取了出口促进措施，但是也吸收了大量的进口。

东亚经济体显然没有封闭其进口部门，而是进口了大量的商品和服务。它们可能仍对目标产业进行了有选择的保护，但是总体而言，数据不支持这些国家的进口部门相对封闭的观点。这与理论模型的结论完全一致，即因为对外国商品需求不足而造成本币升值，加上保护主义为进口替代产品留下了的高额利润空间，保护主义往往会损害出口。换句话说，正如拉丁美洲 1980 年低迷的进口与低迷的出口紧密相联一样，东亚高水平的出口与相对高水平的进口紧密相联。

16.5 产业政策的作用

到目前为止，对表现优异的亚洲经济体的研究中影响力最大的是世界银行的政策研究报告《东亚奇迹：经济增长和公共政策》(*The East Asian Miracle: Economic Growth and Public Policy*)。世界银行的研究小组认为政府干预通常发生在以下三个领域：(1) 选择特定的产业为目标，也就是狭义的产业政策；(2) 信贷指导；(3) 出口促进。下面我们将考察产业政策的有效性，并对信贷指导问题稍加探讨。

□ 16.5.1 表现优异的亚洲经济体对特定目标产业的选择

回顾第 5 章我们知道，产业政策有广义和狭义之分。广义的产业政策是指那些不偏向任何产业，而以某种方法改变国家禀赋的政策。例如，我们所看到的，东亚的成功离不开较高的初、中等学校入学率和高储蓄率与高投资率，前者改变了劳动力的特点，后者则创造了进入高端制造业所必需的基础设施和资本品。

狭义的产业政策则是以促进特定产业发展为目标的。实际上，定向产业政策试图通过改变一国的产业结构来改变其比较优势。这些政策引导资源流向自己青睐的产业，常常被批评为“政府官员选择赢家和输家”。

除中国香港外，每个表现优异的亚洲经济体都曾经甚至现在仍然使用某种形式的定向产业政策。这在日本、韩国和中国台湾（表现优异的亚洲经济体的北部地带）最突出，但在其他国家或地区也很重要。日本集中在钢铁、汽车、纺织、造船、铝业、电子设备和半导体等产业。韩国政策的顶峰时期是在 1973—1979 年，其政策目标的重点是重化工产业项目，该项目选定了钢铁、造船、石油化工和其他重工业为目标。台湾地区不像日本和韩国那样有明确的关注点，但它为很多产业提供了研究机构、科技园区和基础设施，似乎以进口替代产品的发展为目标。

马来西亚的产业政策起始于 20 世纪 80 年代早期的“东望政策”，即模仿日本和韩国的产业发展。马来西亚政府通过设立马来西亚重工业公司，以发展钢铁、有色金属、机械、纸及纸制品、石化工业等；但到 20 世纪 80 年代后期，该公司旗下的一些企业被证明无法获利，需要财政救助，致使上述政策陷入财政困境。从此以后，马来西亚将许多企业私有化，并降低了国家对其他很多公司的控制程度。印度尼西亚和泰国没有像日韩那样制定系统的政策，但是泰国投资局曾经出台政策刺激那些被认为有潜力进行技术学习的产业的发展。印度尼西亚试图采用大型国有企业的方式实现从劳动密集型产业向高新技术产业的转型。新加坡的政策主要致力于通过刺激外国直接投资来鼓励来自工业化国家企业的技术转移。

贸易政策也是各国用以刺激特定产业的手段之一。利用许可证、配额或关税对进口施加限制，或者对出口提供补贴都是可行选择。在许多情况下，免于外国竞争的保护使企业能在国内市场赚取高额利润，这补偿了它们在国际市场遭受的损失。除了贸易政策以外，表现优异的亚洲经济体还通过其他机制引导资源流向目标产业。信贷指导是最重要的工具之一，因为即便此类信贷的规模很小，也向私人部门传递了政府政策倾向于获得资金的产业这个信号。这一官方认可行为是鼓励私人资本借给新的、有潜在风险的产业的重要工具。其他手段还包括补贴、提供市场信息——尤其是与外国市场相关的信息、基础设施建设信息以及研发信息——和发展基金等。

有两个重要的原因使这些政策与其他国家旨在促进特定产业发展的政策有所不同。第一，通常只有企业实现特定的出口目标，政府才会提供资源；如果没有实现目标，这些资源（如保护、信贷等）将会被收回。出口目标被认为比利润标准更有效，因为许多企业在国内市场处于垄断地位或拥有很强的市场势力，由此，其利润可能与效率无关。第二，政府将宏观经济稳定置于产业政策之上。如果由于产业刺激计划而引起财政问题，政府将缩减刺激规模或者干脆放弃。

世界银行对这些计划的看法是，政策的制定与纯粹的政治影响是隔离开来的，因此产业目标决策是基于技术分析而不是政治信条。1997 年和 1998 年，这些国家金融部门的崩溃引发了人们对上述假设的质疑。例如，政府使用信贷指导似乎是金融危机的主要诱因之一。政府介入信贷配置迫使金融机构发放不合理的贷款。反过来，商业标准失灵导致了巨额坏账，最后又导致了许多银行直至整个金融部门的崩溃。

□ 16.5.2 产业政策发挥作用了吗?

产业政策在表现优异的亚洲经济体的增长过程中的作用是有争议的。如果可能的话，我们希望回答下面两个简单的问题：第一，这些政策是否发挥了作用？所谓成功的政策，就是提高了 GDP 的整体增长率或产出增长率的政策。第二，如果这些政策发挥了作用，它们是否重要？也就是说，这些政策对经济增长的贡献是否足够重要，以至于可以被认为是东亚经济成功的原因之一？

关于产业政策对增长是否起到了积极作用这一问题，从完全无效到有正面效果的各种观点都有。在这一问题上缺乏共识是因为，一般而言，很难衡量政策干预对增长率的作用效果。关于应做哪些测度存在观念上的分歧，且质量过关的统计数据几乎没有。在世界银行看来，必须用“理性的判断”来解决上述问题。遗憾的是，因为数据的缺失与测度方法分歧，只能使用诸如定性分析之类的方法进行判断，而这就不可避免地会导致研究者进一步强化其从一开始就持有的观点。

尽管在评估产业政策上存在诸多障碍，但还是可以根据研究者的不同观点将他们分为两个阵营。一个阵营是以世界银行的研究为代表。在他们看来，一些政府干预刺激了经济增长（出口刺激和信贷指导），但总的说来，产业政策并没起到太大作用。他们断言，通常来说产业政策所选定的产业与市场力量作用下发展起来的产业相同，所以实施这些政策没有必要。在“不恰当的”产业被选作目标的情况下，务实而灵活的表现优异的亚洲经济体的政策制定者会在其他经济领域遭受损害前迅速改变政策。

世界银行的分析基于两个证据。第一，他们比较了三个数据充足的国家和地区（日本、韩国和中国台湾）的目标产业和非目标产业的产出增长率。总体而言，他们发现被刺激部门的劳动生产率虽然变化很大，但并不比其他部门更大。这个一般性结论存在几个可能的例外，它们是日本的化工和金属制造业、韩国的化学工业。第二，他们考察了表现优异的亚洲经济体产业结构的长期变化。如果产业政策发挥了作用，那它将导致一种不同于由要素禀赋变化所引发的产业增长模式。世界银行得出结论认为，产业政策最多只有很小的作用，因为给定一国劳动力禀赋和高储蓄与投资率，部门轮流增长模式是预料之中的。

对世界银行调查结果的批评也基于两点。第一，按照批评者的说法，被刺激部门劳动生产率的增长速度并不比其他部门更快这一点是无关紧要的，重要的是如果没有促进政策的话，这些部门的劳动生产率又将是多少。可以想象，如果没有产业政策，目标产业的增长将比有这些政策时慢很多。第二，批评者认为世界银行的分析过于笼统。在他们看来，分析所依据的产业分类太宽泛，以至于无法体现所选目标产业的详细情况。例如，在实施产业政策的早期，日本和韩国纺织业的一些要素生产率出现了显著的提升。因此，日本和韩国纺织业整体经历了劳动生产率的快速提高，且在两国产业中占据了比预期更大的比重也就不足为奇了。

目前，我们还无法解决这些争论。因此，关于产业政策与除表现优异的亚洲经济体以外的发展中国家的相关性，有着各种各样的看法。从已经达成一致的方面看，大部分分析人士认为，产业政策要获得成功，一般应具备三个关键特征：(1) 清晰的执行标准，如出口目标；(2) 监督并确保标准得以实施的制度机制；(3) 成本比较低，从而非目标部门不会因此而遭受损失。

案例☞

韩国的重化工产业

大多数观察人士认为，韩国的产业政策至少取得了部分的成功。他们中最乐观的人甚至声称韩国产业政策提高了所有产业的增长率，且没有引发其他经济领域的低效率。不那么乐观的观察人士也承认产业政策在提振出口和改变该国产业结构方面很成功，但同时认为这些收益大多被 20 世纪 70 年代重化工产业促进政策的巨大金融成本抵消了。

朝鲜战争结束不久后的 20 世纪 60 年代初，韩国开始实施产业促进政策。目标产业在早期主要集中在重要的工业原材料上，如水泥、化肥和石油冶炼。政府主要支持那些被称为财团的大规模企业集团，赋予它们对国内市场的垄断权。激进的出口促进政策加上高水平的贸易保护，是促进目标产业发展的主要工具，但信贷指导和税收减免也十分重要。

目标产业促进政策很快就演化为重化工产业计划（HCI），该计划在 1973—1979 年达到巅峰。重化工产业锁定了 6 个特定的产业群——钢铁、石化、有色金属（提高自给率）、造船、电子、出口机械（尤其是土方工程设备和汽车）——为出口主体。用以促进这些产业发展的工具与前面描述的一样，但是强调的重点不同。到了

70 年代中期，尽管多数产业仍受到巨大的保护，但贸易政策更自由了，因此更多的是强调补贴、低于市场利率的指导性贷款，以及特别的税收减免。

重化工产业时期产业促进政策的成本很高。直接提供给目标产业的资金大约占整个预算的 5%，税收减免量大约相当于税收总收入的 3%。1977 年，在银行系统国内信贷总额中，大约有 45%流向了目标产业部门。结果，瓶颈和巨额债务逐渐开始积聚和显现。

1979 年，第二次石油危机爆发时，韩国通货膨胀严重，本币不断升值，所有这些导致了出口的下降和目标产业部门大量产能被闲置。此外，未被设定为目标产业的劳动密集部门资金紧缺，而重化工产业部门的坏账和资不抵债状况不断加剧。

政策制定者立即转变方向，中止了重化工产业促进计划，推动货币贬值，加快金融市场和进口贸易的自由化进程。80 年代，政策制定者所做出的一项重要努力是对 70 年代过度刺激的一些低迷行业进行重组。因为要被迫收购破产企业并处置无法偿还的贷款，政府预算的成本很高。

重化工产业刺激政策是否值得？这个问题不可能得到明确的回答，因为我们不可能知道如果实施另外一套政策会发生什么。从重化工产业计划的鼎盛期到突然中止，韩国的增长率略有下降（从 70 年代中期到 80 年代中期），但是变化很小，而且即便以表现优异的亚洲经济体的标准衡量，韩国总体上仍保持了极高的增长率。韩国进入了高收入国家和地区的行列，只有日本、中国香港和新加坡曾在 20 世纪迈出这一步。

资料来源：World Bank，*The East Asian Miracle*；and Westphal，"Industrial Policy in an Export-Propelled Economy：Lessons from South Korea's Experience，" in *The Journal of Economic Perspectives*，Summer 1990。

16.6 制成品出口的作用

促进制成品出口在每个表现优异的亚洲经济体的产业政策中都占据重要地位。这些政策在很大程度上都获得了成功，每个经济体的出口增长甚至都快于其 GDP 的增长。据此，认为两者可能存在某种联系是一种合理的推测。也就是说，大量关于表现优异的亚洲经济体和其他地区的研究表明，高出口增长率与高 GDP 增长率相关。那么，这个现象背后的作用机制是什么？

□ 16.6.1 增长与出口的关系

根据定义，出口是 GDP 的一部分，因此出口的增长似乎不过是 GDP 总增长的一部分。然而，如果出口增长挤占了国内消费品产出的增加，如消费品和投资，那么出口增长就不会带来 GDP 的增长。实际上，出口增长引起 GDP 更快增长的观点不过是宣称，与致力于生产国内市场需要的产品相比，出口增长能使该经济体的总产出更快地增长。

如果致力于出口产品生产会导致总产能更快的增长，那么生产过程本身，或它与该经济体其他部分之间的联系中必然存在一些致力于国内市场生产时不具备的东西。一种可能是，由于出口产品是为世界市场生产的，所以规模经济开始以某种方式发生作用，这是在为较小的国内市场生产时所不具备的。大企业的产品平均成本通常更低，因为它们能用更大的产出来摊薄为资本和机器设备所支付的固定成本。另一种可能的原因是，当企业为世界市场生产时，存在增加研发投入的激励。因为规模经济使研发更有价值，而赶超外国竞争者的需要则使投资于研发更有必要。

出口增长和GDP增长之间也可能存在着其他的联系。出口可以使一国更快地采用和掌握全球最优做法。在国际市场经营的企业不再因保护而免于竞争。实际上，这些企业始终与全球最好的企业在竞争，于是竞争压力会迫使它们在产品本身和生产过程中与世界最新的发展保持同步。由于表现优异的亚洲经济体采用了一些出口促进措施，对上述可能的效果进行衡量就变得十分复杂。如果能得到补贴（如直接转移支付、低息贷款或税收优惠），出口商就不需要一定处于全球最优秀企业的行列。企业会因为从国内得到补贴而更具有竞争力，因为补贴降低了它们通过效率和质量进行竞争的压力。实施成功的出口促进计划——如韩国的做法——的国家很清楚这个问题，因为它们的目标是促进企业发展，使其能够在没有保护的情况下参与激烈的国际竞争，因此它们会细心地监督该计划，以确保给予出口者的补贴不会变成这些企业在海外竞争成功的原因。此外，补贴也在逐步减少。然而，值得注意的是，从1995年开始，出口补贴的国际规则大幅收紧，在WTO框架下，国家提供补贴的难度大大增加了。

为出口而生产还有其他几个潜在的优势。出口使进口成为可能。发展中国家的技术通常不够先进，而富有效率的加工制造企业的诞生往往依赖于机械设备和其他资本品的进口。出口不足将削弱一国的进口能力，结果是企业无法获得提高效率所需的进口投入品。一个与出口相关的优势是，为了完成出口目标，表现优异的亚洲经济体必须采取一些公开鼓励外国直接投资和新技术获取的政策。打破国内制造业落后的局面的方法之一就是鼓励外国企业来投资。大多数表现优异的亚洲经济体都大力欢迎外国直接投资，新加坡在这方面做得很好并以此为中心来制定其产业政策。在鼓励外国直接投资的同时，一些国家设法激励外国企业特许国内潜在竞争者使用其技术。这在日本是一个特别普遍的策略，被允许进入日本这个巨大市场带来的激励足以促使许多企业签订技术许可协议。

有些人认为，引进资本和现代技术的能力是成功缩小发展中国家和发达国家间差距的政策中最重要的部分。出口促进措施可以激励新技术的获取，因为为了成功，政府必须允许企业能得到用以提高效率所需的一切进口品。大部分表现优异的亚洲经济体都有选择地保护其国内市场，但也对其政策进行调整，以使出口者能够获得所需的进口品。总体而言，这些国家和地区采用的保护措施比其他发展中国家和地区要少。

□ 16.6.2 出口促进对其他地区来说是一个好的模式吗？

出口促进模式在东亚取得了如此巨大的成功，以至于其不可避免地会被引入其他发展中国家和地区。例如，在拉丁美洲，20世纪80年代的经济危机加之与东亚的鲜明对比，使得许多国家采用了类似的政策。但问题在于，其他地区是否也能复制表现优异的亚洲经济体在出口上的成功。

如果世界上所有发展中国家都开始重视出口促进政策的运用，那就会出现一个问题，即工业化国家是否能吸收这一系列新兴工业化国家（地区）的出口。特别是在前几年的全球经济失衡最终导致2007年的金融危机和2008年的全球经济衰退后，这一问题格外引人关注。如果世界上所有的发展中国家都想通过出口走向繁荣，但并不同等发展进口，它们的贸易顺差必定导致其他某些国家的贸易逆差。长期看来，这是不可持续的；短期内，尤其是在最近的危机后，在政治上也是不太可能被接受的。

那些希望复制表现优异的亚洲经济体的出口促进政策的国家面临的最大障碍可能当数关贸总协定乌拉圭回合的有关规定。根据1994年开始生效的规则，所有发展中国家必须消除根据企业出口量而发放的一切补贴（参见第5章关于世界贸易组织规则的案例）。当然，人均GDP低于1 000美元的极度贫困国家不受该规则约束。实际上，WTO规则排除了发展中国家采用与表现优异的亚洲经济体相同的政策工具的可能性，这些工具包括信贷补贴、税收优惠、直接补贴。仅有的例外是最贫困的国家，而它们并不出口制成品。

案例 ☞

亚洲的贸易集团

本书第一版（1994年）谈到这个案例时，使用的主题是："亚洲是全世界没有重大贸易集团的地区"。从那以后，特别是2000年以来，情况发生了很大的变化。表16—6列出了亚洲贸易协定的进展情况。

表16—6　亚太地区的自由贸易区

年份	在谈判中的	已完结的	已批准的
1989年	0	4	1
1995年	0	29	1
2000年	6	44	3
2012年	64	126	60

注：亚洲贸易集团的数量在1997—1998年的金融危机之后显著增加。

资料来源：Asian Development Bank，Asia Regional Integration Center，http://aric.adb.org.

在20世纪90年代贸易协定数量明显开始增加之前，东南亚国家联盟（Association of Southeast Asian Nations，ASEAN）是亚洲各国进行合作的最著名的例子。东南亚国家联盟由5个成员国（印度尼西亚、马来西亚、菲律宾、新加坡和泰国）于1967年创办，1984—1999年又新增5个成员国（文莱、越南、老挝、缅甸和柬埔寨）。东南亚国家联盟最初的使命是政治和安全合作，但是现在已经扩展到贸易和经济领域。1992年东盟自由贸易区（AFTA）建立，计划在15年内完成所有事务。

90年代，特别是1997—1998年亚洲金融危机之后，一些新的贸易协定开始成型。东亚许多国家的政治和商业精英们认为，他们本国的经济和管理机构尚未对如何处理不断增加的国际贸易和投资活动做好准备，他们也不能仅依赖国际货币基金组织或者其他多边机构的建议。加强双边和区域关系合作被认为是提供更强的区域稳定性的一种手段。于是，不断有新的区域协定开始被提出、协商并最终签署。这些协定表现为多种形式，但都与区域内的事务有关。有些是双边的区域内协定，如《日本—新加坡经济合作协定》；有些是一个国家和一个已成立的集团间的协定，如《中国与东盟全面经济合作协定》；还有一些则是双边但是区域间的协定，如《日本—墨西哥自由贸易协定》，或《韩国—智利自由贸易协定》。

1997—1998 年金融危机后，贸易协定不再是区域合作的唯一形式。东南亚国家联盟开始与中国、韩国和日本协商，启动“10＋3”（ASEAN＋3）财政部长进程（Finance Ministers Process），作为包括《清迈倡议》（Chiang Mai Initiative, CMI）——提议当央行面临压力时，要向它提供资金支持，从而降低对国际货币基金组织或其他多边机构的依赖——在内的各种形式的合作的基础。通过将储备货币借给他国央行或其他借款国，中国以及其他借出资金的国家将发挥类似于国际货币基金组织的作用，但是其灵活性更高，反应也更快。

“10＋3”的国家也是亚太经合组织（Asia Pacific Economic Cooperation，APEC）的成员。APEC 有 21 个成员，除“10＋3”中的所有国家外，还包括澳大利亚、新西兰、俄罗斯、美国、加拿大、墨西哥、秘鲁和智利。APEC 于 1994 年在《共同声明》中提出，自己的目标是“发达经济体在 2010 年之前，发展中经济体在 2020 年之前，实现区域内贸易和投资的自由与开放”。APEC 不是通常意义上的贸易集团，因为其目标不仅是成员国之间的自由贸易，而且要实现成员国与包括非成员国在内的所有其他国家之间的自由贸易。这个目标能否实现充满不确定性，但是 APEC 同时也为地区事务磋商与协作提供了一个平台。

资料来源：Asian Development Bank，http://adb.org; Asian Regional Integration Center，http://aric.adb.org; Asia-Pacific Regional Cooperation，http://www.apec.org.

16.7 是否存在经济增长的亚洲模式

东亚经济“奇迹”引发了大量的研究，人们试图解释表现优异的亚洲经济体和中国的快速增长现象。尽管这个问题可能没有太大的学术价值，但它在最近的大众经济学中已经成为一个人们很感兴趣且引发热烈讨论的问题。支持自由放任的经济学家们以东亚经济体的相对开放、倚重私有市场以及强大的宏观经济基础为依据，要求实施消极干预的政府政策。主张政府应积极干预的一方则提出政府要有选择地进行干预，如出口促进、产业政策和评议会等，支持政府在经济中发挥更大的作用。

是否存在经济增长的亚洲模式？换句话说，亚洲国家实现极高的增长率，所借助的政策是否与华盛顿共识的支持者所提出的政策建议有本质不同（华盛顿共识的内容请参见第 15 章）？当今的发展中国家所选择的路径直接关系到工业化国家的政府政策在未来应发挥怎样的作用。对于这样一个有争议的问题，自然存在各种各样的答案和观点。然而，最近的研究似乎得出了一些有力的结论。

为了介绍最近的一些有趣的研究，我们必须简单地回忆一下与增长核算有关的知识。我们知道劳动生产率测度的是每一个工人的产出。劳动生产率的增长与单位人口的收入（或产出）增长率密切相关，但它们并不是一回事。东亚经济增长引人注目的地方是其人均收入和劳动生产率的增长。

劳动生产率的任何增长都可以分解为两个部分，即由更多资本所引起的增长以及由更多技术或受教育水平所引起的增长。在经济学文献中，这被称为“增长核算”(growth accounting)。为一国或地区进行增长核算时，劳动生产率增长中总有一定的份额不能用新增资本或教育来解释。这一部分是由可用投入品使用效率提高带来的。换句话说，如果增长超过了资本和教育增长所能解释的部分，那么超出部分就必然归功于对可用投入品更有效的利用。比如，生产组织方式可能发生了变化，由此导致员工生产效率更高；或者技术水平发生了变化，由此导致单位资本和劳动投入能生产出更多的产出。

劳动生产率中不能用资本和教育来解释的部分被称为全要素生产率（total factor productivity，TFP)。全要素生产率的提高反映了与资本或劳动投入改变无关，而与新技术、创新及组织方式改进有关的产量变动。根据大多数测算，从长期看，高收入国家大部分人均收入的增长来自全要素生产率的提高。

增长核算似乎与有关东亚的各种争论没有太大关系，但实则不然。正如已经证明的，1960 年以来亚洲经济增长的大部分可以由资本和教育的增长所解释，而全要素生产率的作用要小得多。表 16—7 给出了具体数字并将亚洲经济体和同时期的其他经济体做了一个比较。

我们从表 16—7 中可以看出，在六个表现优异的亚洲经济体中，全要素生产率的提高可以解释整体增长的 24%～36%。增长较慢的美国全要素生产率占 27%，而在其他工业化国家，这个数字是 37%。表现优异的亚洲经济体的全部增长中全要素生产率提高做的贡献几乎相同，这对许多观察人士来说有点奇怪，因为：第一，表现优异的亚洲经济体并非像美国和其他工业化国家一样处于新技术的前沿。因此，它们更容易引入技术以提高全要素生产率。第二，新亚洲经济增长模式的支持者认为，有选择的政府干预，如产业政策和出口促进，已经提高了生产能力。实际上，如果说这些政策起了什么作用的话，那就是增加了每个工人占有的资本数量。

表 16—7　　增长的源泉（1960—1994 年）

国家/地区	工人人均产出增长率	贡献度		
		人均资本	受教育水平	全要素生产率
印度尼西亚	3.4	2.1	0.5	0.8
韩国	5.7	3.3	0.8	1.5
马来西亚	3.8	2.3	0.5	0.9
新加坡	5.4	3.4	0.4	1.5
泰国	5.0	2.7	0.4	1.8
中国台湾	5.8	3.1	0.6	2.0
拉丁美洲	1.5	0.9	0.4	0.2
美国	1.1	0.4	0.4	0.3
工业化国家*	2.9	1.5	0.4	1.1

注：东亚的经济增长主要是资本增长积累的结果。

*包括日本，但是不包括美国。

资料来源：Collins and Bosworth，“Economic Growth in East Asia：Accumulation Versus Assimilation，” in *Brooking Papers on Economic Activity*，2：1996.

最后一点是理解争论的关键。当被分解为不同来源时，表现优异的亚洲经济体的增长似乎主要是因为资本积累而不是全要素生产率的提高。这些结果看来很有说服力，因为其他研究者也做了类似的增长核算的研究，并得到了相同的结论。对东亚的增长核算很重要，因为它描绘出一幅令人感到惊讶的东亚“奇迹”全景。然而这些画面告诉我们根本不存在什么奇迹，有的只是努力工作以及放弃当前消费来提高储蓄与投资率。例如，从 1966 年到 1985 年，新加坡的投资占 GDP 的比例从 11%上升到 40%。因此，资本积累解释了其一大部分的经济增长是不足为奇的。

如果这些方法是准确的，那么存在特有亚洲模式的论点就无法成立了。是高储蓄和高投资以及本章所提及的其他因素，而不是针对特定产业的选择性干预造就了亚洲经济的奇迹。

小　结

1. 表现优异的亚洲经济体经济增长的主要特征是：更加平等；储蓄的快速积累和高投资率；教育水平的快速提高；制成品出口的快速增长；稳定的宏观经济环境。

2. 制度环境对政策制定者建立自信至关重要。政策制定者更希望与政治体制中的各种力量隔离开来。这导致一些人谴责政策制定过程缺少民众代表，但这也保证了决定是依据技术价值而非政治私利做出的。企业界的愿望，以及如消费者等更小一些的群体的愿望，通过评议会这样的磋商机构的形式得以表达。评议会是私人部门和政府政策制定者交换信息并讨论政策的平台。

3. 政策的关键要点之一是通过财政手段对通货膨胀、预算、外债以及汇率加以控制。尽管不同国家的通货膨胀、预算和外债水平各不相同，但是通货膨胀应保持可控，预算赤字和外债要控制在政府和经济规模可承受的范围之内。

4. 除中国香港之外，每一表现优异的亚洲经济体都实施了以特定产业的发展为目标的产业政策，这些政策主要集中于北线，即日本、韩国和中国台湾。这些政策的效果难以衡量，具体成效如何一直以来都存在争议。

5. 所有表现优异的亚洲经济体都积极推动制成品的出口。尽管将出口增长与 GDP 更快增长联系起来的机制尚不明确，但是这些政策在很大程度上获得了成功。

6. 最近的经验研究表明，表现优异的亚洲经济体经济增长的主要源泉是快速的物质资本积累。相应地，表现优异的亚洲经济体首创了一种模式，使得全要素生产率更快增长的观点似乎是错误的，而增长的关键应该在提高储蓄和投资的政策中寻找。

关键术语

亚太经合组织（Asia Pacific Economic Cooperation，APEC）
东南亚国家联盟（Association of South East Asia Nation，ASEAN）

《清迈倡议》（Chiang Mai Initiative，CMI）　评议会（deliberation councils）
快速人口转型（demographic transition）　亚洲四小龙（Four Dragon）
表现优异的亚洲经济体（high-performance Asian economies，HPAE）
新兴工业化经济体（newly industrializing economies，NIE）
全要素生产率（total factor productivity，TFP）

习　题

1. 对比亚洲和拉丁美洲经济增长的特征。

2. 人口转型是如何引致高储蓄率和高投资率的？

3. 有助于经济快速增长的东亚制度环境的特征是什么？

4. 根据是否赞同东亚产业政策的有效性将经济学家进行分类。对产业政策在刺激增长的过程中发挥的作用做一个全面的评价。你是否认为某一方的观点优于另一方？为什么？

5. 制成品出口是如何带动经济增长的？

6. 经济增长是否存在独有的亚洲模式？关于这个问题有哪些争议？我们该如何看待这些争议？

第 17 章 世界经济中的金砖国家

学习目标

通过本章的学习，学生应该掌握以下内容：

1. 解释金砖国家一词的含义，说明为什么这个词会广泛流行起来。
2. 阐明中国和俄罗斯面临的人口挑战。
3. 逐一论述各个金砖国家的经济改革。
4. 对比中国和俄罗斯的经济转型。
5. 了解随着金砖国家逐渐融入全球贸易和投资活动，世界经济面临怎样的挑战。
6. 分析金砖国家尚待解决的四个问题。

17.1 引言：金砖国家

2001 年 11 月，高盛公司全球经济研究中心主任詹姆斯·内尔发表了一篇名为“金砖国家构建更好的全球经济”的文章。题目中的“金砖国家”（BRIC）指的是巴西、俄罗斯、印度和中国，在文章中内尔认为这四个国家正在显著重塑世界经济。内尔认为金砖国家并不是新一代的新兴工业化国家，而是四个足以改变国际贸易与资本流动的大型、充满活力的经济体。随着 90 年代很多新兴工业化国家金融市场的发展，经济学家和金融界人士已经注意到了这些新市场、它们的出口实力以及很多中等收入国家的活力。在内尔看来，金砖国家是一个全新的事物，因为它们的规模、对世界其他国家的影响力都是前所未有的。这四个国家的崛起从长期看将发挥重要作用，而不仅仅是另一个商业周期的拐点。

金砖国家一词是对这四个国家的总称。而这个词的使用越来越广泛也表明，很多观察人士在这些国家观察到了一些足以改变他们对世界的看法的东西。可能每个人都有一两个他们认为改变了自己对世界的看法的国家——可能是墨西哥，或者土耳其、南非，甚至如果不是韩国已经加入高收入国家之列的话也是有可能的。其他人也写过很多关于一些充满活力的国家的综合性研究报告，甚至包括内尔本人，他曾经写过关于另外一些有可能改变世界的国家——称之为 N-11——的文章。但是，这次的区别在于金砖国家中每一个都是大国，它们的人口数量在全世界的排名都在前十位，GDP 排名都在前 11 位。在过去的 20 年里它们都经历了深刻的、翻天覆地的变革，它们与世界的融合程度都更高了，对世界经济的未来来说也都更重要了。此外，它们都有无限还未被认识到的可能，可以预期在不远的将来它们会给世界经济带来重大影响。

17.2 人口与经济特征

表 17—1 给出了四个金砖国家的人口和经济规模。2010 年，这四个国家的人口总和占世界总人口的 41%，用购买力平价计算的 GDP 总和占全球 GDP 总和的 25%。其中，中国是仅次于美国的全球第二大经济体，如果继续保持现在的增长速度，那么它有望在十年内超越美国成为全球最大的经济体。按照 2010 年美元计算，中国是金砖国家中最大的，巴西是全球第 7 大经济体，印度排名第 9，俄罗斯排名 11。

表 17—1　　2010 年金砖国家的人口和收入情况

	人口（百万）	GDP（十亿美元）	人均 GDP（购买力平价测算，美元）
巴西	193.3	2 142.9	11 314
中国	1 341.4	5 930.4	7 550
印度	1 190.5	1 597.9	3 419
俄罗斯	142.9	1 487.3	15 657
合计	2 868.1	11 158.5	6 493

注：金砖国家中有三个属于中高收入国家，印度属于中低收入国家。从整体来看，它们占到了全世界 25%的 GDP 以及 41%的人口。

资料来源：IMF，*World Economic Outlook Database* and U. S. Census Bureau，*International Database*.

在 21 世纪的第一个十年，金砖国家的人均收入迅速增长。图 17—1 对金砖国家 GDP 之和占全球总和的比重与 G7 国家做了一个对比，G7 是全球最富裕的七个大型经济体，也是全球事务的领导者，包括加拿大、法国、德国、意大利、日本、英国和美国。看待图 17—1 的一种方式是，它描绘了金砖国家经过辛苦努力以及谨慎制定的政策，让全球经济权力的分配状态出现了非同寻常的转变。另一种方式则是，这意味着因为西方国家的工业化进程、西方领导人的雄心壮志以及其他国家和地区的制度缺陷所导致的经济权力分配状态开始向前工业化时代回归。这两种看法并不冲突，因此有可能都是对的。

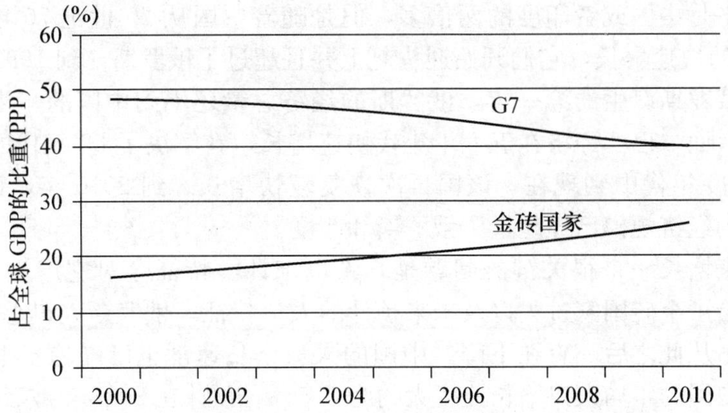

图 17—1　金砖国家和 G7 国家在全球 GDP 中所占的比重

注：金砖国家和 G7 国家在世界经济中所占的比重有逐渐趋同的势头。
资料来源：IMF，*World Economic Outlook Database*.

图 17—2 显示了中国和印度在工业革命之前极其重要的地位，以及随后西方国家开始起飞，经济快速增长，逐渐成长为军事大国。很多经济史学家都认为东西方之间的“大分离”开始于 1820 年前后。在那之前，中国以及其他一些国家的城市和欧洲或者美国的城市一样现代、繁荣。但是，紧接着就是多年的军事干预和殖民统治，到了 1870 年，中国和印度开始走向衰败。1950 年，它们创造的 GDP 还不到全球的 10%，而 1820 年时这一数字接近 50%。具体到中国，从 1820—1950 年经济几乎没有任何增长。印度的情况稍微好一点，年增长率大概在 0.5%左右，不过这个增速已经足以导致印度远远落后于其他西方工业化国家了。

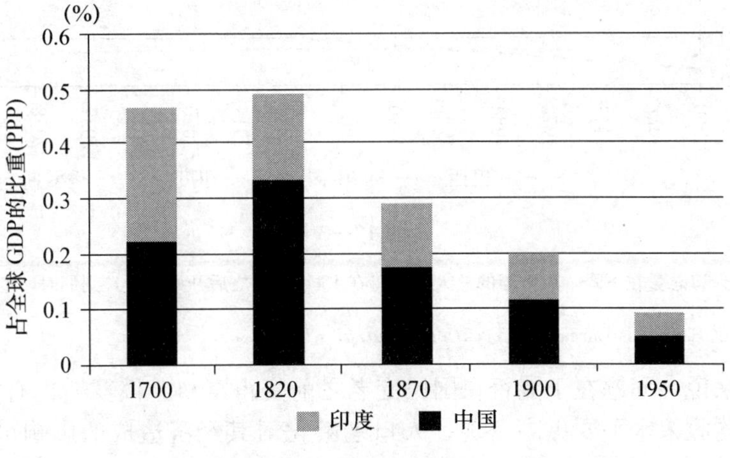

图 17—2　世界经济中的中国和印度：1700—1950 年

注：工业革命之前中国和印度创造的 GDP 在世界 GDP 总额中占有很大比重，但是从 1820 年前后迅速走向衰败。
资料来源：Angus Maddison，*Historical Statistics of the World Economy*，*1—2008AD*.

从工业革命初期到 20 世纪 90 年代，俄罗斯和巴西的发展轨迹与中国和印度完全不同。它们都享受到了工业革命带来的成果，经济按照年均 2%的速度增长。如果用当代标准来看这个速度最多算比较温和，但是在 1820—1950 年，这使得它们的 GDP 增长了将近 16 倍，这与其他工业化国家的增长率大体相当。到了 1950 年，苏联的产出水平是中国或者印度的两倍多，但是随着中国从 20 世纪 70 年代、印度从 80 年代以来的快速增长，它们开始迎头赶上并且超过了俄罗斯。到 1992 年，也就是苏联解体、俄罗斯诞生的第一年，俄罗斯的经济总量还不到中国的一半，也被印度远远甩在了后面。巴西经济在五六十年代快速增长，在解决了 80 年代的拉美债务危机之后，从 90 年代中到现在，该国再次恢复较快增长。到 2010 年，正如表 17—1 所示，巴西的经济规模已经超过了俄罗斯和印度。

关于未来增长一个很关键的问题是，人口统计学特征会对它产生怎样的影响。图 17—3 描绘了金砖国家过去以及未来预计的人口特征。俄罗斯人口总数在 1995 年达到最高峰，从此之后一直在下降。中国的人口增长速度也已经趋于平稳且有下降趋势。目前中国的年均人口增长速度大约为 0.5%，预计在 2027 年或者 2028 年左右将开始负增长。在可预见的将来，巴西和印度的人口总量仍将继续增长，但是增长率都将下降，尽管这可能是很多年以后的事情。在 2025 年左右，印度将超过中国成为世界上人口最多的国家。

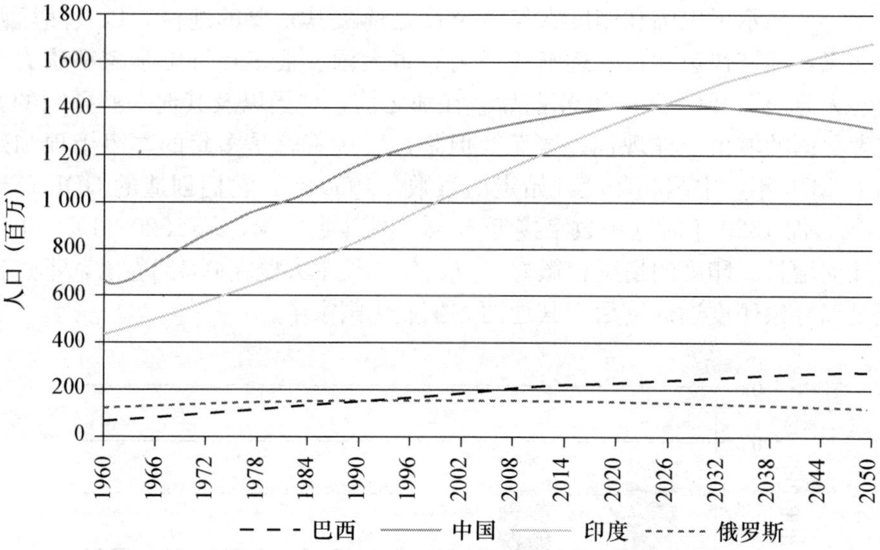

图 17—3

注：俄罗斯人口总量在下降，而中国的总人口也将在 15 年左右之后开始减少，到那时印度将超过中国成为全球人口最多的国家。

资料来源：U. S. Census Bureau，*International Statistics Database*.

对中国来说，问题在于能否在国民变老之前变得富裕。俄罗斯也有类似的问题，但是它的人均收入水平要更高一些，人口老龄化对其经济造成的影响可能不像中国那么严重。表 17—2 描述了这两个国家的人口老龄化现象，以及另外两个金砖国家不那么严重的人口老龄化问题。1978 年中国开始实行计划生育政策，除部分少数民族和农村家庭外，每个家庭只能生育一个孩子。因此，中国的人口出生率显著下降，但另一个后果便是人口迅速老龄化。表 17—2 通过 2010 年和 2050 年每个金砖国家 65 岁及以上人口在总人口中所占的比重来说明这个问题。正如我们可以看到的，对所有国家来说，这一比率都几乎翻了一番或者更多，其中中国最为严重，几乎增加了两倍。2010 年时俄罗斯的老年人口比率更高，因此到 2050 年它也是老龄化最为严重的国家之一，但是仍然比中国要好一些。

表 17—2　　金砖国家的人口老龄化

	65 岁及以上人口所占的比重（%）	
	2010 年	2050 年
巴西	9.7	25.0
中国	12.9	35.4
印度	8.2	20.0
俄罗斯	18.2	34.8

注：从现在起到 2050 年，中国和俄罗斯将经历快速的人口老龄化。
资料来源：U. S. Census Bureau，*International Database*.

人口老龄化意味着可以出来工作、创造产出和收入的适龄人口相对较少。毫无疑问，在中国退休和在西方退休将不是一回事，因为有养老金的中国人比较少，而他们的家庭也没有大到足以赡养老人。很多老年人不得不继续工作；但是随着人年纪越来越大，他们从事某些工作的能力也会下降或者是消失，即便是他们能做到的事情效率也更低了。如果可以持续多年获得较高收入从而有一定的储蓄做铺垫，那么人口老龄化问题带来的后果就没那么可怕。比如，日本是世界上人口老龄化最严重的国家之一，但是它的基础设施很完善，居民储蓄水平也比较高。中国正在大力发展所需的基础设施，它的储蓄率和投资率也是全球最高的国家之一。从中国的角度看，要在变老和变富之间赛跑。

□ 17.2.1　金砖国家的经济改革

中国的经济改革始于 1978 年。在改革之前，经济的各个方面都被政府控制着，没有私营企业，生产什么、如何生产以及如何分配生产的产品等基本的经济决策都是从上而下由政府制定的。中国几乎不与外界联系，其经济政策主要强调商品和服务的自给自足。

印度的改革开始于 20 世纪 80 年代，随后由于政府被迫应对国际收支危机，在 1991 年获得迅猛发展。印度的经济体制基本上是社会主义性质的，政府所有制和私人所有制并存。但是，大多数大型工业企业都是国有的，而且印度的管理制度意味着哪怕是微不足道的变化都必须获得许可。如果一个企业想扩张、想改变生产线甚至更换董事会成员，都必须首先取得政府的许可。

俄罗斯的改革开始于 1991 年苏联的解体和前社会主义阵营的崩溃。到了当年年底，苏联已经被 15 个新的独立的国家取代，其中包括后来加入欧盟的三个国家，即爱沙尼亚、拉脱维亚和立陶宛，以及所有国家中最大的一个——俄罗斯联邦。所有从社会主义向资本主义转型的国家都不得不实施一系列的改革措施。大多数国家很快就碰到的一个问题是，GDP 突然开始灾难性地下降，因为旧的生产网络都不能再用了，但是新的却没有建立起来。那些几乎一切都归政府所有的国家还要重新界定财产权，成立新的机构，以便为企业和工人制定各种规章制度，同时明确政府的职责范围。从 1992 年开始到 1998 年债务违约爆发，俄罗斯的 GDP 总量和人均 GDP 都出现了下降。1998 年之后，俄罗斯经济开始复苏，自此之后的十多年里实现了强劲的增长。

巴西人对高经济增长率并不陌生。20世纪50年代巴西经济走向繁荣，并且从60年代末到70年代的大部分时间里也都有着不错的表现。巴西的经济政策就是传统的拉美做法，即进口替代工业化战略，但是凭借庞大的国内市场，很多巴西企业即便不依赖出口也能实现规模经济效应。在巴西实行内向型政策的初期，经济一片繁荣。50年代，特别是60年代和70年代初可谓是黄金时代，人们开始谈论“巴西奇迹”。80年代的拉美债务危机终止了这一切，并且吞噬了早年的一部分成就。债务危机期间，为了实现经济继续增长，巴西领导人大量发行货币，以此作为支持政府运转的手段，结果是巴西只有两年的通货膨胀率在100%以下，另外六年的通胀水平都超过了1 000%。经过90年代一系列的货币改革之后，巴西最终控制住了通胀，政府融资体系也恢复到可持续状态。到新世纪第一个十年的中期，巴西经济再次走上快速增长之路，并且成为拉美一个成功的例子。对巴西再次走上快速增长之路非常重要的两个因素是：第一，巴西经历了几次总统连任，从而能够保持政策的稳定性以及对经济的良好治理。第二，中国从巴西进口了大量的资源和食物，这让它受益匪浅——一部分是因为出口量的增加，另一部分是因为中国需求的增加带来的价格水平的提高。

□ 17.2.2 中国的改革过程

一个国家决定进行大规模经济改革的原因是多方面的。正如我们在第15章所学到的，很多拉美国家的改革是20世纪80年代债务危机的结果。就中国而言，它并没有遭遇直接的危机，但是中国经历了长期的不稳定和计划经济的失败。中国经济改革的总设计师邓小平曾经用究竟是在旧体制下分配贫穷还是在新体制下分配富裕来形容这次改革。

中国的改革并没有一个主导的计划，而是稳定地、逐渐地放松和解除国家管制。关于改革，邓小平曾经用一句很出名的话来形容，就是“摸着石头过河”。你先伸出一只脚，看是否能站稳，然后再迈出另一只脚。改革平稳缓慢地进行部分是由于缺乏如何进行改革的经验和信息，同时也是为了顾及反对改革者的意见。

中国的改革是从农村开始的，主要是放松对农民的限制，允许他们对自己耕种的土地有更多的控制权和所有权。允许农民在市场上出售他们的商品，这样一来粮食的产量很快就提高了。改革之前，对外贸易控制在12家对外贸易公司（foreign trading corporations，FTC）手中，它们附属于政府部门的各个机构。所有的进口和出口都通过FTC完成并且受到严格管制，根本不考虑比较优势问题。改革后逐渐放开了贸易，首先是建立更多的外贸公司，然后通过一系列的做法取消了价格管制和出口补贴。为了降低改革对国内经济的影响，避免遇到政治阻力，中国以出口加工区（export processing zone，EPZ）为模板设立了一些经济特区（Special Economic Zones，SEZ）。回忆第5章关于墨西哥加工制造业的案例，我们知道进入出口加工区的产品只要是用于进行再加工后再出口，就是免税的。经济特区则更进一步，赋予当地省市政府更多权力来尝试完全不同的经济和贸易政策，同时鼓励来经济特区投资的外国生产者建立合资企业。从1979年到1988年，中国一共设立了5个经济特区，所有的经济特区都成功地吸引了海外投资，形成了大量的出口，同时帮助提高了经济增长率。经济特区对中国其他地区起到了示范效应，后者也逐渐开始采取类似的政策。

同时，中国从1986年开始申请加入GATT（关贸总协定）。要想成为GATT成员国，一国必须陈述所有可能会影响到GATT协议的贸易和经济政策，同时要与每个成员国就其关心的任何事情进行公开的双边磋商。磋商过程非常艰难，直到2001年中国才加入WTO。这个漫长的磋商过程很可能会将中国的改革带入新的阶段，最终中国承诺坚定实行开放贸易和投资的政策。

□ 17.2.3 印度的经济改革

印度的改革是从20世纪80年代逐渐开始的，1991年危机后开始加速。三大驱动力促使印度决策者决定进行改革。首先，印度的主要贸易伙伴苏联在20世纪80年代遭遇了一系列挫折，并于1991年解体。印度的部分经济政策是模仿苏联的，苏联解体证明了这样的经济政策无法创造繁荣。其次，一些东亚国家的成功也是非常重要的影响因素。1960年，韩国和印度的人均收入大体相等，然而到了1990年，韩国已经步入发达国家的行列，而印度仍然苦于低收入水平。当负责改革的财政部长曼莫汉·辛格（Manmohan Singh）在1987年访问韩国时，看到印度被远远地抛在后面令他非常震惊。最后一个原因就是由于政府大量借债而引起的金融危机。海湾战争抬高了石油价格，同时切断了在海湾国家工作的印度人寄回本国的汇款，导致了印度外汇储备不足，同时无法为其债务融资。

随后的经济政策调整涉及一系列领域，包括办理许可的过程。印度对其经济的管制是建立在许可制度上的，由于许可制度的广泛性、复杂性以及效率低下，导致了创新性和创造力被扼杀。许可制度的本意是为了阻止可能会影响到民主和不平等的超级利益集团的形成。然而，其后果却造成了效率低下以及保护印度企业免受国内外的竞争，这就使得企业生产根本不考虑商品质量和生产效率。而且许多大企业都是国有企业，与苏联的国有企业类似，国有经济部门在经营时根本不考虑营利性问题。一些持续亏损的企业可以一直经营，因为它们没有严格的预算约束。亏损由政府预算来弥补，甚至消耗了大部分政府收入，以至于政府没有足够的资源来为重要的公共项目融资，如安全的饮用水、高速公路和港口、农村教育以及其他需要。非国有化是1991年危机后开始的第二项改革。

改革者最关注的一个领域是国际贸易和投资。印度的贸易政策是基于进口替代工业化思想（见第15章），就像第二次世界大战后的拉美和其他发展中国家那样。本国企业受到很大程度的保护，不鼓励出口，以自给自足为目标。印度著名的“大使”汽车就是这样一个例子。由于政府帮助阻隔了外国竞争对手的产品进入印度，这种汽车在40年时间里几乎没有任何改进。如果有垄断市场为什么还要费力去革新商品？另外，在解除许多贸易限制的同时，印度也开始解除对外来投资的限制。

□ 17.2.4 俄罗斯的经济改革

在苏联解体之前，大学书店和学术出版机构出版了大量关于从资本主义向社会主义转变的著作，似乎这是某些国家未来发展的一个必然结果。但是论述相反的过程——即从社会主义向资本主义的转型——的著作却几乎完全没有。这样的一本著作似乎是很怪异的，可能都很少有出版商愿意多看这类书稿一眼吧。1989 年，柏林墙倒塌，中欧开始向西欧靠拢，没有人知道苏联是否会允许人们离开；当苏联宣布分解为 15 个独立的国家时，几乎所有人都被惊呆了。学术界和政策制定者没有为从社会主义向资本主义转型做好准备也就不足为奇了。

对于如何从计划经济转型到市场经济，最先引发争议的一点便是转型的速度。“你不能用两步跨过一个深坑”是其中一种观点，另一种观点则是邓小平提出的“摸着石头过河”。国际货币基金组织和美国政府更倾向于迅速转型，但是其他一些学者则认为应该更谨慎一点。从很多方面看，俄罗斯（快）和中国（慢）代表的正是这两种不同的看法。

俄罗斯的改革派很快就建立了一个前所未有的私营经济。这包括大量的工作，不仅仅是经济方面的，也包括政治和制度建设方面的。首先，经济必须稳定下来，从而避免预算赤字和恶性通胀。不管从哪个角度看，俄罗斯在这一点上都算不上太成功，更不用说因为转型以及苏联解体导致的骚乱了。在新经济下，政府管制被市场机制取代，价格可以自由浮动而不必受到官僚机构的控制。阻止企业进入或者退出某个市场的障碍也消除了，重要的新市场也建立了起来。新的劳动力市场要求失业保险、养老金制度、社会保障体系，而金融市场则需要建立针对银行失察行为的监管机制，制定保险法和税务规则等。财产权的转移也被迫开始了，政府官员开始通过立法解决各种争端，保障合约的履行。最复杂也是最困难的一个任务是将国有的企业和工厂私有化。在俄罗斯，这几乎涉及所有的生产设施。最后的结果是财富高度集中，人们普遍认识到私有化进程只给一小部分内部人带来了利益。总而言之，俄罗斯需要建立很多新的制度机构。

对于大多数人来说，改革的结果是悲剧性的。到 1996 年，俄罗斯经济总量萎缩到只有 1990 年的 60%左右。婴儿死亡率显著提高，人口出生率下降到人口更替比率以下，财富高度集中。俄罗斯并不是唯一的例外，因为苏联解体后成立的 15 个新国家的收入水平都下降了 25%甚至更多。其中 6 个国家的收入水平下降了 50%以上，有些还爆发了内战。

□ 17.2.5 巴西的经济改革

与俄罗斯、中国甚至是印度——1947 年独立后，印度认为自己是社会主义国家——不同，巴西一直都是资本主义国家。因此，巴西并不需要对自己的经济制度进行激进的调整，同时作为拉丁美洲人口最多的国家，即便是在内向型或者进口替代工业化战略之下，它的很多部门也有可能实现规模经济。但是，和拉丁美洲的大部分国家一样，巴西因为在 70 年代过度借贷，在 80 年代遭遇严重的债务危机，最终导致它的领导人开始反思本国的政策。

80 年代以及 90 年代初，巴西政府试图通过多发行货币来为自己的支出融资的做法在拉丁美洲并不罕见。当时的税务系统无法为政府支出提供足够的资金来源，国内和国外的放贷者也都比较谨慎，发行货币就成为政府为自己的支出融资的重要方式。这样做可以有一定的效果，因为新发行的货币赋予了政府对当前生产活动一定的控制权。问题在于，这样做最终会导致通货膨胀，甚至如果发行的货币量过大的话可能会导致恶性通货膨胀，就像一些拉美经济体在八九十年代的遭遇那样。具体到巴西来说，过度发行货币的结果是持续多年高于100%的通货膨胀，从1987年到1994年的八年间，通货膨胀率在400%～2 700%之间变动，其中有六年高于1 000%。

高通胀加上人均GDP增长停滞，再加上政府为解决这些问题采取的一些后续政策的失败，最终导致了巴西领导人重新思考自己的发展战略。与此同时，墨西哥和其他拉丁美洲国家纷纷转向更加开放、出口导向型的发展战略。巴西的新政府以及在贸易和投资领域更加开放的战略对于提振信心、适当调整政府政策以便将通货膨胀率降低到可控水平起到了显著作用。到了21世纪的第一个十年，巴西的政策改革已经得到巩固，为利用中国大量进口资源和粮食这个好机会做足了准备。

□ 17.2.6 金砖国家的下一步

在本国经济逐渐融入国际贸易和支付体系的过程中，金砖四国都进行了深刻的改革。但是它们仍然还有很多没有完成的工作要做。这四个国家都有自身的特色，因此也就面临自身独有的挑战和机遇，当然也有一些共性。关于它们未来所面临的挑战，其中一点是去这四个国家做生意都不是特别容易。它们的市场规模都很大，全球各地的跨国公司都希望去它们那里施展一下拳脚，特别是中国；但是，去这里开拓新业务面临的各种困难、新增业务或者扩大经营需要的各种许可证、税务规定以及其他一些要求使得去这些国家做生意对企业来说是个不小的挑战。

为了说明这一点，不妨看看这些国家在“做生意适宜指数”（www.doingbusiness.org）方面的排名。该指数从十个维度——包括创办新企业、获得施工许可证、交税、合同的执行等——出发，按照完成每一项任务——比如创办一家新企业或者是交税等——需要的手续、花费的时间和费用等，对全球183个经济体适合做生意的程度进行排名。2010年，中国在所有183个经济体中排名91位，俄罗斯排名120位，巴西和印度分别排在第126名和132名。

金砖国家的一个显著特征是政府在经济社会中的作用以及它们和企业的关系。虽然这几个国家的私人部门都在本国经济中发挥着重要作用，但它们的政府都凭借手中的权力和地位对各行业有较大的指导权和控制权。有人称这种模式为“国家资本主义”（state capitalism），从而与美国和西欧的市场资本主义区别开来。在国家资本主义模式下，政府会出于国家利益来管理经济。在这方面，巴西和印度略微好于中国和俄罗斯，但是这确实是四个国家共同的特征。以中国为例，生产煤炭、钢铁、汽车的企业中很多都是国有企业，而且这些企业在支持中国经济发展过程中扮演着多重角色。印度的很多大型私营企业被视作民族的骄傲，因为帮助印度将生意拓展到了海外市场而受到特殊对待。巴西政府对经济的直接控制比较少，但是它们更换了很多重要企业的领导人，因为它们认为这些企业没有帮助巴西经济朝着它们期望的方向发展。俄罗斯的企业界，特别是石油和天然气行业，也要为国家以及国家领导人制定的目标服务。

国家资本主义的未来以及政府干预和指导经济的效率，是一个很有争议的话题。

经济学理论认为，这样做是低效率的，会导致寻租和任人唯亲等问题。但是，金砖国家在最近这次金融危机中的表现要远远好于那些更依赖市场的经济体，在过去20年里它们也是全球经济增长最快的国家。从理论上说，金砖国家应该继续深化改革，创建一个更商业友好的环境，尽管它们似乎已经做得非常好了。金砖国家——特别是中国——最显著的特征之一或许就是它们奉行实用主义，缺乏一个稳定的经济发展理念。

案例☞

为什么苏联解体了而中国却成功了？

与苏联的遭遇不同，中国在经济改革的过程中并没有出现衰退。尽管中国的改革从1978年就开始了，但是一直到80年代中期，改革都主要集中在农业部门。因为中国相当大一部分人口都生活在农村，因此改革显著提高了粮食产量以及农民收入。刚开始的时候，农业改革就是让农民自己决定生产活动，扣除应该上缴给国家的公粮后余下的部分，他们也可以自主决定是留着自用还是拿到市场上去卖掉。生产队和合作社都解散了，生产活动和生产决策完全由农户自己决定。

20世纪80年代中期，以市场为基础的改革延伸到了一些经济特区、经济技术开发区、高新技术开发区以及其他特区，这些特区大部分位于沿海城市。不同类型的区域推行的政策是不同的，但是总体上来说，在这些区域都允许更为独立的、以利润为导向和以市场为基础的决策。特别是经济特区被鼓励试行各种新型组织方式，通过吸引外资来发展合资企业。这些地区开始在中国经济增长、出口以及外来投资中发挥不容小视的作用。

中国的转型战略被认为是渐进的，因为这种改革并不是一次颠覆整个经济结构。相反，这种战略使用了双轨制（dual track strategy），将改革限制在某些领域或部门（如农业），同时维持其他经济领域传统的、集中计划的结构。慢慢地，受补贴的价格跟市场价格齐平，生产计划逐渐减少直到完全被废止。到90年代中上期，超过90%的商品零售价格及80%～90%的农产品和中间产品价格都不再受控制。中国在其国有部门股份制改革的过程中也更为谨慎。

许多观察家认为缓慢而稳定地进行改革消除了突然建立新制度和新经济关系所带来的压力。通过采取双轨制，中国允许市场经济与计划经济共同发展，然后市场经济再占据主导地位，逐步发挥更大的功能。也许比避免经济衰退更为重要的是，这使得中国百姓有了足够的调整时间来更好地适应市场经济制度，减缓变革带来的冲击。

对于那些支持快速转型的人来说，中国是一个特例。首先，中央计划在中国相对来说还不够广泛，这使得中国经济的扭曲程度较低且没有过分地集中在重型工业上。其次，也就是最重要的，中国的经济基本上是农业经济。1978年，当中国开始改革的时候，71%的劳动力属于农业领域。而1990年苏联解体之前，这个数据是13%。中国的农业比重更大，使中国拥有大量生产效率低下的农村劳动力。如果这些劳动力离开农村，成本很小，同时在城镇工业部门所获得的生产率提高的收益足以抵消这一成本。因此，中国是把劳动力从农业转移到了新的企业，而苏联却是把重工业部门的劳动力转移到新的企业。

匈牙利著名经济学家及转型经济学家科尔内·亚诺什是这样总结这场争论的："一些发展是快速的，而另外一些则比较缓慢。一些需要一蹴而就，而另一些需要循序渐进……重点应该放在扎实、稳定以及可持续性上，而不是争相打破速度纪录。"

17.3 世界经济中的金砖国家

金砖国家深刻影响了国际贸易和投资的流向。随着它们越来越多地融入世界，跨国公司很快就来到这里建立了生产与分销网络，金砖国家企业也纷纷到海外投资。2000—2010 年，流入金砖国家的对外投资额在全球对外投资总额中所占的比重从不到 5%增长到 17.5%，金砖四国对外投资额占全球对外投资总额的比重则从 0.5%增长到 11%。

贸易也出现了增长，如图 17—4 和图 17—5 所示。图 17—4 给出了各国贸易占 GDP 的比重。其中，中国的这一比率从 80 年代初期开始一直在增加，而印度自 80 年代末首次推出改革措施以来也在不断上涨。对于这两个国家来说，国际贸易的重要性都在继续增强，尽管 2007—2009 年的全球经济危机导致它们的进出口都有一定萎缩——这在图中表现为曲线在这几年突然下降。但是危机之后，2010 年进出口在 GDP 中的比重又开始上升。在四个国家中，巴西的外贸依存度是最低的，而俄罗斯的贸易依存度则和石油生产紧密相关，因为该国商品出口中 70%以上都是燃料和矿物产品。

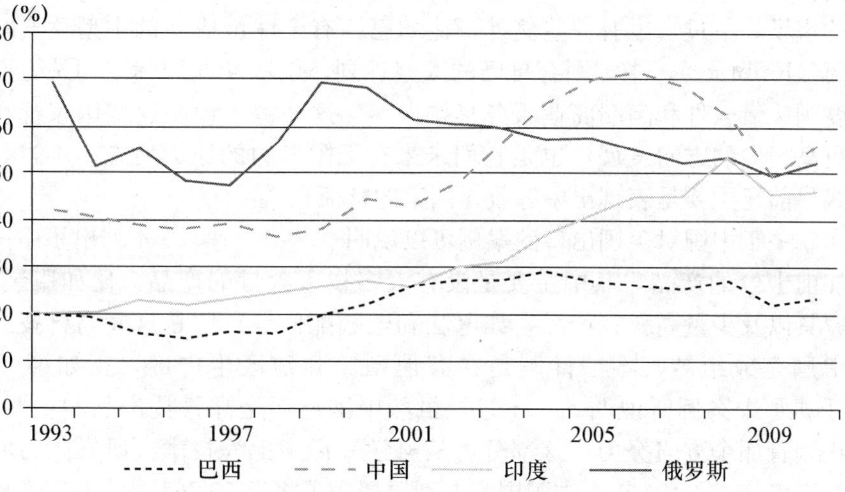

图 17—4 贸易占 GDP 的比重

注：贸易在中国和印度经济中所占的比重显著增加。
资料来源：World Bank，*World Development Indicators*.

考虑到这四个国家的 GDP 增长速度都很高，贸易依存度的上升格外引人关注。虽然整体经济规模不断扩大，但贸易所占的份额也在增大。图 17—5 和图 17—1 是对称的，勾画了贸易依存度上升的结果：金砖国家的出口在世界出口总额中所占的比重越来越大。该图将金砖国家的情况和G7国家作了对比，可以看出作为中等收入经济体的金砖国家和高收入的G7国家出现了趋同的趋势。

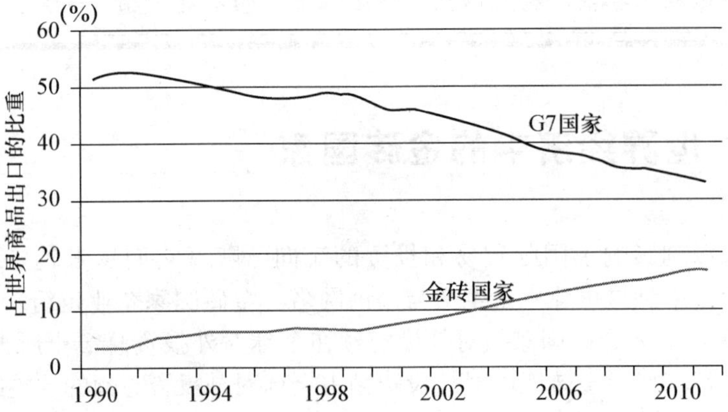

图17—5　金砖国家和G7国家的出口

注：自1990年以来，金砖国家出口在世界商品出口总额中所占的比重不断增加，而G7国家所占的比重则在不断下降。

资料来源：NUCTAD，Values and shares of merchandise exports and imports，annual，1948—2011，NUCTADstat. Reprinted with permission.

□ 17.3.1　贸易模式

在全球贸易和对外直接投资中占的比重越来越高是金砖国家的一个重要特征。但即便如此，这四个国家目前还都不属于高收入经济体；即便它们取得了很大的成就，在高精尖领域也有越来越多突破，但是它们仍然没有能力涉足最有技术性、最高精尖的市场。不过，也有一些例外，比如巴西有全球最成功的中型喷气式民用飞机生产商（Embraer），中国则有自己的太空计划，俄罗斯在国际空间站方面是领头羊，印度则凭借软件和高端商业服务享誉世界。这些例子说明这些国家都在朝着更复杂、更高精尖的方向发展，也是它们未来有无限潜力的原因所在。不过，它们的贸易模式目前还主要是表现出中等收入国家的特征。

第4章关于中国对美国出口的案例可以说明这一点。表4—4列出了中国对美出口量排在前十位的产品，其中主要是没有太多技术含量的产品，比如服装、鞋子、玩具、家具以及少量高科技产品，如电脑和电脑配件等。但是这些高科技产品大多只是在中国完成组装，零部件则是在其他国家和地区生产的，正如第4章关于iPhone手机那个案例所说明的。不过，虽然中国还不是高科技产品的主要生产国，但是它正朝着那个方向努力，这部分可从科学知识、工程技术、研发能力的迅速传播和提升看出来。2010年，中国国家专利局授予了将近79 767项专利（美国授予美国公民的专利数量为107 792个），而且中国正大力投资于那些能提高整个社会的生产力的基础设施。但是，目前来看，中国各界和大学的合作还远远不够，消化吸收进口技术的能力也很弱。中国很多技术部门都依靠的是仿制外国产品，在技术、管理以及利用国际网络方面还将继续依赖外资。

近年来，印度由于在参与服务贸易方面的突出表现而得到了全世界的关注。有许多原因可以解释印度服务贸易的发展，其中最重要的就是受过正规教育的印度人都会说英语。此外，印度的决策层一贯强调更高的教育和技术水平，尽管其大学排名都比较靠后，但是印度理工学院是全球最好的大学之一。印度高科技部门就是说明一个国家或行业是如何从无线通信革命中受益的最好的例子。

更为仔细地研究中国和印度的服务出口就会发现这两个经济体的重要区别。中国的服务出口高于印度，尽管优势不像产品出口那么明显。更为重要的是服务出口的构成。中国的服务贸易是赤字状态，其中主要是运输和旅游服务（海运以及商务和个人旅游）造成的。印度在服务贸易方面则是盈余，并且主要是得益于服务业的两大快速增长领域，即信息服务和其他商业服务。

印度的计算机和信息服务以及其他一些商业服务包括医疗咨询外包、信息录入、法律诉讼，以及其他一些可以远程完成然后通过互联网发回给信息最终使用者的服务。正如第 4 章提到的，服务外包依赖于通信革命，包括互联网、电视会议、卫星通信、相应软件的发展。过去，大部分服务的消费和生产都在同一地点，但是现在的科技允许把生产和消费分离开来，服务开始被外包，就像几十年前商品生产的外包一样。

和中国、印度相比，巴西和俄罗斯的出口更加依赖初级产品，包括石油和天然气（俄罗斯）以及农产品（巴西）。俄罗斯石油储备量全球排名第八，其经济和对欧盟、乌克兰以及其他周边国家的石油出口有密切的关系。另一方面，巴西在制成品、农产品以及矿产品和石油出口方面都比较均衡。一定程度上这表明巴西地大物博，自然资源丰富，但是也说明它在制成品方面缺乏比较优势。例如，2002 年巴西和墨西哥签订了汽车以及汽车零部件部分自由贸易协定，但是现在巴西却希望对这个协定进行调整以便保护本国汽车产业。墨西哥汽车制造商已经融入全球供应链，但是巴西的公共政策却鼓励汽车制造商在国内建厂，针对本国市场进行生产。结果就是汽车企业出口较少，竞争力比较弱。

17.4 全球经济中金砖国家面临的挑战

金砖国家逐渐融入世界贸易体系对现有的贸易模式和贸易格局提出了许多挑战。下面我们具体讨论其中的三个：印度的服务业、中国的制造业以及对资源的需求。

□ 17.4.1 服务业

诸如海洋运输这样的服务贸易从几十年前就已经开始了。船运企业从全球各地招募公司，在最方便的地点注册公司，同时向任何有需要的企业提供服务。然而，商业服务和信息服务相对货物贸易来说是一个新生事物，它们只有在技术和基础设施能够使大量信息低成本地传输的情况下才能进行贸易。20 世纪 90 年代中期，这已经成为可能，信息和计算机服务贸易开始蓬勃发展起来。高收入国家对印度的服务外包成为利用后者比较优势的一个新领域。

和所有的经济变革一样，一些人从中受益而另一些人则利益受损。然而，对整个经济来说，还是有净收益的。就美国而言，计算机和 IT 技术的硬件设施变得越来越便宜，IT服务和软件已成为美国企业IT总支出的主要部分。服务外包降低了IT服务和软件的价格，能以更低的价格购买业务相关应用软件，从而使企业可以用更低的成本实现更高的生产率。更高的生产率反过来会提高人们的整体生活水平，尽管不一定是每个人的生活水平。与第3章和第4章所讨论的一样，这是又一个基于比较优势进行贸易的范例。具体说就是，印度的比较优势使其可以与美国进行贸易，并为美国生产率的提高做出贡献，同时也为印度本国创造了高薪的工作岗位，促进本国经济发展。

那些反对这种贸易形式的人担心，所有与计算机和IT技术有关的工作最终都会流向发展中国家。这似乎不大可能发生。例如，按美国劳工局估计，美国的IT相关工作岗位仍在显著增加。然而，新进入这些领域的工人和许多已经在IT部门工作的工人将来所做的具体工作是有变化的，因为美国在IT领域的比较优势是不断变化的。对程序员的需求虽然可能会下降，但是对数据库管理员、硬件和软件工程师、系统分析师以及其他很多职位的需求预计会增加。

□ 17.4.2 制造业

中国作为出口大国和大量消费品的生产者，对现有贸易格局和制造业发展趋势构成了挑战。对于像墨西哥、巴西、马来西亚和泰国这样的中等收入国家的挑战在于，使它们无法再仅仅依靠低工资作为其比较优势的主要来源。低成本的中国制造品给它们带来了激烈的竞争压力。据估计，中国制造业的工资水平仅相当于巴西和墨西哥的1/4，且中国还有其他的优势，因此这些国家单靠低成本劳动力参与竞争已经越来越不可能成功。比如，在中国加入WTO后，墨西哥出口加工区的服装企业就失去了很大的市场份额。对那些下订单后不需要很快交货的商品来说，墨西哥更靠近美国市场这个地理位置优势就不再是优势了。对某些高收入国家的制造业，如对美国和意大利的服装制造业的影响也是如此。进一步来说，随着中国开始将其出口扩大到更为复杂的商品，如汽车，竞争的压力会扩散到其他制造业部门。

中国在加工制造方面有几个比较优势。除了已经提到的大量低工资、非熟练劳动力外，中国还有巨大的国内市场。中国可以被看做是一个巨大的自由贸易区，其国内企业为本国市场生产的时候可以利用规模经济的优势。再加上经济的整体增长和中产阶级的扩大使得中国国内对制成品的需求快速增长，未来将会持续吸收中国的大部分产出。第三个优势是中国的海岸线较长，为开展国际贸易提供了极为方便的物流。中国一直在对港口和沿海基础设施进行大规模的投资，就是为了利用自己的地理优势。

中国也有一些制度劣势降低了其竞争力。其中之一便是其整体的商业氛围。与商业氛围有关的一个劣势是在中国无法通过法律途径有效地保护知识产权。这是在中国加入WTO这个问题上，美国和中国之间一个主要的分歧，并会持续影响中国与其贸易伙伴的关系。一些企业拒绝在中国投资，就是担心自己的商品会被仿造，而选择在中国投资的企业，通常只设立不涉及商业机密的生产线。中国的法律法规达到了WTO的要求，但具体执行却是无效的。因为无须支付专利使用费，中国企业通过对产品的反向研究，就能生产出进口商品的仿制品，并在国内市场大规模销售，但是价格却比进口商品低得多（因为无须支付专利使用费）。许多观察人士认为只有中国自已拥有了需要保护的重要知识产权时，才有可能开始采取有效的保护措施。

□ 17.4.3 资源

中国的快速发展使得其对自然资源的需求急剧增加。对于巴西等拉丁美洲国家和非洲那些资源生产国来说，这是一个好消息。因为除了煤炭之外，中国的人均自然资源拥有量都低于世界平均水平。铜、石油、铁矿以及其他矿物质的世界价格都经历了一轮大幅上升，这部分跟中国的需求增加有关。同时，许多发展中国家都已经和中国签订了长期协议，中国会对资源开发进行投资，而这些国家则保证充足的供应。随着中国的持续发展，中国的巨额外汇收入足以购买其所需资源。

中国从其他发展中国家购买资源并不能保证这些资源的卖方会合理地利用这部分收入。此外，在某些情况下，这还对美国的战略构成了直接的挑战，比如中国与那些美国政府试图孤立的国家（如伊朗、委内瑞拉）签署资源购买合同就属于此类。目前，中国石油进口量的增速并没有超过已探明石油储备的增长速度，因此中国对石油的需求并不太可能是世界石油价格上升的原因。

□ 17.4.4 有待解决的问题

中国庞大的制造业及其出口的快速增长已经催生了一系列的问题。有些问题是出于误解，有些问题则是把应该由其他国家承担的责任归咎于中国，但是也有一些问题是确实存在的，如贸易失衡、环境压力，以及对政治改革的呼声等。

1. 贸易失衡

中国出口的快速增长激发了一些国家的保护主义浪潮。例如，在美国，至少从1989年就开始出现的贸易赤字点燃了贸易保护主义者的情绪，他们要求中国进行货币改革。从20世纪90年代中期开始，中国的经常账户和货物贸易及服务贸易就有巨大的顺差。尽管按照世界标准来说这一数字很大，但远远不及美国经常账户赤字的规模。图17—6显示了金砖国家和美国经常账户余额的变化趋势。

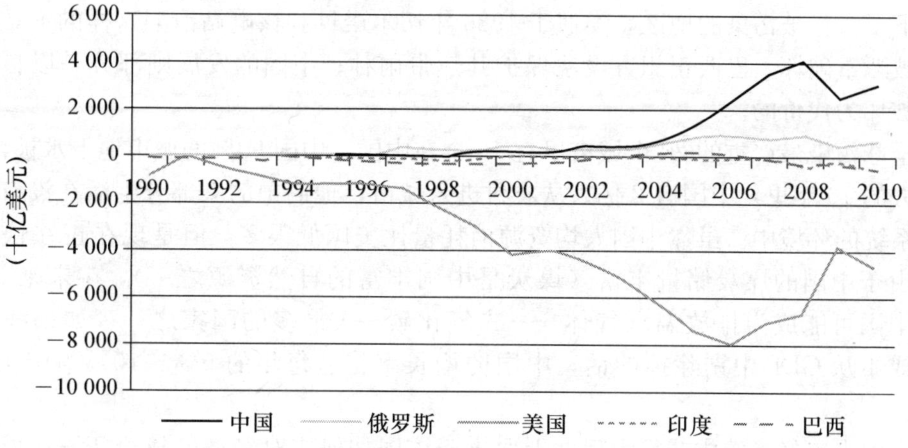

图 17—6 经常账户余额

注：中国的盈余从绝对数额来说小于美国的赤字；作为一个石油出口大国，俄罗斯有大量的贸易盈余。
资料来源：World Bank, *World Development Indicators*.

一些观察人士认为，中国制造业的竞争力很大程度上来源于其固定汇率制度。2005年7月21日之前，人民币汇率钉住美元。结果，因为美元在2002年初开始疲软，人民币也随之疲软。这很长时间都被认为使得中国获得了不公平的贸易优势。2005年，中国宣布实行有限浮动汇率制度，同时用贸易加权指数取代美元。换句话说，中国人民银行允许汇率在一个区间内小幅调整，同时钉住其主要贸易伙伴国货币的加权平均值。钉住一揽子货币而不是美元，结果就是美元在世界市场上走软时，人民币对美元开始升值。

虽然大多数专家并没有找到人民币估值不合理的证据，但是中国在处理与其他国家的关系时这仍是一个变数。最可能受到影响的国家是像巴西这样因为中国从它们那里购买了越来越多的资源，致使它们的货币升值的国家。

中国积极干预从而保证本国货币不会大幅升值是我们所熟悉的冲销（sterilization）操作的结果。所谓冲销，就是指按照货币流向进行反方向操作，从而保持本国汇率或者国内价格不受影响。中国大量的贸易盈余和外资的流入使得对人民币的需求大大增加，因为出口商和投资者都要把人民币兑换成美元。如果坐视不理的话，人民币就会升值；但是中国央行进行了干预，发行更多货币以便满足增加的需求。为了防止新增货币引发通货膨胀，中国将这些新发行的货币通过发行债券的方式收回。换个说法就是央行冲销了美元的流入，从而抵消了美元流入对人民币币值或者价格的直接影响。

冲销这种做法是有争议的，因为有人认为这属于货币操纵，目的是让人民币的币值处于对中国有利的水平。这无疑使得中国在出口方面占据了优势，使得它和贸易伙伴的关系变得紧张。不过，按照目前的估计，人民币汇率已经处在或者接近其均衡价值（2012年年中）。但是，这种局面很容易发生变化，也无法确切判断这是一个短期现象还是会长期保持下去。

2. 环境压力

与所有金砖国家经济快速增长相伴而来的是巨大的环境压力。苏联时代给俄罗斯留下了大量被污染的地区，类似于1986年切尔诺贝利核电站泄漏这样的灾难使得环境被严重破坏。巴西正想方设法保护其热带雨林；中国的发展则部分是以自然环境的破坏为代价的。

全球污染最严重的20个城市里有16个在中国，中国90%的城市地下水被污染。在过去的10年里，中国有2亿人从农村进入城市，他们中的大部分生活在没有污水处理系统的环境中。虽然中国人均资源消耗量比美国低很多，但是现在正在快速上升。由于中国的煤炭储量丰富（煤炭是中国丰富的自然资源之一），在未来20年中，中国可能成为排放温室气体——二氧化碳——最多的国家之一。如果我们将环境成本从GDP中剔除掉的话，中国的增长率将从每年的9%～10%下降为2%左右。

中国未来经济的成功很大程度上取决于该国如何应对经济增长给环境造成的负面影响。遗憾的是，目前中国尚没有能力灵活、快速地应对这个难题。最先注意到环境问题的是地方政府，但是地方政府却没有足够的发言权。等到问题呈现在中央政府面前时，情况早已恶化到需要政府投入更多资金来补救的地步。

3. 国有部门

正如我们在前面讨论过的，所有金砖国家的政府都会对经济进行干预，使之朝着有利于实现国家目标的方向发展。它们也利用和依赖市场力量，但是当市场带来的结果伤害了国家利益或者是对国家利益无益时，政府就会选择介入。在政府干预最严重的中国，国有企业控制着经济的很大一部分比重，那些被认为对未来经济发展至关重要的领域更是如此。

世界贸易组织的规则允许国有企业存在，但是要求政府和它们保持一定的距离，像对待私营企业一样对待它。政府和企业之间的直接联系应该最小化，不能向国有企业提供补贴或者是被特殊对待。在实际生活中，很难判断什么时候国有企业以税收减免、更容易获得信贷、于它们有利的立法，或者是其他非直接支付形式享受了补贴。这使得中国和美国、欧盟的经贸关系变得很紧张，后者认为中国存在不公平贸易行为。因此，美国对很多从中国进口的商品征收反倾销税和反补贴税。

这个问题和贸易失衡问题交织在一起，因为得到补贴的企业往往更有竞争力。之前我们讲过，所有金砖国家都把经济政策作为服务于国家利益的工具。因为巴西和印度没有大规模的贸易盈余，俄罗斯的贸易盈余主要源于石油和天然气出口，所以它们遭受的来自其他国家的反对要少得多。相反，因为中国的经济政策主要是借助国有企业来实施的，再加上它有大量的贸易盈余，因此也就更容易遭受不公平贸易的指控。

□ 17.4.5 未来的选择

随着金砖国家的成功，各方面压力的积累将会限制它们参与到世界市场的能力。在“入世”谈判过程中，中国和其贸易伙伴国之间达成了一系列的双边协议，如果中国的出口对进口国企业造成威胁的话，有些协议允许自动出口限制和其他限制中国商品出口的措施。美国议会曾引入一项措施，试图将中国的汇率管理制度贴上不公平贸易的标签，但后来迫于政治压力而取消。如果该提议得以通过，它将使阻止中国某些出口商品进入美国的行为变得合法化。然而，并没有类似针对印度的提议，尽管企业将IT业务外包已经引发人们对相关政策——这些政策可能鼓励企业将业务转移出去——进行重新审核。但最终，针对中国和印度的措施都很难执行，因为尽管一些企业的利益因中国和印度的进口商品受损，但是也有一些企业因其商品和服务的低廉价格和便利性而受益。因此，那些贸易控制措施将会伤及依赖进口商品的消费者和企业。

对于一些政客、企业和工人来说，如果说中国的成功令人害怕的话，那么中国如果遭遇失败将是致命的威胁。比如，除非兼具政治稳定和经济繁荣这两点，否则一个国家不大可能认真地关注环境问题。中国有着大量的煤炭储备，当用这些煤炭来发电时就使得中国要为全球气候变暖负上主要责任。如果它陷入经济和政治动荡中，就不大可能转而使用清洁能源。对于解决水资源和空气污染、不完备的基础设施，以及其他阻碍经济快速增长的问题来说，也是如此。

金砖国家还有很大一部分人口生活在贫困线以下或者刚刚脱离贫困。尽管许多人的生活条件都得到了显著改善，但并不是每个人都从增长中受益了，还有许多人被经济精英们甩在了身后。不断加剧的不平等是对当前体制的潜在威胁，而经济的失败无疑将会加剧不平等并导致更加剧烈的社会动荡。

小　结

1. 巴西、俄罗斯、印度和中国都位于世界上人口最多的十个国家之列，GDP水平也在全球前11位。目前，这四个国家拥有全球25%的GDP和25%的人口。

2. 金砖国家都进行了深刻的经济改革，实现了较高的经济增长率。其中，中国的经济增长速度最快，接下来是巴西、印度和俄罗斯。

3. 中国的经济改革始于1978年，印度始于20世纪80年代，俄罗斯和巴西则是从90年代开始的。

4. 中国是为数不多的几个在向市场经济转型的过程中没有经历产出严重下降的国家之一。部分原因可能是其改革更为谨慎，也更为缓慢，同时也因为农业部门在中国经济中占有很大的比重。在改革初期，中国大约有70%的劳动力在农业部门，而且大部分生产率低下，因此农民数量的减少不会导致产出下降。

5. 金砖四国在世界银行发布的商业环境指标排名中都比较靠后，这表明它们在制度上还需要继续改革。

6. 中国和印度都经历了出口和进口的高速增长。中国的制造业部门尤其具有竞争力，但是过分依赖于高技术含量的进口投入品。中国的出口大多集中在低技术含量的商品或者虽然是高技术含量但仅仅是在中国组装的商品。印度商业服务和计算机信息服务出口从20世纪90年代中期开始加速发展。这种服务贸易代表了贸易的一个新领域，同时也是比较优势理论的另一案例。

7. 中国和印度的贸易与增长对其他国家构成了一定的挑战。中国的制造业部门在生产劳动密集型商品方面具有很强的竞争优势，而印度在商业服务和计算机信息服务方面，也有大量说英语的工程师和技术人员做支撑。

8. 美国并不是依靠中国来为其大规模预算赤字和经常账户赤字融资的，但它和中国之间出现冲突的可能性却大大提高了。

9. 中国的发展给其社会和自然环境造成了巨大的破坏。空气和水资源质量不断恶化，中国政府控制新的疾病爆发和蔓延的能力也频频受到质疑。

关键术语

金砖国家（BRICs）
经济特区（Special Economics Zones，SEZ）
双轨制（dual track strategy）
对外贸易企业（foreign trading corporation，FTC）
国家资本主义（state capitalism）　冲销（sterilization）

转型经济体（transition economies）

习　题

1. 金砖国家的相同之处和不同之处分别是什么？

2. 描述中国从 1978 年到成功加入 WTO 这段时期内的改革过程。

3. 导致印度开始实施经济改革的原因是什么？改革主要表现在哪些方面？

4. 为什么俄罗斯和大多数转型经济体的改革都导致了 GDP 的下降？

5. 巴西在已经开始改革之后，为什么会再次进行改革？它面临的挑战主要是什么？

6. 中国比较优势的来源有哪些？它们在商品贸易中是如何体现的？

7. 哪些因素使得印度在商业服务和计算机信息服务业具有比较强的竞争力？这些因素是印度比较优势的来源，还是反映了印度在其他方面的竞争力？

8. 金砖国家给世界经济带来了哪些挑战？

9. 中国的政策引起了许多争议和讨论。针对下述话题，说明中国的贸易伙伴国提出了怎样的问题，并且评述它们的忧虑和担心：

（1）中国的贸易顺差；

（2）中国的汇率制度。

术语表

绝对生产率优势/绝对优势：如果一国在某种产品的生产方面具有更高的劳动生产率，那么就认为该国在该产品上具有绝对生产率优势，也就是说使用一小时的劳动，该国能获得比贸易伙伴更多的产出。

欧盟既成法规：欧盟制定的适用于该地区技术标准、环境和技术监测、银行监管、公共财政、统计报告要求的规章制度以及欧盟法律的其他一些组成部分。

调整过程：通常来说，是指当一国货币贬值时该国经常账户的变化。

《非洲增长与机会法案》：美国和次撒哈拉以南非洲地区签署的一个特惠贸易协定，允许后者的出口产品可以更加便捷地进入美国市场。

总需求：家庭消费、企业投资、政府购买商品和服务的支出以及净出口的总和。

总供给：一个经济体的全部产出。

《安第斯贸易优惠法》：美国和南美洲安第斯地区的国家签署的特惠贸易协定，允许后者的出口产品可以更加便捷地进入美国市场。

反倾销税：对按照低于公平价值的价格销售产品的行为征收的关税。参见公允价值（fair value）。

升值 ：浮动汇率制下一国货币币值的上升。

ASEAN＋3：东盟国家与中国、韩国及日本之间签署的双边协议。

亚太经合组织：太平洋地区国家于 1989 年组建的一个组织，旨在 2020 年之前实现成员国之间的自由贸易。该组织包括美国、日本和中国及其他国家和地区。APEC 不以建立自由贸易区为目标，而是要求成员国将自由贸易和开放投资作为其贸易政策的组成部分。

东南亚国家联盟：东南亚十国针对安全、经济和社会文化方面的问题而组建的一个联盟。ASEAN 建立于 1967 年，并确定 2020 年建成自由贸易区。

紧缩政策：通常指政府为了降低或消除预算赤字而削减支出和增加税收的做法。

封闭经济：完全没有对外贸易，纯粹自给自足的经济形式。

《汽车协定》：1965 年美国和加拿大签订的在汽车行业进行自由贸易的协定。

贝克计划：20 世纪 80 年代债务危机期间，援助债务国的第一个美国计划（始于 1985 年）。

银行危机：国际金融危机的一个普遍特征。当银行大量倒闭、银行的中介作用丧失时就认为发生了银行危机。

《巴塞尔协议》：为避免银行危机和金融危机而向世界各国推荐使用的一系列“最优规范”。该协议强调资本充足率要求、监察审查和信息披露。

双边投资协定：两国签订的与跨境投资有关的协定。

布雷迪计划：1989 年美国财政部长尼古拉斯·布雷迪提出的援助重债国的方案。与之前方案的不同之处在于，布雷迪计划提供了一个适度的债务减免额度。

布雷顿森林会议：1944 年 7 月，一些国家在美国新罕布什尔州的布雷顿森林举行了旨在建立第二次世界大战后国际金融和经济新秩序的会议。国际货币基金组织和世界银行的产生均源于这次会议。

布雷顿森林汇率体系：产生于第二次世界大战结束前布雷顿森林会议的汇率制度。参见《史密森协定》(Smithsonian Agreement)。

金砖国家：巴西、俄罗斯、印度、中国的总称。2001 年高盛公司的内尔首先使用这一说法来指代有可能在未来显著改变世界贸易和支付格局的四个大国。

《美加自由贸易协定》：美国和加拿大在 1965 年签订的自由贸易协议，是 NAFTA 的起源之一。

资本账户：记录一国居民和世界其他国家居民之间高度专门化的金融资产和债务交易的账户。

资本管制：国家对资本流入和/或流出的控制。

资本要求：金融机构所有者必须要投入一定比例的自有资本，这样一来所有的损失就可以由股东、其他银行所有者和存款人共同承担。

《加勒比海湾计划》：美国和加勒比地区国家签署的一系列特惠贸易协定的总称。根据这些协定，加勒比地区国家的产品可以更便捷地进入美国市场。

《清迈倡议》：10+3 国家的中央银行之间相互借贷货币的协议。

协调基金：用以支持地区发展的欧盟基金之一。基金主要针对不发达地区，尤其是那些新加入欧盟、人均收入低于欧盟平均水平的成员国，用来支持这些国家和地区的基础设施建设、交通运输条件的改善以及包括水处理在内的环境项目。

集体行动条款：在金融危机发生时，集体行动条款要求国际债权人同意与所有债权人和债务人进行集体调解。

共同农业政策：欧盟针对农业项目提供的补贴和其他形式的帮助。

统一外部关税：一种关税同盟政策，约定成员国对非成员国适用相同的关税税率。

共同市场：区域贸易协定的一种，各成员国之间要素和产品自由流动，同时对外适用相同的关税水平。

比较生产率优势/比较优势：如果一国生产某种商品的机会成本比其贸易伙伴国更低，就称之为具有相对生产率优势。

竞争优势：以最低的价格销售产品的能力。竞争优势可能是高生产率和某种比较优势的结果，或者也可能来源于政府对某种无效率行业的补贴。

竞争性贬值：以获得出口市场为目的而进行的货币贬值。

有条件现金支付计划：为了让家庭采取期望中的行为而按月向他们提供小额补贴的社会政策。例如，向让孩子上学或者是接种疫苗的家庭提供补助。

消费者剩余：某种商品对消费者的价值和消费者实际支付之间的差额，从图形上来说是需求曲线和价格线之间的面积。参见生产者剩余。

传染效应：危机从一个国家向另外一个国家的扩散。这种扩散可能是通过贸易、货币和汇率的波动，也可能是通过外国投资者预期的改变来传递。

紧缩性财政政策：增税和/或削减政府开支的财政政策。

紧缩性货币政策：指减少货币供给以及提高利率的货币政策。

聚合标准：欧盟启用单一货币需要满足的五项要求：稳定的汇率、低通胀、长期利率的协调、政府赤字的减少以及政府债务的降低。

核心劳动标准：国际劳工组织提出和提倡的八种核心劳动权利，体现在国际劳工组织的八大公约中，包括禁止强迫劳动、最低工作年龄、自由集会等。

欧盟理事会：欧盟主要的立法机构。

部长会议：欧盟立法机构之一。

反补贴税：对进口商品征收的、用以对补贴进行报复的一种关税。参见补贴。

抵补套利：套利是指订立一份在所持资产到期时卖出外汇的远期合同。参见套利。

爬行钉住：在该汇率制度下，一国货币与一种或者一揽子外币保持固定比价。为了抵消或控制实际汇率变动幅度，监管机构会定期对名义汇率进行调整。

货币委员会：负责监督新货币发行的一个政府机构。

经常账户：负责记录一国居民与世界其他国家居民之间的商品和服务贸易、投资收入，以及单边转移情况的账户。

经常账户余额：对一国与世界其他国家商业往来最宽口径的核算。

关税同盟：两个或两个以上成员国之间达成的一种协定，规定各成员国之间采取自由贸易，对非成员国采取共同关税。

数据发布标准：国际货币基金组织制定的公布宏观数据的规范。

净损失：经济中没有创造相应收益的纯粹的经济损失。参见效率损失。

债务危机：通常指 1982—1989 年这段时期，当时许多重债发展中国家无力偿付贷款利息甚至是本金。

还本付息：为清偿债务而支付利息和本金。

深度一体化：经济一体化超过消除各国之间的壁垒的程度。深度一体化要求各国改变那些限制贸易的国内法规。

评议会：将产业代表与政府联系起来，旨在讨论政府政策和私人部门投资的准立法性团体。日本、韩国、马来西亚、新加坡和泰国都有评议会。

《德洛尔报告》：以 20 世纪 80 年代欧洲委员会主席的名字命名的一份报告，其中囊括了成立共同市场的 300 个步骤。该报告于 1987 年被采纳，直接导致了《单一欧洲法案》下的共同市场的诞生。

需求拉动：参见需求拉动因素（Demand-pull factors）。

需求拉动因素：移民流入国吸引移民的经济条件。参见供给推动因素。

人口转型：从高出生率、高死亡率（几乎所有工业化以前社会的特征）向低出生率、低死亡率的转变（高收入、工业化社会的特征）。

贬值：浮动汇率制下一国货币币值的下降。

引致需求：因为对另一种商品或劳务的需求导致的对某种商品或劳务的需求，如对劳动的需求来自于对商品和劳务的需要。

脱媒：指银行系统不再是资金融通的主要渠道的现象。

多哈发展议程：WTO 于 2000 年发起的新一轮贸易谈判。

多哈回合：WTO 正在进行的一轮贸易谈判。参见多哈发展议程。

美元化：指以美元代替本国币。从技术层面上讲，美元化可以指用任何一种非本国货币来代替本国货币。

双轨制：中国经济转型过程中采用的一种战略。一方面在一些地区或者经济部门（如农业）实行市场化改革，另一方面在其他方面维持政府计划。

倾销：在某一国外市场以低于公允价值的价格销售产品和服务。参见公允价值。

拉美经济委员会：负责联合国在拉丁美洲的事务并搜集相关信息的一个机构。

经济民粹主义：强调增长和再分配，不强调（甚至否认其重要性）通货膨胀的风险、赤字财政、外部约束（即贸易和汇率问题），以及经济体的反应的一种经济政策。

经济重构：在一国的生产可能性曲线上，由一个点运动到另一个点。

经济同盟：经济一体化的最高形式，不仅是共同市场，而且成员国还启用相同或相似的财政政策和货币政策。经济联盟也可能采用共同货币。

规模经济：随着生产数量的增加，长期平均成本下降的趋势。

有效保护率：有效保护率考虑对中间投入品的保护水平和对被保护产品所征收的名义关税率。有效保护率是对中间产品和最终产品征收关税后，本国价值增值部分变动的百分比。参见名义保护率。

效率损失：净损失的一种形式，指的是当一国生产某种产品的成本高于世界价格时，损失的收入或者产出。

伊拉斯莫项目：一个旨在促进高校教师和学生交流的欧盟项目。

合作农场：墨西哥家庭农场。

免责条款救济：规定因为进口商品数量突然显著增加，从而给其带来严重损害的产业可以采用临时性关税保护措施的条款。

欧元：欧盟国家统一使用的货币。1999 年正式被作为计价单位引入，2002 年 1 月开始流通。

欧洲原子能共同体：与《罗马条约》同时期的一个协议，当时欧洲六国承诺为了和平目的共同开发核能。

欧洲中央银行：欧元区国家的中央银行。

欧洲煤钢共同体：最终形成欧洲经济共同体的六国为实现煤炭和钢铁的自由贸易而在 1951 年签署的一个协议。

欧盟委员会：欧盟的行政机构。

欧共体：《马斯特里赫特条约》签署和欧洲经济共同体形成之前对欧盟的称呼。

欧洲经济共同体：根据《罗马条约》成立的共同体的初始名称。后来逐渐被称为欧共体以及欧盟。

欧洲货币体系：一项始于1979年的汇率制度，它将欧共体各成员国货币联系起来。1999年被欧元替代。

欧洲议会：欧盟的一个准咨询机构。在欧盟中，议会是唯一被选举出的政府机构，它正朝着真正的立法机构演进。

欧盟：欧洲27个国家组成的一个经济联盟。

汇率：以他国货币表示的本国货币的价格，有名义汇率和实际汇率之分。

汇率危机：货币大幅贬值从而导致一国货币的崩溃。

汇率机制：欧共体所采用的制度，当时被称为欧洲货币体系。为成员国货币的汇率设定固定的中心汇率，允许实际汇率在中心汇率上下一定的幅度内波动。

汇率风险：指个人和企业持有外币标价的资产时面临的风险，这种风险源自汇率波动的不确定性带来的潜在损失或利得。

扩张性财政政策：减税以及政府增加支出的财政政策。

扩张性货币政策：增加货币供给以及降低利率的货币政策。

削减支出政策：指全面降低国内支出的政策。这些政策能适当地解决贸易逆差问题，包括削减政府支出和增税。

支出转移：参见支出转移政策。

支出转移政策：指用以转移国内居民支出的政策。如果存在贸易逆差，可以将居民支出转向国内生产的商品；如果存在贸易顺差，则转向外国商品。改变汇率、关税和配额都属于这类政策。

出口悲观主义：阿根廷经济学家劳尔·普雷维什及其追随者提出的一个观点，认为拉丁美洲国家出口产品的实际价格将随时间推移而下降。

出口加工区：一个地理区域，在这里的企业进口原材料如果是为了加工后再出口，就能免于交纳关税。尽管各国出口加工区的规则或管制措施不尽相同，但是其目的都是为了促进出口，往往给予投资一些鼓励措施。

外债：欠外国债权人的钱。

外部规模经济：对于一个工厂来说是外部的，但是对于一个行业来说是内部的规模经济。因此，在该行业规模扩大的情况下，该行业的所有厂商面临的平均成本都是递减的。

外部性：社会和个人所得回报或者是所付出成本不一致的现象。

要素充裕/要素稀缺：一个相对的概念，因为严格说来，所有的要素都是稀缺的。相对要素充裕意味着一个经济体的一种要素相对于其他要素比其他经济体更多。相对要素稀缺的含义则正好相反。

公允价值：倾销是否成立的一个决定条件。一般而言，在美国，公允价值是该商品在出口国国内市场或第三国市场的平均价格。公允价值在各个国家的定义不尽相同，因而造成很多意见分歧。

金融账户：国际收支平衡表的一个组成部分，用以记录一国和世界其他国家之间资本流动的账户。

金融危机：通常包括银行危机，有时候会同时发生汇率危机。金融危机会导致金融脱媒现象，并可能加剧经济衰退。

财政政策：指与政府支出和税收相关的政策。

固定汇率制度：本币与一种或者一揽子外币之间比价固定不变的汇率制度。

浮动汇率制度：由外汇供求决定一国货币价值的汇率制度。

外国分公司：母国企业拥有的在海外市场进行运营的分支机构。

外国直接投资：外国公司或者个人购买包括房地产和企业等在内的有形资产的行为。可以分为对外直接投资（本国公民或者公司购买外国资产）和对内直接投资（外国购买本国资产）两种。

外汇储备：由国家货币当局持有的用于进行国际支付的资产，美元、欧元、日元和黄金均可作为储备资产。

外国证券投资组合：购买如股票、债券、银行往来账款或者相关金融工具的行为。与外国直接投资一样，也可分为对内和对外两种。

对外贸易企业：改革开放之前，中国所有的对外贸易都由附属于不同政府部门的 12 个国有公司所控制，这些公司被称为对外贸易企业。

远期汇率：远期市场汇率。

远期市场：在这一市场中，买卖双方在合同订立后的某一时间——通常是 30 天、90 天或者 180 天之后——以约定价格交易一定数量的外汇。参见即期市场。

四个自由：商品、服务、劳动以及资本的自由流动。这是 1993 年签署的《单一欧洲法案》的主要内容，也正因此才使得欧盟从关税同盟升级为共同市场。

亚洲四小龙：中国香港、韩国、新加坡和中国台湾的统称。紧随第二次世界大战后日本的发展，这些国家和地区开始了经济增长。它们被世界银行归入高收入或者中高收入的行列。参见表现优异的亚洲经济体和新兴工业化经济体。

搭便车：当一个人知道他人无法将自己从某一产品或服务的消费或工作受益群体中排除出去时，他就会让他人为这些产品和服务付费或者是从事某项工作，此时就说存在搭便车现象。

《美洲自由贸易协定》：目前仍在谈判中的涵盖西半球 3/4 国家的一个自由贸易协定。

自由贸易区：几个国家之间达成的只要某产品或服务原产于某个成员国，就允许它们在成员国之间自由流动的优惠协定。

贸易利得：因专业化分工和贸易带来的消费的增加。

关税与贸易总协定：有关大部分（非全部）产品贸易规则的主要国际协定，源于第二次世界大战之后 1946 年的一场谈判。

《服务贸易协定》：把关税与贸易总协定的规则和原则扩展到服务贸易领域的尝试。《服务贸易协定》是乌拉圭回合谈判的成果之一。

普惠制：一些高收入国家给予中低收入国家的一系列优惠措施。根据这些措施，对于进入高收入国家的来自低收入国家的产品，适用较低的关税税率。

金本位：以含金量确定币值的一种固定汇率制度。

国内生产总值：在一年内，一国所生产出的全部最终产品和服务的总价值。

国民生产总值：一国居民所生产的全部最终产品和服务的市场价值，不论这种生产发生在国内还是国外。GNP 等于 GDP 减去支付给外国居民的收入加上本国居民从外国得到的收入。

硬钉住：货币价值完全固定的一种汇率制度。

标准的统一：当两国或多个国家为制定某一共同标准或政策进行谈判时就会出现这一个问题。当涉及安全标准、技术标准、环境标准、法律标准、认证标志或者涉及任何必要的国家政策时就会涉及标准的统一。

赫克歇尔-俄林贸易理论：一个预测一国商品和劳务进出口的贸易理论。该理论说明一国将出口密集使用该国充裕要素的产品，而进口密集使用该国稀缺要素的产品。

套期保值：消除风险的一种方法（如通过订立远期合同消除汇率风险）。

非正统模式：用于应对通货膨胀的非正统稳定政策，内容包括：削减政府支出、限制新货币发行、改革税收体系，以及冻结工资和物价。参见正统模式。

高收入、中高收入、中低收入和低收入国家：世界银行根据人均收入水平对各国进行的分类，划分的标准会随时间进行调整。目前，低收入国家的标准是人均年收入少于 1 006 美元，中低收入国家人均年收入为 1 006～3 975 美元，中高收入国家人均年收入为 3 976～12 176 美元，高收入国家则为 12 276 美元以上。

表现优异的亚洲经济体：中国香港、日本、印度尼西亚、韩国、马来西亚、新加坡、中国台湾和泰国这八个表现优异的亚洲经济体的总称。参见亚洲四小龙和新兴工业化经济体。

IMF 贷款条件：指接受国际货币基金组织贷款的国家必须对其经济政策进行调整，通常包括消除严重贸易逆差的政策和消除中央政府财政赤字的政策。在实际操作过程中，还可能包括诸如减少政府和私人部门支出（减少进口）以及增税的举措。

进口替代工业化：强调用国内生产的产品代替进口产品的经济发展战略。进口替代工业化政策减少了一国的进口。

产业政策：旨在扶持新产业或为已有的产业提供支持的政策。

幼稚产业：虽然目前没有能力参与竞争而需要保护，但是很快能够成长起来并具有足够的竞争力不再需要保护的产业。

非正式经济：国家或地方经济的一部分，通常无法测度、无法征税且无法管理。

制度：一系列限制或约束各种社会、政治、经济行为的准则。制度可能是非正式的（如礼仪、禁忌或风俗习惯），也可能是正式的（如宪法或法律）。

知识产权：具体可分为文学和艺术作品的版权及相关权利和工业产权，如商标、专利、工业设计、地理标识、集成电路布图设计等。

利率平价：根据利率平价理论，两国之间的利率差异近似等于远期汇率升/贴水率。

套利：为了获得更高的利率收益，将资金在不同的金融资产和货币之间进行转移的行为。参见抵补套利。

产业间贸易：进口与出口的商品属于不同产业的贸易。比如，美国出口汽车，进口甘蔗。

中间投入：用来生产最终消费品或投资品的零件或原材料。

媒介：银行作为机构，集中居民存款，然后将其贷放给希望进行投资的企业。

内部规模经济：单一企业在产量增加时面临递减的平均成本的现象。

国际金融制度：由国际金融体系中各类机构、国际组织、政府和私人机构组成的联合体。

国际投资头寸：等于一国居民、企业和政府拥有的所有外国资产的价值，减去外国拥有的所有本国资产的价值。

国际劳工组织：一个国际性组织，主要职责是了解国际劳工条件，并且在劳动条件和劳工标准的建立方面提供技术援助。

国际货币基金组织：布雷顿森林会议上决定建立的一个国际组织，主要职责是向那些经济出现动荡或者是国际收支存在问题的成员国提供帮助。另外，国际货币基金组织还会针对国际金融关系提供专业指导。

企业内贸易：同一公司位于不同国家的各个子公司或者分支机构之间的国际贸易。

产业内贸易：进口和出口的商品或服务属于同一大类的贸易行为。

投资收入：经常账户的构成部分之一，指从外国收到的或者支付给外国的收入。

投资者—国家争端：外资企业与东道国政府之间存在的争议。

J 曲线：货币贬值所导致的短期内贸易赤字会进一步恶化，但是长期内会有改善的情况。

就业保护论：贸易保护主义的一种观点，错误地认为高工资国家的工人会因为从低工资国家进口产品而利益受损。

劳动生产率：每单位劳动投入能带来的产出量。

大国情形：进口量在某种产品的生产量中占有较大份额的国家可以通过征收关税来降低其进口价格，进而提高其福利。

最后贷款人：当所有的商业借贷途径都无法正常发挥作用时，一国可以求助的最后的资金来源渠道。目前由国际货币基金组织执行这一功能。

失去的十年：由于 1982 年 8 月的债务危机而引致的拉丁美洲区域性衰退。失去的十年何时结束并没有一个官方统一的说法，但 1989 年是一个分水岭，因为这一年拉美国家开始启用新的旨在解决危机的政策。

《马斯特里赫特条约》：有时也被称为《经济和货币联盟条约》。该条约于 1991 年被欧盟成员国批准生效。最著名的条款包括从 1999 年开始的单一货币计划。正是在这个条约的作用下，欧盟成员国建立了一个经济联盟。

放大效应：一种商品价格的上升或下降会给生产该商品密集使用的要素的所有者收入带来同方向更大程度的变动。

辛格：印度 1991 年经济改革的领导人。

边境加工业：墨西哥的一个出口加工部门的统称，这些企业大多位于墨西哥与美国的边境地区，享受特殊的税收优惠。

市场失灵：市场无法实现最优结果的情况。市场失灵有很多原因，比如外部性、完全垄断和寡头垄断的市场结构等。

重商主义：16 世纪时西欧出现的一种经济思潮，当时，封建君主制度正在向现代国家体系过渡。重商主义曾被称作国家建设的政治和经济学，因为它强调国家通过贸易盈余来获得军队和国家建设项目所需投入。重商主义主张赋予个人和公司垄断权力；它们回避竞争，并认为出口是有利的而进口是有害的。现在，重商主义有时被用来指代那种在促进本国出口的同时保持国内市场与进口相隔离的政策。

商品贸易余额：商品出口总值减去商品进口总值后的差额。

南方共同市场：南美洲的最大的区域贸易集团，包括四个成员国：巴西、阿根廷、乌拉圭和巴拉圭。

货币政策：与货币供给和利率有关的国家宏观政策。

垄断竞争：不同质的产品之间的竞争，既包含完全竞争因素，又包含完全垄断因素。

道德风险：行为人采取隐瞒信息、过度冒险或其他会造成高于私人成本的社会成本的行为的动机。

最惠国待遇：世界贸易组织的每个成员国都必须给予其所有缔约国不低于它给予其他任何缔约国的最优惠条件的待遇。在实际操作中，该规定阻止了一国歧视某些国家的现象。

多边主义：处理涉及大量国家的贸易和投资问题时的一种方法。多边主义秉承这样的理念：市场开放会使所有的国家受益。多边组织包括世界贸易组织、世界银行和国际货币基金组织。

乘数效应：宏观经济学中的一个概念，意指支出的变动对一国产出的影响将数倍于支出的初始变动。

标准的相互认可：和统一标准相对的一种选择方案。在该体系下，各国保持各自不同的标准；同时也承认和接受其他国家的司法裁定标准。

国民收入和生产账户：一国对 GDP 进行核算的账户。既可以从生产角度出发进行核算，也可以从收入角度进行核算。从理论上说，这两种方法得出的结果是相等的，因为一个经济体的总收入必须等于其生产的所有产品的总价值。

国民待遇：外资企业在东道国享有与东道国企业相同的待遇。

新自由主义：20 世纪 80 年代末到 90 年代，整个拉丁美洲普遍认同的市场原教旨主义。

新兴工业化经济体：近年来经济快速增长，实现了工业化的发展中国家的统称。其中，有一些是拉丁美洲国家（如阿根廷、巴西、智利和墨西哥），也有一些是亚洲国家（如表现优异的亚洲经济体、印度尼西亚、马来西亚和泰国）。

名义汇率：指一单位外币的本币价格。参见实际汇率。

名义保护率：关税额（或者配额的等量关税）除以这种商品的价格。参见有效保护率。

名义关税：对某种特定进口商品征收的关税，既可以用百分比也可以用绝对数额表示。参见有效保护率。

非减少性：商品或劳务不会因为他人的消费而减少的情况，如某人收听广播不会影响其他人收听广播。

非歧视：东道国的法律不应该区别对待外资企业和本土企业。

非排他性：当某人没有为某种商品或服务付费时，也无法禁止其对该商品或者服务的消费，如国防。

非竞争性：参见非减少性。

非关税壁垒：除关税之外的贸易壁垒，最为重要的是配额。配额是对允许进口的产品的数量做出限制。非关税壁垒还包括繁冗的手续和管制、要求政府购买本国生产的产品以及其他非直接限制进口的做法。

非关税措施：非关税措施就是除了配额之外的非关税壁垒，包括繁冗的手续和不平衡使用的规则。总之，非关税措施指的是除了关税和配额之外的任何管制或政策措施，这些措施旨在降低进口或者出口的数量。

不透明：不易解释或者理解。比如，一些国家利用繁杂的手续或者官僚规则来阻止进口。

《北美环境合作协定》：北美自由贸易区成员国达成的有关环境问题的附属协议。

《北美劳动事务合作协定》：北美自由贸易区成员国达成的有关劳工问题的附属协议。

《北美自由贸易协定》：加拿大、墨西哥和美国签署的一个协定，1994 年正式生效。

恶债：政府违背民意从国外借款，而且借来的款项并没有用于改善本国人民的福利，因此而形成的债务被称为恶债。

官方储备资产：政府持有的用于偿付国际债务的资产，通常由主要的几种国际货币构成。

离岸：将企业的部分或全部业务活动转移到海外的做法。

国际生产折中理论：一个基于所有权、区位、内部化优势的对外直接投资决定因素模型。

寡头垄断：在一个市场上仅有极少数的生产者，以至于每个生产者都能影响市场的价格，这样的市场结构被称为寡头垄断。

公开市场操作：货币政策的主要工具，通过买卖政府债券（包括短期国库券和长期债券）来影响银行的储备和利率。

机会成本：做出当前选择而放弃的其他选择所能带来的最大收益。

最优货币区：实行固定汇率或者单一货币的地区。所谓最优指该地区具备恰当的条件，可以实现固定汇率带来的收益且不会引起过高的成本损失。

正统模式：用于应对通货膨胀的正统的经济稳定政策，具体包括：削减政府支出、限制新货币发行、改革税收体系。参见非正统模式。

外包：将一部分业务从公司内部转移到公司外部。通常用来指代从国外购买劳务的情况，如欧洲或美国的公司从印度获得劳务。

部分贸易协定：一个仅涉及部分商品和/或服务的协议，包含内容少于自由贸易协议。

钉住汇率：固定汇率制的一种。参见爬行钉住。

污染庇护所：指那些为了吸引投资而宣传其低环境标准的国家。

特惠贸易协定：一方对另一方做出单边优惠承诺的贸易协定。通常被高收入国家用来赋予发展中国家按照优惠的条件进入本国市场的权利。

私人收益：所有私人收入减去私人成本的差值。考虑到一些成本和收益属于未来项目，应该将它们折现后按照现值计入。参见社会收益。

生产者剩余：对于既定的产量，生产者愿意接受的最低价格与实际接受的价格之差。在图中表示为价格线之下和供给曲线之上的面积。参见消费者剩余。

产品生命周期：产品生命周期理论认为，制成品在生产和制造过程中会依次经历需进行大量实验的研发阶段、产品设计与生产的标准化阶段，以及完全标准化阶段。

产品差异：如果两种产品具有相同的功用，但是在一个或几个方面具有差异，那么就说它们存在产品差异。大多数的消费品都是异质性产品。

生产可能性曲线：这一曲线表示了在给定投入的情况下可能得到的最大产出。同时也显示了一国要增加其中一种产品的产出时必须放弃的其他产品的数量。

公共品：具有非排他性和非竞争性或非减少的商品。如果某种商品具有排他性，但是不具有减少性，那么有时也被称为俱乐部物品。

购买力平价：一种对汇率或者收入进行调整的方法。在货币之间互相兑换时，经过这一调整可以保持货币的实际购买力不变。

特定多数：欧盟理事会就欧盟立法表决时大都要求符合特定多数原则，即大约相当于总投票数的72%要表示赞同方能通过。

配额：对一种商品进口或者出口的数量所施加的限制。

配额租：外国生产商（有时候是外国商品的国内分销商）在出口市场赚取的超额利润。只要配额引起接受出口商品的市场上该商品价格上涨，就会形成配额租。

竞争到底：指压低劳工、环境或其他方面的标准。这主要由价格竞争所导致。

实际汇率：进行了通货膨胀调整之后的名义汇率。实际汇率在考察外币相对购买力变化时非常有用。

区域贸易协定：两个或者多个国家之间建立的协定，各成员国互相为其他成员国进入本国市场提供特惠条件。这类协定提供不同程度的市场进入便利与不同程度的一体化。

相对价格：一种商品相对于另一种商品的价格。类似于用元和分来表示的货币价格，但是相对价格是指为了换取一定数量的第二种商品而必须放弃的第一种商品的数量。

寻租：企业、个人或者特殊利益集团采取的旨在引导收入分配朝着于自己有利的方向倾斜的行为。政治游说、法律对抗以及行贿是常见的寻租行为，这些行为耗费了资源（劳动和资本）却不会增加产出。因此，寻租是一国的净损失。

资源诅咒：因为拥有大量某种有价值的自然资源（如石油）而引起的经济或政治问题。

升值：固定汇率制度下本币价值的提高。

301条款：美国贸易法中的一个条款。根据该条款，美国贸易代表可以对坚持进行美国认为有失公平的贸易行为的任何国家展开调查，并采取相应行动。

资产证券化：将资产打包然后按照份额出售的做法。

独立标准：各个国家在环境、劳工或其他方面拥有的独立标准。

浅度一体化：减少或消除关税、配额和其他壁垒（如海关程序）以减少对商品跨境流动的限制。参见深度一体化。

《单一欧洲法案》：旨在在欧共体成员国之间创造一个共同市场的法案，于 1993 年开始实施。

《史密森协定》：1971 年由主要工业化国家签署的一个协议，该协议降低了美元的黄金含量，并成为布雷顿森林体系走向终结的起点。

社交网络：移民家庭的亲友或那些为新移民提供支持的人们。

社会收益：社会收益包括私人收益，但是还包括一部分没有算入私人收益的成本和收益。例如，一个工厂排放污染物就要计入社会成本，从而导致社会收益低于私人收益。

主权财富基金：中央政府持有的一部分资产，用于国际债务的清算。

主权：不受外界干涉的自由，或者说自己决定自己的事务的自由。

特别 301 条款：美国贸易法的一部分，要求美国贸易代表在全球范围内监督知识产权保护的执行情况。

特别提款权：国际货币基金组织创设并使用的一种计价资产。特别提款权的价值是一系列货币币值的加权平均，特别提款权可作为官方储备资产。

经济特区：中国的一些特殊地区。在特区内，当地政府鼓励尝试新的经济政策。经济特区主要被用来鼓励外国投资和出口。

特定要素模型：一个既包括可流动要素，又包括不可流动生产要素的贸易模型。

即期市场：价格一旦商定，交易即达成的市场交易。在货币交易市场，合同交割通常有一天的时滞。参见远期市场。

稳定政策：用于治理通货膨胀和减少政府赤字的宏观经济政策。稳定政策通常是一国遭受宏观经济危机期间，为获得国际货币基金组织贷款所必须满足的第一个贷款条件。参见结构调整政策、正统模式以及非正统模式。

暂缓还款协议：国际借款人和贷款人之间达成的协议。根据该协议，允许借款人暂缓支付前期贷款利息和本金。

统计误差：经常账户与负的资本账户和金融账户之和。

外汇冲销：中央银行冲抵因为外汇流入本国而造成的货币供给效应的行为。不进行冲销的话，随着流入的外汇被兑换成国内货币，将大幅增加本国货币供给；进行冲销的话，中央银行可以通过公开市场操作控制过度的货币供给。

斯托尔珀-萨缪尔森定理：赫克歇尔-俄林贸易模型的一个推论，该定理表明进出口商品价格的变化会导致该商品生产过程中密集使用的要素的所有者收入的同方向变化。

结构调整政策：旨在增强市场在国民经济中地位的政策。结构调整政策主要是微观经济政策，包括私有化、减少管制和贸易改革。

结构改革政策：用以提高经济效率的一系列改革政策。通常包括消除价格干预（终止价格补贴行为）、贸易自由化、私有化以及消除利率管制等。

辅助性原则：根据该原则，欧盟权力机构参与各国事务时，仅限于跨国问题。就目前的实践来说，包括环境政策、地区政策、研究和技术发展问题以及经济和货币联盟。

补贴：政府对工业部门的一种扶持形式。乌拉圭回合将补贴定义为政府的直接贷款或转移支付、税收优惠待遇、直接的商品供应或者收入和价格支持。

《补贴与反补贴协定》：关贸总协定乌拉圭回合谈判的成果之一，不仅限制补贴的使用，而且对什么时候可以采取反补贴措施做了规定。

急停：过去用于应对经常账户赤字的资金流入突然停止的现象。

供给推动：参见供给推动因素。

供给推动因素："推动"移民离开母国的因素。参见需求拉动因素。

关税：对进口商品征收的一种税收。关税会提高进口国消费者需要支付的价格，从而减少对该商品需求数量。

技术转移：技术信息与技术能力从一国扩散到另一国的现象。

贸易条件：一国出口商品的平均价格与进口商品的平均价格之比。贸易条件＝出口价格指数/进口价格指数。贸易条件恶化意味着每一单位出口商品所能购买的进口商品数量变少了。

全要素生产率：对每单位投入所能创造的产出数量的一种测度。全要素生产率提高意味着整体生产力的改进，给定水平的投入将创造更多的产出。因此可以推知，技术或企业组织结构必然得到了改进。

贸易调整援助：为因对外贸易或公司转移到国外而失业的工人提供临时性援助的政府项目。

贸易差额：净出口，即商品和服务的出口额与进口额之间的差额。

贸易集团：特惠贸易区的一种形式，集团内的国家相互降低或取消它们彼此之间的贸易壁垒，而对非成员国或第三方国家继续适用高关税及其他贸易壁垒。

贸易创造：与贸易转移相对的一个概念。当贸易政策使得生产从高成本生产者向低成本生产者转移时，我们就说出现了贸易创造。

贸易赤字：指商品贸易余额出现负值，贸易赤字可以包括也可以不包括服务贸易。

贸易转移：与贸易创造相对的一个概念。当贸易政策使得生产和进口从低成本的生产者向高成本的生产者转移时，我们就说出现了贸易转移。

《与贸易有关的知识产权协定》：关贸总协定乌拉圭回合谈判的成果之一，该协定要求加强对知识产权的保护。

《与贸易相关的投资措施协定》：关贸总协定乌拉圭回合谈判的成果之一，要求成员国给予外国投资者国民待遇，适用非歧视原则。

贸易回合：关贸总协定或世界贸易组织主持的多边谈判回合。

外贸依存度：一国进出口总值与 GDP 之比，通常用来衡量贸易在一国经济中的重要程度。

层级：国际货币基金组织提供贷款的一种方式，即将贷给会员国的款项分几次提供的做法。

交易成本：指收集市场信息、签订交易合约以及保证履约需要付出的成本，包括法律、营销和保险成本，也包括质量检查、广告、分销及售后服务的成本。

跨境与非跨境环境影响：根据环境污染是否跨越国界区分的影响。

转型经济体：从计划经济向市场经济转变的国家。转型经济体包括在 20 世纪实行计划体制的大部分国家。

透明：任何可以被明确识别的贸易壁垒。由于关税通常在一国的税则中有明确且公开的规定，所以关税具有最高的透明度（最透明）。任何伪装或者隐蔽的贸易壁垒都会使一国的贸易政策变得不透明。

《罗马条约》：欧洲经济共同体建立的奠基性文件。《罗马条约》于 1957 年由 6 个国家签署，于 1958 年正式生效。欧洲经济共同体随后成为欧盟，并且成员国也增加到 15 个，但是该条约仍然是核心的法律文件。

《欧盟条约》：也被称为《马斯特里赫特条约》，该条约使欧盟从共同市场深化为经济联盟。

单边转移支付：经常账户的一个组成部分，用于测度一国对他国的无偿捐助。

乌拉圭回合：关贸总协定框架下举行的其中一个回合的贸易谈判。乌拉圭回合起始于 1986 年乌拉圭的埃斯特角城，结束于 1993 年，在 1994 年获得批准。除了取得众多的成就外，该轮谈判还决定创建世界贸易组织。

附加值：一种商品的价格减去用于生产的中间产品的价值。附加值可以用来衡量某一特定阶段的资本和劳动对产品价值的贡献。

自愿出口限制：国家之间达成的协议，其中出口国主动同意限制其出口，以减轻进口国的竞争。

华盛顿共识：美国政府、国际货币基金组织、世界银行和位于华盛顿地区的智囊团共同为发展中国家开具的一套政策处方。总的来说，这些政策倾向于以市场而不是政府指导作为资源配置机制。

世界银行：布雷顿森林会议后诞生的一个国际机构，初衷是向在第二次世界大战中遭受重创的欧洲国家提供资金和技术援助。在 20 世纪 50 年代，世界银行开始将工作中心转移至发展中国家。

世界贸易组织：关贸总协定乌拉圭回合谈判决定成立的一个保护性组织，它延续了关贸总协定和许多其他协议的成果，是促使各国举行多边贸易会谈的主要国际性机构。

零和：某种行为带来的成本和收益可以相互抵消（相加为零）的现象。

---

* 本书由周琰主译，张倩、要倩雅、田野、王梓任、李琳、罗宇、刘蕊、高晗、张伟、刘明、宋川、袁盈盈、王笑笑、张洪胜、付欢、曾景、李君、刘燕平、王建昌、顾晓波、张艳、候佳、王晓、高倩、张素锦、张宏宇、王琼、吴文清、姜昕、刘刚、王丽、刘楠、王丽君、倪晓宁、徐志浩、颜艳、范阳、王依军、蔡平等整理全书资料并通读全书。

图书在版编目（CIP）数据

国际经济学：第 6 版/格伯著；周琰等译. —北京：中国人民大学出版社，2014.12
（国际贸易经典译丛）
书名原文：International economics
ISBN 978-7-300-20288-4

Ⅰ.①国… Ⅱ.①格…②周… Ⅲ.①国际经济学 Ⅳ.①F11-0

中国版本图书馆 CIP 数据核字（2014）第 268146 号

国际贸易经典译丛
国际经济学（第 6 版）
詹姆斯·格伯（James Gerber） 著
周琰 等译
Guoji Jingjixue

出版发行	中国人民大学出版社		
社　　址	北京中关村大街 31 号	邮政编码	100080
电　　话	010－62511242（总编室）		010－62511770（质管部）
	010－82501766（邮购部）		010－62514148（门市部）
	010－62515195（发行公司）		010－62515275（盗版举报）
网　　址	http://www.crup.com.cn		
	http://www.ttrnet.com（人大教研网）		
经　　销	新华书店		
印　　刷	北京鑫丰华彩印有限公司		
规　　格	185 mm×260 mm　16 开本	版　　次	2015 年 1 月第 1 版
印　　张	23.5 插页 1	印　　次	2019 年 5 月第 2 次印刷
字　　数	505 000	定　　价	55.00 元

为了确保您及时有效地申请培生整体教学资源，请您务必完整填写如下表格，加盖学院的公章后传真给我们，我们将会在2～3个工作日内为您处理。

需要申请的资源（请在您需要的项目后划"√"）：

□ 教师手册、PPT、题库、试卷生成器等常规教辅资源

□ MyLab 学科在线教学作业系统

□ CourseConnect 整体教学方案解决平台

请填写所需教辅的开课信息：

采用教材			□中文版 □英文版 □双语版
作　者		出版社	
版　次		ISBN	
课程时间	始于　年　月　日	学生人数	
	止于　年　月　日	学生年级	□专科 □本科 1/2 年级 □研究生 □本科 3/4 年级

请填写您的个人信息：

学　校			
院系/专业			
姓　名		职　称	□助教 □讲师 □副教授 □教授
通信地址/邮编			
手　机		电　话	
传　真			
official email（必填） （eg：xxx@ruc.edu.cn）		email （eg：xxx@163.com）	
是否愿意接受我们定期的新书讯息通知：	□是	□否	

系/院主任：____________（签字）

（系/院办公室章）

________年________月________日

100013 北京市东城区北三环东路36号环球贸易中心D座1208室

电话：（8610）57355169

传真：（8610）58257961

Please send this form to：Service.CN@pearson.com

Website：www.pearson.com